普通高等教育经管类专业系列教材

经济法

(第二版)

佟元琪　贾晨露　主编

清华大学出版社

北　京

内容简介

本书依据新颁布的法律法规而编写，结合经济、管理类专业学生知识结构的特点和课程教学的实际需要，既保持了经济法学科体系的完整，又融入了民商法相关内容，满足了经济、管理类专业学生学习法律知识的需求。本书内容主要包括经济法基本原理、企业法、公司法、破产法、合同法律制度、担保法律制度、票据法、竞争法、知识产权法、环境与资源保护法、产品质量与消费者权益保护法、劳动与社会保险法、证券法等。

本书理论知识阐述简明清楚、程度适中，注重理论与实务结合，及时更新经济法理论、完善教材结构、丰富案例内容，在讲授经济法基本理论知识的基础上，配合案例分析以及各章后的习题，有助于应用型本科人才的培养，体现出实用性的特色。本书主要适用于我国高等院校应用型本科经济、管理类专业的学生，也可以用作非经济、管理类专业硕士研究生的教材，还可以用作在职中高级管理人员培训或自学的教材。

本书配套的电子课件、教学大纲、分章习题集、参考答案、各章案例可以到 http://www.tupwk.com.cn/downpage 网站下载，也可以通过扫描前言中的二维码进行下载。

图书在版编目(CIP)数据

经济法 / 佟元琪，贾晨露主编. —2 版. —北京：清华大学出版社，2022.1
普通高等教育经管类专业系列教材
ISBN 978-7-302-59917-3

Ⅰ. ①经… Ⅱ. ①佟… ②贾… Ⅲ. ①经济法—中国—高等学校—教材 Ⅳ. ①D922.290.4

中国版本图书馆 CIP 数据核字(2022)第 007534 号

责任编辑：胡辰浩
封面设计：周晓亮
版式设计：孔祥峰
责任校对：马遥遥
责任印制：朱雨萌

出版发行：清华大学出版社
网　　址：http://www.tup.com.cn，http://www.wqbook.com
地　　址：北京清华大学学研大厦 A 座　　邮　　编：100084
社 总 机：010-83470000　　邮　　购：010-62786544
投稿与读者服务：010-62776969，c-service@tup.tsinghua.edu.cn
质 量 反 馈：010-62772015，zhiliang@tup.tsinghua.edu.cn

印 装 者：小森印刷霸州有限公司
经　　销：全国新华书店
开　　本：185mm×260mm　　印　　张：22.25　　字　　数：570 千字
版　　次：2017 年 3 月第 1 版　　2022 年 2 月第 2 版　　印　　次：2022 年 2 月第 1 次印刷
定　　价：79.00 元

产品编号：081438-01

本书编委会

主　编：

佟元琪　　贾晨露

副主编：

王　奥　　谢君平　　管　迪

李　贺　　郑斯文

第二版前言

经济法课程是教育部确定的全国普通高校法学专业、经济管理专业的核心课程之一，也是各类经管类职业资格考试的必考科目之一。作为高校经济、管理类专业的学生，在当前法治经济的背景下，知法懂法有着极为重要的现实意义。

本书以高等院校经管类专业应用型人才的培养为背景、以经济管理实践为基础、以“实用为主、够用为度”为原则，突出基本知识和基本理论。经济法教材第一版出版后，获得了广大读者的普遍认可。近几年，我国立法机关对社会主义市场经济紧密相关的一些法律法规做了重大修订。为更好地实现知识内容的更新、满足读者对教材的需求，本书在第一版的基础上修订而成。

1) 此次修订的内容主要包括：

(1) 基于部分法律法规的修改对本书相关章节的内容做了更新或补充；

(2) 对前一版表述不准确之处进行了修改和完善；

(3) 为了更好地突出应用型原则，在教材中增加了大量例题，并以二维码的形式增加了大量案例；

(4) 为广大读者提供了更丰富的教学配套资源，包括教学大纲、电子课件、分章习题集、参考答案、各章案例等资料。

在我国，随着部门法划分界限的逐渐明确以及法学学科的不断发展，“经济法”这一概念的法学意义已经被特定化为与民商法相并列的经济法法律部门以及与其相对应的经济法学科。严格来讲，“经济法”这一名称已经不能完全涵盖本书的内容，因为从部门法意义上看，本书不仅包括经济法相关制度，而且还包括民法、商法和其他部门法的相关制度。但是，基于约定俗成及本书适用对象的考量，因此继续使用“经济法”的名称。教材的内容体系有机融合了经管类学生的专业基础知识和学生未来职业发展所需的法律知识，并且涵盖了经管类职业资格考试(会计师、CPA、税务师、资产评估师等)所涉及的主要经济法律知识。

2) 本教材编写的指导思想：

(1) 探索适合应用型本科人才经济法知识培养的更为合理的逻辑结构和知识体系；

(2) 探讨应用型本科以及教学型本科教材经济法理论知识与实务结合的尺度。

本书由佟元琪、贾晨露任主编，王奥、谢君平、管迪、李贺、郑斯文任副主编。全书共十三章，由佟元琪总体策划。各章编写人员及其分工如下：佟元琪编写第一章、第二章、第四章；贾晨露编写第三章、第七章、第十一章；王奥编写第五章第一节至第二节、第六章、第八章；谢君平编写第十章、第十二章第四节；管迪编写第十二章第二节、第十三章；李贺编写第九章；郑斯文编写第五章第三至七节，杨雪编写第十二章第一节和第三节，全书最后由佟元琪总纂。

本书在编写过程中，参考了很多同类教材、著作和期刊等，限于篇幅，恕不一一列出，特此说明并致谢。同时，对清华大学出版社编辑们的辛勤工作深表谢意！

由于水平有限，书中难免有错误与不足之处，恳请专家和广大读者批评指正。我们的电话是 010-62796045，邮箱是 992116@qq.com。

本书配套的电子课件、教学大纲、分章习题集、参考答案、各章案例可以到 http://www.tupwk.com.cn/downpage 网站下载，也可以通过扫描下方的二维码下载。

编　者

2021 年 10 月

目 录

第一章

经济法基本原理

【导读】

本章作为经济法的基本原理部分，主要介绍经管类专业学生必须掌握的法学基础知识和经济法的基本常识。通过本章的学习，应了解法的特征、法的分类及我国的法律体系，经济法的产生及调整对象；理解经济法的渊源，了解解决经济纠纷的途径；掌握经济法律关系的概念及构成要素，为以后章节的学习打下基础。

【学习重点】

经济法的概念及调整对象，经济法的渊源，经济法律关系的概念及构成要素，解决经济纠纷的途径。

【学习难点】

经济法律关系的构成要素及相互关系，解决经济纠纷的途径及具体运用。

【教学建议】

教师要以适当的讲解，并配合案例分析以及课堂讨论，帮助学生理解经济法基础理论知识。

第一节　法学基础理论

一、法的词源与含义

法作为一种特殊的社会规范，是人类社会发展的产物。由于受到历史条件及其他因素的制约，在不同的历史发展时期，人们对法的概念的认识不尽相同。

在古代文献中，称“法”为“刑”，“法”与“刑”通用，如夏朝之禹刑、商朝之汤刑、周朝之吕刑，春秋战国时期有刑书、刑鼎、竹刑。魏相李悝集诸国刑典，造《法经》六篇，改“刑”为“法”。“刑，常也，法也。”“法，刑也。”

同时，“法”又往往与“律”通用，在秦汉时期，改“法”为“律”，二字同义。从此“律”

字广泛使用，其频率高于“法”，我国古代法典大都称为“律”，如秦律、汉律、魏律、晋律、隋律、唐律、明律、清律，只有宋代称“刑统”，元朝称“典章”。《说文解字》解释，“律，均布也”。段玉裁说：“律者，所以范天下之不一而归于一，故曰均布。”律原为音乐之音律，音乐只有遵守音律，才能和谐，否则杂乱无章。均布是古代调整音律的工具，以正六音，木制，长七尺。律后来引申为规则、有序，范天下之不一而一，成为规范所有人及其行为的准则，即规范天下千差万别的所有人所有事而趋于整齐划一。最早把“法”“律”二字合在一起使用的是春秋时期的管仲，他说：“法律政令者，吏民规矩绳墨也。”

在现代汉语中，“法”与“法律”两词基本上可以当作同义词，但也有区别，简单来说，“法”指的是“权利赋予某个个体”，而“法律”指的是“一种规定了的形式”。

一般来说，法是由国家制定或认可，以权利与义务为主要内容，由国家强制力保证实施的社会行为规范及其相应的规范性文件等的总称。

法律一词可从狭义、广义两方面进行理解。狭义的法律专指拥有立法权的国家机关(国家立法机关)依照法定权限和程序制定颁布的规范性文件；广义的法律则指法的整体，即由国家制定或认可，并由国家强制力保证实施的各种行为规范的总和。在一般情况下，“法”和广义的“法律”同义；但在某些场合，“法”又和狭义的“法律”同义，如《中华人民共和国公司法》。

在法学上，“法”和“法律”有时有严加区分的必要，但本书对此并不加以严格区分。

二、法律的特征

(一) 法律是由国家制定或认可的行为规范

所谓国家制定，是指由有权创制法律规范的国家机关根据调整社会关系和规范人的行为的需要，依照一定程序制定的法律规范；所谓国家认可，是指由国家立法机关或司法机关赋予既存的某些习惯、教义、礼仪等以法律效力而形成的法律规范。这一特征使法律成为国家意志的体现，具有权威性和统一性。

(二) 法律是由国家强制力保证实施的行为规范

任何一种社会规范，都有保证其实施的社会力量，亦即具有某种强制性。作为社会规范的道德主要靠社会舆论的力量保证其实施，而法律由国家强制力保证实施。法律依靠国家强制力保证实施，并非意味着法律的每一个实施过程、每一个法律规范的实施，都要借助于系统化的国家机器，也不等于国家强制力是保证法律实施的唯一力量。实际上，法律的实施主要依赖于社会主体的自觉遵守和执行，只有相关社会主体不遵守法律规范，并依照法律规范应当就不遵守法律规范的行为承担相应的法律后果时，才会由国家机器保证实施。这是法律不同于其他社会规范的重要特点。

(三) 法律是调整人的行为和社会关系的行为规范

法律是一种社会规范，调整人与人之间的社会关系，这一点使其区别于技术规范。社会规范调整人与人之间的关系，约束人的行为；而技术规范调整人与自然界、人与劳动工具之间的关系，如度、量、衡等，这些规范不属于法律的范畴。但是，随着管理科学的出现和兴起，人类管理社会的规则呈技术化趋势，进而产生了所谓社会技术规范，如环境保护、食品卫生、建筑质量标准等，这些规范经国家制定或认可后，也可纳入法律规范的范畴。

(四) 法律是规定权利和义务的行为规范

法律以权利和义务为基本机制，实现影响人们的动机、指引人们的行为和调节社会关系的功能。法律所规定的权利和义务不仅指个人、组织(法人和其他组织)及国家(作为普通法律主体)的权利和义务，还包括国家机关及其公职人员在依法执行公务时所行使的职权和职责。

(五) 法的可诉性

法的可诉性是指基于法律规定，法律关系的主体在自身权益受到损害时，可以通过法院诉讼来寻求救济。比如民法就有民事诉讼对应，刑法有刑事诉讼对应。

【例 1-1】关于法的特征，下列表述不正确的是(　　)。

A. 法是由国家制定或认可，这一特征使法律成为国家意志的体现，具有权威性和统一性

B. 国家强制力是保证法律实施的唯一力量

C. 法律所规定的权利和义务不仅指个人、组织及国家(作为普通法律主体)的权利和义务，还包括国家机关及其公职人员在依法执行公务时所行使的职权和职责

D. 法虽然是调整人类社会关系的重要社会规范，但并不是唯一的社会规范

【解析】法律的实施主要依赖于社会主体的自觉遵守和执行，只有相关社会主体不遵守法律规定，并依照法律规范应当就不遵守法律规范的行为承担相应的法律后果时，才会由国家机器保证实施。选项 B 表述错误。

三、法的分类

法的分类是指从不同的角度，按照不同的标准，将法律规范划分为若干不同的种类。通过对法的分类，从中探索法律发展的一些带有规律性的问题。

(一) 成文法和不成文法

这是根据法的创制方式和发布形式所做的分类。成文法是指有权制定法律的国家机关，依照法定程序所制定的具有条文形式的规范性文件。不成文法是指国家机关认可的、不具有条文形式的习惯。不成文法也称习惯法。有的观点认为判例法也是不成文法。

(二) 根本法和普通法

这是根据法的内容、效力和制定程序所做的分类。根本法就是宪法，它规定国家制度和社会制度的基本原则，具有最高的法律效力，是普通法立法的依据。因此，它的制定和修改通常需要经过比普通法更为严格的程序。普通法泛指宪法以外的所有法律，它根据宪法确认的原则就某个方面或某些方面的问题作出具体规定，效力低于宪法。

(三) 实体法和程序法

这是根据法的内容所做的分类。实体法是指从实际内容上规定主体的权利和义务的法律，如民法、刑法、劳动法、行政法等。程序法是指为了保障实体权利和义务的实现而制定的关于程序方面的法律，如刑事诉讼法、民事诉讼法、行政诉讼法等。

(四) 一般法和特别法

这是根据法的空间效力、时间效力或对人的效力所做的分类。一般法是指在一国领域内对一般公民、法人、组织和一般事项都普遍适用，而且在它被废除前始终有效的法律，如宪法、民法、刑法、民事诉讼法、刑事诉讼法等。特别法是指只在一国的特定地域内或只对特定主体或在特定时期内或对特定事项有效的法律。一般法与特别法的划分是相对的。例如公司法相对于民法典是特别法，相对于各具体企业法就是一般法。

(五) 国际法和国内法

这是根据法的主体、调整对象和渊源所做的分类。国际法的主体主要是国家，调整的对象主要是国家间的相互关系，渊源主要是国际条约和各国公认的国际惯例，实施则以国家单独或集体的强制措施为保证。国内法的主体主要是该国的公民和社会组织，调整对象是一国内部的社会关系，渊源主要是制定国立法机关颁布的规范性文件，实施则以该国的强制力加以保证。

(六) 公法和私法

这种划分方法，始于古罗马法学家，在法学界中得到广泛应用，但划分公法和私法的标准却众说纷纭。比较普遍的说法是以法律运用的目的为划分的依据，即凡是以保护公共利益为目的的法律为公法，如宪法、行政法、刑法、诉讼法；凡是以保护私人利益为目的的法律为私法，如民法、商法，也有按法律所调整的法律关系的状况予以划分的，即凡是调整国家与国家之间关系的法律，国家与公民、国家和法人之间的权力与服从关系的法律，就是公法。凡是调整国家与公民或法人之间民事、经济关系的法律，就是私法。

四、法律体系

对于一个国家现行的全部法律规范，可根据它们的调整对象和调整方法划分为若干法律门类，这些门类称为法律部门。由这些法律门类及其所包括的不同法律规范形成的有机联系的统一整体，就是法律体系。我国的社会主义法律体系包括宪法及宪法相关法、刑法、行政法、民商法、经济法、社会法、诉讼与非诉讼程序法 7 个法律部门。应当注意的是，本书的名称为《经济法》，但这并不是法律部门意义上“经济法”的概念，而是“与市场经济活动相关的法律制度”的意思，其内容主要涉及民商法和经济法两个法律部门中相关的法律制度。

(一) 宪法及宪法相关法

宪法是国家的根本大法，规定国家的根本制度和根本任务、公民的基本权利和义务等内容。宪法相关法是与宪法相配套、直接保障宪法实施和国家政权运作等方面的法律规范的总和，主要包括 4 个方面：有关国家机构的产生、组织、职权和基本工作制度的法律；有关民族区域自治制度、特别行政区制度、基层群众自治制度的法律；有关维护国家主权、领土完整和国家安全的法律；有关保障公民基本政治权利的法律。

(二) 刑法

刑法是规范犯罪、刑事责任和刑罚的法律规范的总称。刑法是一个传统的法律门类，与其他法律门类相比，具有两个显著特点。一是所调整的社会关系极其广泛。不论哪一方面的社会关系，只要发生了构成犯罪的行为，都受刑法调整。二是强制性最突出。所有法律都有强制性，但刑法的强制性最为突出。刑法是保证其他法律有效实施的后盾。

(三) 行政法

行政法是规范国家行政管理活动的法律规范的总和，包括有关行政管理主体、行政行为、行政程序、行政监督以及国家公务员制度等方面的法律规范。行政法调整的是行政机关与行政管理相对人(公民、法人和其他组织)之间因行政管理活动而发生的法律关系(称为纵向关系)。在这种管理与被管理的纵向法律关系中，行政机关与行政管理相对人的地位是不平等的，行政行为由行政机关单方面依法作出，不需要双方平等协商。

(四) 民商法

民法、商法是规范民事、商事活动的法律规范的总和，所调整的是自然人、法人和其他组织之间以平等地位发生的各种法律关系(称为横向关系)。民法调整的是公民与公民之间、法人与法人之间、公民与法人之间的财产关系以及人身关系。民法作为一个传统的法律门类，主要包括物权、债权、婚姻、家庭、收养、继承等方面的法律规范。商法是在适应现代商事活动需要的基础上，从民法中分离而逐渐发展起来的法律部门，主要包括公司、破产、证券、保险、票据、海商等方面的法律规范。民法和商法是分立还是合一，各国做法不尽相同，从我国的立法模式来看，采取的是民商合一制度。

(五) 经济法

经济法是调整国家从社会整体利益出发对市场经济活动实行干预、管理、调控所产生的社会经济关系的法律规范的总和。经济法是在国家干预市场经济活动过程中逐渐发展起来的一个法律门类，一方面与行政法的联系很密切，另一方面又与民法、商法的联系很密切。往往在同一个经济法中包括两种不同性质的法律规范，既有调整纵向法律关系的，也有调整横向法律关系的，因而具有相对的独立性。

(六) 社会法

社会法是规范劳动关系、社会保障、社会福利和特殊群体权益保障方面的社会关系的法律规范的总称。社会法是在政府干预社会生活过程中逐渐发展起来的一个法律门类，包括两个方面：一是有关劳动关系、劳动保障和社会保障方面的法律，如劳动法、工会法等；二是有关特殊社会群体权益保障方面的法律，如未成年人保护法、妇女权益保障法等。

(七) 诉讼与非诉讼程序法

诉讼与非诉讼程序法是规范解决社会纠纷的诉讼活动与非诉讼活动的法律规范的总和。我国的诉讼制度分为刑事诉讼、民事诉讼和行政诉讼 3 种。解决经济纠纷，除通过诉讼“打官司”外，还可以通过仲裁这种非诉讼的途径。

专栏1-1

民商合一与民商分立的立法模式

关于民法和商法的关系，历来存在着民商合一和民商分立的观点。所谓民商合一，是指制定一部民法典将其统一适用于各种民商事活动，不再单独制定一部商法典；而民商分立则意味着严格区分民法与商法，在民法典之外还要制定一部单独的商法典。民商分立的体制，最早起源于法国，法国于1804年制定了民法典，在1807年，又颁布了商法典，从而开创了民商分立的先河。在19世纪末期和20世纪初期，有相当多的大陆法系国家在立法时，采纳了民商分立的立法体例。然而，到了20世纪初，瑞士制定了民法典，于1912年施行，在民法典中包括了公司法、商业登记法等商法的内容，从而实现了民商合一的立法体例。我国民事立法实际上采取的是民商合一的体制，由民法典统一调整社会商品经济关系。商事法规本身是不可能组成部门法体系的，而只能适用民法的总则。

(资料来源：张学森. 经济法. 北京：高等教育出版社，2012)

第二节　经济法的概念及渊源

一、经济法的产生

经济法作为法律体系中的一个部门法，是一门新兴的法律学科，其产生与发展经历了一个历史过程，是生产力和生产关系发展到一定阶段的产物，并随着生产力与生产关系的发展而发展，是市场经济发展的客观要求。

经济法这个语词最早是由法国空想社会主义者摩莱里(Morelly)在其 1755 年所著的《自然法典》一书中提出来的，之后法国空想社会主义者德萨米(Dezamy)在其 1842 年出版的《公有法典》一书中也使用了经济法这一概念。两位空想社会主义者所述的经济法，更多的是指在未来的理想社会公平分配财富的分配法。学界一般认为，他们所谈到的经济法，都不是现代法学意义上的经济法。

现代意义的经济法是在资本主义从自由竞争阶段进入垄断阶段以后才产生的，并体现为 19 世纪末 20 世纪初在美国、德国等国家制定的有关规范市场竞争行为的法律，如美国 1890 年的《谢尔曼法》、德国 1896 年的《反不正当竞争法》等。此外，在第一次世界大战期间产生的一些“战时统制法”，如德国 1919 年的《煤炭经济法》等，也体现了国家对市场经济活动的干预、协调。上述各类新型立法，引起了研究者的浓厚兴趣，于是，德国学者开始称之为“经济法”，并提出了有关经济法的多种观点和理论，逐渐形成了新兴的经济法学，德国成为经济法学的发祥地。

我国经济法学的真正发展，是始于 20 世纪 70 年代末 80 年代初。基于中国改革开放事业的不断发展，基于现代市场经济和相应的法制建设的迫切要求，在老一辈学者的不懈努力下，在中青年学者的积极推动下，中国的经济法学也取得了长足进步，这是把马克思主义基本原理与经济法的制度建设和法学研究有机结合所取得的重大成就。具有中国特色的经济法学，作为整个法学体系中的重要组成部分，已日渐成为对经济和社会发展、对法治建设具有重要影响的“显学”。

二、经济法的相关概念及调整对象

(一) 经济法的相关概念

目前，理论界对经济法概念的理解和认识仍在不断的变化和发展中，而经济法学界也未能取得统一的认识。本书不对有关经济法概念的各种观点作阐述，仅对经济法的相关概念进行辨析。

1. 经济法

“经济法”这一概念的法学意义已经被特定化为与民商法相并列的经济法法律部门以及与其相对应的经济法学科。

经济法是在资本主义从自由竞争阶段向垄断阶段过渡过程中产生的，是解决现代市场经济问题的现代法。由于各国在资源配置方面普遍“双手并用”，既会用到市场的“无形之手”，又会用到国家(或政府)的“有形之手”，因此，如何使市场在资源配置方面起决定性作用，同时更好地发挥政府的作用，处理好政府与市场的关系，是各国都必须有效解决的重大现实问题，而经济法恰恰要对此发挥非常重要的作用。

事实上，无论是“市场之手”还是“政府之手”，在配置资源方面都可能存在低效或无效的问题，从而带来“两个失灵”的问题。

从宏观的角度看，市场失灵会造成产业失衡，并由此带来结构失衡；而各类经济结构的失衡，则会造成总量失衡，因而必须依据一定的经济目标和社会目标，进行有效的宏观调控；而在宏观层面对经济运行进行调节和控制的主体是广义的政府，政府由于诸多原因，在调控方面可能会出现政府失灵的问题，只有依法调控，才可能在一定程度上解决这些问题。而要依法调控，就必须有宏观调控法，并运用宏观调控法来调整政府与国民之间存在的宏观调控关系。

此外，市场失灵不仅需要宏观层面上的调控，也需要微观层面上的规制。从微观的角度看，市场失灵会导致竞争失效，并影响整体的市场秩序，因而需要加强市场规制，即对相关市场主体的市场行为进行规范和制约，以保障良好的市场竞争环境，解决市场失序的问题。同上述的宏观调控一样，市场规制也是由政府作出的，因而在市场规制领域同样会存在政府失灵的问题。要解决此类政府失灵问题，政府就必须以相关法律为圭臬，依法进行市场规制，为此，就需要有相关的市场规制法。

根据上述对经济法调整社会关系的认识，可以认为，经济法是调整在现代国家进行宏观调控和市场规制的过程中发生的社会关系的法律规范的总称。对应于经济法调整的两类社会关系，经济法体系可以分为宏观调控法和市场规制法两大部分。其中，宏观调控法包括三个部门法，即财税调控法、金融调控法和计划调控法，可分别简称为财税法、金融法和计划法；市场规制法也包括三个部门法，即反垄断法、反不正当竞争法和消费者保护法。

2. 经济的法

“经济的法”所要解决的问题是经济活动中的法律问题，因而凡是与经济有关的法皆可被称为经济法。诸如民商法、宪法、行政法甚至刑法等法律部门中涉及经济方面的法律，都可被称为“经济的法”。值得注意的是，“经济的法”并非规范的法学概念，也不是学理意义上的经济法概念，其所指向的内容很宽泛。

严格来讲，“经济法”这一名称已经不能完全涵盖本书的内容，因为从部门法意义上看，本书不仅包括经济法相关制度，而且还包括民法、商法和其他部门法的相关制度。但是，基于约定俗成及本书适用对象的考量，本书继续使用“经济法”的名称。

(二) 经济法的调整对象

如同经济法的概念一样，对经济法的调整对象问题，学术界也存在不同认识。根据前述对经济法的相关概念的认识及本书的具体内容，本书认为经济法的调整对象具体如下。

1. 市场主体的组织管理关系

市场主体的组织管理关系是指市场主体在设立、变更、终止及内部管理过程中发生的经济关系。市场主体是指市场生产经营活动的参与者或财产责任的承担者，包括经济组织和个人。例如公司法、合伙企业法、独资企业法、外商投资企业法等。

2. 市场规制关系

市场规制关系指的是国家为建立统一、开放、公平、竞争、有序的市场秩序和市场体系，对市场的运行进行干预或协调而形成的经济关系。例如反不正当竞争法、消费者权益保护法、产品质量法等。

3. 宏观调控关系

所谓宏观调控，是指国家为满足全局利益和长远利益的要求，保障经济持续、稳定、协调发展，实现总量平衡，而对市场进行的调节与控制。在这种宏观调控中所形成的经济关系，就是宏观经济调控关系。例如财税、金融、外汇、价格、市场和特定行业管理法律制度等。

4. 社会保障关系

要实行社会主义市场经济，必须建立多层次的社会保障体系。国家为保证社会成员的基本生活权利，提供救助和补贴的过程中产生的经济关系，简称社会经济保障关系。例如劳动法、社会保险法等。

【例 1-2】下列不属于市场规制法律制度的是(　　)。

A. 财政法　　B. 反垄断法

C. 反不正当竞争法　　D. 消费者权益保护法

【解析】选项 A 属于宏观调控法律制度。

三、经济法的渊源

经济法的渊源是指经济法律规范借以存在和表现的形式，即法是由何种国家机关，依照什么方式或程序创制出来的，并表现为何种形式、具有何种效力等级的规范性法律文件。经济法的渊源如下。

(一) 宪法

宪法是国家的根本大法，由全国人民代表大会制定，具有最高的法律效力，是经济法的基本渊源，是经济立法的基础。经济法以宪法为渊源，主要是从中汲取有关国家经济制度的精神和基本规范，例如，"中华人民共和国的社会主义经济制度的基础是生产资料的社会主义公有制，即全民所有制和劳动群众集体所有制""国家实行社会主义市场经济，国家加强经济立法，完善宏观调控""国有企业在法律规定的范围内有权自主经营""中华人民共和国公民有依照法律纳税的义务"等。

(二) 法律

法律是由全国人民代表大会及其常务委员会制定的规范性文件，其地位和效力仅次于宪法，是经济法的主要渊源，它规定的多是基本经济关系。以法律形式表现的经济法律规范是经济法的主体和核心组成部分。我国的经济法律包括：《中华人民共和国证券法》《中华人民共和国公司法》《中华人民共和国保险法》《中华人民共和国个人独资企业法》《中华人民共和国合伙企业法》《中华人民共和国企业破产法》等。

(三) 法规

法规包括行政法规和地方性法规，其效力次于宪法和法律。行政法规是国务院为满足执行法律规定及履行宪法规定的行政管理职权的需要而制定的规范性文件。地方性法规是省、自治区、直辖市等的人民代表大会及其常务委员会根据本行政区域的具体情况和实际需要，在不与宪法、法律、行政法规相抵触的前提下制定的规范性文件。经济特区所在地的市人民代表大会及其常务委员会也可以根据全国人民代表大会的授权决定制定法规，并在经济特区范围内实施。经济法大多以法规的形式存在，法规是经济法的重要渊源。行政法规有增值税、消费税、资源税等税收条例等。地方性法规的种类和数量很多，在此不予列举。

(四) 规章

规章包括国务院部门规章和地方政府规章。部门规章是指国务院各部、委员会、中国人民银行、审计署和具有行政管理职能的直属机构，根据法律和国务院的行政法规、决定、命令，在本部门的权限范围内制定的规章。地方政府规章是指省、自治区、直辖市和较大的市的人民政府根据法律、行政法规和本省、自治区、直辖市的地方性法规制定的规章。规章是法律、行政法规的补充，对正确适用和执行法律、行政法规具有重要意义。部门规章有财政部颁布的《会计从业资格管理办法》《代理记账管理办法》等。地方政府规章有《江西省城乡规划条例》《广东省土地管理实施办法》等。

(五) 民族自治地方的自治条例和单行条例

民族自治地方的自治条例和单行条例是指民族自治地方的人民代表大会依照当地的政治、经济和文化特点，依法制定的自治条例和单行条例。民族自治地方的自治条例和单行条例可以依照当地民族的特点，对法律和行政法规的某些规定作出变通规定，但不得违背法律或者行政法规的基本原则，不得对宪法和民族区域自治法的规定以及其他有关法律、行政法规专门就民族自治地方所做的规定去作出变通规定。民族自治地方的自治条例和单行条例也是经济法的渊源之一，主要适用于本民族自治地方。

(六) 司法解释

司法解释是指最高人民法院在总结审判实践经验的基础上发布的指导性文件和法律解释。司法解释也是经济法的渊源之一，例如，最高人民法院颁发的《最高人民法院关于适用〈中华人民共和国公司法〉若干问题的规定》《关于审理票据纠纷案件若干问题的规定》等。

(七) 国际条约、协定

国际条约、协定是指我国作为国际法主体缔结或参加的国际条约、双边或多边协定及其他具有条约、协定性质的文件。国际条约、协定在我国生效后，对我国国家机关、公民、法人或者其他组织具有法律上的约束力，因此，也是经济法的渊源之一。

第三节　经济法律关系

一、经济法律关系的概念

法律关系是指由法律规范调整而形成的人们之间的权利义务关系。法律关系属于社会关系的范畴，是由法律规范对社会关系进行调整后形成的一种社会关系，是社会关系的法律化。由于社会关系是多种多样的，调整它们的法律规范也是多种多样的。

由于理论界对经济法的定义和调整对象存在着不同的认识，人们对经济法调整的社会关系的认识也存在着分歧。根据本书对经济法概念的认识，所谓经济法律关系是指由经济法调整的经济法主体在国家调控经济运行过程中所形成的经济权利和经济义务关系。例如，财政关系、金融关系、劳动关系、合同关系、专利关系和商标关系等，受相应的财政法、金融法、劳动法、专利法和商标法等确认和调整时，都将形成一定的权利和义务关系。上述关系都是经济法律关系。

二、经济法律关系的构成要素

法律关系的构成是指形成当事人之间权利义务关系的必要条件。通常认为，法律关系由主体、内容和客体 3 个要素构成。这 3 个要素相互联系，缺一不可。

经济法律关系同其他法律关系一样，也是由主体、内容和客体 3 个要素构成，缺少其中任何一个要素，就不能构成经济法律关系。其中，主体是经济权利和经济义务的承受者，这是构成经济法律关系的先决条件。客体是经济权利和经济义务指向的目标，没有客体，主体的活动也就失去了意义。内容是连接主体和客体的桥梁，是经济法律关系的实质。

(一) 经济法律关系的主体

经济法律关系的主体，亦称经济法主体，是指参加经济法律关系，并享有经济权利和承担经济义务的当事人。在经济法律关系的主体中，享有经济权利的一方称为权利主体，承担经济义务的一方称为义务主体。不过，在多数情况下，双方当事人既享有经济权利，同时又承担经济义务。

经济法主体必须具备一定的主体资格。这种主体资格一般通过宪法、法律、行政法规的明确规定而取得。例如，公司依照《中华人民共和国公司法》(以下简称《公司法》)的规定而取得民事主体资格，在其从事经营活动并与消费者发生买卖合同关系时，公司就依据《中华人民共和国消费者权益保护法》(以下简称《消费者权益保护法》)成为消费者权益保护关系的主体，成为享有经济权利和承担经济义务的经济法主体。

经济法律关系的主体主要有国家机关、社会组织(企业、事业单位和社会团体)、个体工商户、农村承包经营户、自然人等。

(二) 经济法律关系的内容

经济法律关系的内容是指经济法律关系主体依法享有的经济权利和承担的经济义务，它是经济法律关系的核心。

1. 经济权利

经济权利是指经济法律关系主体在法律规定或当事人约定的限度内为一定行为或不为一定行为，或者要求对方当事人为一定行为或不为一定行为的可能性。这种可能性包括3层含义：一是权利主体自己为或不为一定行为的可能性，二是权利主体要求对方为或不为一定行为以满足自身利益需要的可能性，三是权利主体在其权利受到侵犯时请求有关国家机关给予强制力保护的可能性。

不同的经济法律关系中，经济法主体享有不同的经济权利，主要有如下几种。

(1) 所有权。所有权指所有人依法对自己所有的财产享有的占有、使用、收益和处分的权利。所有权具有排他性、绝对性，一物只能存在一所有权。所有权具有占有、使用、收益和处分4项权能。其中占有权是指对财产的实际控制权利，使用权是指按照财产的性能与用途加以利用的权利，收益权是指获取财产所产生的利益的权利，处分权是指决定财产在事实上和法律上命运的权利。所有权的占有、使用、收益、处分4项权能可以在一定条件下与所有人分离，这种分离是所有人行使所有权的一种方式。

(2) 法人财产权。法人财产权是指企业法人对企业所有者投资所设企业的全部财产在经营中所享有的占有、使用、收益与处分的权利。公司享有由股东投资形成的全部法人财产权。国有企业享有法人财产权，依法独立支配国家授予其经营管理的财产。

(3) 经营管理权。经营管理权是指企业对所有人授予其经营管理的财产所享有的占有、使用和依法处分的权利，以及由此产生的对企业机构设置、人事、劳动等方面的管理权利。经营管理权是企业进行生产经营活动时所产生的权利，通常是由非财产所有者所享有和行使的权利。

(4) 经济职权。经济职权是指国家机关及其工作人员在行使经济管理职能时依法享有的权利。经济职权是具有隶属性质的权利，具有一定的行政权力性质。在国家机关及其工作人员依法行使经济职权时，其他经济法主体均应服从。经济职权对国家机关及其工作人员来说既是权利，又是义务，不得随意放弃或转让，否则便是违法。

(5) 债权。债权是指按照合同约定或法律规定在当事人之间产生的特定权利。债权是一种请求权，其义务主体是特定的。

(6) 知识产权。知识产权是指专利权、商标权、著作权等，是智力成果的创造人依法所享有的权利和生产经营活动中标记所有人依法所享有的权利的总称。

2. 经济义务

经济义务是指法律规定的经济法律关系主体在一定条件下，为使他方实现经济权利而依法需要为或不为某种行为。经济法律关系的主体必须按照规定承担其应尽的经济义务，必须在法律规定的范围内正确履行经济义务。如果不履行或者不适当履行，则要承担相应的法律责任。

3. 经济权利与经济义务的关系

经济权利与经济义务相互依存。没有经济权利就不会有经济义务。经济法主体不能只享有经济权利而不承担经济义务，也不能只承担经济义务而不享有经济权利。

(三) 经济法律关系的客体

1. 经济法律关系客体的概念

经济法律关系的客体是指经济法律关系主体的权利和义务所指向的对象。客体是确定权利义务关系性质和具体内容的依据，也是确定权利行使和义务履行的客观标准。如果没有客体，经济权利义务就失去了依附的目标和载体，也就不可能发生经济权利和义务。因此，客体是经济法律关系不可缺少的要素之一。

2. 经济法律关系客体的种类

经济法律关系的客体，可以确定为以下 3 类。

(1) 物。物是指能够为人所支配，具有具体物质形态并具有一定经济价值的物品。物可以分为不动产和动产。不动产是指占有一定的物理空间，移动后会影响其经济价值的物，主要包括土地、房屋、建筑物、道路、林木等。动产是指能在物理空间移动而不会损害其经济价值的物，包括不动产之外的一切物，如汽车、轮船、机器设备、家具、衣服、货币等。

(2) 经济行为。经济行为是指经济法律关系主体为达到一定的经济目的、实现其权利和履行其义务而进行的活动。经济行为包括国家机关的经济干预行为，也包括其他经济法律关系主体的经济行为。

(3) 智力成果。智力成果是指经济法律关系主体从事智力创造活动而取得的成果。智力成果不具有具体的物质形态，也不直接表现为物质财富，但可以转化为物质财富。智力成果主要包括商标、作品、专利、商业秘密、专有技术、集成电路布图设计、植物新品种等。

【例 1-3】以下关于法律关系的说法正确的是(　　)。

A. 法律关系的主体即自然人和法人

B. 外国公民可以成为法律关系的主体，无国籍人不能成为法律关系的主体

C. 人格利益不能作为法律关系的客体

D. 法律关系的内容即权利和义务

【解析】答案为 D。法律关系的主体包括公民(自然人)、法人和非法人组织、国家，故选项 AB 错误；人身权法律关系的客体是人格利益，故选项 C 错误。

三、经济法律事实

经济法律事实是指依照经济法的规定能够引起经济法律关系产生、变更和终止的客观情况。经济法律事实是产生、变更和终止经济法律关系的原因。经济法律关系是经济法律事实出现的结果。根据是否以经济法律关系主体意志为转移，经济法律事实可以分为行为和事件两大类。

(一) 行为

行为是指当事人的有意识的活动，分为合法行为和违法行为。

合法行为是指符合法律规定并能依当事人的意愿发生其预期的法律后果的行为，如税务机关代表国家依法征税行为、当事人经协商一致后签订经济合同的行为、法院对经济案件的判决与裁定等经济司法行为。

违法行为是指违反法律规定的行为或法律所禁止的行为。违法行为不能产生行为人所预期的法律后果，但可能产生其他法律后果，也会引起相应的经济法律关系发生、变更或终止，如引起经济制裁法律关系等。非法行为本身虽不合法，不受法律保护，但它所引发的法律后果是依法受保护的，只是这种后果常是与当事人的意志相悖的。

(二) 事件

事件是指不依当事人的主观意志为转移的客观事实。事件包括自然现象和社会现象引起的事实。自然现象引起的事实又称绝对事件，如自然灾害等。社会现象引起的事实又称相对事件。相对事件虽属人的行为引起，但其出现在特定经济法律关系中并不以当事人的意志为转移，如因战争导致合同无法履行等。

四、经济法律关系的保护

经济法律关系依法成立后，便在当事人之间产生了权利与义务关系，这些权利义务由当事人享有和承担，但它也关系到国家和社会的公共利益，因此必须由国家强制力保障实现。而保障经济法律关系的实现，其实也就是对经济法律关系或经济主体的保护。在我国，这一任务是由数量众多的职能机关如审计、银行、财政、税收、工商行政等机关，以及仲裁司法机关完成的。它们以各自的活动维护和保障各种经济法律关系的实现，来维护社会主义经济秩序。

对经济法律关系的保护，主要体现在让侵犯其他主体经济权利的行为人承担相应的法律责

任上，即所谓违法者对自己的违法行为应当承担不利的法律后果。侵犯其他主体经济权利的行为人依其行为的性质、侵权情节及后果的不同，要依法承担不同的法律责任，具体包括如下几种。

(一) 民事责任

民事责任是指民事主体违反民事义务所应承担的责任。

(二) 行政责任

行政责任是违反国家关于行政管理法律规范的行为人对自己的违法行为所须承担的法律后果。换言之，就是国家经济行政管理机关或国家授权的有关单位对违反经济法的单位和个人所依法采取的行政制裁措施。

(三) 刑事责任

刑事责任是指违反经济法律造成严重后果而构成犯罪的行为人对自己的犯罪行为，依据我国刑法规定所须承担的法律后果，即刑事制裁。

在我国，上述 3 种不同的法律责任，既可以单独适用，也可以同时适用。依《中华人民共和国消费者权益保护法》的有关规定，对于生产、销售的商品，不符合保障人身、财产安全要求并因此造成消费者或其他受害人人身伤害死亡的行为，就可以同时追究民事责任(如赔偿损失)、行政责任(如警告、罚款及没收违法所得等)和刑事责任(如判处有期徒刑)。

专栏1-2

法律责任及其承担方式

违法行为是指国家机关、企事业单位、社会团体和公民，因违反法律规定，致使法律所保护的社会关系和社会秩序遭受破坏，依法应承担法律责任的行为。按照违法行为的具体性质、危害程度和所承担的法律责任的不同，可将违法分为民事违法、行政违法和刑事违法(犯罪)。法律责任指违法者对自己实施的违法行为所必须承担的法律上的不利后果。按照违法行为的性质和对社会的危害程度，法律责任可以分为民事责任、行政责任和刑事责任。

(一) 民事责任

民事责任是指民事主体违反民事义务而承担的民事法律后果，这种法律后果是由国家法律规定并以强制力保证执行的。规定民事责任的目的，就是对已经造成的权利损害和财产损失给予恢复和补救。民事责任的分类：合同责任、缔约过失责任、侵权责任，以及其他责任(无因管理、不当得利)。承担民事责任的方式，又称承担民事责任的形式，根据《中华人民共和国民法典》(以下简称《民法典》)第一百七十九条规定，主要包括：①停止侵害；②排除妨碍；③消除危险；④返还财产；⑤恢复原状；⑥修理、重作、更换；⑦继承履行；⑧赔偿损失；⑨支付违约金；⑩消除影响、恢复名誉⑪　赔礼道歉。以上承担民事责任的方式，可以单独适用，也可以合并适用。

(二) 行政责任

行政责任是指个人或者单位违反行政管理方面的法律规定所应承担的法律责任。行政责任包括行政处分和行政处罚。行政处分是行政机关内部，上级对有隶属关系的下级违反纪律的行为或者是尚未构成犯罪的轻微违法行为给予的纪律制裁，其种类有：警告、记过、记大过、降级、降职、撤职、开除留用察看、开除。而行政处罚则是有处分权的行政机关组织(行政主体)对违反行政法律规范的行政相对人(公民、法人或其他组织)给予制裁的具体行政行为。《中华人民共和国行政处罚法》第九条规定行政处罚有以下种类：①警告、通报批评；②罚款、没收违法所得、没收非法财物；③暂扣许可证件、降低资质等级、吊销许可证件；④限制开展生产经营活动、责令停产停业、责令关闭、限制从业；⑤行政拘留；⑥法律、行政法规规定的其他行政处罚。

(三) 刑事责任

《中华人民共和国刑法》规定的刑罚有主刑和附加刑两类。其中，主刑有以下5种：①管制，期限为3个月以上2年以下，数罪并罚不得超过3年；②拘役，期限为1个月以上6个月以下，数罪并罚不得超过1年；③有期徒刑，期限为6个月以上15年以下，数罪并罚不得超过20年；④无期徒刑；⑤死刑，犯罪的时候不满18周岁的人和审判的时候怀孕的妇女不适用死刑(包括死刑缓期2年执行)。附加刑有以下3种：①罚金；②剥夺政治权利；③没收财产。

(资料来源：张学森. 经济法. 北京：高等教育出版社，2012. 有改动)

第四节　经济纠纷的解决途径

一、经济纠纷的概念与解决途径和方式

(一) 经济纠纷的概念

经济纠纷是指市场经济主体之间因经济权利和经济义务的矛盾而引起的权益争议，包括平等主体之间涉及经济内容的纠纷和公民、法人或者其他组织作为行政管理相对人与行政机关之间因行政管理所发生的涉及经济内容的纠纷。

(二) 经济纠纷的解决途径和方式

在市场经济条件下，市场经济主体为实现各自的经济目标，必然要进行各种经济活动，由于各自的经济权益相互独立，加之客观情况经常变化，因而不可避免地会发生各种各样的权益争议，产生经济纠纷，如合同纠纷、纳税人与税务机关就纳税事务发生争议等。为了保护当事人的合法权益，维持社会经济秩序，必须利用有效手段，及时处理解决这些纠纷。在我国，解决经济纠纷的途径和方式主要有调解仲裁、民事诉讼。

仲裁与民事诉讼都是适用于横向关系经济纠纷的解决方式。作为平等民事主体的当事人之间发生的经济纠纷，只能在仲裁或者民事诉讼两种方式中选择一种解决争议。有效的仲裁协议可排除法院的管辖权，只有在没有仲裁协议或者仲裁协议无效，或者当事人放弃仲裁协议的情况下，法院才可以行使管辖权，这在法律上称为或裁或审原则。

当公民、法人或者其他组织认为行政机关的具体行政行为侵犯其合法权益时，可采取申请行政复议或者提起行政诉讼的方式解决。行政复议与行政诉讼方式都是针对纵向关系经济纠纷的解决方式，都由行政管理相对人一方提出申请，选择哪种方式则与纠纷的性质有关。根据法律的不同规定，有的可以直接向法院起诉，或者先申请行政复议、对行政复议决定不服时再起诉；有的则只能先申请行政复议，对行政复议决定不服才能提起行政诉讼；还有的则只能通过行政复议的方式解决，由行政机关对纠纷作出最终裁决。

二、仲裁

(一) 仲裁的概念和特征

1. 仲裁的概念

仲裁是指由经济纠纷的各方当事人共同选定仲裁机构，对纠纷依法定程序作出具有约束力的裁决的活动。

2. 仲裁的特征

从仲裁的概念可以看出，仲裁具有 3 个要素或者特征。

(1) 仲裁以双方当事人自愿协商为基础。

(2) 仲裁由双方当事人自愿选择的中立第三者(仲裁机构)进行裁判。仲裁机构是民间组织，不是国家的行政机关或司法机关，对经济纠纷案件没有强制管辖权。

(3) 仲裁裁决对双方当事人都具有约束力。

1994 年 8 月 31 日第八届全国人民代表大会常务委员会第九次会议通过，经 2009 年 8 月 27 日第十一届全国人民代表大会常务委员会第十次会议第一次修正、2017 年 9 月 1 日第十二届全国人民代表大会常务委员会第二十九次会议第二次修正的《中华人民共和国仲裁法》(以下简称《仲裁法》)是仲裁活动进行的基本法律依据。

(二) 仲裁的适用范围

(1) 平等主体的公民、法人和其他组织之间发生的合同纠纷和其他财产权益纠纷，可以仲裁。

(2) 下列纠纷不能提请仲裁。①婚姻、收养、监护、扶养、继承纠纷。②依法应当由行政机关处理的行政争议。

(3) 下列仲裁不适用《仲裁法》，不属于《仲裁法》所规定的仲裁范围，而应由别的法律予以调整。①劳动争议的仲裁。②农业集体经济组织内部的农业承包合同纠纷的仲裁。

(三) 仲裁的基本原则

1. 自愿原则

当事人采用仲裁方式解决纠纷，应当双方自愿，达成仲裁协议。没有仲裁协议，一方申请仲裁的，仲裁委员会不予受理。

2. 依据事实和法律，公平合理地解决纠纷的原则

仲裁要坚持以事实为根据、以法律为准绳的原则，在法律没有规定或者规定不完备的情况下，仲裁庭可以按照公平合理的一般原则来解决纠纷。

3. 独立仲裁原则

仲裁机关不依附于任何机关而独立存在，仲裁依法独立进行，不受任何行政机关、社会团体和个人的干涉。

4. 一裁终局原则

仲裁实行一裁终局的制度，即仲裁庭作出的仲裁裁决为终局裁决。裁决作出后，当事人就同一纠纷再申请仲裁或者向人民法院起诉的，仲裁委员会或者人民法院不予受理。

(四) 仲裁机构

仲裁机构主要是指仲裁委员会。仲裁委员会是有权对当事人提交的经济纠纷进行审理和裁决的机构。仲裁委员会可以在直辖市和省、自治区人民政府所在地的市设立，也可以根据需要在其他设区的市设立，不按行政区划层层设立。仲裁委员会独立于行政机关，与行政机关没有隶属关系。仲裁委员会之间也没有隶属关系。

仲裁委员会由主任1人、副主任2~4人和委员7~11人组成。仲裁委员会的主任、副主任和委员由法律、经济贸易专家和有实际工作经验的人员担任。仲裁委员会的组成人员中，法律、经济贸易专家不得少于2/3。仲裁委员会从公道正派且符合一定专业条件的人员中聘任仲裁员。

三、民事诉讼

诉讼是指国家审判机关即人民法院，依照法律规定，在当事人和其他诉讼参与人的参加下，依法解决讼争的活动。平等主体当事人之间发生经济纠纷提起诉讼，适用《中华人民共和国民事诉讼法》(以下简称《民事诉讼法》)解决纷争。1991 年 4 月 9 日第七届全国人民代表大会第四次会议通过，经 2007 年 10 月 28 日第十届全国人民代表大会常务委员会第三十次会议第一次修正、2012 年 8 月 31 日第十一届全国人民代表大会常务委员会第二十八次会议第二次修正、2017 年 6 月 27 日第十二届全国人民代表大会常务委员会第二十八次会议第三次修正的《民事诉讼法》是民事诉讼活动进行的法律依据。

(一) 民事诉讼的适用范围

公民之间、法人之间、其他组织之间以及他们相互之间因财产关系和人身关系发生纠纷，可以提起民事诉讼。

适用于《民事诉讼法》的案件具体有以下 5 类。

(1) 因民事关系调整的平等主体之间的财产关系和人身关系发生的民事案件，如合同纠纷、房产纠纷、侵害名誉权纠纷等案件。

(2) 因经济法、劳动法调整的社会关系发生的争议，法律规定适用民事诉讼程序审理的案件，如劳动合同纠纷案件等。

(3) 适用特别程序审理的选民资格案件和宣告公民失踪、死亡等非讼案件。

(4) 按照督促程序解决的债务案件。

(5) 按照公示催告程序解决的宣告票据和有关事项无效的案件。

(二) 审判制度

1. 合议制度

合议制度是指由3名以上审判人员组成审判组织，代表法院行使审判权，对案件进行审理并作出裁判的制度。合议制度是相对于独任制度而言的，后者是指由一名审判员独立地对案件进行审理和裁判的制度。法院审理第一审民事案件，除适用简易程序、特别程序(选民资格案件及重大、疑难的案件除外)、督促程序、公示催告程序审理的民事案件由审判员一人独任审理外，一律由审判员、陪审员共同组成合议庭或者由审判员组成合议庭。选民资格案件或者重大、疑难的案件，由审判员组成合议庭。法院审理第二审民事案件，由审判员组成合议庭。合议庭的成员，应当是3人以上的单数。

2. 回避制度

回避制度是指参与某案件民事诉讼活动的审判人员、书记员、翻译人员、鉴定人、勘验人是案件的当事人或者当事人、诉讼代理人的近亲属，或者与案件有利害关系，或者与案件当事人、诉讼代理人有其他关系，可能影响对案件公正审理的，应当自行回避，当事人有权用口头或者书面方式申请他们回避。上述人员接受当事人、诉讼代理人请客送礼，或者违反规定会见当事人、诉讼代理人的，当事人有权要求他们回避(上述人员的行为应当依法追究法律责任)。

3. 公开审判制度

公开审判制度是指法院的审判活动依法向社会公开的制度。法律规定，法院审理民事或行政案件，除涉及国家秘密、个人隐私或者法律另有规定的以外，应当公开进行。离婚、涉及商业秘密的案件，当事人申请不公开审理的，可以不公开审理。公开审判包括审判过程公开和审判结果公开两项内容。不论案件是否公开审理，一律公开宣告判决。

4. 两审终审制度

两审终审制度是指一个诉讼案件经过两级法院审判后即终结的制度。根据《中华人民共和国人民法院组织法》的规定，我国法院分为4级：最高人民法院、高级人民法院、中级人民法院、基层人民法院。除最高人民法院外，其他各级法院都有自己的上一级法院。按照两审终审制，一个案件经第一审法院审判后，当事人如果不服，有权在法定期限内向上一级法院提起上诉，由该上一级法院进行第二审。二审法院的判决、裁定是终审的判决、裁定。根据《民事诉讼法》的规定，两审终审制度的例外有：①适用特别程序、督促程序、公示催告程序和简易程序中的小额诉讼程序审理的案件，实行一审终审；②最高人民法院所做的一审判决、裁定，为终审判决、裁定。对终审判决、裁定，当事人不得上诉。如果发现终审裁判确有错误，可以通过审判监督程序予以纠正。

(三) 诉讼管辖

诉讼管辖是指各级法院之间以及不同地区的同级法院之间，受理第一审民事案件、经济纠纷案件的职权范围和具体分工。管辖可以按照不同标准作多种分类，其中最重要、最常用的是级别管辖和地域管辖。

1. 级别管辖

级别管辖是根据案件性质、案情繁简、影响范围，来确定上、下级法院受理第一审案件的分工和权限。大多数民事案件均归基层人民法院管辖。

2. 地域管辖

各级法院的辖区和各级行政区划是一致的。按照地域标准也即按照法院的辖区和民事案件的隶属关系，确定同级法院之间受理第一审民事案件的分工和权限，称地域管辖。地域管辖又分为一般地域管辖、特殊地域管辖和专属管辖等。为确定管辖权，法律还规定了协议管辖、共同管辖和选择管辖的情形。

(四) 诉讼时效

1. 诉讼时效的概念

诉讼时效是指权利人在法定期间内不行使权利而失去诉讼保护的制度。诉讼时效期间是指权利人请求法院或仲裁机关保护其民事权利的法定期间。

诉讼时效期间届满，权利人丧失的是胜诉权，即丧失依诉讼程序强制义务人履行义务的权利；权利人的实体权利并不消灭，债务人自愿履行的，不受诉讼时效限制。

规定诉讼时效的主要作用在于以下几个方面。

(1) 督促权利人及时行使权利。诉讼时效规定体现的是，如果权利人享有权利但不积极地行使，将产生权利消灭的法律后果。诉讼时效体现了法律保护勤勉者，不保护懒惰者的原则。换言之，法律只能保护积极行使权利的人。

(2) 维护既定的法律秩序的稳定。权利人长期不向义务人主张权利，就会使义务人认为权利人已经放弃其请求权，从而形成一种稳定的社会秩序和法律秩序。在经过相当长的时间后，权利人才行使权利，就会导致既定的社会秩序的破坏，不利于法律秩序的稳定。

(3) 有利于证据的收集和判断，并及时解决纠纷。如果权利人长期不行使权利，有些事实和证据可能因年代久远，难以查证。法律规定诉讼时效，以使当事人和法院免受陈年旧账的困扰。

关于仲裁时效，法律有规定的，适用法律规定；法律没有规定的，适用诉讼时效的规定。

2. 诉讼时效期间的具体规定

(1) 普通诉讼时效期间。普通诉讼时效期间，也称一般诉讼时效期间，是指由民事普通法规定的具有普遍意义的诉讼时效期间。根据《民法典》的规定，除法律另有规定外，向人民法院请求保护民事权利的诉讼时效为 3 年。

(2) 最长诉讼时效期间。诉讼时效期间，均从权利人知道或者应当知道权利被侵害时起计算。但是，从权利被侵害之日起超过 20 年的，法院不予保护。有特殊情况的，法院可以延长诉讼时效期间。

3. 诉讼时效期间的中止、中断和延长

(1) 诉讼时效期间的中止。诉讼时效期间的中止是指在诉讼时效期间的最后 6 个月内，因

不可抗力或者其他障碍致使权利人不能行使请求权的，诉讼时效期间暂时停止计算。从中止时效的原因消除之日起，诉讼时效期间继续计算。所谓其他障碍，包括权利被侵害的无民事行为能力人、限制民事行为能力人没有法定代理人，或者法定代理人死亡、丧失代理权，或者法定代理人本人丧失行为能力；也包括继承开始后继承人尚未确定或者非因继承人的原因导致遗产管理人不明确，使继承人不能行使其继承权。

(2) 诉讼时效期间的中断。诉讼时效期间的中断是指在诉讼时效期间，当事人提起诉讼、当事人一方提出要求或者同意履行义务，而使已经过的时效期间全归于无效。从中断时起，诉讼时效期间重新计算。

(3) 诉讼时效期间的延长。诉讼时效期间的延长是指在诉讼时效期间届满后，权利人基于某种正当理由要求法院根据具体情况延长时效期间，经法院审查确认后决定延长的制度。

(五) 判决和执行

1. 判决

法院审理民事案件，除涉及国家秘密、个人隐私或者法律另有规定的以外，应当公开进行。公开审理案件，应当在开庭前公告当事人姓名、案由和开庭的时间、地点，以便群众旁听。

法院审理民事案件，根据当事人自愿的原则，在事实清楚的基础上，分清是非，进行调解。当事人一方或者双方坚持不愿调解的，应当及时裁判。法院审理离婚案件，应当进行调解，但不应久调不决。适用特别程序、督促程序、公示催告程序的案件，婚姻等身份关系确认案件以及其他根据案件性质不能调解的案件，不得调解。

当事人不服地方人民法院第一审判决的，有权在判决书送达之日起 15 日内向上一级法院提起上诉。最高人民法院的判决，以及依法不准上诉或者超过上诉期没有上诉的判决，是发生法律效力的判决。

第二审人民法院的判决是终审的判决，也就是发生法律效力的判决。

2. 执行

发生法律效力的民事判决、裁定，当事人必须履行。一方拒绝履行的，对方当事人可以向人民法院申请执行，也可以由审判员移送执行员执行。

调解书和其他应当由人民法院执行的法律文书，当事人必须履行。一方拒绝履行的，对方当事人可以向人民法院申请执行。

对于发生法律效力的民事判决、裁定，以及刑事判决、裁定中的财产部分，由第一审法院或者与第一审人民法院同级的被执行的财产所在地人民法院执行；法律规定由人民法院执行的其他法律文书，则由被执行人住所地或者被执行的财产所在地法院执行。

【例 1-4】(　　)是指同级人民法院之间受理第一审民事案件的分工和权限。

A. 级别管辖　　　　B. 地域管辖

C. 特殊地域管辖　　　　D. 专属管辖

【解析】答案为 B。按照地域标准也即按照法院的辖区和民事案件的隶属关系，确定同级法院之间受理第一审民事案件的分工和权限，称地域管辖。

四、行政复议

行政复议是指国家行政机关在依照法律、法规的规定履行对社会的行政管理职责过程中，作为行政管理主体的行政机关一方与作为行政管理相对人的公民、法人或者其他组织一方，对于法律规定范围内的具体行政行为发生争议，由行政管理相对人向作出具体行政行为的行政机关的上一级行政机关或者法律规定的其他行政机关提出申请，由该行政机关对引起争议的具体行政行为进行审查，并作出相应决定的一种行政监督活动。行政复议是现代国家保护公民免受行政机关具体行政行为不法侵害的一种重要的法律制度。

1999 年 4 月 29 日第九届全国人民代表大会常务委员会第九次会议通过，2009 年 8 月 27 日第十一届全国人民代表大会常务委员会第十次会议第一次修正、2017 年 9 月 1 日第十二届全国人民代表大会常务委员会第二十九次会议第二次修正的《中华人民共和国行政复议法》(以下简称《行政复议法》)，是行政复议活动进行的基本法律依据。

五、行政诉讼

行政诉讼是指公民、法人或者其他组织认为行政机关或法律、法规授权的组织的行政行为侵犯其合法权益，依法向人民法院请求司法保护，人民法院通过对被诉行政行为的合法性进行审查，在双方当事人和其他诉讼参与人的参与下，对该行政争议进行审理和裁判的司法活动。《中华人民共和国行政诉讼法》(以下简称《行政诉讼法》)是行政诉讼的法律依据。在我国，行政诉讼与刑事诉讼、民事诉讼并称为三大诉讼，是国家诉讼制度的基本形式之一。行政诉讼也是行政法制监督的一种特殊形式。

本 章 小 结

1. 法律的特征：法律是由国家制定或认可的行为规范，法律是由国家强制力保证实施的行为规范，法律是调整人的行为和社会关系的行为规范，法律是规定权利和义务的行为规范，法的可诉性。

2. 经济法的调整对象：市场主体的组织管理关系、市场规制关系、宏观调控关系、社会保障关系。

3. 经济法的渊源：宪法、法律、法规、规章、民族自治地方的自治条例和单行条例、司法解释、国际条约、协定。

4. 经济法律关系是由主体、内容和客体 3 个要素构成。其中，主体是经济权利和经济义务的承受者，客体是经济权利和经济义务指向的目标，内容是连接主体和客体的桥梁，是经济法律关系的实质。

5. 在我国，解决经济纠纷的途径和方式主要有调解仲裁、民事诉讼。当公民、法人或者其他组织认为行政机关的具体行政行为侵犯其合法权益时，可采取申请行政复议或者提起行政诉讼的方式解决。

习　　题

一、单项选择题

1. 下列对法所做的分类中，属于以法的空间效力、时间效力或者对人的效力为依据进行分类的是(　　)。

A. 成文法和不成文法　　B. 根本法和普通法

C. 一般法和特别法　　D. 实体法和程序法

2. 下列规范性文件中，属于行政法规的是(　　)。

A. 全国人民代表大会常务委员会制定的《中华人民共和国公司法》

B. 国务院制定的《中华人民共和国外汇管理条例》

C. 深圳市人民代表大会制定的《深圳经济特区注册会计师条例》

D. 中国人民银行制定的《人民币银行结算账户管理办法》

3. 下列关于各种法律渊源效力层级由高到低的排序中，正确的是(　　)。

A. 宪法、行政法规、部门规章、法律

B. 宪法、法律、部门规章、行政法规

C. 宪法、行政法规、法律、部门规章

D. 宪法、法律、行政法规、部门规章

4. 下列纠纷中，可以适用《仲裁法》解决的是(　　)。

A. 甲乙之间的农村土地承包合同纠纷

B. 甲乙之间的货物买卖合同纠纷

C. 甲乙之间的遗产继承纠纷

D. 甲乙之间的劳动争议纠纷

二、名词解释

1. 经济法　2. 经济法律关系　3. 经济法律事实　4. 仲裁　5. 民事诉讼　6. 行政复议　7. 行政诉讼

三、简答题

1. 简述经济法律关系的构成要素及具体内容。
2. 简述经济法律事实的种类及具体内容。
3. 简述经济纠纷的概念及解决途径。

案 例 分 析

A、B、C 3 人选准一个项目，分别投资价值 10 万元的专利技术、价值 20 万元仪器设备和 300 万元现金，自行承租一房屋作为办公场所，成立一个企业。企业在运行过程中，通过压低价格、大额促销等手段把其他竞争对手打败，获得了在其经营地区的垄断地位，并经常根据市场状况进行定价。后该企业发现房地产行业很热，于是转向经营房地产，但是在房地产开发后销售情况并不好，导致大量的楼房无法售出，出现积压。经过两年的努力，经营状况仍无好转，最后导致破产。

问题：

上述哪些法律关系需要经济法调整？

第二章

企　业　法

【导读】

王某手里有一笔钱，想投资创业，投资什么产业，得取决于市场以及自己对这个行业的熟悉程度，但是以哪种形式办企业，则大有讲究。目前我国根据出资者或财产责任的不同，可将企业划分为个人独资企业、合伙企业、外商投资企业等。这3种企业组织形式的法律规定不同，各自的特点也不同，本章就从这3种企业形式讲解企业设立、变更、终止的法律制度，企业权利义务和领导体制的规定。

【学习重点】

掌握个人独资企业与合伙企业的设立条件、普通合伙企业和有限合伙企业的设立、合伙企业的事务执行、合伙企业与第三人的关系、入伙与退伙及特殊的普通合伙企业。熟悉外资企业的设立和组织形式。

【学习难点】

个人独资企业和相关经济组织的区别；合伙企业财产转让的限制要求、合伙企业与第三人的关系；合伙人入伙与退伙的条件；外商投资企业的种类。

【教学建议】

第一节以课堂讲授为主，第二节、第三节和第四节建议结合案例教学和引导学生查阅课外相关资料进行分析。

第一节　企业法概述

一、企业的概念、特征和分类

（一）企业的概念和特征

“企业”(Enterprise)一词，并非汉语的本土词汇，此词汇是从日本语中翻译而来，而日本语中的此词又渊源于英语语系，英语中“企业”一词，往往被理解为冒险干一番事业，且具有持续经营的意思，后来引申为经营组织或经营体。

企业是指依法设立的以营利为目的从事生产经营活动的独立核算的经济组织。企业有以下几个特征。

1. 企业是社会经济组织

企业是一定人员和一定财产的组合。它体现了社会经济特性和社会组织特性。其经济特性是指企业从事商品生产经营的经济活动，目的是实现经济效益。其组织特性是指企业由多人组成，有自己的组织管理机构和工作程序。

2. 企业是以营利为目的从事生产经营活动的社会经济组织

企业所从事的生产经营活动包括生产、交换、服务等，是以满足社会需求、创造社会财富、实现企业利润为目的的活动。

3. 企业是实行独立核算、自负盈亏的社会经济组织

企业要单独计算成本费用，以收抵支，计算盈亏，对经济业务作出全面反映和控制。不实行独立核算的社会经济组织不能称之为企业。

4. 企业是依法设立的社会经济组织

企业依照法律规定设立，取得合法资格，才能从事生产经营活动，并得到国家的认可和保护。

(二) 企业的分类

企业根据不同的标准，具有不同的分类方法。

(1) 根据企业经济性质的不同，可将企业划分为全民所有制企业、集体所有制企业、私营企业、混合所有制企业。这种分类方法有利于明确企业财产所有权的归属，同时便于国家对不同经济性质的企业采取不同的经济政策和管理办法。

(2) 根据行业的不同，可将企业划分为工业企业、农业企业、商业企业、矿业企业等。

(3) 根据出资者的身份不同，可将企业分为内资企业和外资企业。这样划分的目的是适应国家统计、宏观决策的需要，适应国家管理的需要。

(4) 根据企业的责任形式和法律地位，可将企业划分为法人企业和非法人企业。法人企业主要有公司制企业、非公司制企业；非法人企业主要有个人独资企业、合伙企业等。这种划分可明确企业的法律地位和法律资格，便于国家管理，同时便于企业间的经济交往。

除上述分类外，企业还可依据其他标准进行分类，如按企业规模大小的不同，可将企业分为大型企业、中型企业和小型企业；按企业的行政隶属关系的不同，可将企业分为中央企业、地方企业、乡镇企业等。

二、企业法的概念

企业法是指确立企业的法律地位及调整其经济关系的法。企业法是关于企业的设立、组织形式、管理与运行方面的法律规范的总称。可理解为：企业法是各种关于企业的法律、法规、

规章等具有普遍约束力的规定的总称，有关于企业设立、组织和活动方面的法规；关于企业登记方面的法规；关于企业内部劳动用工方面的法规；关于企业财务、会计、税收管理方面的法规等。我国的企业法体系主要包括：《中华人民共和国公司法》《中华人民共和国个人独资企业法》《中华人民共和国合伙企业法》《中华人民共和国中外合资经营企业法》《中华人民共和国中外合作经营企业法》《中华人民共和国外资企业法》等。

本章主要介绍《中华人民共和国个人独资企业法》《中华人民共和国合伙企业法》《中华人民共和国中外合资经营企业法》《中华人民共和国中外合作经营企业法》《中华人民共和国外资企业法》等有关法律的内容。公司法律制度将在第三章专门介绍。

三、企业法的主要内容

作为经济主体法或经济组织法，企业法的主要内容包括如下几条。

(一) 关于企业设立、变更和终止的规定

企业作为一种进行市场活动的经济实体，必须具备合法的主体资格。因此企业法一般都明确规定企业取得合法主体资格的实体条件和程序条件。设立企业的实体条件主要是要求企业具备一定的名称、组织形式、生产经营场所、必需的资产等。设立企业的程序条件主要有申请、审批和登记。另外，企业法还规定了企业主体资格变更和终止的条件和程序。

(二) 关于企业权利义务的规定

企业权利义务方面的规定，是对企业自主经营权行使范围的限定，企业权利义务的大小可以表明企业在社会经济生活中的法律地位以及企业外部环境的宽松程度。现行的几个企业法都规定了企业具有两大权利，即财产权和经营管理权。财产权是指企业对自己所有的财产或依法授予经营的财产享有占有、使用、收益和处分的权利。经营管理权是指企业在生产经营、人事劳动、资金分配等方面的计划、组织、指挥等权利。企业法同时还规定了企业对国家、对社会、对职工应承担的义务。

(三) 关于企业领导体制的规定

企业的领导体制是由企业的领导机构构成的组织领导体系以及各领导机构、人员之间的权限划分。

第二节　个人独资企业法律制度

一、个人独资企业法律制度概述

(一) 个人独资企业的概念和特征

个人独资企业，是指依照《中华人民共和国个人独资企业法》(以下简称《个人独资企业法》)在中国境内设立，由一个自然人投资，财产为投资人个人所有，投资人以其个人财产对企业债

务承担无限责任的经营实体。

独资企业具有以下法律特征。

1. 个人独资企业由一个符合条件的自然人投资

根据《个人独资企业法》的规定，设立个人独资企业的只能是一个自然人，国家机关、国家授权投资的机构或者国家授权的部门、企业、事业单位等都不能作为个人独资企业的设立人。

2. 个人独资企业的投资人对企业的债务承担无限责任

由于个人独资企业的投资人仅为一个自然人，因此，对企业出资多少、是否追加投资或减少投资、采取什么样的经营方式等事项均由投资人一人决定。投资人对企业的债务承担无限责任，即当企业的资产不足以清偿到期债务时，投资人应以自己个人的全部财产用于清偿。

3. 个人独资企业的内部机构设置简单，经营管理方式灵活

个人独资企业的投资人既是企业的所有者，又可以是企业的经营者。因此，其内部机构的设置较为简单，决策程序也较为灵活。

4. 个人独资企业是非法人企业

个人独资企业由一个自然人出资，投资人对企业的债务承担无限责任。在权利义务上，企业和个人是融为一体的，企业的责任即投资人个人的责任，企业的财产即投资人个人的财产。个人独资企业虽不具有法人资格，但却是独立的民事主体，可以以自己的名义从事民事活动。

【例 2-1】下列关于个人独资企业的表述中，正确的是(　　)。

A. 个人独资企业的投资人可以是自然人、法人或者其他组织

B. 个人独资企业的投资人对企业债务承担无限责任

C. 个人独资企业不能以自己的名义从事民事活动

D. 个人独资企业具有法人资格

【解析】根据《个人独资企业法》的规定，正确答案是 B。

(二) 个人独资企业法的概念和基本原则

个人独资企业法有广义和狭义之分。广义的个人独资企业法，是指国家关于个人独资企业的各种法律规范的总称；狭义的个人独资企业法，是指 1999 年 8 月 30 日第九届全国人民代表大会常务委员会第十一次会议通过，自 2000 年 1 月 1 日起施行的《中华人民共和国个人独资企业法》，该法共 6 章 48 条。

《个人独资企业法》规定了下列基本原则：①依法保护个人独资企业的财产和其他合法权益；②个人独资企业从事经营活动必须遵守法律、行政法规，遵守诚实信用原则，不得损害社会公共利益；③个人独资企业应当依法履行纳税义务；④个人独资企业应当依法招用职工；⑤个人独资企业职工的合法权益受法律保护。

二、个人独资企业的设立

(一) 个人独资企业的设立条件

根据《个人独资企业法》的规定，设立个人独资企业应当具备下列条件。

1. 投资人为一个符合条件的自然人

作为投资人的自然人，应满足的条件是：①具有中国国籍；②具有完全民事行为能力；③不属于法律、行政法规禁止从事营利性活动的人。根据我国有关法律、行政法规规定，国家公务员、党政机关领导干部、法官、检察官、商业银行工作人员等，不得作为投资人申请设立个人独资企业。实践中，负有竞业禁止义务的人，在任职期间不得设立与任职公司同类性质的个人独资企业。

个人独资企业投资人对本企业的财产依法享有所有权，其有关权利可以依法进行转让或继承。企业的财产不论是投资人的原始投入还是经营所得，均归投资人所有。

2. 有合法的企业名称

个人独资企业的名称应当符合国家关于企业名称登记管理的有关规定，企业名称应与其责任形式及从事的营业相符合，可以叫厂、店、部、中心、工作室等，个人独资企业名称中不得使用“有限”“有限责任”或者“公司”字样。

3. 有投资人申报的出资

设立个人独资企业可以用货币出资，也可以用实物、土地使用权、知识产权或者其他财产权利出资。采取实物、土地使用权、知识产权或者其他财产权利出资的，应将其折算成货币数额。投资人申报的出资额应当与企业的生产经营规模相适应。投资人可以个人财产出资，也可以家庭共有财产作为个人出资。以家庭共有财产作为个人出资的，投资人应当在设立(变更)登记申请书上予以注明。

4. 有固定的生产经营场所和必要的生产经营条件

个人独资企业生产经营场所包括企业的住所和与生产经营相适应的处所。住所是企业的主要办事机构所在地，是企业的法定地址。从事临时经营、季节性经营、流动经营和没有固定门面的摆摊经营，不得登记为个人独资企业。

5. 有必要的从业人员

个人独资企业要有与其生产经营范围、规模相适应的从业人员。

(二) 个人独资企业的设立程序

1. 提出申请

申请设立个人独资企业，应当由投资人或者其委托的代理人向个人独资企业所在地的登记机关提出设立申请。投资人申请设立登记，应当向登记机关提交下列文件。①投资人签署的个人独资企业设立申请书，设立申请书应当载明：企业的名称和住所；投资人的姓名和居所；投资人的出资额和出资方式；经营范围。个人独资企业投资人以个人财产出资或者以其家庭共有财产作为个人出资的，应当在设立申请书上予以明确。②投资人身份证明，主要是身份证和其他有关证明材料。③企业住所证明和生产经营场所使用证明等文件，如土地使用证明、房屋产权证或租赁合同等。④委托代理人申请设立登记的，应当提交投资人的委托书和代理人的身份证明或者资格证明。⑤国家工商行政管理局规定提交的其他文件。从事法律、行政法规规定必须报经有关部门审批的业务的，应当提交有关部门的批准文件。

2. 工商登记

登记机关应当在收到设立申请文件之日起 15 日内，对符合《个人独资企业法》规定条件的予以登记，发给营业执照；对不符合《个人独资企业法》规定条件的，不予登记，并发给企业登记驳回通知书。个人独资企业营业执照的签发日期，为个人独资企业成立日期。在领取个人独资企业营业执照前，投资人不得以个人独资企业名义从事经营活动。

个人独资企业设立分支机构，应当由投资人或者其委托的代理人向分支机构所在地的登记机关申请设立登记，领取营业执照。分支机构经核准登记后，应将登记情况报该分支机构隶属的个人独资企业的登记机关备案。分支机构的民事责任由设立该分支机构的个人独资企业承担。个人独资企业存续期间登记事项发生变更的，应当在作出变更决定之日起 15 日内依法向登记机关申请办理变更登记。

三、个人独资企业的事务管理

个人独资企业投资人可以自行管理企业事务，也可以委托或者聘用其他具有民事行为能力的人负责企业的事务管理。投资人委托或者聘用他人管理个人独资企业事务，应当与受托人或者被聘用的人签订书面合同。合同应订明委托的具体内容、授予的权利范围、受托人或者被聘用的人应履行的义务、报酬和责任等。受托人或者被聘用的人员应当履行诚信、勤勉义务，以诚实信用的态度对待投资人，对待企业，尽其所能依法保障企业利益，按照与投资人签订的合同负责个人独资企业的事务管理。

投资人对受托人或者被聘用的人员职权的限制，不得对抗善意第三人。所谓第三人是指除受托人或被聘用的人员之外与企业发生经济业务关系的人。所谓善意第三人是指第三人在就有关经济业务事项交往中，没有从事与受托人或者被聘用的人员串通，故意损害投资人的利益的人。个人独资企业的投资人与受托人或者被聘用的人员之间有关权利义务的限制只对受托人或者被聘用的人员有效，对第三人并无约束力，受托人或者被聘用的人员超出投资人的限制与善意第三人的有关业务交往应当有效。

《个人独资企业法》规定，投资人委托或者聘用的管理个人独资企业事务的人员不得有下列行为：①利用职务上的便利，索取或者收受贿赂；②利用职务或者工作上的便利，侵占企业财产；③挪用企业的资金归个人使用或者借贷给他人；④擅自将企业资金以个人名义或者以他人名义开立账户储存；⑤擅自以企业财产提供担保；⑥未经投资人同意，从事与本企业相竞争的业务；⑦未经投资人同意，同本企业订立合同或者进行交易；⑧未经投资人同意，擅自将企业商标或者其他知识产权转让给他人使用；⑨泄露本企业的商业秘密；⑩法律、行政法规禁止的其他行为。

四、个人独资企业的解散和清算

(一) 个人独资企业的解散

个人独资企业的解散，是指个人独资企业终止活动使其民事主体资格消灭的行为。根据《个人独资企业法》的规定，个人独资企业有下列情形之一时，应当解散：①投资人决定解散；

②投资人死亡或者被宣告死亡，无继承人或者继承人决定放弃继承；③被依法吊销营业执照；④法律、行政法规规定的其他情形。

(二) 个人独资企业的清算

个人独资企业解散时，应当进行清算。《个人独资企业法》对个人独资企业清算作了如下规定。

1. 通知和公告债权人

个人独资企业解散，由投资人自行清算或者由债权人申请人民法院指定清算人进行清算。投资人自行清算的，应当在清算前 15 日内书面通知债权人，无法通知的，应当予以公告。债权人应当在接到通知之日起 30 日内，未接到通知的应当在公告之日起 60 日内，向投资人申报债权。

2. 财产清偿顺序

个人独资企业解散的，财产应当按照下列顺序清偿：①所欠职工工资和社会保险费用；②所欠税款；③其他债务。个人独资企业财产不足以清偿债务的，投资人应当以其个人的其他财产予以清偿。

3. 清算期间对投资人的要求

清算期间，个人独资企业不得开展与清算目的无关的经营活动，在按前述财产清偿顺序清偿债务前，投资人不得转移、隐匿财产。

4. 投资人的持续清偿责任

个人独资企业解散后，原投资人对个人独资企业存续期间的债务仍应承担偿还责任，但债权人在 5 年内未向债务人提出偿债请求的，该责任消灭。

5. 注销登记

个人独资企业清算结束后，投资人或者人民法院指定的清算人应当编制清算报告，并于清算结束之日起 15 日内到原登记机关办理注销登记。经登记机关注销登记，个人独资企业终止。个人独资企业办理注销登记时，应当交回营业执照。

第三节　合伙企业法律制度

一、合伙企业法律制度概述

(一) 合伙企业的概念及分类

合伙是指两个以上的人为着共同目的，相互约定共同出资、共同经营、共享收益、共担风险的自愿联合。合伙企业，是指自然人、法人和其他组织依照《中华人民共和国合伙企业法》(以下简称《合伙企业法》)在中国境内设立的普通合伙企业和有限合伙企业。

合伙企业分为普通合伙企业和有限合伙企业。普通合伙企业由普通合伙人组成，合伙人对合伙企业债务承担无限连带责任。《合伙企业法》对普通合伙人承担责任的形式有特别规定的，从其规定。有限合伙企业由普通合伙人和有限合伙人组成，普通合伙人对合伙企业债务承担无限连带责任，有限合伙人以其认缴的出资额为限对合伙企业债务承担责任。

(二) 合伙企业法的概念和基本原则

1. 合伙企业法的概念

合伙企业法有广义和狭义之分。狭义的合伙企业法，是指由国家立法机关依法制定的、规范合伙企业合伙关系的专门法律，即《合伙企业法》。该法于 1997 年 2 月 23 日由第八届全国人民代表大会常务委员会第二十四次会议通过，2006 年 8 月 27 日第十届全国人民代表大会常务委员会第二十三次会议修订，自 2007 年 6 月 1 日起施行。广义的合伙企业法，是指国家立法机关或者其他有权机关依法制定的、调整合伙企业合伙关系的各种法律规范的总称。

2. 合伙企业法的基本原则

《合伙企业法》规定了下列基本原则：①协商原则；②自愿、平等、公平、诚实信用原则；③守法原则；④合法权益受法律保护原则；⑤依法纳税原则。

二、普通合伙企业

(一) 普通合伙企业的概念

普通合伙企业，是指由普通合伙人组成，合伙人对合伙企业债务依照《合伙企业法》规定承担无限连带责任的一种合伙企业。普通合伙企业具有以下特点。

1. 由普通合伙人组成

所谓普通合伙人，是指在合伙企业中对合伙企业的债务依法承担无限连带责任的自然人、法人和其他组织。《合伙企业法》规定，国有独资公司、国有企业、上市公司以及公益性的事业单位、社会团体不得成为普通合伙人。

2. 合伙人对合伙企业债务依法承担无限连带责任

所谓无限连带责任，包括两个方面。一是连带责任，即所有的合伙人对合伙企业的债务都有责任向债权人偿还，不管自己在合伙协议中所确定的承担比例如何。一个合伙人不能清偿对外债务的，其他合伙人都有清偿的责任。但是，当某一合伙人偿还合伙企业的债务超过自己所应承担的数额时，有权向其他合伙人追偿。二是无限责任，即所有的合伙人不仅以自己投入合伙企业的资金和合伙企业的其他资金对债权人承担清偿责任，而且在不够清偿时，还要以合伙人自己所有的财产对债权人承担清偿责任。

但是，在特殊情况下，合伙人可以不承担无限连带责任。合伙人本人执业行为中因故意或者重大过失引起的合伙企业债务，其他合伙人以其在合伙企业中的财产份额为限承担责任；执业行为中因故意或者重大过失引起合伙企业债务的合伙人，应当承担无限连带责任；对合伙人本人执业行为中非故意或者重大过失引起的合伙企业的债务和合伙企业的其他债务，全体合伙人承担无限连带责任。对合伙人执业行为中因故意或者重大过失引起的企业债务，以合伙企业财产对外承担责任后，该合伙人应当按照合伙协议的约定，对给合伙企业造成的损失承担赔偿责任。

(二) 合伙企业的设立

1. 合伙企业的设立条件

根据《合伙企业法》的规定，设立普通合伙企业，应当具备下列条件。

(1) 有两个以上合伙人。合伙人为自然人的，应当具有完全民事行为能力。合伙企业合伙人至少为两人以上，对于合伙企业合伙人数的最高限额，我国《合伙企业法》未作规定，完全由设立人根据所设企业的具体情况决定。

(2) 有书面合伙协议。合伙协议应当依法由全体合伙人协商一致，以书面形式订立。合伙协议应当载明下列事项：合伙企业的名称和主要经营场所的地点；合伙目的和合伙经营范围；合伙人的姓名或者名称、住所；合伙人的出资方式、数额和缴付期限；利润分配、亏损分担方式；合伙事务的执行；入伙与退伙：争议解决办法；合伙企业的解散与清算；违约责任等。合伙协议经全体合伙人签名、盖章后生效。合伙人按照合伙协议享有权利，履行义务。修改或者补充合伙协议，应当经全体合伙人一致同意；但是，合伙协议另有约定的除外。

(3) 有合伙人认缴或者实际缴付的出资。合伙协议生效后，合伙人应当按照合伙协议的规定缴纳出资。合伙人可以用货币、实物、知识产权、土地使用权或者其他财产权利出资，也可以用劳务出资。合伙人的劳务出资形式是有别于公司出资形式的重要不同之处。合伙人以实物、知识产权、土地使用权或者其他财产权利出资，需要评估作价的，可以由全体合伙人协商确定，也可以由全体合伙人委托法定评估机构评估。合伙人以劳务出资的，其评估办法由全体合伙人协商确定，并在合伙协议中载明。合伙人应当按照合伙协议约定的出资方式、数额和缴付期限履行出资义务。以非货币财产出资的，依照法律、行政法规的规定，需要办理财产权转移手续的，应当依法办理。

(4) 有合伙企业的名称和生产经营场所。普通合伙企业应当在其名称中标明“普通合伙”字样，其中，特殊的普通合伙企业应当在其名称中标明“特殊普通合伙”字样，合伙企业的名称必须和“合伙”联系起来，名称中必须有“合伙”二字。

(5) 法律、行政法规规定的其他条件。

【例 2-2】关于普通合伙企业的出资，下列说法错误的是(　　)。

A. 合伙人可以分期缴付出资

B. 合伙人首次缴付的出资不得低于认缴数额的20%

C. 合伙人以劳务出资的，其评估办法由全体合伙人协商确定

D. 合伙人可以用土地使用权出资

【解析】答案为 B。合伙人应当按照合伙协议约定的出资方式、数额和缴付期限，履行出资义务。对首次缴付的出资额，没有法定限制。

2. 合伙企业的设立登记

(1) 申请人向企业登记机关提交相关文件。该类文件有：①全体合伙人签署的设立登记申请书；②合伙协议书；③全体合伙人的身份证明；④全体合伙人指定的代表或者共同委托代理人的委托书；⑤全体合伙人对各合伙人认缴或者实际缴付出资的确认书；⑥经营场所证明；

⑦其他法定的证明文件。

此外，法律、行政法规规定设立合伙企业须经批准的，还应当提交有关批准文件。合伙协议约定或者全体合伙人决定，委托一个或者数个合伙人执行合伙事务的，还应当提交全体合伙人的委托书。

(2) 企业登记机关核发营业执照。合伙企业的营业执照签发日期，为合伙企业的成立日期。合伙企业领取营业执照前，合伙人不得以合伙企业名义从事合伙业务。

合伙企业设立分支机构，应当向分支机构所在地的企业登记机关申请登记，领取营业执照。合伙企业登记事项发生变更的，执行合伙事务的合伙人应当自作出变更决定或者发生变更事由之日起 15 日内，向企业登记机关申请办理变更登记。

(三) 合伙企业财产

1. 合伙企业财产的构成

根据《合伙企业法》的规定，合伙人的出资、以合伙企业名义取得的收益和依法取得的其他财产，均为合伙企业的财产。从这一规定可以看出，合伙企业财产由以下 3 部分构成。

(1) 合伙人的出资。《合伙企业法》规定，合伙人可以用货币、实物、知识产权、土地使用权或者其他财产权利出资，也可以用劳务出资。这些出资形成合伙企业的原始财产。需要注意的是，合伙企业的原始财产是全体合伙人“认缴”的财产，而非各合伙人“实际缴纳”的财产。

(2) 以合伙企业名义取得的收益。合伙企业作为一个独立的经济实体，有自己的独立利益，因此，企业以其名义取得的收益作为合伙企业获得的财产，当然归属于合伙企业，成为合伙财产的一部分。以合伙企业名义取得的收益，主要包括合伙企业的公共积累资金、未分配的盈余、合伙企业债权、合伙企业取得的工业产权和非专利技术等财产权利。

(3) 依法取得的其他财产，即根据法律、行政法规的规定合法取得的其他财产，如合法接受的赠与财产等。

2. 合伙企业财产的性质

合伙企业的财产具有独立性和完整性两方面的特征。所谓独立性，是指合伙企业的财产独立于合伙人，合伙人出资以后，一般说来，便丧失了对其作为出资部分的财产的所有权或者持有权、占有权，合伙企业的财产权主体是合伙企业，而不是单独的每一个合伙人。所谓完整性，是指合伙企业的财产作为一个完整的统一体而存在，合伙人对合伙企业财产权益的表现形式仅是依照合伙协议所确定的财产收益份额或者比例。

根据《合伙企业法》的规定，合伙人在合伙企业清算前，不得请求分割合伙企业的财产；但法律另有规定的除外。合伙人在合伙企业清算前私自转移或者处分合伙企业财产的，合伙企业不得以此对抗善意第三人。所谓善意第三人，是指在有关经济业务事项交往中，没有与受托人或者被聘用的人员串通，故意损害投资人利益的第三人。在确认善意取得的情况下，合伙企业的损失只能向合伙人进行追索，而不能向善意第三人追索。合伙企业也不能以合伙人无权处分其财产而对善意第三人的权利要求进行对抗，即不能以合伙人无权处分其财产而主张其与善意第三人订立的合同无效。当然，如果第三人是恶意取得，即明知合伙人无权处分而与之进行交易，或者与合伙人通谋共同侵犯合伙企业权益，则合伙企业可以据此对抗第三人。

(四) 合伙事务执行

1. 合伙事务执行的形式

根据《合伙企业法》的规定，合伙人执行合伙企业事务，可以有以下两种形式。

(1) 全体合伙人共同执行合伙事务。这是合伙事务执行的基本形式，也是在合伙企业中经常使用的一种形式，尤其是在合伙人较少的情况下更为适宜。在采取这种形式的合伙企业中，按照合伙协议的约定，各个合伙人都直接参与经营，处理合伙企业的事务，对外代表合伙企业。

(2) 委托一个或者数个合伙人执行合伙事务。该形式是在各合伙人共同执行合伙事务的基础上引申而来的。在合伙企业中，有权执行合伙事务的合伙人并不都愿意行使这种权利，而愿意委托其中的一个或者数个合伙人执行合伙事务，从而就从共同执行合伙事务的基本形式中，引申出了共同委托一部分人去执行合伙事务的形式。按照合伙协议的约定或者经全体合伙人决定，可以委托一个或者数个合伙人对外代表合伙企业，执行合伙事务。

根据《合伙企业法》的规定，除合伙协议另有约定外，合伙企业的下列事项应当经全体合伙人一致同意：①改变合伙企业的名称；②改变合伙企业的经营范围、主要经营场所的地点；③处分合伙企业的不动产；④转让或者处分合伙企业的知识产权和其他财产权利；⑤以合伙企业名义为他人提供担保；⑥聘任合伙人以外的人担任合伙企业的经营管理人员。

2. 合伙人在执行合伙事务中的权利和义务

1) 合伙人在执行合伙事务中的权利

根据《合伙企业法》的规定，合伙人在执行合伙事务中的权利主要包括以下内容。

(1) 合伙人对执行合伙事务享有同等的权利。

(2) 执行合伙事务的合伙人对外代表合伙企业。

(3) 不执行合伙事务的合伙人的监督权利。

(4) 合伙人查阅合伙企业会计账簿等财务资料的权利。

(5) 合伙人有提出异议的权利和撤销委托的权利。

2) 合伙人在执行合伙事务中的义务

根据《合伙企业法》的规定，合伙人在执行合伙事务中的义务主要包括以下内容。

(1) 合伙事务执行人向不参加执行事务的合伙人报告企业的经营状况和财务状况。

(2) 合伙人不得自营或者同他人合作经营与本合伙企业相竞争的业务。

(3) 合伙人不得同本合伙企业进行交易。

(4) 合伙人不得从事损害本合伙企业利益的活动。

3. 合伙事务执行的决议办法

《合伙企业法》规定，合伙人对合伙企业有关事项作出决议，按照合伙协议约定的表决办法办理。合伙协议未约定或者约定不明确的，实行合伙人一人一票并经全体合伙人过半数通过的表决办法。《合伙企业法》对合伙企业的表决办法另有规定的，从其规定。这一规定确定了合伙事务执行决议的 3 种办法。

(1) 由合伙协议对决议办法作出约定。这种约定有两个前提：一是不与法律相抵触，即法律有规定的按照法律的规定执行，法律未作规定的可在合伙协议中约定。二是在合伙协议中作出的约定，应当由全体合伙人协商一致共同作出。至于在合伙协议中所约定的决议办法，是采取全体合伙人一致通过，还是采取 2/3 以上多数通过，或者采取其他办法，由全体合伙人视所决议的事项而作出约定。

(2) 实行合伙人一人一票并经全体合伙人过半数通过的表决办法。这种办法也有一个前提，即合伙协议未约定或者约定不明确的，才实行合伙人一人一票并经全体合伙人过半数通过的表决办法。需要注意的是，对各合伙人，无论出资多少和以何物出资，表决权数应以合伙人的人数为准，亦即每一个合伙人对合伙企业有关事项均有同等的表决权，采用经全体合伙人过半数通过的表决办法。

(3) 依照《合伙企业法》的规定作出决议。例如《合伙企业法》规定，合伙人按照合伙协议的约定或者经全体合伙人决定，可以增加或者减少对合伙企业的出资；又如《合伙企业法》规定，处分合伙企业的不动产、改变合伙企业的名称等，除合伙协议另有约定外，应当经全体合伙人一致同意等。

4. 合伙企业的损益分配

(1) 合伙损益。合伙损益包括两方面的内容：一是合伙利润，是指以合伙企业的名义从事经营活动所取得的经济利益，它反映了合伙企业在一定期间的经营成果。二是合伙亏损，是指以合伙企业的名义从事经营活动所形成的亏损。合伙亏损是全体合伙人所共同面临的风险，或者说是共同承担的经济责任。

(2) 合伙损益分配原则。合伙损益分配包含合伙企业的利润分配与亏损分担两个方面，对合伙损益分配原则，《合伙企业法》作了原则规定，主要内容如下。

合伙企业的利润分配、亏损分担，按照合伙协议的约定办理；合伙协议未约定或者约定不明确的，由合伙人协商决定；协商不成的，由合伙人按照实缴出资比例分配、分担；无法确定出资比例的，由合伙人平均分配、分担。合伙协议不得约定将全部利润分配给部分合伙人或者由部分合伙人承担全部亏损。

5. 非合伙人参与经营管理

在合伙企业中，往往由于合伙人经营管理能力不足，需要在合伙人之外聘任非合伙人担任合伙企业的经营管理人员，参与合伙企业的经营管理工作。《合伙企业法》规定，除合伙协议另有约定外，经全体合伙人一致同意，可以聘任合伙人以外的人担任合伙企业的经营管理人员。被聘任的经营管理人员，仅是合伙企业的经营管理人员，不是合伙企业的合伙人，因而不具有合伙人的资格。

关于被聘任的经营管理人员的职责，《合伙企业法》作了明确规定，主要有：①被聘任的合伙企业的经营管理人员应当在合伙企业授权范围内履行职务；②被聘任的合伙企业的经营管理人员，超越合伙企业授权范围履行职务，或者在履行职务过程中因故意或者重大过失给合伙企业造成损失的，依法承担赔偿责任。

(五) 合伙企业与第三人关系

合伙企业与第三人关系，实际是指有关合伙企业的对外关系，涉及合伙企业对外代表权的效力、合伙企业和合伙人的债务清偿等问题。

1. 合伙企业与第三人关系

所谓合伙企业与第三人关系，是指合伙企业的外部关系，即合伙企业与合伙企业的合伙人以外的第三人的关系。合伙企业与第三人关系也就是合伙企业与外部的关系。由于合伙企业在债务承担上是一种连带责任关系，这种关系在一定程度上就会与合伙人自身发生一定的牵连，例如，当合伙企业对外发生了债务并且合伙企业的财产不能清偿其债务时，这一关系即可转化为合伙人与债权人(第三人)之间的关系。

《合伙企业法》规定，合伙企业对合伙人执行合伙事务以及对外代表合伙企业权利的限制，不得对抗善意第三人。这里所指的善意第三人，是指本着合法交易的目的，诚实地通过合伙企业的事务执行人，与合伙企业之间建立民事、商事法律关系的法人、非法人团体或自然人。如果第三人与合伙企业事务执行人恶意串通、损害合伙企业利益，则不属善意的情形。需要注意的是，不得对抗善意第三人，主要是针对给第三人造成的损失而言，即当执行合伙事务的合伙人给善意第三人造成损失时，合伙企业不能因为有对合伙人执行合伙事务以及对外代表合伙企业权利的限制，就不对善意第三人承担责任。

保护善意第三人的利益是为了维护经济往来的交易安全，这是一项被广泛认同的法律原则。

2. 合伙企业的债务清偿与合伙人的关系

(1) 合伙企业财产优先清偿。《合伙企业法》规定，合伙企业对其债务，应先以其全部财产进行清偿。

(2) 合伙人的无限连带清偿责任。《合伙企业法》规定，合伙企业不能清偿到期债务的，合伙人承担无限连带责任。

(3) 合伙人之间的债务分担和追偿。《合伙企业法》规定，合伙人由于承担无限连带责任，清偿数额超过规定的其亏损分担比例的，有权向其他合伙人追偿。

3. 合伙人的债务清偿与合伙企业的关系

在合伙企业存续期间，可能发生个别合伙人因不能偿还其私人债务而被追索的情况。由于合伙人在合伙企业中拥有财产权益，合伙人的债权人可能向合伙企业提出各种清偿请求。为了保护合伙企业和其他合伙人的合法权益，同时也保护债权人的合法权益，《合伙企业法》作了如下规定。①合伙人发生与合伙企业无关的债务，相关债权人不得以其债权抵销其对合伙企业的债务；也不得代位行使合伙人在合伙企业中的权利。②合伙人的自有财产不足清偿其与合伙企业无关的债务的，该合伙人可以以其从合伙企业中分取的收益用于清偿；债权人也可以依法请求人民法院强制执行该合伙人在合伙企业中的财产份额用于清偿。

(六) 入伙与退伙

1. 入伙

入伙，是指在合伙企业存续期间，合伙人以外的第三人加入合伙，从而取得合伙人资格。

(1) 入伙的条件和程序。《合伙企业法》规定，新合伙人入伙，除合伙协议另有约定外，应当经全体合伙人一致同意，并依法订立书面入伙协议。订立入伙协议时，原合伙人应当向新合伙人如实告知原合伙企业的经营状况和财务状况。

(2) 新合伙人的权利和责任。一般来讲，入伙的新合伙人与原合伙人享有同等权利，承担同等责任。但是，如果原合伙人愿意以更优越的条件吸引新合伙人入伙，或者新合伙人愿意以较为不利的条件入伙，也可以在入伙协议中另行约定。关于新入伙人对入伙前合伙企业的债务承担问题，《合伙企业法》规定，新合伙人对入伙前合伙企业的债务承担无限连带责任。

2. 退伙

退伙是指合伙人退出合伙企业，从而丧失合伙人资格。

(1) 退伙的原因。合伙人退伙，一般有两种原因：一是自愿退伙；二是法定退伙。自愿退伙，是指合伙人基于自愿的意思表示而退伙。法定退伙是指合伙人因出现法律规定的事由而退伙。

(2) 退伙的效果。退伙的效果，是指退伙时退伙人在合伙企业中的财产份额和民事责任的归属变动，分为两类情况：一是财产继承；二是退伙结算。

合伙人退伙以后，并不能解除对于合伙企业既往债务的连带责任。根据《合伙企业法》的规定，退伙人对基于其退伙前的原因发生的合伙企业债务，承担无限连带责任。

(七) 特殊的普通合伙企业

1. 特殊的普通合伙企业的概念

特殊的普通合伙企业，是指以专业知识和专门技能为客户提供有偿服务的专业服务机构。特殊的普通合伙企业名称中应当标明“特殊普通合伙”字样。

2. 特殊的普通合伙企业的责任形式

(1) 责任承担。《合伙企业法》规定，一个合伙人或者数个合伙人在执业活动中因故意或者重大过失造成合伙企业债务的，应当承担无限责任或者无限连带责任，其他合伙人以其在合伙企业中的财产份额为限承担责任。合伙人在执业活动中非因故意或者重大过失造成的合伙企业债务以及合伙企业的其他债务，由全体合伙人承担无限连带责任。所谓重大过失，是指明知可能造成损失而轻率地作为或者不作为。根据这一法律规定，特殊的普通合伙企业的责任形式分为两种：①有限责任与无限连带责任相结合；②无限连带责任。

(2) 责任追偿。《合伙企业法》规定，合伙人执业活动中因故意或者重大过失造成的合伙企业债务，以合伙企业财产对外承担责任后，该合伙人应当按照合伙协议的约定，对给合伙企业造成的损失承担赔偿责任。

3. 特殊的普通合伙企业的执业风险防范

特殊的普通合伙企业应当建立执业风险基金、办理职业保险。

执业风险基金，主要是指为了化解经营风险，特殊的普通合伙企业从其经营收益中提取相应比例的资金留存或者根据相关规定上缴至指定机构所形成的资金。执业风险基金用于偿付合伙人执业活动造成的债务。执业风险基金应当单独立户管理。

职业保险，又称职业责任保险，是指承保各种专业技术人员因工作上的过失或者疏忽大意所造成的合同一方或者他人的人身伤害或者财产损失的经济赔偿责任的保险。

三、有限合伙企业

(一) 有限合伙企业的概念及法律适用

1. 有限合伙企业的概念和特征

有限合伙企业，是指由有限合伙人和普通合伙人共同组成，普通合伙人对合伙企业债务承担无限连带责任，有限合伙人以其认缴的出资额为限对合伙企业债务承担责任的合伙组织。有限合伙企业引入有限责任制度，有利于调动各方的投资热情，实现投资者与创业者的最佳结合。

有限合伙企业与普通合伙企业和有限责任公司相比较，具有以下显著特征。

(1) 在经营管理上，普通合伙企业的合伙人一般均可参与合伙企业的经营管理；有限责任公司的股东有权参与公司的经营管理(含直接参与和间接参与)；而在有限合伙企业中，有限合伙人不执行合伙事务，而由普通合伙人从事具体的经营管理。

(2) 在风险承担上，普通合伙企业的合伙人之间对合伙债务承担无限连带责任；有限责任公司的股东对公司债务以其各自的出资额为限承担有限责任；而在有限合伙企业中，不同类型的合伙人所承担的责任则存在差异，其中有限合伙人以其各自的出资额为限承担有限责任，普通合伙人之间承担无限连带责任。

2. 有限合伙企业的法律适用

《合伙企业法》规定了两种类型的企业，即普通合伙企业和有限合伙企业。有限合伙企业与普通合伙企业之间既有相同点，也有差异处，其中两者的差别主要表现在合伙企业的内部构造上。普通合伙企业的成员均为普通合伙人(特殊的普通合伙企业除外)，而有限合伙企业的成员则被划分为两部分，即有限合伙人和普通合伙人。这两部分合伙人在主体资格、权利享有、义务承受与责任承担等方面存在着明显的差异。在法律适用中，凡是《合伙企业法》中对有限合伙企业有特殊规定的，应当适用有关特殊规定；无特殊规定的，适用有关普通合伙企业及其合伙人的一般规定。下面主要介绍有限合伙企业的有关特殊规定。

(二) 有限合伙企业设立的特殊规定

1. 有限合伙企业人数

《合伙企业法》规定，有限合伙企业由两个以上 50 个以下合伙人设立；但法律另有规定的除外。有限合伙企业至少应当有 1 个普通合伙人。按照规定，自然人、法人和其他组织可以依照法律规定设立有限合伙企业，但国有独资公司、国有企业、上市公司以及公益性的事业单位、社会团体不得成为有限合伙企业的普通合伙人。

2. 有限合伙企业名称

《合伙企业法》规定，有限合伙企业名称中应当标明“有限合伙”字样。按照企业名称登记管理的有关规定，企业名称中应当含有企业的组织形式。为便于社会公众以及交易相对人对有限合伙企业的了解，有限合伙企业名称中应当标明“有限合伙”字样，而不能标明“普通合伙”“特殊普通合伙”“有限公司”“有限责任公司”等字样。

3. 有限合伙企业协议

有限合伙企业协议是有限合伙企业生产经营的重要法律文件。有限合伙企业协议除符合普通合伙企业合伙协议的规定外，还应当载明下列事项：①普通合伙人和有限合伙人的姓名或者名称、住所；②执行事务合伙人应具备的条件和选择程序；③执行事务合伙人权限与违约处理办法；④执行事务合伙人的除名条件和更换程序；⑤有限合伙人入伙、退伙的条件、程序以及相关责任；⑥有限合伙人和普通合伙人相互转变程序。

4. 有限合伙人出资形式

《合伙企业法》规定，有限合伙人可以用货币、实物、知识产权、土地使用权或者其他财产权利作价出资。有限合伙人不得以劳务出资。劳务出资的实质是用未来劳动创造的收入来投资，其难以通过市场变现，法律上执行困难。如果普通合伙人用劳务出资，有限合伙人也用劳务出资，将来该有限合伙企业将难以承担债务责任，这将不利于保护债权人的利益。

5. 有限合伙人出资义务

《合伙企业法》规定，有限合伙人应当按照合伙协议的约定按期足额缴纳出资；未按期足额缴纳的，应当承担补缴义务，并对其他合伙人承担违约责任。按期足额缴纳出资是有限合伙人必须履行的义务，因此，有限合伙人应当按照合伙协议的约定按期足额缴纳出资。合伙人未按照协议的约定履行缴纳出资义务的，首先应当承担补缴出资的义务，同时还应对其他合伙人承担违约责任。

6. 有限合伙企业登记事项

《合伙企业法》规定，有限合伙企业登记事项中应当载明有限合伙人的姓名或者名称及认缴的出资数额。

【例 2-3】甲、乙、丙、丁四人准备设立一家有限合伙企业，下列选项错误的是(　　)。

A. 甲提议邀请某国有企业作为有限合伙人加入合伙企业

B. 乙要求作为普通合伙人以劳务作价出资

C. 丙建议企业名称为“××有限合伙公司”

D. 丁认为货币出资没有比例限制

【解析】答案为 C。有限合伙企业名称中应当标明“有限合伙”的字样，而不能标明“普通合伙”“特殊普通合伙”“有限公司”“有限责任公司”等字样。

(三) 有限合伙企业事务执行的特殊规定

1. 有限合伙企业事务执行人

《合伙企业法》规定，有限合伙企业由普通合伙人执行合伙事务。执行事务合伙人可以要求在合伙协议中确定执行事务的报酬及报酬提取方式。如合伙协议约定数个普通合伙人执行合伙事务，这些普通合伙人均为合伙事务执行人。如合伙协议无约定，全体普通合伙人是合伙事务的共同执行人。合伙事务执行人除享有一般合伙人相同的权利外，还有接受其他合伙人的监督和检查、谨慎执行合伙事务的义务，若因自己的过错造成合伙财产损失的，应向合伙企业或其他合伙人负赔偿责任。

2. 有限合伙企业利润分配

《合伙企业法》规定，有限合伙企业不得将全部利润分配给部分合伙人；但合伙协议另有约定的除外。

3. 有限合伙人权利

(1) 有限合伙人可以同本企业进行交易。

(2) 有限合伙人可以经营与本企业相竞争的业务。

(四) 有限合伙企业财产出质与转让的特殊规定

1. 有限合伙人财产份额出质

《合伙企业法》规定，有限合伙人可以将其在有限合伙企业中的财产份额出质；但合伙协议另有约定的除外。所谓有限合伙人将其在有限合伙企业中的财产份额出质，是指有限合伙人以其在合伙企业中的财产份额对外进行权利质押。有限合伙人在有限合伙企业中的财产份额是有限合伙人的财产权益，在有限合伙企业存续期间，有限合伙人可以对该财产权利进行一定的处分。有限合伙人将其在有限合伙企业中的财产份额进行出质，产生的后果仅仅是有限合伙企业的有限合伙人存在变更的可能，这对有限合伙企业的财产基础并无根本的影响。因此，有限合伙人可以按照相关法律规定，进行财产份额的出质。但是，有限合伙企业合伙协议可以对有限合伙人的财产份额出质作出约定，如有特殊约定，应按特殊约定进行。

2. 有限合伙人财产份额转让

《合伙企业法》规定，有限合伙人可以按照合伙协议的约定，向合伙人以外的人转让其在有限合伙企业中的财产份额，但应当提前 30 日通知其他合伙人。这是因为，有限合伙人向合伙人以外的其他人转让其在有限合伙企业中的财产份额，并不影响有限合伙企业债权人的利益。但是，有限合伙人对外转让其在有限合伙企业中的财产份额应当依法进行：一是要按照合伙协议的约定进行转让；二是应当提前 30 日通知其他合伙人。有限合伙人对外转让其在有限合伙企业的财产份额时，有限合伙企业的其他合伙人有优先购买权。

(五) 有限合伙人债务清偿的特殊规定

《合伙企业法》规定，有限合伙人的自有财产不足清偿其与合伙企业无关的债务的，该合伙人可以以其从有限合伙企业中分取的收益用于清偿；债权人也可以依法请求人民法院强制执行该合伙人在有限合伙企业中的财产份额用于清偿。人民法院强制执行有限合伙人的财产份额时，应当通知全体合伙人。在同等条件下，其他合伙人有优先购买权。

(六) 有限合伙企业入伙与退伙的特殊规定

1. 入伙

《合伙企业法》规定，新入伙的有限合伙人对入伙前有限合伙企业的债务，以其认缴的出资额为限承担责任。需要注意的是，在普通合伙企业中，新入伙的合伙人对入伙前合伙企业的债务承担连带责任，而在有限合伙企业中，新入伙的有限合伙人对入伙前有限合伙企业的债务，以其认缴的出资额为限承担责任。

2. 退伙

(1) 有限合伙人当然退伙。《合伙企业法》规定，有限合伙人出现下列情形时当然退伙：①作为合伙人的自然人死亡或者被依法宣告死亡；②作为合伙人的法人或者其他组织依法被吊销营业执照、责令关闭、撤销，或者被宣告破产；③法律规定或者合伙协议约定合伙人必须具有相关资格而丧失该资格；④合伙人在合伙企业中的全部财产份额被人民法院强制执行。

(2) 有限合伙人丧失民事行为能力的处理。《合伙企业法》规定，作为有限合伙人的自然人在有限合伙企业存续期间丧失民事行为能力的，其他合伙人不得因此要求其退伙。

(3) 有限合伙人继承人的权利。《合伙企业法》规定，作为有限合伙人的自然人死亡、被依法宣告死亡或者作为有限合伙人的法人及其他组织终止时，其继承人或者权利承受人可以依法取得该有限合伙人在有限合伙企业中的资格。

(4) 有限合伙人退伙后的责任承担。《合伙企业法》规定，有限合伙人退伙后，对基于其退伙前的原因发生的有限合伙企业债务，以其退伙时从有限合伙企业中取回的财产承担责任。

(七) 有限合伙企业合伙人性质转变的特殊规定

《合伙企业法》规定，除合伙协议另有约定外，普通合伙人转变为有限合伙人，或者有限合伙人转变为普通合伙人，应当经全体合伙人一致同意。有限合伙人转变为普通合伙人的，对其作为有限合伙人期间有限合伙企业发生的债务承担无限连带责任。普通合伙人转变为有限合伙人的，对其作为普通合伙人期间合伙企业发生的债务承担无限连带责任。

四、合伙企业的解散和清算

(一) 合伙企业的解散

合伙企业的解散，是指各合伙人解除合伙协议，合伙企业终止活动。

根据《合伙企业法》的规定，合伙企业有下列情形之一的，应当解散：①合伙期限届满，合伙人决定不再经营；②合伙协议约定的解散事由出现；③全体合伙人决定解散；④合伙人已不具备法定人数满 30 天；⑤合伙协议约定的合伙目的已经实现或者无法实现；⑥依法被吊销营业执照、责令关闭或者被撤销；⑦法律、行政法规规定的其他原因。

(二) 合伙企业的清算

合伙企业解散后应当进行清算。《合伙企业法》对合伙企业清算作了以下几方面的规定。

1. 确定清算人

合伙企业解散，应当由清算人进行清算。清算人由全体合伙人担任；经全体合伙过半数同意，可以自合伙企业解散事由出现后 15 日内指定一个或者数个合伙人，或者托第三人担任清算人。自合伙企业解散事由出现之日起 15 日内未确定清算人的，合伙或者其他利害关系人可以申请人民法院指定清算人。

2. 清算人职责

清算人在清算期间执行下列事务：①清理合伙企业财产，分别编制资产负债表和财产清单；

②处理与清算有关的合伙企业未了结事务；③清缴所欠税款；④清理债权、债务；⑤处理合伙企业清偿债务后的剩余财产；⑥代表合伙企业参加诉讼或者仲裁活动。

3. 通知和公告债权人

清算人自被确定之日起10日内将合伙企业解散事项通知债权人，并于60日内在报纸上公告。债权人应当自接到通知书之日起30日内，未接到通知书的自公告之日起45日内，向清算人申报债权。债权人申报债权，应当说明债权的有关事项并提供证明材料。清算人应当对债权进行登记。清算期间，合伙企业存续，但不得开展与清算无关的经营活动。

4. 财产清偿顺序

合伙企业财产在支付清算费用和职工工资、社会保险费用、法定补偿金以及缴纳所欠税款、清偿债务后的剩余财产，依照《合伙企业法》关于利润分配和亏损分担的规定进行分配。

合伙企业财产清偿问题主要包括以下3方面的内容。

(1) 合伙企业的财产首先用于支付合伙企业的清算费用。

(2) 合伙企业的财产支付合伙企业的清算费用后的清偿顺序如下：合伙企业职工工资、社会保险费用和法定补偿金；缴纳所欠税款；清偿债务。

(3) 分配财产。合伙企业财产依法清偿后仍有剩余时，对剩余财产依照《合伙企业法》的规定进行分配，即按照合伙协议的约定办理；合伙协议未约定或者约定不明确的，由合伙人协商决定；协商不成的，由合伙人按照实缴出资比例分配；无法确定出资比例的，由合伙人平均分配。

5. 注销登记

清算结束，清算人应当编制清算报告，经全体合伙人签名、盖章后，在15日内向企业登记机关报送清算报告，申请办理合伙企业注销登记。经企业登记机关注销登记，合伙企业终止。合伙企业注销后，原普通合伙人对合伙企业存续期间的债务仍应承担无限连带责任。

6. 合伙企业不能清偿到期债务的处理

合伙企业不能清偿到期债务的，债权人可以依法向人民法院提出破产清算申请，也可以要求普通合伙人清偿。合伙企业依法被宣告破产的，普通合伙人对合伙企业债务仍应承担无限连带责任。

第四节　外商投资企业法律制度

一、外商投资企业法律制度概述

(一) 外商投资企业的概念

外商投资企业，是指由中国投资者和外国投资者共同或仅由外国投资者依照我国法律，在中国境内投资设立的企业。中国投资者包括中国的公司、企业或其他经济组织；外国投资者包括外国的公司、企业、其他经济组织或个人。

(二) 外商投资企业的种类和特征

分类标准	种类	特征
外商在注册资本中所占比例	中外合资经营企业(股权式合营)	外商在企业注册资本中的比例有法定要求；企业组织形式为有限责任公司
	中外合作经营企业(契约式合营)	外商在企业注册资本中份额无强制要求；企业采取灵活的组织管理、利润分配、风险负担方式
	外资企业	企业全部资本均为外商出资和拥有

相应的，我国已颁布了《中华人民共和国中外合作经营企业法》《中华人民共和国中外合资经营企业法》与《中华人民共和国外商投资企业法》。我国的外商投资企业法体系已基本形成。

《中华人民共和国中外合资经营企业法》于 1979 年 7 月 1 日第五届全国人民代表大会第二次会议通过。根据 1990 年 4 月 4 日第七届全国人民代表大会第三次会议《关于修改〈中华人民共和国中外合资经营企业法〉的决定》第一次修正，根据 2001 年 3 月 15 日第九届全国人民代表大会第四次会议《关于修改〈中华人民共和国中外合资经营企业法〉的决定》第二次修正，根据 2016 年 9 月 3 日第十二届全国人民代表大会常务委员会第二十二次会议《关于修改〈中华人民共和国外资企业法〉等四部法律的决定》第三次修正。

《中华人民共和国中外合作经营企业法》于 1988 年 4 月 13 日第七届全国人民代表大会第一次会议通过。根据 2000 年 10 月 31 日第九届全国人民代表大会常务委员会第十八次会议《关于修改〈中华人民共和国中外合作经营企业法〉的决定》第一次修正，根据 2016 年 9 月 3 日第十二届全国人民代表大会常务委员会第二十二次会议《关于修改〈中华人民共和国外资企业法〉等四部法律的决定》第二次修正，根据 2016 年 11 月 7 日第十二届全国人民代表大会常务委员会第二十四次会议《关于修改〈中华人民共和国对外贸易法〉等十二部法律的决定》第三次修正，根据 2017 年 11 月 4 日第十二届全国人民代表大会常务委员会第三十次会议《关于修改〈中华人民共和国会计法〉等十一部法律的决定》第四次修正。

《中华人民共和国外资企业法》于 1986 年 4 月 12 日第六届全国人民代表大会第四次会议通过。根据 2000 年 10 月 31 日第九届全国人民代表大会常务委员会第十八次会议《关于修改〈中华人民共和国外资企业法〉的决定》第一次修正，根据 2016 年 9 月 3 日第十二届全国人民代表大会常务委员会第二十二次会议《关于修改〈中华人民共和国外资企业法〉等四部法律的决定》第二次修正，并自公布之日起开始施行。

(三) 外商投资企业的司法管辖和保护

在中国境内设立的外商投资企业，都是中国的法律主体；凡符合中国法律关于法人条件规定的，依法取得中国法人资格。一方面，外商投资企业受中国法律的保护；另一方面，外商投资企业受中国法律的管辖。

为了依法加强对外商投资企业的管理和监督，我国外商投资企业法明确规定，外商投资企业必须遵守中国的法律、法规，不得损害中国的社会公共利益，国家有关机关依法对外商投资企业实行管理和监督。

外商投资企业纠纷的解决均可以自由选择境内、境外的仲裁机构；而诉讼只能选择中国的法院，适用中国的法律。保险应向中国境内的保险公司投保，各方出资都由中国的注册会计师验资。

二、中外合资经营企业法律制度

(一) 中外合资经营企业的概念和特征

中外合资经营企业(简称合营企业)是指外国公司、企业和其他经济组织或个人，依照中华人民共和国法律和行政法规，经中国政府批准，按照平等互利的原则，在中国境内同中国公司、企业或其他经济组织共同投资、共同经营、共负盈亏的企业法人。其具有以下特征。

(1) 中外合营者共同举办。合营企业至少有一方为外国投资者，同样也至少有一方是中国投资者。外国投资者可以是公司、企业、其他经济组织、团体或个人。中国投资者可以是公司、企业或者是其他经济组织，不包括中国公民个人。

(2) 由合营者各方共同出资，其中外国投资者的比例不低于注册资本的25%。组织形式为有限责任公司，依法取得中国法人的资格，适用《中华人民共和国公司法》关于有限公司的规定，但当《中华人民共和国公司法》与《中外合资经营企业法》规定相冲突的，优先适用后者。

(3) 合营各方共同管理。合营企业不设股东会，其最高权力机构为董事会。企业的董事会成员由合营各方按投资比例协商分配，记载于合营企业的合同和章程。

(4) 各方共担风险，共负盈亏。中外合资经营企业乃股权式合营企业，合营各方按照出资比例分配损益。

(二) 合营企业的设立

在中国境内设立的合营企业，应当能够促进中国经济的发展和科学技术水平的提高，有利于社会主义现代化建设。国家鼓励、允许、限制或者禁止设立合营企业的行业，按照国家指导外商投资方向的规定及外商投资产业指导目录执行。

1. 设立的禁止性情形

设立的禁止性情况如下：

(1) 有损中国主权的；

(2) 违反中国法律的；

(3) 不符合中国国民经济发展要求的；

(4) 造成环境污染的；

(5) 签订的协议、合同、章程显属不公平，损害合营一方权益的。

2. 备案程序

根据《外商投资企业设立及变更备案管理暂行办法》(以下简称《办法》)，外商投资企业的设立和变更，不涉及国家规定实施准入特别管理措施的，适用《办法》，即外商投资企业的设立和变更由原来的审批制变更为备案制。

国务院商务主管部门负责统筹和指导全国范围内外商投资企业设立及变更的备案管理工作。各省、自治区、直辖市、计划单列市、新疆生产建设兵团、副省级城市的商务主管部门，以及自由贸易试验区、国家级经济技术开发区的相关机构是外商投资企业设立及变更的备案机构，负责本区域内外商投资企业设立及变更的备案管理工作。备案机构通过外商投资综合管理信息系统(以下简称综合管理系统)开展备案工作。

设立外商投资企业，属于《办法》规定的备案范围的，在取得企业名称预核准后，全体投资者(或外商投资股份有限公司董事会)指定的代表或共同委托的代理人在向工商和市场监督管理部门办理设立登记时，应一并在线报送外商投资企业设立备案信息。由于并购、吸收合并等方式，非外商投资企业转变为外商投资企业，属于本《办法》规定的备案范围的，在向工商和市场监督管理部门办理变更登记时，应一并在线报送外商投资企业设立备案信息。备案机构自取得工商和市场监督管理部门推送的备案信息时，开始办理备案手续，并应同时告知投资者。

3. 合营企业协议、合同和章程

合营企业协议是指合营各方对设立合营企业的某些要点和原则达成一致意见而订立的文件；合营企业合同是指合营各方为设立合营企业就相互权利、义务关系达成一致意见而订立的文件；合营企业章程是指按照合营企业合同规定的原则，经合营各方一致同意，规定合营企业的宗旨、组织原则和经营管理方法等事项的文件。

可见，合营企业协议只是合营方就某些要点和合营意向达成的协议，合营企业合同是设立合营企业的全面、正式的合同性文件，两者约束的都是合营者，但合营企业章程则是对合营企业的组织、经营活动作出的规定，主要约束合营企业及其经营者。

合营企业协议与合营企业合同有抵触时，以合营企业合同为准。经合营各方同意，也可以不订立合营企业协议而只订立合营企业合同、章程。

(三) 合营企业的注册资本与出资

1. 注册资本

注册资本实行授权资本制，而不是实缴资本的总和。注册资本不同于投资总额，投资总额包括注册资本和企业借款，注册资本与企业借款必须保持适当比例。

2. 出资要求

(1) 出资方式：合营企业各方可以以货币、实物、工业产权、专有技术等进行投资。若外国合营者以技术和设备投资，该技术和设备必须是满足我国需要的先进技术和设备。如果故意以落后的技术和设备进行欺骗，导致损失的，应赔偿损失。中国合营者的投资可以包括为合营企业经营期间提供的场地使用权。若场地使用权未作为中国合营者投资的一部分，合营企业应该向中国政府缴纳场地使用费。

(2) 出资比例：外国合资者的投资比例一般不得低于25%。特殊情况需要低于该比例的(如设立高新技术企业的合资企业)，需经国务院审批。

三、中外合作企业法律制度

(一) 中外合作经营企业的概念和特征

中外合作经营企业是一种契约式的合作经营企业。中外合作经营企业(以下简称合作企业)

是中外合作经营各方的当事人依照《中华人民共和国中外合作经营企业法》的规定，通过在合营合同中约定投资或者合作条件、收益或者产品的分配、风险和亏损的分担、经营管理的方式以及合作企业终止时财产的归属而设立的一种企业形式。其具有以下特征。

(1) 以合作经营合同为企业成立的基础。在合作经营合同中，合作经营的各方约定投资或者合作的条件、收益或者产品的分配、风险和亏损的分担、经营管理的方式和合作企业终止时财产的归属等事项。双方都必须按照合同的约定履行义务、享有权利。合作者在合作期限内协商一致对合同作重大变更，应报审查批准机关批准。

(2) 根据组织形式的不同，可设立不同的组织机构，具有多样化特点。合作经营企业的合作各方可以共同举办具有法人资格的合作企业，也可以共同兴办不具有法人资格的合作企业。法人企业设立董事会作为最高的权力机关，非法人企业设立联合管理委员会作为最高的权力机关，还可以委托第三方管理。

(3) 依合同约定分配收益和回收投资，承担风险。区别于合资企业按照投资比例分享收益和承担风险，合作经营企业的合作各方完全按照合作经营合同的规定，分配收益、分担风险和亏损。

中外合作者在合作企业合同中约定合作期限届满时，合作企业的全部固定资产无偿归中国合作者所有的，外国合作者在合作期限内可以申请先行回收其投资。

【例 2-4】合作企业的特点有(　　)。

A. 在合同中约定投资或者合作条件

B. 企业可根据组织形式的不同设置不同的组织机构

C. 依合同约定分配收益和回收投资，承担风险和亏损

D. 合作企业是一种契约式合作经营企业

【解析】答案为 ABCD。以上均为合作企业的特点。

(二) 合作企业的设立

和中外合资经营企业相似，中外合作经营企业的设立也适用《外商投资企业设立及变更备案管理暂行办法》的规定。

(三) 不具备法人资格的合作经营企业

《中华人民共和国中外合作经营企业法实施细则》第五十条规定，不具有法人资格的合作企业及其合作各方，依照中国民事法律的有关规定，承担民事责任。如果合作经营企业是以合伙的方式组成，那么按照《民法典》以及《中华人民共和国合伙企业法》的规定，合作经营各方对合作经营企业的债务承担无限连带责任。

四、外资企业法律制度

(一) 外资企业的概念和特征

外资企业，是指依照中国有关法律规定，在中国境内设立的全部资本由外国投资者投资的企业，不包括外国的企业和其他经济组织在中国境内的分支机构。其具有以下特征。

(1) 外资企业是依据中国法律设立的中国企业。这一特点将其与外国企业区别开来。外国企业是指依据外国法律设立，经我国法律许可在我国从事经营活动的企业。外国企业的成立国对外国企业具有属人管辖权，而中国作为外国企业进行经营活动的东道国仅享有属地管辖权。对于外资企业，因其具有“中国国籍”，我国对其享有属人属地双重管辖权。

(2) 全部的出资由外国投资者承担。外商投资企业全部的注册资本来自外国的投资者，外国的投资者可以是公司、企业或其他经济组织，也可以是个人。

(3) 外资企业是一个独立的法人实体。企业拥有独立的财产，进行独立核算、自负盈亏、独立承担法律责任。

(二) 外资企业的设立

外资企业也属于外商投资企业的一种，因此《外商投资企业设立及备案管理暂行办法》同样适用于外资企业。外资企业的设立，不涉及国家规定实施准入特别管理措施的，将由设立备案制代替审批制。

(三) 外资企业的组织形式

《中华人民共和国外资企业法》及其实施细则规定外资企业的组织形式为有限责任公司，经批准也可以为其他责任形式。

外资企业为有限责任公司的，外国投资者对企业的责任以其认缴的出资额为限。外资企业为其他责任形式的，外国投资者对企业的责任适用中国法律、法规的规定。

本 章 小 结

1. 个人独资企业的设立条件：①投资人为一个自然人，且只能是中国公民；②有合法的企业名称；③有投资人申报的出资；④有固定的生产经营场所和必要的生产经营条件；⑤有必要的从业人员。

2. 个人独资企业的投资人。根据《中华人民共和国个人独资企业法》的规定，个人独资企业的投资人为具有中国国籍的自然人，但法律、行政法规禁止从事营利性活动的人，不得作为投资人申请设立个人独资企业。

3. 普通合伙企业的概念。普通合伙企业，是指由普通合伙人组成，合伙人对合伙企业债务依照《中华人民共和国合伙企业法》规定承担无限连带责任的一种合伙企业。

4. 《中华人民共和国合伙企业法》规定，合伙人对合伙企业有关事项作出决议，按照合伙协议约定的表决办法办理。合伙协议未约定或者约定不明确的，实行合伙人一人一票并经全体合伙人过半数通过的表决办法。

5. 入伙与退伙。入伙是指在合伙企业存续期间，合伙人以外的第三人加入合伙，从而取得合伙人资格。退伙是指合伙人退出合伙企业，从而丧失合伙人资格。

6. 特殊的普通合伙企业的责任形式分为两种：①有限责任与无限连带责任相结合。②无限连带责任。

7. 有限合伙企业设立的特殊规定：有限合伙企业人数、企业名称、企业协议、出资形式、出资义务、登记事项。

8. 外商投资企业的种类：中外合资经营企业、中外合作经营企业、外资企业。

习　题

一、单项选择题

1. 根据个人独资企业法律制度的规定，下列各项中正确的是(　　)。

A. 个人独资企业是法人企业，可以以自己的名义从事民事活动

B. 美国人亨利在中国以个人财产投资设立了个人独资企业

C. 个人独资企业营业执照的颁发日期，为企业成立日期

D. 个人独资企业分支机构的民事责任由设立该分支机构的个人独资企业承担

2. 张军以家庭共有财产出资设立某个人独资企业，但未在设立登记申请书上注明以家庭共有财产出资。该企业因经营不善被解散，企业财产不足以清偿所欠乙银行的借款，对尚未清偿的债务，下列处理中，符合个人独资企业法律制度规定的是(　　)。

A. 不再清偿

B. 以张军的家庭共有财产清偿

C. 以张军个人的其他财产予以清偿

D. 在企业解散后3年内乙银行未提出偿债请求的，张军不再承担清偿责任

3. 根据个人独资企业法律制度的规定，下列各项中，可以作为投资人设立个人独资企业的是(　　)。

A. 国家公务员　　B. 商业银行工作人员

C. 中国公民甲　　D. 党政机关领导干部

4. 下列关于个人独资企业事务管理的表述中，正确的是(　　)。

A. 个人独资企业投资人应当自行管理企业事务

B. 个人独资企业投资人可以委托无民事行为能力人管理企业事务

C. 受托管理企业事务的人员有权自行决定以企业财产提供担保

D. 未经投资人同意，受托管理企业事务的人员不得从事与本企业相竞争的业务

5. 根据个人独资企业法的有关规定，个人独资企业解散后，原投资人对个人独资企业存续期间的债务仍应承担偿还责任，但债权人在(　　)内未向债务人提出偿债请求的，该责任消灭。

A. 3年　　B. 4年

C. 5年　　D. 6年

6. 根据个人独资企业法的有关规定，个人独资企业解散的，其财产应当首先清偿的债务是(　　)。

A. 所欠职工工资和社会保险费用　　B. 所欠税款

C. 所欠银行贷款　　D. 清算费用

7. 甲、乙、丙共同出资设立A普通合伙企业。根据合伙企业法律制度的规定，下列选项关于该企业合伙人以其在合伙企业中财产份额出质的表述，不正确的是(　　)。

A. 甲、乙、丙可以在合伙协议中约定经全体合伙人2/3以上同意，合伙人可以出质

B. 甲以其在合伙企业中的财产份额出质，须经其他合伙人一致同意

C. 乙非法出质给善意第三人造成损失的，依法承担赔偿责任

D. 丙未经甲、乙同意出质，其出质行为无效

8. 根据合伙企业法律制度的规定，下列选项中可以担任普通合伙人的是(　　)。

A. 中国红十字总会　　B. 天翼上市公司

C. 精神病人王某　　D. 红星有限公司

9. 甲、乙、丙、丁共同出资设立A普通合伙企业，下列关于A企业合伙协议内容的约定，不符合规定的是(　　)。

A. 经3/4以上合伙人同意，合伙人可以同A企业进行交易

B. 经3/4以上合伙人同意，合伙人可以自营与A企业相竞争的业务

C. 经3/4以上合伙人同意，可以改变合伙企业的名称

D. 经半数以上合伙人同意，可以聘任合伙人以外的人担任合伙企业的经营管理人员

10. 甲、乙、丙共同出资设立A普通合伙企业，合伙协议未约定合伙企业的利润分配、亏损分担。根据相关规定，A企业利润分配、亏损分担应该(　　)。

A. 按照实缴出资比例分配、分担　　B. 由甲、乙、丙协商决定

C. 甲、乙、丙平均分配、分担　　D. 按照认缴出资比例分配、分担

二、多项选择题

1. 根据个人独资企业法律制度的规定，法律禁止投资人委托或者聘用的管理人员从事的行为有(　　)。

A. 利用职务上的便利，索取或者收受贿赂

B. 泄露本企业的商业秘密

C. 超越投资人授予的职权限制与第三人订立合同

D. 挪用企业资金为个人使用

2. 根据个人独资企业法律制度的规定，下列关于个人独资企业事务管理的表述，符合规定的有(　　)。

A. 个人独资企业投资人可以自行管理企业事务，也可以委托或者聘用其他具有民事行为能力的人负责企业的事务管理

B. 投资人委托或者聘用他人管理个人独资企业事务，应当与受托人或者被聘用人签订书面合同

C. 受聘管理企业事务的人员不得擅自以企业财产提供担保

D. 未经投资人同意，受委托管理企业事务的人员不得与本企业订立合同

3. 根据合伙企业法律制度的规定，出现下列情形时，合伙企业应当解散的有(　　)。

A. 合伙期限届满，合伙人决定不再经营

B. 合伙人已不具备法定人数满15天

C. 全体合伙人决定解散

D. 合伙企业被依法吊销营业执照

4. 根据《个人独资企业法》的规定，下列关于个人独资企业解散清算后通知债权人的说法正确的有(　　)。

A. 投资人自行清算的，应当在清算前30日内书面通知债权人

B. 投资人自行清算的，无法通知债权人的，应当予以公告

C. 债权人应当在接到通知之日起30日内，向投资人申报债权

D. 未接到通知的债权人应当在公告之日起45日内，向投资人申报债权

5. 甲、乙、丙、丁各出资 10 万元成立了 A 会计师事务所(特殊普通合伙企业)，甲、乙在执业过程中，因重大过失出具了不实审计报告，给合伙企业造成了 100 万元的经济损失。根据合伙企业法律制度的规定，对此债务应承担无限连带责任的合伙人有(　　)。

A. 甲　　B. 乙

C. 丙　　D. 丁

三、名词解释

1. 个人独资企业　2. 普通合伙企业　3. 入伙与退伙　4. 中外合资经营企业　5. 中外合作经营企业

四、简答题

1. 简述个人独资企业设立的条件。
2. 简述普通合伙企业的特点。
3. 简述合伙企业财产的构成。

案例分析

2017 年 2 月 1 日，甲、乙、丙三位注册会计师各自出资 100 万元，设立 A 会计师事务所(特殊普通合伙企业)。2017 年 4 月 1 日，甲非因故意或者重大过失给合伙企业造成了 300 万元的债务；2017 年 8 月 1 日，乙因故意出具了虚假的审计报告，给合伙企业造成了 900 万元的债务。

问题：

1. 对于 2017 年 4 月 1 日的 300 万元债务，甲、乙、丙分别承担何种责任？并说明理由。
2. 对于 2017 年 8 月 1 日的 900 万元债务，甲、乙、丙分别承担何种责任？并说明理由。

第三章

公　司　法

【导读】

公司是以营利为目的、由法定数额股东组成、向社会提供商品和服务的经济组织。公司作为企业的一种特殊形式，在社会主义市场经济体制中，其作用越来越突出。现代经营管理者应当了解我国公司法对我国公司形式的规定，知道有限责任公司、股份有限公司、国有独资公司、一人有限责任公司在我国的设立情况，它们的组织机构以及运行原则，公司股票、股份、公司债券的发行，公司的利润分配等。一个公司不可能永久按照一个模式持续经营下去，它必定会经历由出生到成长到成熟，最后走向衰退。在这个过程中，公司会经历合并、分立、增资减资，以及解散或是破产清算。

【学习重点】

公司以及公司法的概念，有限责任公司的设立和组织机构，股份有限公司的设立和组织机构，了解公司的利润分配，公司合并、分立、增减注册资本，公司的解散和清算，违反公司法的法律责任。

【学习难点】

对有限责任公司和股份有限公司的设立、组织机构、合并和分立一直到公司的解散和清算做综合分析，熟知公司法律制度。

【教学建议】

第一节、第七节以课堂讲授为主，第二节、第三节、第四节、第五节和第六节建议结合案例进行教学，加深学生对知识的理解，并布置课后作业。

第一节 公司法律制度概述

一、公司的概念与种类

(一) 公司的概念

根据《中华人民共和国公司法》(以下简称《公司法》)的规定，公司是依法设立、以营利为目的、由股东投资形成的企业法人。从法律上讲，我国的公司具有以下4个方面的特征。

1. 依法设立

这是指公司必须依照法定条件、法定程序设立。一方面，要求公司的章程、资本、组织机构、活动原则等必须合法；另一方面，要求公司的设立必须经过法定程序，进行工商登记。

2. 以营利为目的

以营利为目的，是指公司设立以经营并获取利润为目的，且股东出资设立公司的目的也是为了营利，即从公司经营中取得利润。如果某些公司对经营利润不进行分配，而是用于社会公益等其他目的的，则不属于以营利为目的的公司性质。

3. 以股东投资行为为基础设立

根据《公司法》的规定，公司设立必须具备的法定条件之一是达到法定的注册资本，而注册资本来源于股东的投资，即由股东按法定和章程约定的出资方式及约定比例出资形成，因此，没有股东的投资行为就不能设立公司。

4. 具有独立法人资格

公司具有独立法人资格，体现在公司拥有独立的法人财产、有独立的组织机构并能够独立承担民事责任。

(二) 公司的种类

按照法律的规定及学理的解释，可以对公司进行分类。

1. 以公司资本结构和股东对公司债务承担责任的方式为标准分类

以公司资本结构和股东对公司债务承担责任的方式为标准，可以将公司分为以下几类。

1) 有限责任公司

有限责任公司，是指股东以其认缴的出资额为限对公司承担责任、公司以其全部财产对公司的债务承担责任的公司。

2) 股份有限公司

股份有限公司，是指将公司全部资本分为等额股份、股东以其认购的股份为限对公司承担责任、公司以其全部财产对公司的债务承担责任的公司。

3) 无限公司

无限公司，是指由两个以上的股东组成、全体股东对公司的债务承担无限连带责任的公司。

无限公司与合伙公司具有基本相同的法律性质，但不同的是，有些国家规定无限公司具有法人资格。

4) 两合公司

两合公司，是指由负无限责任的股东和负有限责任的股东组成的公司。无限责任股东对公司债务负无限连带责任，有限责任股东仅就其认缴的出资额为限对公司债务承担责任。其中，无限责任股东是公司经营管理者，有限责任股东则是不参与经营管理的出资者。我国《公司法》规定的公司形式仅为有限责任公司和股份有限公司。

2. 以公司的信用基础为标准分类

以公司的信用基础为标准，可以将公司分为以下几类。

1) 资合公司

资合公司，是指以公司资本作为信用基础的公司，其典型的形式为股份有限公司。此类公司仅以资本的实力取信于人，股东个人的财产、能力或者信誉与公司无关。

2) 人合公司

人合公司，是指以股东个人的财力、能力和信誉作为信用基础的公司，其典型的形式为无限公司。人合公司的财产及责任与股东的财产及责任没有完全分离，其不以自身资本作为信用基础，法律上也不规定设立公司的最低资本额，股东可以用劳务、信用和其他权利出资，企业的所有权和经营权一般也不分离。

3) 资合兼人合的公司

资合兼人合的公司，是指同时以公司资本和股东个人信用作为公司信用基础的公司，其典型形式为两合公司。

3. 以公司组织关系为标准分类

以公司组织关系为标准，可以将公司分为以下几类。

1) 母公司和子公司

在不同公司之间基于股权而存在控制与依附关系时，因持有其他公司股权而处于控制地位的是母公司，因其股权被持有而处于依附地位的则是子公司。母子公司之间虽然存在控制与被控制的组织关系，但它们都具有法人资格，在法律上是彼此独立的企业。我国《公同法》规定，公司可以设立子公司，子公司具有法人资格，依法独立承担责任。

2) 总公司和分公司

分公司是公司依法设立的以公司名义进行经营活动，凡法律后果由本公司承担的分支机构。相对分公司而言，公司称为总公司或本公司。分公司没有独立的公司名称、章程，没有独立的财产，不具有法人资格，但可领取营业执照，进行经营活动，其民事责任由总公司承担。我国《公司法》规定，公司可以设立分公司，分公司不具有法人资格，其民事责任由公司承担。

二、公司法的概念与特征

(一) 公司法的概念

公司法是规定公司法律地位，调整公司组织关系，规范公司在设立、变更与终止过程中的组织行为的法律规范的总称。公司法的概念有广义和狭义之分。狭义的公司法，仅指《公司法》这一形式意义上的规范性文件；广义的公司法，则是调整公司组织关系、规范公司行为的法律规范的总称，其表现形式不仅包括《公司法》，还包括《公司登记管理条例》等。我国《公司法》由第八届全国人大常委会第五次会议于 1993 年 12 月 29 日通过，自 1994 年 7 月 1 日起施行。全国人大常委会于 1999 年、2004 年对《公司法》进行了两次小的修改，通过 2005 年 10 月 27 日第十届全国人大常委会第十八次会议修订，并自 2006 年 1 月 1 日起施行。通过 2013 年 12 月 28 日第十二届全国人大常委会第六次会议修订，并自 2014 年 3 月 1 日起施行。现行版本根据 2018 年 10 月 26 日第十三届全国人民代表大会常务委员会第六次会议《关于修改〈中华人民共和国公司法〉的决定》第四次修正。

(二) 公司法的特征

1. 公司法是组织法

公司法的首要目的是确立公司的法律地位，公司法主要规定公司的类型、设立、变更、终止、公司的权利能力和行为能力、内部组织管理机构等，因此，公司法首先是组织法。

2. 公司法是行为法

公司法以公司作为调整对象，公司营利性是公司的首要特征。为了营利，公司必须进行各种经济活动。为了规范公司的行为，保护投资者利益和维护经济秩序，公司法将公司特有活动(如股份、债券的发行和转让等)纳入调整范围，因此，公司法又有行为法的特点。

3. 公司法是一部以强制性规范为主的法律

公司法从民商法中独立而来，而公司归根结底是为投资者追求利益提供的一种组织形式，因此，公司法必须体现当事人的意思自治，以满足“自由”经济的要求，从而有任意性规范。同时，随着公司在社会经济中地位日益重要，公司的组织与活动对社会经济秩序影响很大，因此，国家须加强对公司的干预，所以公司法中有大量的强制性规范，且强制性规范有日益增多的趋势，如各国公司法对于违反公司法的行为，不仅规定了民事责任，还规定了大量的行政责任条款甚至刑事责任条款。

4. 公司法是成文法

公司法是国家机关根据法定程序制定发布的具体系统的法律文件，是一部实体法与程序法规范相结合的法律典范。公司法里有大量的实体性规范规定公司的组织和活动准则，如公司设立的条件、公司和股东的权利义务等。同时为了规范公司、股东、公司管理人员的行为，公司法又规定了大量的程序性规范。这些是根据立法程序指定的，并以规范性文件的形式表现出来。

(三) 公司法人财产权与股东权利

1. 公司法人财产权

(1) 公司作为企业法人享有法人财产权。公司的财产虽然源于股东的投资，但股东一旦将财产投入公司，便丧失对该财产直接支配的权利，只享有公司的股权，由公司享有对该财产支配的权利，即对法人财产行使占有、使用、收益和处分的权利。

(2) 公司向其他企业投资或者为他人提供担保按照公司章程的规定由董事会或者股东会、

股东大会决议；公司章程对投资或者担保的总额及单项投资或者担保的数额有限额规定的，不得超过规定的限额；公司为公司股东或者实际控制人提供担保的，必须经股东会或者股东大会决议。接受担保的股东或者受实际控制人支配的股东，不得参加上述规定事项的表决。该项表决由出席会议的其他股东所持表决权的过半数通过。

(3) 公司可以向其他企业投资，除法律另有规定外，不得成为对所投资企业的债务承担连带责任的出资人。

2. 公司股东权利

(1) 公司股东是持有公司股份或出资的人，股东权利是基于股东资格而享有的权利。公司股东依法享有资产受益、参与重大决策和选择管理者等权利。

(2) 公司股东应当遵守法律、行政法规和公司章程，依法行使股东权利，不得滥用股东权利损害公司或者其他股东的利益；不得滥用公司法人独立地位和股东有限责任损害公司债权人的利益。公司股东滥用股东权利给公司或者其他股东造成损失的，应当依法承担赔偿责任。公司股东滥用公司法人独立地位和股东有限责任，逃避债务，严重损害公司债权人利益的，应当对公司债务承担连带责任。这一规定表明，在我国《公司法》上确立了公司法人人格否认原则。

(3) 公司的控股股东、实际控制人、董事、监事和高级管理人员不得利用其关联关系损害公司利益。违反规定给公司造成损失的，应当承担赔偿责任。

(4) 公司股东会或者股东大会、董事会的决议内容有违反法律、行政法规规定的无效。股东会或者股东大会、董事会的会议召集程序、表决方式违反法律、行政法规或者公司章程，或者决议内容违反公司章程的，股东可以自决议作出之日起 60 日内，请求人民法院撤销。股东据此规定提起诉讼的，人民法院可以应公司的请求，要求股东提供相应担保。

第二节　有限责任公司

一、有限责任公司的概念和特征

(一) 有限责任公司的概念

有限责任公司，是依照《公司法》在中国境内设立的，股东以其出资额为限对公司承担责任，公司以其全部资产对公司的债务承担责任的企业法人。

(二) 有限责任公司的特征

有限责任公司是公司的一种，具有以下特征。

(1) 有限责任公司具备公司的一般特征，它由法定数额的股东共同出资组织，依《公司法》设立，是具有法人资格，能够独立享有权利、承担义务的经济实体。

(2) 有限责任公司与无限公司、两合公司、股份两合公司相比较，最重要的特征是其股东均负有限责任。所谓有限责任，是指公司的股东以其出资额为限对公司负责。也就是说，股东除了自己认缴的股本外，对公司债务不负任何责任。公司的债务完全以公司的财产清偿。因此，为保护公司债权人的利益和维护公司的信用，法律要求公司在设立时，其筹集的股本总额必须达到最低资本限额。同时，《公司法》还对公司股本的确定、维持、变化等作了限制性规定。有限责任公司的这一特征与股份有限公司的相同。

(3) 有限责任公司与股份有限公司相比较，其主要特征是：有限责任公司的资本部分为等额股份，证明股东出资份额的权利凭证是出资证明书(或股单)，而不是股票。有限责任公司的法定资本最低限额的标准低于股份有限公司，其设立的程序比股份有限公司简单。另外，有限责任公司具有人合公司和资合公司的双重性质，而股份有限公司具有典型的资合公司的性质。

二、有限责任公司的设立

(一) 设立条件

根据《公司法》的规定，设立有限责任公司应当具备下列条件。

1. 股东符合法定人数

《公司法》规定，有限责任公司由50个以下股东出资设立。《公司法》对有限责任公司股东人数没有规定下限，有限责任公司股东人数可以为1个或50个以下。股东既可以是自然人，也可以是法人。

2. 有符合公司章程规定的全体股东认缴的出资额

1) 注册资本

有限责任公司的注册资本为在公司登记机关登记的全体股东认缴的出资额。法律、行政法规以及国务院决定对有限责任公司注册资本实缴、注册资本最低限额另有规定的，从其规定。

2) 股东出资方式

股东可以用货币出资，也可以用实物、知识产权、土地使用权等可以用货币估价并可以依法转让的非货币财产作价出资，但是法律、行政法规规定不得作为出资的财产除外。实物出资是指以房屋、机器设备、工具、原材料、零部件等有形资产的所有权出资。知识产权出资是指以无形资产，包括著作权、专利权、商标权、非专利技术等所有权出资。对作为出资的非货币财产应当评估作价，核实财产，不得高估或者低估作价。根据《最高人民法院关于适用<中华人民共和国公司法>若干问题的规定(三)》的规定，出资人以非货币财产出资，未依法评估作价，公司、其他股东或者公司债权人请求认定出资人未履行出资义务的，人民法院应当委托具有合法资格的评估机构对该财产评估作价。评估确定的价额显著低于公司章程所定价额的，人民法院应当认定出资人未依法全面履行出资义务。但是，出资人以符合法定条件的非货币财产出资后，因市场变化或者其他客观因素导致出资财产贬值，公司、其他股东或者公司债权人请求该出资人承担补足出资责任的，人民法院不予支持。但是，当事人另有约定的除外。

根据《最高人民法院关于适用<中华人民共和国公司法>若干问题的规定(三)》的规定，出资人以划拨土地使用权出资，或者以设定权利负担的土地使用权出资，公司、其他股东或者公司债权人主张认定出资人未履行出资义务的，人民法院应当责令当事人在指定的合理期间内办理土地变更手续或者解除权利负担。逾期未办理或者未解除的，人民法院应当认定出资人未依法全面履行出资义务。

根据《最高人民法院关于适用〈中华人民共和国公司法〉若干问题的规定(三)》的规定，出资人以房屋、土地使用权或者需要办理权属登记的知识产权等财产出资，已经交付公司使用但未办理权属变更手续，公司、其他股东或者公司债权人主张认定出资人未履行出资义务的，人民法院应当责令当事人在指定的合理期间内办理权属变更手续；在前述期间内办理了权属变更手续的，人民法院应当认定其已经履行了出资义务；出资人主张自其实际交付财产给公司使用时享有相应股东权利的，人民法院应予支持。出资人已经就前述财产出资，办理权属变更手续但未交付给公司使用，公司或者其他股东主张其向公司交付，并在实际交付之前不享有相应股东权利的，人民法院应予支持。

3. 股东共同制定公司章程

公司章程是记载公司组织、活动基本准则的公开性法律文件。设立有限责任公司必须由股东共同依法制定公司章程。股东应当在公司章程上签名、盖章。公司章程对公司、股东、董事、监事、高级管理人员具有约束力。公司章程所记载的事项，可以分为必备事项和任意事项。必备事项是法律规定的在公司章程中必须记载的事项，或称绝对必要事项；任意事项是由公司自行决定是否记载的事项，包括公司有自主决定权的一些事项。

根据《公司法》的规定，有限责任公司章程应当载明下列事项：①公司名称和住所；②公司经营范围；③公司注册资本；④股东的姓名或者名称；⑤股东的出资方式、出资额和出资时间；⑥公司的机构及其产生办法、职权、议事规则；⑦公司法定代表人；⑧股东会会议认为需要规定的其他事项。

4. 有公司名称，建立符合有限责任公司要求的组织机构

公司的名称是公司的标志。公司设立自己的名称时，必须符合法律、法规的规定，并应当经过公司登记管理机关进行预先核准登记。公司应当设立符合有限责任公司要求的组织机构，即股东会、董事会或者执行董事、监事会或者监事等。公司名称是公司设立的一个必不可少的要件。有限责任公司必须在公司名称中标明“有限责任公司”字样。一人有限责任公司应当在公司登记中注明自然人或者法人独资，并在公司营业执照中载明。

5. 有公司住所

设立公司必须有住所。没有住所的公司不得设立。公司以其主要办事机构所在地为住所。

上述 5 个条件是有限责任公司设立的必备要件、缺一不可。只有同时具备了这 5 个要件，公司才能获准设立。

【例 3-1】下列关于有限责任公司注册资本的表述中，不符合《公司法》规定的有(　　)。

A. 注册资本的法定最低限额为人民币 3 万元

B. 公司登记机关登记的全体股东认缴的出资额即为注册资本

C. 全体股东的货币出资额不得低于注册资本的 30%

D. 一人有限责任公司的注册资本法定最低限额为人民币 10 万元

【解析】答案为 ACD。本题考核股东的出资。修正后的公司法已经没有注册资本的限制，也没有货币出资额的比例限制，选项 ACD 不符合规定。

【例 3-2】下列关于有限责任公司股东出资方式的表述中，符合公司法律制度规定的是(　　)。

A. 以商誉作价出资

B. 以劳务作价出资

C. 以特许经营权作价出资

D. 以土地使用权作价出资

【解析】答案为 D。本题考核股东出资方式。股东可以用货币出资，也可以用实物、知识产权、土地使用权等可以用货币估价并可以依法转让的非货币财产作价出资。不得以劳务、信用、自然人姓名、商誉、特许经营权或者设定担保的财产等作价出资。

(二) 设立程序

公司的设立有两种：一种是登记设立，是指符合法定设立公司必须具备的条件，当事人向工商行政管理部门提交公司章程、验资证明和设立登记申请书，经批准登记，发给营业执照。其营业执照的签发日，为有限责任公司的成立日。另一种是批准成立，是指设立公司必须经过主管行政机关的批准，在办理设立登记时，提交批准文件，然后登记注册，方可成立。按照《公司法》第六条的规定，一般有限责任公司的设立，采取登记设立的方式。法律、行政法规规定，设立公司必须报经批准的，采取批准设立的方式，具体程序如下。

1. 制定公司章程

股东设立有限责任公司，必须先订立公司章程，将要设立的公司基本情况以及各方面的权利义务加以明确规定。国有独资公司的章程由国有资产监督管理机构制定，或者由董事会制定，报国有资产监督管理机构审批。股东应在公司章程上签名、盖章，报登记主管机关备案。章程除置于本公司外，股东每人各执一份。

2. 必要的行政审批

我国并非所有的有限责任公司的设立均要求这一程序。我国《公司法》第六条规定，法律、行政法规规定设立公司必须报经批准的，应当在公司登记前依法办理批准手续。所以，只有在法律、行政法规对设立公司规定必须报经审批的，才办理审批手续。例如，设立经营保险业务的有限责任公司，就应当经有关保险监管机构审批，未经批准的不得申请登记。

3. 股东按公司章程规定缴纳出资

股东应当足额缴纳公司章程中规定的各自所认缴的出资额。股东可以用货币出资，也可以用实物、知识产权、土地使用权等可以用货币估价并可以依法转让的非货币财产作价出资；但是，法律、行政法规规定不得作为出资的财产除外。取消了原公司法要求全体股东的货币出资金额不得低于有限责任公司注册资本 30%的规定。对作为出资的非货币财产应当评估作价，核实财产，不得高估或者低估作价。法律、行政法规对评估作价有规定的，从其规定。股东以货币出资的，应当将货币出资足额存入有限责任公司在银行开立的账户；以非货币财产出资的，应当依法办理其财产权的转移手续。

如果股东不按照规定缴纳出资的，除应当向公司足额缴纳外，还应当向已按期足额缴纳出资的股东承担违约责任。而对于有限责任公司成立后，发现作为设立公司出资的非货币财产的实际价额显著低于公司章程所定价额的，应当由交付该出资的股东补足其差额；公司设立时的其他股东承担连带责任。

4. 申请设立登记

股东认足公司章程规定的出资后，由全体股东指定的代表或者共同委托的代理人向公司登记机关报送公司登记申请书、公司章程等文件，申请设立登记。

设立有限责任公司的同时设立分公司的，应当就所设分公司向登记管理机关申请登记。

公司登记机关对符合《公司法》规定条件的，予以核准登记，发给公司营业执照；对不符合条件的，不予登记。公司自营业执照签发之日起正式成立。

【例 3-3】某有限责任公司股东甲将其所持全部股权转让给该公司股东乙。乙受让该股权时，知悉甲尚有 70%出资款未按期缴付。下列关于甲不按规定出资责任的表述中，符合公司法律制度规定的是(　　)。

A. 甲继续向公司承担足额缴纳出资的义务，乙对此不承担责任

B. 甲继续向公司承担足额缴纳出资的义务，乙对此承担连带责任

C. 乙代替甲向公司承担足额缴纳出资的义务，甲对此不再承担责任

D. 乙代替甲向公司承担足额缴纳出资的义务，甲对此承担补充清偿责任

【解析】答案为 B。本题考核有限责任公司的设立。有限责任公司的股东未履行或者未全面履行出资义务即转让股权，受让人对此知道或者应当知道，公司请求该股东履行出资义务、受让人对此承担连带责任的，人民法院应予支持。

三、有限责任公司的组织机构

(一) 股东会

1. 股东会的职权

有限责任公司股东会由全体股东组成。股东会是公司的权力机构，依法行使下列职权：①决定公司的经营方针和投资计划；②选举和更换非由职工代表担任的董事、监事，决定有关董事、监事的报酬事项；③审议批准董事会的报告；④审议批准监事会或者监事的报告；⑤审议批准公司的年度财务预算方案、决算方案；⑥审议批准公司的利润分配方案和弥补亏损方案；⑦对公司增加或者减少注册资本作出决议；⑧对发行公司债券作出决议；⑨对公司合并、分立、变更公司形式、解散和清算等事项作出决议；⑩修改公司章程；⑪公司章程规定的其他职权。

2. 股东会的形式

股东会会议分为定期会议和临时会议。定期会议应当按照公司章程的规定按时召开。代表 1/10 以上表决权的股东，1/3 以上的董事，监事会或者不设监事会的公司的监事提议召开临时会议的，应当召开临时会议。

3. 股东会的召开

首次股东会会议由出资最多的股东召集和主持，依法行使职权。以后的股东会会议，公司设立董事会的，由董事会召集，董事长主持；董事长不能履行职务或者不履行职务的，由副董事长主持；副董事长不能履行职务或者不履行职务的，由半数以上董事推举一名董事主持。公司不设董事会的，股东会会议由执行董事召集和主持。董事会或者执行董事不能履行或者不履行召集股东会会议职责的，由监事会或者不设监事会的公司的监事召集和主持；监事会或者监

事不召集和主持的，代表 1/10 以上表决权的股东可以自行召集和主持。所谓不能履行职务，是指因生病、出差在外等客观上的原因导致其无法履行职务的情形。所谓不履行职务，是指不存在无法履行职务的客观原因，但以其他理由或者根本就没有理由而不履行职务的情形。召开股东会会议，应当于会议召开 15 日前通知全体股东；但是，公司章程另有规定或者全体股东另有约定的除外。股东会应当对所议事项的决定做成会议记录，出席会议的股东应当在会议记录上签名。

4. 股东会的决议

股东会会议由股东按照出资比例行使表决权；但是，公司章程另有规定的除外。股东会的议事方式和表决程序，除《公司法》有规定的外，由公司章程规定。股东会会议作出修改公司章程、增加或者减少注册资本的决议，以及公司合并、分立、解散或者变更公司形式的决议，必须经代表 2/3 以上表决权的股东通过。

(二) 董事会

董事会是公司股东会的执行机构，对股东会负责。

1. 董事会的组成

有限责任公司设董事会(依法不设董事会的除外)，其成员为 3~13 人。两个以上的国有企业或者其他两个以上的国有投资主体投资设立的有限责任公司，其董事会成员中应当有公司职工代表；其他有限责任公司董事会成员中也可以有公司职工代表。董事会中的职工代表由公司职工通过职工代表大会、职工大会或者其他形式民主选举产生。董事会设董事长 1 人，可以设副董事长。董事长、副董事长的产生办法由公司章程规定。董事任期由公司章程规定，但每届任期不得超过 3 年。董事任期届满，连选可以连任。董事任期届满未及时改选，或者董事在任期内辞职导致董事会成员低于法定人数的，在改选出的董事就任前，原董事仍应当依照法律、行政法规和公司章程的规定，履行董事职务。

2. 董事会的职权

董事会对股东会负责，行使下列职权：①召集股东会会议，并向股东会报告工作；②执行股东会的决议；③决定公司的经营计划和投资方案；④制订公司的年度财务预算方案、决算方案；⑤制订公司的利润分配方案和弥补亏损方案；⑥制订公司增加或者减少注册资本以及发行公司债券的方案；⑦制订公司合并、分立、变更公司形式、解散的方案；⑧决定公司内部管理机构的设置；⑨决定聘任或者解聘公司经理及其报酬事项，并根据经理的提名决定聘任或者解聘公司副经理、财务负责人及其报酬事项；⑩制定公司的基本管理制度；⑪公司章程规定的其他职权。

3. 董事会的召开

董事会会议由董事长召集和主持；董事长不能履行职务或者不履行职务的，由副董事长召集和主持；副董事长不能履行职务或者不履行职务的，由半数以上董事共同推举一名董事召集和主持。

4. 董事会的决议

董事会的议事方式和表决程序，除《公司法》有规定的外，由公司章程规定。董事会应当对所议事项的决定做成会议记录，出席会议的董事应当在会议记录上签名。董事会决议的表决，实行一人一票。有限责任公司股东人数较少或者规模较小的，可以设 1 名执行董事，不设董事会。执行董事可以兼任公司经理。执行董事的职权由公司章程规定。

【例 3-4】甲有限责任公司未设董事会，股东乙为执行董事。根据公司法律制度的规定，在公司章程无特别规定的情形下，乙可以行使的职权有(　　)。

A. 决定公司的投资计划

B. 召集股东会会议

C. 决定公司的利润分配方案

D. 决定聘任公司经理

【解析】答案为 BD。本题考核董事会职权。①决定公司的“经营计划”和“投资方案”属于董事会的职权，决定公司的“经营方针”和“投资计划”属于股东会的职权，选项 A 错误；②审议批准公司的利润分配方案属于股东会的职权，选项 C 错误。

(三) 经理

有限责任公司可以设经理，由董事会决定聘任或者解聘。经理对董事会负责，行使下列职权：①主持公司的生产经营管理工作，组织实施董事会决议；②组织实施公司年度经营计划和投资方案；③拟订公司内部管理机构设置方案；④拟订公司的基本管理制度；⑤制订公司的具体规章；⑥提请聘任或者解聘公司副经理、财务负责人；⑦决定聘任或者解聘除应由董事会决定聘任或者解聘以外的负责管理人员；⑧董事会授予的其他职权。公司章程对经理职权另有规定的，从其规定。经理列席董事会会议。

(四) 监事会

监事会是公司的监督机构。

1. 监事会的组成

有限责任公司设立监事会，其成员不得少于 3 人。股东人数较少或者规模较小的有限责任公司，可以设 1~2 名监事，或不设立监事会。监事会应当包括股东代表和适当比例的公司职工代表，其中，职工代表的比例不得低于 1/3，具体比例由公司章程规定。监事会中的职工代表由公司职工通过职工代表大会、职工大会或者其他形式民主选举产生。监事会设主席 1 人，由全体监事过半数的监事选举产生。监事会主席召集和主持监事会会议；监事会主席不能履行职务或者不履行职务的，由半数以上监事共同推举 1 名监事召集和主持监事会会议。董事、高级管理人员不得兼任监事。监事的任期每届为 3 年。监事任期届满，连选可以连任。监事任期届满未及时改选，或者监事在任期内辞职导致监事会成员低于法定人数的，在改选出的监事就任前，原监事仍应当依照法律、行政法规和公司章程的规定，履行监事职务。

2. 监事会的职权

监事会、不设监事会的公司的监事行使下列职权：①检查公司财务；②对董事、高级管理人员执行公司职务的行为进行监督，对违反法律、行政法规、公司章程或者股东会决议的董事、高级管理人员提出罢免的建议；③当董事、高级管理人员的行为损害公司的利益时，要求董事、高级管理人员予以纠正；④提议召开临时股东会会议，在董事会不履行《公司法》规定的召集和主持股东会会议职责时召集和主持股东会会议；⑤向股东会会议提出提案；⑥依照《公司法》的规定，对董事、高级管理人员提起诉讼；⑦公司章程规定的其他职权。监事可以列席董事会会议，并对董事会决议事项提出质询或者建议。监事会、不设监事会的公司的监事发现公司经营情况异常，可以进行调查；必要时，可以聘请会计师事务所等协助其工作，费用由公司承担。监事会、不设监事会的公司的监事行使职权所必需的费用，由公司承担。

3. 监事会的决议

监事会每年度至少召开一次会议，监事可以提议召开临时监事会会议。监事会的议事方式和表决程序，除《公司法》有规定的外，由公司章程规定。监事会决议应当经半数以上监事通过。监事会应当对所议事项的决定做成会议记录，出席会议的监事应当在会议记录上签名。

【例 3-5】根据公司法律制度的规定，下列选项中，属于上市公司监事会职权有(　　)。

A. 检查公司财务

B. 提议召开临时股东大会

C. 提名独立董事候选人

D. 决定公司内部管理机构的设置

【解析】答案为 AB。本题考核监事会的职权。①选项 C：上市公司董事会、监事会、单独或者合并持有上市公司已发行股份 1%以上的股东可以提出独立董事候选人，并经股东大会选举决定。②选项 D：属于董事会的职权。

四、有限责任公司的股权转让

(一) 股东

股东是公司成立、存续不可或缺的条件，可以为自然人，也可以为法人。有些自然人法律禁止其为股东，如国家公务员。法人作为股东应遵守法律、法规的相关规定，如公司不得自为股东。

(二) 股东权及其分类

公司股东是持有公司股份或者出资的人，股东权是基于股东资格而享有的权利。根据《公司法》的规定，公司股东依法享有资产受益、参与重大决策和选择管理者等权利。

(1) 以股东权行使的目的是为股东个人利益还是涉及全体股东共同利益为标准，可以将股东权分为共益权和自益权。共益权是指股东依法参加公司事务的决策和经营管理的权利，它是股东基于公司利益同时兼为自己的利益而行使的权利，包括股东会或股东大会参加权、提案权、质询权，在股东会或股东大会上的表决权、累积投票权，股东会或股东大会召集请求权和自行召集权，了解公司事务、查阅公司账簿和其他文件的知情权，提起诉讼权等权利。自益权是指股东仅以个人利益为目的而行使的权利，即依法从公司取得收益、财产或处分自己股权的权利，包括股利分配访求权、剩余财产分配权、新股认购优先权、股份质押权和股份转让权等。

(2) 以股权行使的条件为标准划分，分为单独股东权和少数股东权。单独股东权是指每一单独股份均享有的权利，即只持有一股股份的股东也可单独行使的权利，如自益权、表决权等。少数股东权是指须单独或共同持有占股本总额一定比例以上股份方可行使的权利，如请求召开临时股东会或股东大会的权利等。

(三) 股东滥用股东权的责任

《公司法》规定，公司股东应当遵守法律、行政法规和公司章程。依法行使股东权利，不得滥用股东权利损害公司或者其他股东的利益；不得滥用公司法人独立地位和股东有限责任损害公司债权人的利益。股东滥用股东权利应承担以下责任。

(1) 公司股东滥用股东权利给公司或者其他股东造成损失的，应依法承担赔偿责任。

(2) 公司股东滥用公司法人独立地位和股东有限责任，逃避债务，严重损害公司债权人利益，应当对公司债务承担连带责任。这一规定表明在我国确立了公司法人人格否认原则。公司法人人格否认，是指为阻止公司独立人格的滥用和保护公司债权人利益及社会公共利益，就具体法律关系中的特定事实，否认公司与股东各自独立的人格及股东的有限责任，责令股东对公司债权人或公共利益直接负责，以实现公平、正义的法律制度。如果公司股东滥用公司法人独立地位和股东有限责任，转移公司资产，逃避债务，严重损害公司债权人利益，则公司债权人可以追究股东的连带责任。

(3) 《公司法》规定公司的控股股东、实际控制人、董事、监事、高级管理人员不得利用其关联关系损害公司利益，违反规定给公司造成损失的，应当承担赔偿责任。这里的控股股东，是指其出资额占有限责任公司资本总额 50%以上或者其持有的股份占股份有限公司股本总额 50%以上的股东，以及出资额或者持有股份的比例虽然不足 50%，但依其出资额或者持有的股份所享有的表决权已足以对股东会、股东大会的决议产生重大影响的股东。实际控制人，是指虽不是公司的股东，但通过投资关系、协议或者其他安排，能够实际支配公司行为的人。高级管理人员是指公司的经理、副经理、财务负责人、上市公司董事会秘书和公司章程规定的其他人员。关联关系，是指公司控股股东、实际控制人、董事、监事、高级管理人员与其直接或者间接控制的企业之间的关系，以及可能导致公司利益转移的其他关系。但是，国家控股的企业之间不因为同受国家控股而具有关联关系。

(四) 有限责任公司股东转让股权

有限责任公司股东转让股权，包括股东之间转让股权、股东向股东以外的人转让股权和人民法院强制转让股东股权 3 种情形。

1. 股东之间转让股权

《公司法》规定，有限责任公司的股东之间可以互相转让其全部或者部分股权。《公司法》对股东之间转让股权没有做任何限制，这是因为，股东向公司的其他股东转让股权，无论是转让全部股权还是转让部分股权，都不会有新股东的产生，因此也就没有必要对这种转让进行限制。

2. 股东向股东以外的人转让股权

《公司法》规定，股东向股东以外的人转让股权，应当经其他股东过半数同意。股东应就其股权转让事项书面通知其他股东征求同意，其他股东自接到书面通知之日起满 30 日未答复的，视为同意转让。其他股东半数以上不同意转让的，不同意的股东应当购买该转让的股权；不购买的，视为同意转让。经股东同意转让的股权，在同等条件下，其他股东有优先购买权。两个以上股东主张行使优先购买权的，协商确定各自的购买比例；协商不成的，按照转让时各自的出资比例行使优先购买权。但是，公司章程对股权转让另有规定的，从其规定，即公司章程可以对股东之间的股权转让以及股东向股东以外的人转让股权作出与《公司法》不同的规定。一旦公司章程对股权转让作出了不同的规定，就应当依照公司章程的规定执行。

3. 人民法院强制转让股东股权

人民法院按照法律规定的强制执行程序转让股东的股权时，应当通知公司及全体股东，其他股东在同等条件下有优先购买权。其他股东自人民法院通知之日起满 20 日不行使优先购买权的，视为放弃优先购买权。人民法院依照法律规定的强制执行程序转让股东的股权，是指人民法院依照民事诉讼法等法律规定执行程序，强制执行生效的法律文书时，以拍卖、变卖或者其他方式转让有限责任公司股东的股权。

有限责任公司股东转让股权后，公司应当注销原股东的出资证明书，向新股东签发出资证明书，并相应修改公司章程和股东名册中有关股东及其出资额的记载。对公司章程的该项修改不需要再由股东会表决。

(五) 有限责任公司股东退出公司

1. 股东退出公司的法定条件

《公司法》规定，有下列情形之一的，对股东会该项决议投反对票的股东可以请求公司按照合理的价格收购其股权，退出公司：①公司连续 5 年不向股东分配利润，而公司该 5 年连续盈利，并且符合公司法规定的分配利润条件的；②公司合并、分立、转让主要财产的；③公司章程规定的营业期限届满或者章程规定的其他解散事由出现，股东会会议通过决意修改章程使公司存续的。根据上述规定，股东退出公司应当满足两个条件：一是具备上述 3 种情形之一，二是对股东会上述事项决议投了反对票，投赞成票的股东就不能以上述事项为由，要求退出公司。

2. 股东退出公司的法定程序

1) 请求公司收购其股权

股东要求退出公司时，首先应当请求公司收购其股权。股东请求公司收购其股权时，其所要求的价格不应过高，而应当是合理的价格，这样才能既满足股东的要求，保护要求退出的股东的权益，又不损害公司和其他股东的权益。

2) 依法向人民法院提起诉讼

股东请求公司收购其股权，应当尽量通过协商的方式解决。但如果协商不成，根据《公司法》规定，自股东会会议决议通过之日起 60 日内，股东与公司不能达成股权收购协议的，股东可以自股东会会议决议通过之日起 90 日内向人民法院提起诉讼。

五、一人有限责任公司的特别规定

(一) 一人有限责任公司的概念

一人有限责任公司，是指只有一个自然人股东或者一个法人股东的有限责任公司。一人有限责任公司是独立的企业法人，具有完全的民事权利能力、民事行为能力和民事责任能力，是有限责任公司中的特殊类型。

(二) 一人有限责任公司的特别规定

《公司法》规定，一人有限责任公司的设立和组织机构适用特别规定，没有特别规定的，适用有限责任公司的相关规定。这些特别规定，具体包括以下 5 个方面。

(1) 一个自然人只能投资设立一个一人有限责任公司，该一人有限责任公司不能投资设立新的一人有限责任公司。

(2) 一人有限责任公司应当在公司登记中注明自然人独资或者法人独资，并在公司营业执照中载明。

(3) 一人有限责任公司不设股东会。法律规定的股东会职权由股东行使，当股东行使相应职权作出决定时，应当采用书面形式，并由股东签字后置备于公司。

(4) 一人有限责任公司应当在每一会计年度终了时编制财务会计报告，并经会计师事务所审计。

(5) 一人有限责任公司的股东不能证明公司财产独立于股东自己财产的，应当对公司债务承担连带责任。

【例 3-6】根据公司法律制度的规定，下列关于一人有限责任公司(简称“一人公司”)的表述中，正确的是(　　)。

A. 一个自然人只能投资设立一个一人公司，但该一人公司可以再投资设立新的一人公司

B. 一人公司的股东应当对公司债务承担连带清偿责任

C. 一人公司设立时，股东应当一次缴足公司章程规定的出资额

D. 一人公司应当在公司登记中注明自然人独资或者法人独资

【解析】答案为 D。本题考核一人公司的规定。一个自然人只能投资设立一个一人有限责任公司，且该一人有限责任公司不能投资设立新的一人有限责任公司，选项 A 错误。一人有限责任公司的股东不能证明公司财产独立于股东自己的财产的，应当对公司债务承担连带责任，选项 B 错误。公司法取消了公司注册资本实缴出资的限制，选项 C 错误。

六、国有独资公司的特别规定

(一) 国有独资公司的概念

国有独资公司，是指国家单独出资、由国务院或者地方人民政府授权本级人民政府国有资产监督管理机构履行出资人职责的有限责任公司。国有独资公司与其他有限责任公司相比，具有以下主要特点：①股东只有一个；②公司财产属全民所有；③公司的机构设置和财产的监督

管理制度等与其他有限责任公司不同。

(二) 国有独资公司的范围

国有独资公司主要包括：①经营管理制度健全、经营状况较好的大型国有独资公司，可以由国务院授权行使资产所有者的权利；②国务院确立的生产特殊产品的公司或者属于特定行业的公司，应当采取国有独资公司形式；③1994 年 7 月 1 日《公司法》实施以前已设立的国有企业，符合《公司法》规定设立有限责任公司条件的，单一投资主体的，可以按照《公司法》改建为国有独资公司。

(三) 国有独资公司的组织机构

国有独资公司章程由国有资产监督管理机构制定，或者由董事会制定报国有资产监督管理机构批准。

国有独资公司不设股东会，由国有资产监督管理机构行使股东会职权。国有资产监督管理机构可以授权公司董事会行使股东会的部分职权，决定公司的重大事项，但公司的合并、分立、解散、增加或者减少注册资本和发行公司债券，必须由国有资产监督管理机构决定；其中，重要的国有独资公司合并、分立、解散、申请破产的，应当由国有资产监督管理机构审核后，报本级人民政府批准。

国有独资公司设董事会，董事每届任期不得超过 3 年，成员中应当有公司职工代表。董事会成员由国有资产监督管理机构委派；但是，董事会成员中的职工代表由公司职工代表大会选举产生。董事会设董事长 1 人，可以设副董事长。董事长、副董事长由国有资产监督管理机构从董事会成员中指定。董事会依《公司法》第四十六条、第六十七条行使职权。由于国有独资公司不设股东会，董事会的职权主要有：行使股东会的部分职权，决定公司的重大事项，但不能决定公司的合并、分立、解散、增减资本和发行公司债券。董事会与一般有限责任公司董事会有大致相同的职权，即依照《公司法》第四十六条规定行使。国有独资公司设经理，经理由董事会聘任或解聘，其职权与一般有限责任公司的经理职权相同。经国有资产监督管理机构同意，董事会成员可以兼任经理。

国有独资公司设监事会，成员不得少于 5 人，其中职工代表的比例不得低于 1/3，具体比例由公司章程规定。监事会成员由国有资产监督管理机构委派；但是，监事会成员中的职工代表由公司职工代表大会选举产生。监事会主席由国有资产监督管理机构从监事会成员中指定。监事会行使的职权有如下几项。

(1) 检查公司财务。

(2) 对董事、高级管理人员执行公司职务的行为进行监督，对违反法律、行政法规、公司章程或者股东会决议的董事、高级管理人员提出罢免的建议。

(3) 当董事、高级管理人员的行为损害公司的利益时，要求董事、高级管理人员予以纠正。

(4) 国务院规定的其他职权。

国有独资公司的董事长、副董事长、董事、高级管理人员，未经国有资产监督管理机构同意，不得在其他有限责任公司、股份有限公司或者其他经济组织兼职。

【例 3-7】下列关于国有独资公司的表述中，符合公司法律制度规定的是(　　)。

A. 国有独资公司不设股东会，由国有资产监督管理机构行使股东会职权

B. 国有独资公司的董事会获得国有资产监督管理机构授权，可以决定公司合并事项

C. 国有独资公司监事会的职工代表由国有资产监督管理机构委派

D. 国有独资公司的董事会成员全部由国有资产监督管理机构委派

【解析】答案为 A。本题考核国有独资公司的规定。国有资产监督管理机构可以授权公司董事会行使股东会的部分职权，决定公司的重大事项，但公司的合并、分立、解散、增加或者减少注册资本和发行公司债券，必须由国有资产监督管理机构决定，选项 B 表述错误；监事会成员中的职工代表由公司职工代表大会选举产生，选项 C 表述错误。董事会成员由国有资产监督管理机构委派；但是，董事会成员中的职工代表由公司职工代表大会选举产生，选项 D 表述错误。

第三节 股份有限公司

一、股份有限公司的概念和特征

股份有限公司，是指依照《公司法》在中国境内设立的，其全部资本分为等额股份，股东以其所持股份对公司承担责任，公司以其全部财产对公司的债务承担责任的企业法人。股份有限公司具有以下特征。

(1) 股份有限公司的资本划分为等额股份。公司注册资本总额由若干股份组成，股份的单位数额由公司根据自身情况而定，但无论多少，每股(份)金额必须是相等的。这样既便于准确确定股东的权益和责任，也便于募集社会资金。

(2) 公司的股份体现为股票形式。股票可以向社会公开发行和转让，但一般不能退股。由于公司的股票可以向社会公开发行，任何购买了公司股票的人便成为公司的股东，股东也可以通过经纪人在证券交易所自由出售股票。股份有限公司的这一特征，是区别于有限责任公司的显著标志。

(3) 股份有限公司实行有限责任制。有限责任是指财产责任，是针对公司和股东双方而言的，股东以其投资入股财产即所持股份为限，公司以其全部资产为限对公司债务承担责任。

(4) 股份有限公司的设立程序较为复杂。

二、股份有限公司的设立

(一) 设立方式

股份有限公司可以采取发起设立或者募集设立的方式设立。发起设立，是指由发起人认购公司应发行的全部股份而设立公司。以发起设立的方式设立股份有限公司的，在设立时其股份全部由该公司的发起人认购，而不向发起人之外的任何社会公众发行股份。因此，以发起设立方式设立的股份有限公司，在其发行新股之前，其全部股份都由发起人持有，公司的全部股东都是设立公司的发起人。募集设立，是指由发起人认购公司应发行股份的一部分，其余股份向

社会公开募集或者向特定对象募集而设立公司。以募集设立方式设立股份有限公司的，在公司设立时，认购公司应发行股份的人不仅有发起人，而且还有发起人以外的人。因此，法律对采用募集设立方式设立公司规定了较为严格的程序，以保护广大投资者的利益，保证正常的经济秩序。

(二) 设立条件

《公司法》规定，设立股份有限公司，应当具备下列条件。

1. 发起人符合法定人数

发起人是指依法筹办创立股份有限公司事务的人。为设立公司而签署公司章程、向公司认购出资或者股份并履行公司设立职责的人，应当认定为公司的发起人。发起人既可以是自然人，也可以是法人；既可以是中国公民，也可以是外国公民。设立股份有限公司，应当有 2 人以上 200 人以下为发起人，其中，须有半数以上的发起人在中国境内有住所。发起人在中国境内有住所，是指中国公民以其户籍所在地为居住地或者其经常居住地在中国境内；外国公民其经常居住地在中国境内；法人其主要办事机构所在地在中国境内。因此，发起人是否在中国有住所，要视其经常居住地或者主要办事机构所在地是否在中国境内。股份有限公司发起人承担公司筹办事务。发起人应当签订发起人协议，明确各自在公司设立过程中的权利和义务。

2. 有符合公司章程规定的全体发起人认购的股本总额或者募集的实收股本总额

股份有限公司采取发起设立方式设立的，注册资本为在公司登记机关登记的全体发起人认购的股本总额。在发起人认购的股份缴足前，不得向他人募集股份。股份有限公司采取募集方式设立的，注册资本为在公司登记机关登记的实收股本总额。法律、行政法规以及国务院决定对股份有限公司注册资本实缴、注册资本最低限额另有规定的，从其规定。发起人可以用货币出资，也可以用实物、知识产权、土地使用权等可以用货币估价并可以依法转让的非货币财产作价出资；但是，法律、行政法规规定不得作为出资的财产除外。对作为出资的非货币财产应当评估作价，核实财产，不得高估或者低估作价。法律、行政法规对评估作价有规定的，从其规定。

3. 股份发行、筹办事项符合法律规定

发起人为设立股份有限公司发行股份，以及在进行其他的筹办事项时，都必须符合法律规定的条件和程序，不得违反。

4. 发起人制订公司章程，采用募集方式设立的须经创立大会通过

股份有限公司的章程是指记载有关公司组织和行动基本规则的文件。公司章程对公司、股东、董事、监事、高级管理人员具有约束力。设立公司必须依法制订章程。对于以发起设立方式设立的股份有限公司，由全体发起人共同制订公司章程；对于以募集设立方式设立的股份有限公司，发起人制订的公司章程，还应当召开有其他认股人参加的创立大会，并经出席会议的认股人所持表决权的过半数通过，方为有效。

股份有限公司章程应当载明下列事项：①公司名称和住所；②公司经营范围；③公司设立方式；④公司股份总数、每股金额和注册资本；⑤发起人的姓名或者名称、认购的股份数、出资方式和出资时间；⑥董事会的组成、职权、任期和议事规则；⑦公司法定代表人；⑧监事会

的组成、职权、任期和议事规则；⑨公司利润分配办法；⑩公司的解散事由与清算办法；⑪公司的通知和公告办法；⑫股东大会会议认为需要规定的其他事项。

5. 有公司名称，建立符合股份有限公司要求的组织机构

6. 有公司住所

(三) 设立程序

1. 发起设立方式设立股份有限公司的程序

(1) 发起人书面认足公司章程规定其认购的股份。

(2) 缴纳出资。《公司法》规定，以发起设立方式设立股份有限公司的，发起人应当书面认足公司章程规定其认购的股份，并按照公司章程规定缴纳出资。以非货币财产出资的，应当依法办理其财产权的转移手续。发起人不按照规定缴纳出资的，应当按照发起人协议的约定承担违约责任。

(3) 选举董事会和监事会。发起人首次缴纳出资后，应当选举董事会和监事会，建立公司的组织机构。

(4) 申请设立登记。发起人在选举董事会和监事会后，董事会应当向公司登记机关报送公司章程、验资证明以及法律、行政法规规定的其他文件，申请设立登记。一旦公司登记机关依法予以登记，发给公司营业执照，公司即宣告成立。

2. 募集设立方式设立股份有限公司的程序

(1) 发起人认购股份。发起人认购的股份不得少于公司股份总数的 35%；但是法律、行政法规另有规定的，从其规定。这里应当注意的是，发起人认购的股份是指所有发起人认购股份的总额，而不是某一个发起人认购的股份。

(2) 向社会公开募集股份。发起人向社会公开募集股份，必须公告招股说明书，并制作认股书。认股书由认股人填写认购股数、金额、住所，并签名、盖章。认股人按照所认购股数缴纳股款。发起人向社会公开募集股份，应当由依法设立的证券公司承销，签订承销协议。发起人向社会公开募集股份，应当同银行签订代收股款协议。代收股款的银行应当按照协议代收和保存股款，向缴纳股款的认股人出具收款单据，并负有让有关部门出具收款证明的义务。

根据《最高人民法院关于适用〈中华人民共和国公司法〉若干问题的规定(三)》的规定，股份有限公司的认股人未按期缴纳所认股份的股款，经公司发起人催缴后在合理期间内仍未缴纳，公司发起人对该股份另行募集的，人民法院应当认定该募集行为有效。认股人延期缴纳股款给公司造成损失，公司请求该认股人承担赔偿责任的，人民法院应予支持。

(3) 召开创立大会。发行股份的股款缴足后，必须经依法设立的验资机构验资并出具证明。发起在股款缴足之日起 30 日内主持召开公司创立大会，创立大会由发起人、认股人组成。发起人应当在创立大会召开 15 日前将会议日期通知各认股人或者予以公告。创立大会应有代表股份总数过半数的发起人、认股人出席，方可举行。

创立大会行使下列职权：审议发起人关于公司筹办情况的报告；通过公司章程；选举董事会成员；选举监事会成员；对公司的设立费用进行审核；对发起人用于抵作股款的财产的作价进行审核；发生不可抗力或者经营条件发生重大变化直接影响公司设立的，可以作出不设立公司的决议。创立大会对上述所列事项作出决议，必须经出席会议的认股人所持表决权过半数通过。

发行的股份超过招股说明书规定的截止期限尚未募足的，或者发行股份的股款缴足后，发起人在 30 日内召开创立大会的，或创立大会作出不设立公司决议的，认股人可以按照所缴股款并加算银行同期存款利息，要求发起人返还。发起人、认股人缴纳股款或者交付抵作股款的出资后，除上述情形外不得抽回其股本。

(4) 申请设立登记。董事会应于创立大会结束后 30 日内，向公司登记机关申请设立登记。公司登记机关依法核准登记后，应当发给公司企业法人营业执照。自公司企业法人营业执照签发之日起，公司即告成立。

股份有限公司成立后，发起人未按照公司章程的规定缴足出资的，应当补缴；其他发起人承担连带责任。股份有限公司成立后，发现作为设立公司出资的非货币财产的实际价额显著低于公司章程所定价额的，应当由交付该出资的发起人补足其差额；其他发起人承担连带责任。股份有限公司应当将公司章程、股东名册、公司债券存根、股东大会会议记录、董事会会议记录、监事会会议记录、财务会计报告置备于本公司，供股东查阅。

三、股份有限公司的组织机构

公司组织机构是代表公司活动，行使相应职权的权力机关、决策机关、监督机关和执行机关所组成的公司机关。公司组织机构是公司法规定的，具有强制性的，是公司得以设立的必要条件。股份有限公司的组织机构包括股东大会、董事会、监事会及高级管理人员。根据《公司法》的规定，高级管理人员，是指公司的经理、副经理、财务负责人、上市公司董事会秘书和公司章程规定的其他人员。

(一) 股东大会

1. 职权

股份有限公司股东大会由全体股东组成。股东大会是公司的权力机构，依法行使职权，根据《公司法》第三十七条的规定，股东大会的职权包括：

(1) 决定公司的经营方针和投资计划；

(2) 选举和更换非由职工代表担任的董事、监事，决定有关董事、监事的报酬事项；

(3) 审议批准董事会的报告；

(4) 审议批准监事会或者监事的报告；

(5) 审议批准公司的年度财务预算方案、决算方案；

(6) 审议批准公司的利润分配方案和弥补亏损方案；

(7) 对公司增加或者减少注册资本作出决议；

(8) 对发行公司债券作出决议；

(9) 对公司合并、分立、解散、清算或者变更公司形式作出决议；

(10) 修改公司章程；

(11) 公司章程规定的其他职权。

根据上市公司章程指引的有关要求，上市公司股东大会还有以下职权：

(1) 对公司聘用、解聘会计师事务所作出决议。

(2) 审议公司在一年内购买、出售重大资产超过公司最近一期经审计总资产30%的事项。

(3) 审议批准变更募集资金用途事项。

(4) 审议股权激励计划。

(5) 审议批准下列对外担保行为：①本公司及本公司控股子公司的对外担保总额，达到或超过最近一期经审计净资产的50%以后提供的任何担保；②公司的对外担保总额，达到或超过最近一期经审计总资产的30%以后提供的任何担保；③为资产负债率超过70%的担保对象提供的担保；④单笔担保额超过最近一期经审计净资产10%的担保；⑤对股东、实际控制人及其关联方提供的担保。

2. 股东大会会议形式

股东大会分为年会与临时大会。股东大会年会应当每年召开一次。上市公司的年度股东大会应当于上一会计年度结束后的6个月内举行。

有下列情形之一的，应当在两个月内召开临时股东大会：①董事人数不足《公司法》规定人数或者公司章程所定人数的2/3时；②公司未弥补的亏损达1/3时；③单独或者合计持有公司10%以上股份的股东请求时；④董事会认为必要时；⑤监事会提议召开时；⑥公司章程规定的其他情形。

3. 股东大会的召集

股东大会会议由董事会召集，董事长主持；董事长不能或者不履行职务的，由副董事长主持；副董事长不能或者不履行职务的，由半数以上董事共同推举一名董事主持。董事会不能或者不履行召集股东大会会议职责的，监事会应当及时召集和主持；监事会不召集和主持的，连续90日以上单独或者合计持有公司10%以上股份的股东可以自行召集和主持。

召开股东大会会议，应当将会议召开的时间、地点和审议的事项于会议召开20日前通知各股东；临时股东大会应当于会议召开15日前通知各股东；发行无记名股票的，应当于会议召开30日前公告会议召开的时间、地点和审议事项。

上市公司应在保证股东大会合法、有效的前提下，通过各种方式和途径，包括充分运用现代信息技术手段，扩大股东参与股东大会的比例。股东大会时间、地点的选择应有利于让尽可能多的股东参加会议。

单独或者合计持有公司3%以上股份的股东，可以在股东大会召开10日前提出临时提案并书面提交董事会；董事会应当在收到提案后两日内通知其他股东，并将该临时提案提交股东大会审议。临时提案的内容应当属于股东大会职权范围，并有明确议题和具体决议事项。股东大会不得对向股东通知中未列明的事项作出决议。无记名股票持有人出席股东大会会议的，应当于会议召开5日前至股东大会闭会时将股票交存于公司。

4. 股东大会会议的表决和决议事项

股东出席股东大会会议，所持每一股份有一表决权。股东可以委托代理人出席股东大会会议，代理人应当向公司提交股东授权委托书，并在授权范围内行使表决权。公司持有的本公司股份没有表决权。上市公司董事会、独立董事和符合有关条件的股东可向上市公司股东征集其在股东大会上的投票权。投票权征集应采取无偿的方式进行，并应向被征集人充分披露信息。

股东大会决议的事项分为普通事项与特别事项两类。股东大会对普通事项作出决议，必须经出席会议的股东所持表决权过半数通过。股东大会对修改公司章程、增加或者减少注册资本，以及公司合并、分立、解散或者变更公司形式的特别事项作出决议，必须经出席会议的股东所持表决权的 2/3 以上通过。需要注意的是：《公司法》未规定出席股东大会的最低人数和持股比例要求，因此只要满足了提前通知的程序要求，只要有一名股东出席，持有无论多少比例的股权，该股东大会的召开都是有效的。

5. 累积投票制

累积投票制，是指股东大会选举董事或者监事时，每一股份拥有与应选董事或者监事人数相同的表决权，股东拥有的表决权可以集中使用。累积投票制的实施有利于中小股东按照其持股比例选举代表进入公司管理层，参与董事会的活动，保护其利益。

根据《上市公司治理准则》的规定，控股股东控股比例在 30%以上的上市公司，应当采用累积投票制。采用累积投票制度的上市公司应在公司章程里规定该制度的实施细则。

其他股份有限公司也可以依据公司章程的规定或者股东大会的决议，实行累积投票制。

6. 记录

股东大会应当对所议事项的决定做成会议记录，主持人、出席会议的董事应当在会议记录上签名。会议记录应当与出席股东的签名册及代理出席的委托书一并保存。

上市公司召开股东大会，还应当遵守中国证监会发布的《上市公司股东大会规则》。

【例 3-8】根据公司法律制度的规定，下列各项中，有权提议召开临时股东大会的有(　　)。

A. 持有公司 1/10 股份的股东

B. 董事长

C. 1/3 的董事

D. 监事会

【解析】答案为 AD。本题考核股份公司临时股东大会的召开。有下列情形之一，应当在两个月内召开临时股东大会：①董事人数不足《公司法》规定人数或者公司章程所定人数的 2/3 时；②公司未弥补的亏损达实收股本总额 1/3 时；③单独或者合计持有公司 10%以上股份的股东请求时(选项 A 正确)；④董事会认为必要时；⑤监事会提议召开时(选项 D 正确)；⑥公司章程规定的其他情形。

【例 3-9】2019 年 1 月，A 公司召开股东大会。出席该次股东大会的股东所持的股份占 A 公司股份总数的 40%，另有持有 10%股份的股东书面委托代理人出席了会议。在审议公司为筹集 W 合作项目所需资金，董事会提出向原股东配售 5000 万元的配股方案时，持有 10%股份的股东在表决时弃权；持有 9%股份的股东在表决时投了反对票；持有 10%股份的代理人在表决时根据授权投了赞成票；其余持有 21%股份的股东在表决时均投了赞成票。请问该决议是否能通过？

【解析】本题考核股东表决权事项。(10%＋21%)/(40%＋10%)＝62%，低于出席会议股东所持表决权的 2/3，该决议事项是不能通过的。

(二) 董事会

1. 董事会的概念

董事会是依法由股东大会选举产生的董事组成，代表公司并行使经营决策的常设机关。董事会是公司的决策机关。

2. 董事会成员的组成

股份有限公司董事会的成员为 5 人至 19 人。董事应当遵守前述有关董事义务的规定。董事由股东大会选举产生。董事会成员中可以有公司职工代表。董事会中的职工代表由公司职工通过职工代表大会、职工大会或者其他形式民主选举产生。上市公司应在其公司章程中规定规范、透明的董事选聘程序，保证董事选聘公开、公平、公正、独立。上市公司应和董事签订聘任合同，明确公司和董事之间的权利义务、董事的任期、董事违反法律法规和公司章程的责任以及公司因故提前解除合同的补偿等内容。

3. 董事的任期

董事任期由公司章程规定，但每届任期不得超过 3 年。董事任期届满，连选可以连任。董事任期届满未及时改选，或者董事在任期内辞职导致董事会成员低于法定人数的，在改选出的董事就任前，原董事仍应当依照法律、行政法规和公司章程的规定，履行董事职务。

4. 董事会职权

董事会对股东大会负责，行使下列职权：①召集股东大会会议，并向股东大会报告工作；②执行股东大会的决议；③决定公司的经营计划和投资方案；④制订公司的年度财务预算方案、决算方案；⑤制订公司的利润分配方案和弥补亏损方案；⑥制订公司增加或者减少注册资本以及发行公司债券的方案；⑦制订公司合并、分立、解散或者变更公司形式的方案；⑧决定公司内部管理机构的设置；⑨决定聘任或者解聘公司经理及其报酬事项，并根据经理的提名决定聘任或者解聘公司副经理、财务负责人及其报酬事项；⑩制定公司的基本管理制度；⑪公司章程规定的其他职权。

5. 董事会机构设置

董事会设董事长一人，可以设副董事长。董事长和副董事长由董事会以全体董事的过半数选举产生。董事长召集和主持董事会会议，检查董事会决议的实施情况。副董事长协助董事长工作，董事长不能或者不履行职务的，由副董事长履行职务；副董事长不能或者不履行职务的，由半数以上董事共同推举一名董事履行职务。

上市公司董事会可以按照股东大会的有关决议，设立战略、审计、提名、薪酬与考核等专门委员会。专门委员会成员全部由董事组成，其中审计委员会、提名委员会、薪酬与考核委员会中独立董事应占多数并担任召集人，审计委员会中至少应有一名独立董事是会计专业人士。

6. 董事会会议的召开

董事会每年度至少召开两次会议，每次会议应当于会议召开 10 日前通知全体董事和监事。代表 1/10 以上表决权的股东、1/3 以上董事或者监事会，可以提议召开董事会临时会议。董事长应当自接到提议后 10 日内，召集和主持董事会会议。董事会召开临时会议，可以另定召集董事会的通知方式和通知时限。

董事会会议应有过半数的董事出席方可举行。董事会作出决议必须经过全体董事的过半数通过。董事会决议的表决实行一人一票。董事会会议应由董事本人出席，董事因故不能出席，可以书面委托其他董事代为出席，委托书中应载明授权范围。

7. 记录

董事会应当对会议所议事项的决定做成会议记录，出席会议的董事应当在会议记录上签名。董事应当对董事会的决议承担责任。董事会的决议违反法律、行政法规或者公司章程、股东大会决议，致使公司遭受严重损失的，参与决议的董事对公司负赔偿责任。但经证明在表决时曾表明异议并记载于会议记录的，该董事可以免除责任。

【例 3-10】下列关于股份有限公司董事会的表述中，符合公司法律制度规定的有(　　)。

A. 董事会成员为 5 至 19 人，且人数须为单数

B. 董事会成员中应有一定比例的独立董事

C. 董事会会议应有过半数的董事出席方可举行

D. 董事会作出决议须经全体董事的过半数通过，董事会决议的表决实行一人一票

【解析】答案为 CD。本题考核股份公司董事会的规定。根据《公司法》规定，股份有限公司董事会的成员为 5 人至 19 人，目前法律没有董事人数应为单数的规定，选项 A 的表述错误；上市公司董事会成员中应有一定比例的独立董事，因此选项 B 的说法错误。

(三) 经营管理机关

1. 经营管理机关的概念

经营管理机关是指由董事会聘任的，负责公司日常经营管理活动的公司常设业务执行机关。这是指公司的经理。与董事会、监事会不同的是，经理不是以会议形式形成决议的机关，而是以自己最终意志为准的执行机关。

2. 经理的职权

股份有限公司设经理，由董事会决定聘任或者解聘，公司董事会可以决定由董事会成员兼任经理。经理对董事会负责，行使下列职权：①主持公司的生产经营管理工作，组织实施董事会决议；②组织实施公司年度经营计划和投资方案；③拟订公司内部管理机构设置方案；④拟订公司的基本管理制度；⑤制定公司的具体规章；⑥提请聘任或者解聘公司副经理、财务负责人；⑦决定聘任或者解聘除应由董事会决定聘任或者解聘以外的负责管理人员；⑧董事会授予的其他职权。经理列席董事会会议。

为保证上市公司与控股股东在人员、资产、财务上严格分开，上市公司的总经理必须专职，总经理在集团等控股股东单位不得担任除董事以外的其他职务。

公司应当定期向股东披露董事、监事、高级管理人员从公司获得报酬的情况。公司不得直接或者通过子公司向董事、监事、高级管理人员提供借款。上市公司总经理及高层管理人员(副总经理、财务主管和董事会秘书)必须在上市公司领薪，不得由控股股东代发薪水。

(四) 监事会

1. 监事会的概念

监事会是由依法产生的监事组成，对董事和经理的经营管理行为及公司财务进行监督的常设机构。它代表全体股东对公司经营管理进行监督，行使监督职能，是公司的监督机构。

2. 监事会成员的组成

股份有限公司监事会的成员不得少于3人。监事会应当包括股东代表和适当比例的公司职

工代表，其中职工代表的比例不得低于1/3，具体比例由公司章程规定。监事会中的职工代表由公司职工通过职工代表大会、职工大会或者其他形式民主选举产生。董事、高级管理人员不得兼任监事。上市公司的监事应具有法律、会计等方面的专业知识或工作经验，监事会的人员和结构应确保监事会能够独立有效地行使对董事、经理和其他高级管理人员及公司财务的监督和检查。

3. 监事会机构设置

监事会设主席一人，可以设副主席。监事会主席和副主席由全体监事过半数选举产生。监事会主席召集和主持监事会会议；监事会主席不能或者不履行职务的，由监事会副主席召集和主持监事会会议；监事会副主席不能或者不履行职务的，由半数以上监事共同推举一名监事召集和主持监事会会议。

4. 监事会职权和监事任期

监事的任期每届为 3 年。监事任期届满，连选可以连任。监事任期届满未及时改选，或者监事在任期内辞职导致监事会成员低于法定人数的，在改选出的监事就任前，原监事仍应当依照法律、行政法规和公司章程的规定，履行监事职务。

监事会行使下列职权：①检查公司财务；②对董事、高级管理人员执行公司职务的行为进行监督，对违反法律、行政法规、公司章程或者股东会决议的董事、高级管理人员提出罢免的建议；③当董事、高级管理人员的行为损害公司的利益时，要求董事、高级管理人员予以纠正；④提议召开临时股东大会会议，在董事会不履行法律规定的召集和主持股东大会会议职责时召集和主持股东大会会议；⑤向股东大会会议提出提案；⑥依照《公司法》第一百五十一条的规定，对董事、高级管理人员提起诉讼；⑦公司章程规定的其他职权。监事可以列席董事会会议，并对董事会决议事项提出质询或者建议。

监事会行使职权所需要的费用，由公司承担。

此外，监事会发现公司经营情况异常，可以进行调查；必要时，可以聘请会计师事务所等协助其工作，费用由公司承担。

5. 监事会会议的召开

股份有限公司监事会每 6 个月至少召开一次会议。监事可以提议召开临时监事会会议。监事会的议事方式和表决程序，除法律有规定的外，由公司章程规定。上市公司应在公司章程中规定规范的监事会议事规则。监事会会议应严格按规定程序进行。监事会应当对所议事项的决定做成会议记录，出席会议的监事应当在会议记录上签名。

四、股份的发行和转让

(一) 股份的发行

1. 股份发行的概念

股份发行是股份有限公司为了募集股本而出售或分配自己股份的行为。股份的发行可以分为设立发行和发行新股两类。设立发行是公司在设立过程中发行股份，这是公司第一次发行股份。发行新股是公司在成立之后发行股份，是指公司在第一次发行股份以后的各次发行。

2. 股份发行的原则

股份发行必须坚持公平、公正的原则；同种类的每一股份应当具有同等权利。同次发行的同种类股票，每股的发行条件和价格应当相同；任何单位或者个人所认购的股份，每股应当支付相同价额。

3. 股份发行的价格

股票发行的价格可以按票面金额，也可以超过票面金额，但不得低于票面金额。

4. 记名股票和无记名股票的发行

公司发行的股票，可以为记名股票，也可以为无记名股票。公司向发起人、法人发行的股票，应当为记名股票，并应当记载该发起人、法人的名称或者姓名，不得另立户名或者以代表人姓名记名。无记名股票是不记载股东姓名的股票。

(二) 股份的转让

1. 股份转让的概念

股份转让是出让人将其股东权转移给受让人，出让人丧失股东资格，受让人取得股东资格的过程。

2. 股份转让的限制

股份有限公司的股份以自由转让为原则，以法律限制为例外。具体限制如下。

(1) 转让场所的限制。根据《公司法》的规定，股东持有的股份可以依法转让。股东转让其股份，应当在依法设立的证券交易场所进行或者按照国务院规定的其他方式进行。上市公司的股票，依照有关法律、行政法规及证券交易所交易规则上市交易。

(2) 发起人转让股份的限制。根据《公司法》的规定，发起人持有的本公司股份，自公司成立之日起 1 年内不得转让。因司法强制执行、继承、遗赠、依法分割财产等导致股份变动的除外。

(3) 非公开发行股份转让的限制。公司公开发行股份前已发行的股份，自公司股票在证券交易所上市交易之日起 1 年内不得转让。因司法强制执行、继承、遗赠、依法分割财产等导致股份变动的除外。

(4) 董事、监事、高级管理人员转让股份的限制。根据《公司法》和《上市公司董事、监事和高级管理人员所持本公司股份及其变动管理规则》的规定，公司董事、监事、高级管理人员应当向公司申报所持有的本公司的股份及其变动情况，在任职期间每年转让的股份不得超过其所持有本公司股份总数的25%；所持本公司股份自公司股票上市交易之日起1年内不得转让。上述人员离职后半年内，不得转让其所持有的本公司股份；但是因司法强制执行、继承、遗赠、依法分割财产等导致股份变动的除外。上市公司董事、监事和高级管理人员所持股份不超过1000股的，可一次全部转让，不受上述转让比例的限制。公司章程可以对公司董事、监事、高级管理人员转让其所持有的本公司股份作出其他限制性规定。

上市公司董事、监事和高级管理人员在下列期间不得买卖本公司股份：①上市公司定期报告公告前 30 日内；②上市公司业绩预告、业绩快报公告前 10 日内；③自可能对本公司股票交易价格产生重大影响的重大事项发生之日或在决策过程中，至依法披露后 2 个交易日内；④证券交易所规定的其他期间。

公司收购自身股份的限制。根据《公司法》的规定，公司不得收购本公司股份，但有下列情形之一的除外：①减少公司注册资本；②与持有本公司股份的其他公司合并；③将股份用于员工持股计划或者股权激励；④股东因对股东大会作出的公司合并、分立决议持异议，要求公司收购其股份；⑤将股份用于转换上市公司发行的可转换为股票的公司债券；⑥上市公司为维护公司价值及股东权益所必需。公司因上述第①项至第②项的原因收购本公司股份的，应当经股东大会决议。公司因上述第③项、第⑤项、第⑥项规定的情形收购本公司股份的，可以依照公司章程的规定或者股东大会的授权，经三分之二以上董事出席的董事会会议决议。

公司依照上述规定收购本公司股份后，属于第①项情形的，应当自收购之日起十日内注销；属于第②项、第④项情形的，应当在六个月内转让或者注销；属于第③项、第⑤项、第⑥项情形的，公司合计持有的本公司股份数不得超过本公司已发行股份总额的百分之十，并应当在三年内转让或者注销。上市公司收购本公司股份的，应当依照《中华人民共和国证券法》的规定履行信息披露义务。上市公司因第③项、第⑤项、第⑥项规定的情形收购本公司股份的，应当通过公开的集中交易方式进行。

(6) 股票质押的限制。为防止变相违规收购本公司股份，《公司法》规定，公司不得接受本公司的股票作为质押权的标的。

3. 股票转让的方式

(1) 记名股票转让。根据《公司法》的规定，记名股票，由股东以背书方式或者法律、行政法规规定的其他方式转让；转让后由公司将受让人的姓名或者名称及住所记载于股东名册。股东大会召开前 20 日内或者公司决定分配股利的基准日前 5 日内，不得进行股东名册的变更登记，但法律对上市公司股东名册变更登记另有规定的，从其规定。

(2) 无记名股票转让。根据《公司法》的有关规定，无记名股票的转让，由股东将该股票交付给受让人后即发生转让的效力。

(3) 上市公司股票转让。根据《公司法》的规定，上市公司的股票，依照有关法律、行政法规及证券交易所交易规则上市交易。

4. 记名股票被盗、遗失或者灭失的处理

记名股票被盗、遗失或者灭失，股东可以依照《民事诉讼法》规定的公示催告程序，请求人民法院宣告该股票失效。人民法院宣告该股票失效后，股东可以向公司申请补发股票。

【例 3-11】根据公司法律制度的规定，股份有限公司出现下列情形时，异议股东可以申请公司回购其股权的是(　　)。

A. 公司合并、分立

B. 公司连续5年不向股东分配利润，而公司该5年连续盈利，并且符合法律规定的分配利润条件

C. 转让主要财产

D. 公司章程规定的营业期限届满或者章程规定的其他解散事由出现，股东大会会议通过决议修改章程使公司存续

【解析】答案为 A。①选项 A：股份有限公司异议股东的股份回购请求权仅限于对股东大会作出的公司“合并、分立”决议持有异议的情形。②选项 BCD：属于有限责任公司异议股东

股份回购请求权的情形。

专栏3-1

阿里巴巴集团

阿里巴巴集团是一家注册地在开曼群岛、经营地位于中国大陆的离岸公司。该公司采用离岸公司模式，注册地开曼群岛仅对公司收取少量管理费而不是巨额税款；其次注册地开曼群岛的法律对公司股东资料、股权比例、收益状况的披露不做强制性要求；同时世界大部分国家银行认可该离岸公司模式。阿里巴巴集团成功通过独有的VIE结构即协议控制方式，控制我国境内的实体经营业务，如B2B、淘宝网、天猫网、阿里云等，服务于全球650多万商家和近三亿消费者，最终成为我国电子商务的巨头。

从阿里巴巴集团的股权结构看，其为外资企业(阿里巴巴创始人马云占公司股份8.8%，阿里巴巴董事局执行副主席蔡崇信占股份3.6%，美国雅虎公司为第二大股东占股份22.4%，日本软银集团为第一大股东占股份31.4%)。阿里巴巴集团的外资属性，源于2005年阿里巴巴集团“傍大款”从雅虎融资10亿美元发展公司，阿里巴巴集团此举目的是为了获得公司控制权。该行为决定了公司治理模式(即为了避免外资掌控阿里巴巴集团，阿里巴巴创造了合伙人制度)，同时阿里巴巴集团的外资身份决定了该公司在现有法律制度框架下不能在中国上市。

阿里巴巴合伙人制度(简称阿里合伙人制度，又称湖畔合伙人制度)是阿里巴巴集团的内部管理制度，也是公司文化传承制度。从阿里合伙人制度设计内容来看，阿里合伙人享有该制度赋予的特殊权力，而从合伙人制度设计的最终目的来看，合伙人制度的设计更关注于企业的长远发展。阿里合伙人制度的内容重点在于阿里合伙人拥有的特殊权力即董事的提名权。根据阿里巴巴集团招股说明书披露，阿里合伙人拥有独家权力任命董事会人选，其拥有提名简单多数(50%以上)董事会成员候选人的专有权。合伙人提名的董事须经股东大会半数以上同意，即使提名人选未获股东大会同意，合伙人有权制定临时过渡董事填补空缺直至下届股东大会召开。此外，当董事会成员少于合伙人提名的简单多数，合伙人有权提名董事会成员。招股前阿里巴巴董事会有9名成员，其中有4名董事是由合伙人提名，在招股结束后合伙人享有再提名两名董事的权利，最终阿里巴巴集团董事会由11名董事组成，且其中6名董事由阿里合伙人提名。通过阿里合伙人制度的设计，阿里合伙人通过独家提名董事的权力，最终享有公司的控制权。

阿里合伙人制度要求成为阿里合伙人需具备相应的主客观条件。客观方面，合伙人制度要求阿里合伙人在阿里巴巴或密切关联公司服务满一定期限，同时对持有公司股份作出硬性规定；主观方面，阿里合伙人需高度认同公司文化及价值观，同时要对公司发展有所贡献。该制度对阿里合伙人主客观方面有严格要求，服务期限的规定要求合伙人了解公司的发展历史和现状，持股份额的规定。

让合伙人与公司同呼吸共命运，阿里合伙人对文化及价值观的认同有助于公司文化的传承与发展。

(资料来源：阿里巴巴集团在美上市案例对我国上市公司法律制度的启示，2015)

第四节 公司的财务、会计

一、公司财务会计概述

(一) 公司财务会计的概念

公司财务会计是指在会计法规、会计原则或者会计制度的指导下，以货币为主要计量形式，对公司的整个财务活动和经营状况进行记账、算账、报账，为公司管理者和其他利害关系人定期提供公司财务信息的活动。

公司财务会计反映的财务信息包括公司的财务活动和经营状况，如资产负债表、利润表、现金流量表等。公司财务会计服务的对象是公司管理者和其他利害关系人。其他利害关系人是指公司股东、债权人、潜在投资者、潜在的交易方、政府财税机关等。公司财务会计是需要向外部公开的财务信息，这与公司的管理会计或者考核指标数据等不同。

(二) 公司财务会计的法律要求

《公司法》规定，公司应当依照法律、法规和国家财政、税务主管部门的有关规定，建立本公司的财务会计制度。公司应当在每一会计年度终了时编制财务会计报告，并依法经会计师事务所审计。财务会计报告应当依照法律、行政法规和国务院财政部门的规定制作。有限责任公司应当依照公司章程规定的期限将财务会计报告送交各股东。股份有限公司的财务会计报告应当在召开股东大会年会的 20 日前置备于本公司，供股东查阅；公开发行股票的股份有限公司必须公告其财务会计报告。

公司应当于每年 1 月 1 日至 6 月 30 日，通过企业信用信息公示系统向公司登记机关报送上一年度的年度报告，并向社会公示。

二、利润分配

(一) 利润

公司利润是指公司在一定会计期间的经营成果，包括营业利润、投资净收益和营业外收支净额等。根据《公司法》以及有关规定，公司应当按照如下顺序进行利润分配。

(1) 弥补以前年度的亏损，但不得超过税法规定的弥补期限。

(2) 缴纳所得税。

(3) 弥补在税前利润弥补亏损之后仍存在的亏损。

(4) 提取法定公积金。

(5) 提取任意公积金。

(6) 向股东分配利润。

公司弥补亏损和提取公积金后所余税后利润，有限责任公司按照股东实缴的出资比例分配，但全体股东约定不按照出资比例分配的除外；股份有限公司按照股东持有的股份比例分配，但股份有限公司章程规定不按持股比例分配的除外。

公司股东会、股东大会或者董事会违反规定，在公司弥补亏损和提取法定公积金之前向股东分配利润的，股东必须将违反规定分配的利润退还公司。公司持有的本公司股份不得分配利润。

(二) 公积金

公积金是公司在资本之外所保留的资金金额，又称为附加资本或准备金。公积金制度是各国公司法通常采用的一项强制性制度。

公积金分为盈余公积金和资本公积金两类。盈余公积金是从公司税后利润中提取的公积金，分为法定公积金和任意公积金两种。法定公积金按照公司税后利润的10%提取，当公司法定公积金累计额为公司注册资本的50%以上时可以不再提取。公司的法定公积金不足以弥补以前年度亏损的，在依照规定提取法定公积金之前，应当先用当年利润弥补亏损。任意公积金按照公司股东会或者股东大会决议，从公司税后利润中提取。资本公积金是直接由资本原因形成的公积金，股份有限公司以超过股票票面金额的发行价格发行股份所得的溢价款以及国务院财政部门规定列入资本公积金的其他收入，应当列为公司资本公积金。

公积金应当按照规定的用途使用，其用途主要如下：①弥补公司亏损。公司的亏损按照国家税法规定可以用缴纳所得税前的利润弥补，超过用所得税前利润弥补期限仍未补足的亏损，可以用公司税后利润弥补；发生特大亏损，税后利润仍不足弥补的，可以用公司的公积金弥补。但是，资本公积金不得用于弥补公司的亏损。②扩大公司生产经营。公司可以根据生产经营的需要，用公积金来扩大生产经营规模。③转增公司资本。公司为了实现增加资本的目的，可以将公积金的一部分转为资本。对用任意公积金转增资本的，法律没有限制，但用法定公积金转增资本时，《公司法》规定，转增后所留存的该项公积金不得少于转增前公司注册资本的25%。

【例 3-12】某公司注册资本为 100 万元。2018 年，该公司提取的法定公积金累计额为 60 万元，提取的任意公积金累计额为 40 万元。当年，该公司拟用公积金转增公司资本 50 万元。请问有何要求？用法定公积金 30 万元、任意公积金 20 万元转增是否可以？

【解析】本题考核公积金。法定公积金最多可以转增 35 万元(60−100×25%=35 万元)；任意公积金不受 25%的限制。用法定公积金 30 万元、任意公积金 20 万元转增是可以的。

第五节　公司的合并、分立、增减注册资本

一、公司合并

公司合并是指两个以上的公司依照法定程序变为一个公司的行为。其形式有两种：一是吸收合并；二是新设合并。吸收合并是指一个公司吸收其他公司加入本公司，被吸收的公司解散。新设合并是指两个以上公司合并设立一个新的公司，合并各方解散。公司合并应遵循以下程序。

(一) 签订合并协议

公司合并，应当由合并各方签订合并协议。合并协议应当包括：合并后存续公司或新设公

司的名称、住所；合并各方的债权债务处理办法；合并各方的资产状况及其处理办法等其他事项。

(二) 编制资产负债表及财产清单

(三) 作出合并决议

签订合并协议并编制资产负债表及财产清单后，应当就公司合并的相关事项作出合并决议。有限责任公司的股东会在对公司合并作出决议时，必须经代表2/3以上表决权的股东通过；股份有限公司的股东大会在对公司合并作出决议时，必须经出席会议的股东所持表决权的2/3以上通过；国有独资公司的合并决议，由国有资产监督管理机构决定。重要的国有独资公司的合并，应当由国有资产监督管理机构审核后，报本级人民政府批准。

(四) 通知债权人

公司应当自作出合并决议之日起10日内通知债权人，并于30日内在报纸上公告。债权人自接到通知书之日起30日内，未接到通知书的自公告之日起45日内，可以要求公司清偿债务或者提供相应的担保。

(五) 依法进行登记

公司合并后，登记事项发生变更的，应当依法向公司登记机关办理变更登记；公司解散的，应当依法办理公司注销登记；设立新公司的，应当依法办理公司设立登记。公司合并时，合并各方的债权、债务，应当由合并后存续的公司或者新设的公司承继。

二、公司分立

公司分立是指一个公司依法分为两个以上的公司。《公司法》未明确规定分立的形式，一般有两种：一是派生分立，即公司以其部分财产和业务另设一个新的公司，原公司存续；二是新设分立，即公司以其全部财产设立两个以上的新公司，原公司解散。公司分立的程序与公司合并的程序基本一样，要签订分立协议、编制资产负债表及财产清单、作出分立决议、通知债权人、办理工商登记等。公司分立前的债务由分立后的公司承担连带责任。但是，公司在分立前与债权人就债务清偿达成的书面协议另有约定的除外。

三、公司注册资本的减少和增加

(一) 公司注册资本的减少

公司需要减少注册资本时，必须编制资产负债表及财产清单。公司减少注册资本时，应当自作出减少注册资本决议之日起10日内通知债权人，并于30日内在报纸上公告。债权人自接到通知书之日起30日内，未接到通知书的自公告之日起45日内，有权要求公司清偿债务或提供相应的担保。公司减少注册资本，应当依法向公司登记机关办理变更登记。

(二) 公司注册资本的增加

有限责任公司增加注册资本时，股东认缴新增资本的出资，依照《公司法》设立有限责任公司缴纳出资的有关规定执行。股份有限公司为增加注册资本发行新股时，股东认购新股，依照《公司法》设立股份有限公司缴纳股款的有关规定执行。公司增加注册资本，应当依法向公司登记机关办理变更登记。

【例 3-13】2009 年，甲公司决定分立出乙公司单独经营。甲公司原有负债 5000 万元，债权人主要包括丙银行、供货商丁公司和其他一些小债权人。在分立协议中，甲、乙公司约定：原甲公司债务中，对丁公司的债务由分立出的乙公司承担，其余债务由甲公司承担，该债务分担安排经过了丁公司的认可，但未通知丙银行和其他小债权人。下列说法中，正确的有(　　)。

A. 丁公司有权要求甲、乙连带清偿其债务

B. 丙银行有权要求甲、乙连带清偿其债务

C. 小债权人有权要求甲、乙连带清偿其债务

D. 甲、乙公司不得对债务分担作出约定

【解析】答案为 BC。本题考核公司分立。根据规定，债权人向分立后的企业主张债权，企业分立时对原企业的债务承担有约定，并经债权人认可的，按照当事人的约定处理，本题中，由于债权人丁公司认可了清偿协议，因此不能再要求甲、乙公司连带清偿其债务，A、D 错误；企业分立时对原企业债务承担没有约定或者约定不明，或者虽然有约定但债权人不予认可的，分立后的企业应当承担连带责任，本题中，小债权人和丙银行由于没有认可该协议，因此可以要求分立后的甲、乙公司承担连带责任，因此选项 B、C 正确。

第六节　公司的解散和清算

一、公司解散的原因

根据《公司法》的规定，公司解散的原因有以下情形：①公司章程规定的营业期限届满或者公司章程规定的其他解散事由出现；②股东会或股东大会决议解散；③因公司合并或者分立需要解散；④依法被吊销营业执照、责令关闭或者被撤销；⑤人民法院依法予以解散。

公司有上述第①种情形的，可以通过修改公司章程而存续。公司依照规定修改公司章程的，有限责任公司须经持有 2/3 以上表决权的股东通过，股份有限公司须经出席股东大会会议的股东所持表决权的 2/3 以上通过。《公司法》规定，公司经营管理发生严重困难，继续存续会使股东利益受到重大损失，通过其他途径不能解决的，持有公司全部股东表决权 10%以上的股东，可以请求人民法院解散公司。

根据《最高人民法院关于适用〈中华人民共和国公司法〉若干问题的规定(二)》的规定，单独或者合计持有公司全部股东表决权 10%以上的股东，以下列事由之一提起解散公司诉讼，并符合《公司法》有关规定的，人民法院应予受理。

(1) 公司持续两年以上无法召开股东会或者股东大会，公司经营管理发生严重困难的。

(2) 股东表决时无法达到法定或者公司章程规定的比例，持续两年以上不能作出有效的股

东会或者股东大会决议，公司经营管理发生严重困难的。

(3) 公司董事长期冲突，且无法通过股东会或者股东大会解决，公司经营管理发生严重困难的。

(4) 经营管理发生其他严重困难，公司继续存续会使股东利益受到重大损失的情形。

股东以知情权、利润分配请求权等权益受到损害，或者公司亏损、财产不足以偿还全部债务，以及公司被吊销企业法人营业执照未进行清算等为由，提起解散公司诉讼的，人民法院不予受理。股东提起解散公司诉讼应当以公司为被告。经人民法院调解公司收购原告股份的，公司应当自调解书生效之日起 6 个月内将股份转让或者注销。股份转让或者注销之前，原告不得以公司收购其股份为由对抗公司债权人。公司被依法宣告破产的，依照有关企业破产的法律制度实施破产清算。

【例 3-14】根据公司法律制度的规定，下列情形中，构成股东要求司法解散公司的正当理由的是(　　)。

A. 公司最近3年未开股东会，无法形成股东会决议，经营管理严重困难，继续存续会使股东利益严重受损，且无其他途径解决

B. 公司无故拒绝股东查询公司会计账簿

C. 公司连续5年盈利，并符合法律规定的利润分配条件，但不分红

D. 公司连续3年亏损，累计亏损达到实收股本总额的1/2

【解析】答案为 A。本题考核公司解散。根据《公司法》有关规定，公司经营管理发生严重困难，继续存续会使股东利益受到重大损失，通过其他途径不能解决的，持有公司全部股东表决权 10%以上的股东，可以请求人民法院解散公司。

二、公司清算

(一) 成立清算组

公司解散时，应当依法进行清算。根据《公司法》的规定，公司应当在解散事由出现之日起 15 日内成立清算组。根据最高人民法院的司法解释，有下列情形之一，债权人申请人民法院指定清算组进行清算的，人民法院应予受理：①公司解散逾期不成立清算组进行清算的；②虽然成立清算组但故意拖延清算的；③违法清算可能严重损害债权人或者股东利益的。具有上述情形，而债权人未提起清算申请，公司股东申请人民法院指定清算组对公司进行清算的，人民法院应予受理。

有限责任公司的清算组由股东组成，股份有限公司的清算组由董事或股东大会确定的人员组成。人民法院受理公司清算案件，应当及时指定有关人员组成清算组。清算组成员可以从下列人员或者机构中产生：①公司股东、董事、监事、高级管理人员；②依法设立的律师事务所、会计师事务所、破产清算事务所等社会中介机构；③依法设立的律师事务所、会计师事务所、破产清算事务所等社会中介机构中具备相关专业知识并取得执业资格的人员。

(二) 清算组的职权

根据《公司法》的规定，清算组在清算期间行使下列职权：①清理公司财产，分别编制资

产负债表和财产清单；②通知、公告债权人；③处理与清算有关的公司未了结的业务；④清缴所欠税款以及清算过程中产生的税款；⑤清理债权、债务；⑥处理公司清偿债务后的剩余财产；⑦代表公司参与民事诉讼活动。清算组在公司清算期间代表公司进行一系列民事活动，全权处理公司经济事务和民事诉讼活动。根据《公司法》的规定，清算组成员应当忠于职守，依法履行清算义务。清算组成员不得利用职权收受贿赂或者其他非法收入，不得侵占公司财产。清算组成员因故意或者重大过失给公司或者债权人造成损失的，应当承担赔偿责任。

(三) 清算工作程序

清算工作程序一般如下。

1. 登记债权

清算组应当自成立之日起10日内通知债权人，并于60日内在报纸上公告。债权人应当自接到通知书之日起30日内，未接到通知书的自公告之日起45日内，向清算组申报其债权。债权人在规定的期限内未申报债权，在公司清算程序终结前补充申报的，清算组应予登记。债权人补充申报的债权，可以在公司尚未分配的财产中依法清偿。公司清算程序终结，是指清算报告经股东会、股东大会或人民法院确认完毕。清算组未按照前款规定履行通知和公告义务，导致债权人未及时申报债权而未获清偿，清算组成员对因此造成的损失承担赔偿责任。债权人申报债权，应当说明债权的有关事项，并提供证明材料。清算组应当对债权进行登记。在申报债权期间，清算组不得对债权人进行清偿。

2. 清理公司财产，制定清算方案

清算组应当对公司财产进行清理，编制资产负债表和财产清单，制定清算方案。清算方案应当报股东会、股东大会或者人民法院确认。清算组执行未经确认的，清算方案给公司或者债权人造成损失，公司、股东或者债权人有权要求清算组人员承担赔偿责任。公司解散时，股东尚未缴纳的出资均应作为清算财产。股东尚未缴纳的出资，包括到期应缴未缴的出资，以及依照《公司法》相关规定分期缴纳尚未届满缴纳期限的出资。

清算组在清理公司财产、编制资产负债表和财产清单后，发现公司财产不足清偿债务的，应当依法向人民法院申请宣告破产。人民法院指定的清算组在清理公司财产、编制资产负债表和财产清单时，发现公司财产不足清偿债务的，可以与债权人协商制订有关债务清偿方案。债务清偿方案经全体债权人确认且不损害其他利害关系人利益的，人民法院可依清算组的申请裁定予以认可。

3. 清偿债务

公司财产在分别支付清算费用、职工的工资、社会保险费用和法定补偿金缴纳所欠税款，清偿公司债务后的剩余财产，有限责任公司按照股东的出资比例分配，股份有限公司按照股东持有的股份比例分配。清算期间，公司存续，但不得开展与清算无关的经营活动。公司财产在未按上述规定清偿前，不得分配给股东。

4. 公告公司终止

公司清算结束后，清算组应当制作清算报告，报股东会、股东大会或人民法院确认，并报送公司登记机关，申请注销公司登记，公告公司终止。公司未经清算即办理注销登记，导致公

司无法进行清算，债权人有权要求有限责任公司的股东、股份有限公司的董事和控股股东，以及公司的实际控制人对公司债务承担清偿责任。

【例 3-15】根据公司法律制度的规定，清算组在清算期间，可以行使的职权有(　　)。

A. 清理公司财产，分别编制资产负债表和财产清单

B. 处理公司清偿债务后的剩余财产

C. 代表公司参与民事诉讼

D. 通知、公告债权人

【解析】答案为 ABCD。本题考核公司清算。根据《公司法》的规定，清算组在清算期间行使下列职权：①清理公司财产，分别编制资产负债表和财产清单；②通知、公告债权人；③处理与清算有关的公司未了结的业务；④清缴所欠税款以及清算过程中产生的税款；⑤清理债权、债务；⑥处理公司清偿债务后的剩余财产；⑦代表公司参与民事诉讼活动。

第七节　违反公司法的法律责任

一、公司行为违反公司法的法律责任

(1) 公司办理登记时，虚报注册资本、提交虚假材料或者采取其他欺诈手段隐瞒重要事实取得公司登记的，由公司登记机关责令改正，对虚报注册资本的公司，处以虚报注册资本金额5%以上 15%以下的罚款；对提交虚假材料或者采取其他欺诈手段隐瞒重要事实的公司，处以 5 万元以上 50 万元以下的罚款；情节严重的，撤销公司登记或者吊销营业执照。

(2) 公司违反规定，在法定的会计账簿以外另立会计账簿的，由县级以上人民政府财政部门责令改正，处以 5 万元以上 50 万元以下的罚款。

(3) 公司在依法向有关主管部门提供的财务会计报告等材料上作虚假记载或者隐瞒重要事实的，由有关主管部门对直接负责的主管人员和其他直接责任人员处以 3 万元以上 30 万元以下的罚款。

(4) 公司不按照规定提取法定公积金的，由县级以上人民政府财政部门责令如数补足应当提取的金额，可以对公司处以 20 万元以下的罚款。

(5) 公司在合并、分立、减少注册资本或者进行清算时，不依照《公司法》规定通知或者公告债权人的，由公司登记机关责令改正，对公司处以 1 万元以上 10 万元以下的罚款。公司在进行清算时，隐匿财产，对资产负债表或者财产清单作虚假记载或者在未清偿债务前分配公司财产的，由公司登记机关责令改正，对公司处以隐匿财产或者未清偿债务前分配公司财产金额 5%以上 10%以下的罚款；对直接负责的主管人员和其他直接责任人员处以 1 万元以上 10 万元以下的罚款。

(6) 公司在清算期间开展与清算无关的经营活动，由公司登记机关予以警告，没收违法所得。

(7) 公司成立后无正当理由超过 6 个月未开业的，或者开业后自行停业连续 6 个月以上的，可以由公司登记机关吊销营业执照。公司登记事项发生变更时，未按照《公司法》规定办理有关变更登记的，由公司登记机关责令限期登记；逾期不登记的，处以 1 万元以上 10 万元以下

的罚款。

(8) 外国公司违反《公司法》规定，擅自在中国境内设立分支机构的，由公司登记机关责令改正或者关闭，并可对公司处以 5 万元以上 20 万元以下的罚款。

二、公司在改制、合并和分立中的法律义务与责任

对于公司在改制、合并和分立中如何承担法律责任的问题，《公司法》本身没有作出规定，2003 年 2 月 1 日起施行的最高人民法院《关于审理与企业改制相关的民事纠纷案件若干问题的规定》中，对此做了比较具体的规定。根据这一司法解释，公司在改制、合并和分立中应按照下列规则承担公司责任。

(1) 国有企业依《公司法》整体改造为国有独资有限责任公司的，原企业的债务，由改造后的有限责任公司承担。

(2) 企业通过增资扩股或者转让部分产权，实现他人对企业的参股，将企业整体改造为有限责任公司或者股份有限公司的，原企业的债务由改造后的新公司承担。

(3) 企业以其部分财产和相应债务与他人组建新公司，对所转移的债务，债权人认可的，由新组建的公司承担民事责任；对所转移的债务，未通知债权人或者虽通知债权人，而债权人不予认可的，由原企业承担民事责任。原企业无力承担债务，债权人就此向新设公司主张债权的，新设公司在所接收的财产范围内与原企业承担连带民事责任。

(4) 企业以其优质财产与他人组建新公司，而将债务留在原企业，债权人与新设公司和原企业作为共同被告提起诉讼主张债权的，新设公司应当在所接受的财产范围内与原企业共同承担连带责任。

(5) 企业吸收合并后，被兼并企业的债务应当由兼并方承担。企业吸收合并时，按《公司法》的规定，公告通知了债权人的，吸收合并后，债权人就被兼并企业原资产管理人(出资人)隐瞒或者遗漏的债务起诉兼并方的，如果债权人在公告期内申报过该笔债权，兼并方应承担民事责任。兼并方在承担民事责任后，可以在向被兼并企业原资产管理人(出资人)追偿。如债权人在公告期内未申报过该笔债权，则兼并方不承担民事责任。在这种情况下。人民法院可以告知债权人另行起诉被兼并企业原资产管理人(出资人)。

(6) 企业新设合并后，被兼并企业的债务应当由新设合并后的企业法人承担。企业吸收合并或新设合并后，被兼并企业应当办理而未办理工商注销登记，债权人起诉被兼并企业的，人民法院应当根据企业兼并后的具体情况，告知债权人追加责任主体，并判令责任主体承担民事责任。

(7) 债权人向分立后的企业主张债权，企业分立时，对原企业的债务承担有约定，并经债权人认可的，按照当事人的约定处理；企业分立时，对原企业的债务承担没有约定或者约定不明确，或者虽然有约定，但债权人不予认可的，分立后的企业应当承担连带责任。分立的企业在承担连带责任后，各分立的企业间对原企业债务承担有约定的，按照约定处理；没有约定或者约定不明确的，根据企业分立时的资产比例承担。

(8) 以收购方式实现对企业控股的，被控股企业的债务仍由其自行承担，但因控股企业抽逃资金、逃避债务，致使被控股企业无力偿还债务的，被控股企业的债务则由控股企业承担。

三、发起人、股东的法律责任

公司的发起人、股东虚假出资，未交付或者未按期交付作为出资的货币或者非货币的资产的，由公司登记机关责令改正，处以虚假出资金额 5%以上 15%以下的罚款。公司的发起人、股东在公司成立后，抽逃其出资的，由公司登记机关责令改正，处以所抽逃出资金额 5%以上 15%以下的罚款。

四、董事、监事、高管人员的法律责任

董事、监事、高级管理人员执行公司职务时违反法律、行政法规或者公司章程的规定，给公司造成损失的，应当承担赔偿责任。

五、清算组及其成员的法律责任

清算组不依照《公司法》规定向公司登记机关报送清算报告，或者报送清算报告隐瞒重要事实或者有重大纰漏的，由公司登记机关责令改正。清算组成员利用职权徇私舞弊、谋取非法收入或者侵占公司财产的，由公司登记机关责令退还公司财产，没收违法所得，并可以处以违法所得 1 倍以上 5 倍以下的罚款。

本 章 小 结

1. 公司法是规定公司法律地位，调整公司组织关系，规范公司在设立、变更与终止过程中的组织行为的法律规范的总称。

2. 有限责任公司，是依照《公司法》在中国境内设立的，股东以其出资额为限对公司承担责任，公司以其全部资产对公司的债务承担责任的企业法人。

3. 股份有限公司，是指依照《公司法》在中国境内设立的，其全部资本分为等额股份，股东以其所持股份对公司承担责任，公司以其全部财产对公司的债务承担责任的企业法人。

4. 公司合并是指两个以上的公司依照法定程序变为一个公司的行为。公司分立是指一个公司依法分为两个以上的公司。

5. 违反公司法的法律责任包括公司行为违反公司法的法律责任，公司在改制、合并和分立中的法律义务与责任，发起人、股东的法律责任，董事、监事、高管人员的法律责任，清算组及其成员的法律责任。

习 题

一、单项选择题

1. 股东会对公司增加或减少注册资本、修改公司章程等事项作出决议时，必须经代表(　　)

具有表决权的股东通过。

A. 1/2以上　　B. 2/3以上
C. 全体　　D. 符合章程规定的

2. 有限责任公司某股东欲转让出资，于 2018 年 12 月 15 日向其他股东发出书面转让通知。股东张某 2019 年 1 月 1 日收到该转让通知，张某需要在(　　)之前对该转让事项进行答复，否则视为同意转让。

A. 2019年1月15日　　B. 2019年1月31日
C. 2019年2月15日　　D. 2019年2月28日

3. 刘某出资 12 万元设立了一个一人有限责任公司。公司存续期间，刘某的下列行为中，符合公司法律制度规定的是(　　)。

A. 设立股东会
B. 决定用公司盈利再投资设立另一个一人有限责任公司
C. 决定减少注册资本5万元
D. 决定不编制财务会计报告

4. 某股份有限公司在设立过程中，违反《公司法》规定的是(　　)。

A. 在公司登记机关登记的注册资本总额为人民币200万元
B. 发起人共有3人，其中两人在中国境内有住所
C. 某发起人以劳务出资，作价50万元
D. 全体发起人的货币出资占出资总额的35%

5. 根据我国《公司法》的规定，下列人员中，可以担任公司监事的是(　　)。

A. 公司董事　　B. 公司股东
C. 公司财务负责人　　D. 公司经理

二、多项选择题

1. 关于股份公司的组织机构，下列表述正确的是(　　)。

A. 单独或者合计持有公司5%以上股份的股东，可以在股东大会召开10日前提出临时提案并书面提交董事会；董事会应当在收到提案后两日内通知其他股东，并将该临时提案提交股东大会审议
B. 股东出席股东大会会议，所持每一股份有一表决权。但是，公司持有的本公司股份没有表决权
C. 股东大会作出一般决议，必须经出席会议的股东所持表决权过半数通过
D. 股东大会作出法律规定的特殊决议，必须经出席会议的股东所持表决权的2/3以上通过
E. 董事会的决议违反法律、行政法规或者公司章程、股东大会决议，致使公司遭受严重损失的，参与决议的董事对公司负赔偿责任。但经证明在表决时曾表明异议并记载于会议记录的，该董事可以免除责任

2. 王某为甲有限责任公司的董事长和总经理，甲公司主要经营办公家具销售业务。任职期间，王某代理乙公司从国外进口一批办公家具并将其销售给丙公司。下列有关该行为说法正确的是(　　)。

A. 王某的行为违反了公司法律制度的规定

B. 甲公司可以决定将其从事上述行为所得收入收归本公司所有

C. 如果经过董事会同意，王某可以从事以上的活动

D. 甲公司可以决定撤销王某的行为，但是不能将其取得的收入归入本公司

E. 王某的行为是正当的职务行为

3. 甲、乙、丙共同出资设立了A有限责任公司，后丙与丁达成协议，准备将其在A公司的出资全部转让给丁，丙就此事书面通知甲和乙征求意见。下列解决方案中，符合规定的有(　　)。

A. 如果甲和乙接到书面通知之日起满30日未答复，视为不同意转让

B. 在同等条件下，由甲和乙共同购买丙的全部出资

C. 如果甲、乙均不同意转让又不愿购买，丙无权将出资转让给丁

D. 如果甲、乙均不同意转让又不愿购买，丙可以将出资转让给丁

E. 如果甲和乙接到书面通知之日起满30日未答复，视为同意转让

4. 甲、乙、丙3个国有企业共同投资设立A有限责任公司，2006年1月31日，A公司召开股东会。本次股东会通过的下列决议中，不符合法律规定的是(　　)。

A. 选举和更换全部董事

B. 审议批准公司的弥补亏损方案

C. 选举和更换全部监事

D. 决定公司内部管理机构的设置

E. 解聘公司经理

5. 根据公司法律制度的规定，A有限责任公司的下列事项中，属于公司解散事由的是(　　)。

A. A公司章程规定的营业期限届满

B. A公司分立成B、C两个新的公司，A公司不再存在

C. 经代表2/3以上表决权的股东同意，A公司股东会通过了解散公司的决议

D. 因违法经营被公司登记机关吊销营业执照

E. 因违法经营被公司登记机关暂停营业

三、名词解释

1. 公司　2. 公司法　3. 有限责任公司　4. 股份有限公司　5. 股东会　6. 董事会　7. 监事会

四、简答题

1. 我国公司法规定，有限责任公司章程应载明哪些事项？

2. 董事、监事、经理对公司的义务主要有哪些？

3. 简述发起设立股份有限公司的程序。

4. 简述公司税后利润的分配顺序。

案 例 分 析

2017年1月，甲、乙、丙、丁4人计划设立P有限责任公司(以下简称“P公司”)，生产并销售电子产品，4人约定：公司注册资本100万元，其中甲、乙以货币出资20万元，丙以机器设备出资，丁以其专利权出资。2017年2月，4人委托甲向公司登记机关提出设立申请；2017年3月，公司登记机关向P公司签发了营业执照。

P公司章程规定：甲为公司总经理，并为公司法定代表人；乙、丙为公司董事；公司董事、高级管理人员以公司财产为他人提供担保时，须经股东会同意。公司董事会规定，甲与第三人签订标的额为15万元以上的合同时，应经董事会同意。

2018年3月，甲以P公司名义与M公司签订了一份标的额为17万元的买卖合同。乙认为该买卖合同损害了P公司的利益，且甲的行为超越了权限，要求召开股东会作出决议，撤销甲的公司总经理职务。经查，M公司对甲越权签约的事实并不知情。

2018年9月，乙征得丙、丁的同意后，将P公司的部分设备出质，为N公司向银行借款提供质押担保。甲对该事项不知情。

2018年12月，P公司的债权人O公司要求P公司偿还6月份所欠的合同款。

问题：

1. P公司何时成立？
2. 4人约定的出资方式是否符合《公司法》的规定？说明理由。
3. 甲以P公司名义与M公司签订的买卖合同是否有效？说明理由。
4. P公司如果撤销甲的公司总经理职务，是否需要召开股东会？说明理由。
5. 乙的质押担保行为是否有效？说明理由。
6. 如果P公司的全部财产不足以清偿公司的债务，对不足清偿的部分，甲、乙、丙、丁是否应当承担清偿责任？说明理由。

第四章

破　产　法

【导读】

破产是商品经济出现之后信用关系建立和发展的产物。只要存在商品生产和商品交换，就会有竞争，有优胜劣汰，就会出现破产现象。而破产法制定的目的在于通过破产的程序使债权人获得公平受偿、保护债权人的合法权益，以及对一些因各种原因面临困境但有挽救希望的企业，通过实施重整或和解，以摆脱困境，恢复生机，尽可能避免因破产清算带来的职工失业、社会财富损失等社会震荡。通过本章的学习，要求学生了解破产法的概念，掌握我国法律有关破产界限、破产案件的管辖及受理、破产管理人的法律地位、债务人财产的范围、债权人会议的性质及职权、重整与和解及破产清算的相关规定。

【学习重点】

破产界限，管理人的法律地位，债务人财产的构成，债权人会议的职权，重整与和解的条件及程序，破产财产的分配。

【学习难点】

我国法律对破产界限的具体规定，撤销权、取回权和抵销权的适用情形，重整计划草案的表决与批准，别除权，破产财产的变价与分配。

【教学建议】

以课堂讲授为主，适当结合案例教学和引导学生课堂讨论，帮助学生掌握破产法理论知识。

第一节　破产法概述

一、破产与破产法的概念与特征

(一) 破产与破产法的概念

1. 破产的概念

破产(bankrupt)简单来说就是债务人不能清偿到期债务。从词源上讲，bankrupt 一词源于意大利语 banca rotta，banca 意为“板凳”，rotta 意为“砸烂”。它来源于中世纪后期意大利商业城市的习惯。当时，商人们在市中心交易市场中各有自己的板凳，当某个商人不能偿付债务时，他的债权人就按照惯例砸烂他的板凳，以示其经营失败。现代破产法意义上的破产，包含事实上的破产和法律上的破产。

事实上的破产有多种表现形式，既可以指债务人丧失了继续经营事业的财产承受能力，也可以指债务人发生了清偿不能的财务危机。债务人清偿债务后其主体资格赖以存在的财产已完全丧失，故称破产。

法律意义上的破产，是指债务人不能清偿到期债务时，由法院通过法定程序，将债务人全部财产强制向全体债权人公平清偿并使债务人丧失其主体资格的事件。

2. 破产法的概念

破产法是规定在债务人丧失清偿能力时，法院强制对其全部财产进行清算分配，公平、有序清偿债权人，或通过债务人与债权人会议达成的和解协议清偿债务，或进行企业重整，避免债务人破产的法律规范的总称。

(二) 我国现行破产法律制度概况

我国的破产法律制度经过多次修改，在 2007 年以前，以《中华人民共和国企业破产法(试行)》(以下简称《破产法(试行)》) 为其主要内容。该法系 1986 年 12 月第六届全国人大常委会第十八次会议通过，适用于全民所有制企业，自《中华人民共和国全民所有制工业企业法》实施满 3 个月后，即自 1988 年 11 月 1 日起施行。

1991 年 4 月，第七届全国人大常委会第四次会议修订了《中华人民共和国民事诉讼法》，该法在第二篇第十九章中规定了企业法人破产还债程序，适用于非全民所有制的企业法人，以解决《破产法(试行)》调整过窄之不足。

此外，国务院还依据《破产法(试行)》的规定，制定了涉及国有企业破产的一些特殊事宜的规定；最高人民法院也依照法律的规定，出台了有关审理企业破产案件的司法解释。由于现行的企业破产法律的规定还不完善，不能完全适应社会主义市场经济条件下处理企业破产问题的需要，2006 年 8 月 27 日第十届全国人大常务委员会第二十三次会议通过《中华人民共和国企业破产法》(以下简称《破产法》)，自 2007 年 6 月 1 日起施行，相应的《破产法(试行)》同时废止。

《破产法》法律条文的数量由《破产法(试行)》的 6 章 43 条增加到 12 章 136 条，不论是对破产实体问题的规定，还是对破产程序问题的规定，都更加明确、具体。

《破产法》适用对象是企业法人，这意味着改变了国有企业和国有企业以外的其他所有制的企业法人分别适用不同法律的现状。

《破产法》还新增设了企业重整制度的规定，其目的是对一些因各种原因面临困境但有挽救希望的企业，通过实施重整，以摆脱困境，恢复生机，尽可能避免因破产清算带来的职工失业、社会财富损失等社会震荡。

(三) 破产法的特征

破产法与其他法律相比较，具有以下特征。

(1) 破产法的调整范围仅限于债务人丧失清偿能力，不能清偿到期债务的特别情况，解决的是如何公平清偿债权人的问题，对于债务纠纷以及债务人有清偿能力而不归还债务的问题，则在破产程序之外通过民事诉讼与执行制度解决。

(2) 破产法是集实体与程序两者合一的综合性法律。破产法的基本内容可分为实体性规范、程序性规范、罚则三大部分。实体性规范主要包括破产界限、破产财产、破产债权、取回权、别除权、抵销权、撤销权、破产费用等内容。程序性规范主要包括破产案件的管辖、破产申请的提出与受理、破产宣告、债权人会议、破产管理人(清算组) 、破产财产的变价与分配、和解与重整程序、破产程序的终结等内容。罚则主要规定对破产犯罪等违法行为的处罚、破产人的免责与处罚等内容。

(3) 破产法是一部社会涉及面甚广的法律，与其他一些法律部门具有密切的联系，其正确实施要靠公司法、刑法、劳动法、社会保障法等相关法律、制度的保障。

二、破产法的立法宗旨与调整作用

(一) 破产法的立法宗旨

《破产法》第一条规定，为规范企业破产程序，公平清理债权债务，保护债权人和债务人的合法权益，维护社会主义市场经济秩序，制定本法。《破产法》对立法宗旨在强调破产法基本调整功能的基础上进行了以下革新：第一，明确破产法的特定社会调整目标，区分其直接社会调整作用与间接社会影响的关系；第二，区分破产法与劳动法、社会保障法等相关立法间不同的调整范围，将不属于破产法调整的破产企业职工的救济安置等社会问题交由其他立法调整；第三，排除政府的不当行政干预，避免因行政利益的影响而歪曲破产法的实施，同时强调政府必须履行提供充分社会保障、安置失业职工等职责，保障破产法的顺利实施。

(二) 破产法的调整作用

破产法的直接调整作用，是通过其特有的调整手段保障债务关系在债务人丧失清偿能力时的最终公平、有序实现，通过重整与和解制度避免具有挽救希望与价值的债务人企业破产，维护债权人和债务人的合法权益，完善企业市场退出机制，维护社会利益与正常经济秩序。破产法通过对债务关系的调整还产生一系列的间接社会影响，有助于完善市场经济优胜劣汰的竞争机制和市场退出机制；通过破产清算与重整等制度，优化社会资源的市场配置、调整产业与产品结构等。

三、破产法的适用范围

(一) 破产法的主体适用范围

根据《破产法》第二条规定，其主体适用范围是所有的企业法人。同时，该法第一百三十五条规定，其他法律规定企业法人以外的组织的清算，属于破产清算的，参照适用本法规定的程序，适当扩大了破产法的实际适用范围。目前，根据其他法律规定，可以参照适用破产法的主体主要是合伙企业、农民专业合作社等。根据最高人民法院发布的《关于对资不抵债无法继续办学被终止的民办学校如何组织清算问题的批复》，资不抵债的民办学校的清算，参照适用

《破产法》规定的程序进行。根据最高人民法院发布的《关于个人独资企业清算是否可以参照适用企业破产法规定的破产清算程序的批复》，在个人独资企业不能清偿到期债务，并且资产不足以清偿全部债务或者明显缺乏清偿能力的情况下，可以参照适用《破产法》规定的破产清算程序进行清算。

(二)《破产法》的地域适用范围

《破产法》的地域适用范围主要是指破产法的域外效力问题，即一国的破产程序对位于其他国家的破产人财产是否有效。破产程序的域外效力发生于跨境破产的情况。跨境破产，是指同时涉及本国与外国因素的破产程序。通常，影响跨境破产形成的因素主要是债务人的财产位于两个以上的国家。

从历史上看，对于破产程序的域外效力在立法上主要有两种理论。一种是属地主义，主张破产程序的效力仅及于本国国内，只有破产人在该国内的财产属于破产财产。另一种为普及主义，认为破产制度设立的目的，在于一次性公平解决破产人全部债务清偿问题，所以破产程序的效力应及于破产人在国内外的全部财产。两种立法主义各有利弊，目前普及主义具有普遍适用的趋势，各国破产法在积极采取各种措施解决跨境破产问题。有的国家对外国破产程序视同外国裁判，按照相应的法律程序个案处理，在一定条件下承认其全部或部分效力。有的国家采取缔结条约的方法，承认缔约方破产程序在本国具有相应的法律效力。联合国贸易法委员会制定了《跨国界破产示范法》，力图通过全球立法统一化的方式普遍性地解决跨境破产问题。目前，一些国家已经在本国立法中采纳了联合国贸易法委员会制定的《跨国界破产示范法》的主要原则，适当承认外国破产程序的效力已成为各国的立法发展趋势。

我国《破产法》采取有限制的普及主义原则，其第五条规定，依照本法开始的破产程序，对债务人在中华人民共和国领域外的财产发生效力。对外国法院作出的发生法律效力的破产案件的判决、裁定，涉及债务人在中华人民共和国领域内的财产，申请或者请求人民法院承认和执行的，人民法院依照中华人民共和国缔结或者参加的国际条约，或者按照互惠原则进行审查，认为不违反中华人民共和国法律的基本原则，不损害国家主权、安全和社会公共利益，不损害中华人民共和国领域内债权人的合法权益的，裁定承认和执行。

【例 4-1】我国现行《企业破产法》在地域适用范围上采用的原则是(　　)。

A. 普及主义　　B. 属地主义

C. 有限制的普及主义　　D. 缔结主义

【解析】正确答案为C。我国《企业破产法》采取有限制的普及主义原则。

第二节　破产申请与受理

一、破产界限

(一) 破产界限概述

破产界限，也称破产原因，指认定债务人丧失清偿能力，当事人得以提出破产申请，法院据以启动破产程序的法律事实。破产原因也是和解与重整程序开始的原因，但重整程序开始的原因更为宽松，债务人在尚未发生破产原因但有明显丧失清偿能力可能时，就可以依法申请重整。

各国破产法对破产界限的规定大致可以分为两种。

1. 列举主义

列举主义主要为英美法系国家所采用，以英国破产法和 1978 年前的美国破产法为代表。其破产法对破产界限进行逐一的列举，主要是一些有损于或可能有损于债权人利益的行为，这些行为与债务人是否已丧失偿债能力往往没有必然联系，只要债务人具备了其中之一，即可认为其具有破产原因。

2. 概括主义

概括主义主要为大陆法系国家所采用。其特点是，对破产界限作高度抽象的概括规定。总体来说，以债务人无清偿能力为核心。在判断“无清偿能力”的时候有两个标准：一是现金流量标准，当债务人不能支付到期债务时，即认为无清偿能力；二是资产负债表标准，是指债务人的资产不能够清偿它的负债，即“资不抵债”。

(二) 我国《破产法》及司法解释对破产界限的规定

根据我国《破产法》第二条的规定，企业法人的破产原因是不能清偿到期债务，并且资产不足以清偿全部债务或者明显缺乏清偿能力。

2011 年最高人民法院颁布了《最高人民法院关于适用〈中华人民共和国企业破产法〉若干问题的规定(一)》(下称《破产法司法解释(一) 》) 。对上述破产界限进行了具体的界定。其第一条规定，债务人不能清偿到期债务并且具有下列情形之一的，人民法院应当认定其具备破产原因：①资产不足以清偿全部债务；②明显缺乏清偿能力。相关当事人以对债务人的债务负有连带责任的人未丧失清偿能力为由，主张债务人不具备破产原因的，人民法院应不予支持。

据此规定，破产原因可以分为两种情况：第一，债务人不能清偿到期债务，并且资产不足以清偿全部债务，主要适用于债务人提出破产申请且其资不抵债情况通过对相关证据的形式审查即可判断的案件；第二，债务人不能清偿到期债务，并且明显缺乏清偿能力，主要适用于债权人提出破产申请和债务人提出破产申请但其资不抵债状况通过形式审查不易判断的案件。此外，对债务人丧失清偿能力、发生破产原因的认定，不以其他对其债务负有清偿义务者(如连带责任人、担保人) 也丧失清偿能力、不能代为清偿为条件。只要债务人本人不能清偿到期债务即为发生破产原因，其他人对其负债的连带责任、担保责任，不能视为债务人的清偿能力或其延伸。下面就破产原因进行分别阐述。

1. 债务人不能清偿到期债务

《破产法司法解释(一) 》第二条规定，下列情形同时存在的，人民法院应当认定债务人不能清偿到期债务：①债权债务关系依法成立；②债务履行期限已经届满；③债务人未完全清偿债务。本条规定实际上是将破产法理论上的“不能清偿”解释为 “停止支付”，因为仅仅依据这 3 项条件只能说明债务人未清偿债务，尚不能够充分说明债务人是否是因为已经完全丧失清偿能力而不能清偿债务。这是考虑到我国立法现实情况、司法解释的立法权限以及司法实践的需要，在不违背破产法适用原则的情况下作出的变通规定，弥补因立法未规定停止支付概念造成的调整空缺。

2. 资不抵债

《破产法司法解释(一)》第三条规定了对资不抵债的认定，指出债务人的资产负债表，或者审计报告、资产评估报告等显示其全部资产不足以偿付全部负债的，人民法院应当认定债务人资产不足以清偿全部债务，但有相反证据足以证明债务人资产能够偿付全部负债的除外。通常，判断企业资产与负债关系即资是否抵债的文件是其资产负债表，但如果由债务人自行编制的资产负债表未经过审计，其内容就有可能出现不及时、不真实、不准确的问题。因此，当利害关系人对债务人出具的资产负债表存在异议时，法律规定，可以以中介机构出具的具有更高公信力与证明力的审计报告和资产评估报告作为判断债务人资产与负债总额的依据。而且，如果当事人提交的证据能够证明债务人的资产与债务总额，还可以推翻资产负债表、审计报告或者资产评估报告对是否资不抵债的认定。

3. 明显缺乏清偿能力

《破产法》第七条规定，只要债务人不能清偿到期债务，无须考虑资不抵债问题，债权人就可以向人民法院提出破产清算的申请。《破产法司法解释(一)》第四条规定，债务人账面资产虽大于负债，但存在下列情形之一的，人民法院应当认定其明显缺乏清偿能力。

(1) 因资金严重不足或者财产不能变现等原因，无法清偿债务。在司法实践中，有时虽然债务人账面资产(如土地使用权、厂房等) 大于负债，但由于无法变现或变现即意味着失去经营条件不得不破产倒闭，所以长期对到期债务无法清偿，即使是有物权担保的债权人有时也难以说服法院采取必然导致债务人企业倒闭、职工失业的执行措施以实现权利，所以对其只有通过破产程序才能彻底解决债务清偿问题。

(2) 法定代表人下落不明且无其他人员负责管理财产，无法清偿债务。在此种情况下(如老板、高管人员弃企跑路等)，债务人已经丧失民事行为能力，往往也已丧失了清偿能力，必须及时启动破产程序才能维护债权人的利益。

(3) 经人民法院强制执行，无法清偿债务。经采取强制执行措施仍不能清偿债务的债务人显然已经完全丧失清偿能力，甚至由于已经过司法程序确认而无须再通过推定认定其发生破产原因。因为任何债务的不能执行，都意味着债务人完全丧失清偿能力，所以依据本项规定，只要债务人的任何一个债权人经人民法院强制执行未能得到清偿，其每一个债权人均有权提出破产申请，并不要求申请人自己已经采取了强制执行措施。

(4) 长期亏损且经营扭亏困难，无法清偿债务。此项规定侧重于从债务人的持续经营能力角度考察其清偿能力。当债务人不能清偿债务，同时长期亏损且经营扭亏困难，失去持续经营能力时，虽然其账面资产大于负债，但未来只会是持续性地减少，进一步损害债权人利益，所以应当认为其发生破产申请原因。

(5) 导致债务人丧失清偿能力的其他情形。此乃通常授权法院在法律列举情况之外可以裁量认定适用相关规定的兜底性条款。

二、破产申请的提出

关于破产开始程序的立法有两种体例，即申请主义和职权主义。申请主义，即法院根据破产申请人的申请而开始破产程序，这体现了民法上“不告不理”的原则；职权主义，即法院在无破产申请的情况下根据其职权开始破产程序，这体现了公力救济主义特点。早期破产制度一般采用职权主义；近、现代破产法大多以申请主义为原则，而以职权主义为例外。我国现行破产法采用了申请主义。

(一) 破产申请人

1. 债权人

债务人不能清偿到期债务，债权人可以向人民法院提出对债务人进行重整或者破产清算的申请，但不能提出和解申请。

没有物权担保的债权人享有破产申请权，对破产人的特定财产享有担保权的债权人(下称担保债权人) 同样享有破产申请权。在司法实践中，债务人破产时，担保债权人通常可从担保物上直接获得优先清偿，没有必要浪费时间、精力去申请债务人破产。但在债权人出于某种原因放弃优先受偿权，或担保物的价款可能不足以清偿所担保的债权时，便不得不行使破产申请权，以维护其权利。所以，即使担保物的价款足以清偿所担保的债权，担保债权人同样享有破产申请权。我国《破产法》对担保债权人行使破产申请权没有限制规定。

2. 债务人

债务人发生破产原因，可以向人民法院提出重整、和解或者破产清算申请。

3. 清算人

企业法人已解散但未清算或者未清算完毕，资产不足以清偿债务的，依法负有清算责任的人应当向人民法院申请破产清算。《公司法》第一百八十七条第一款规定，清算组在清理公司财产、编制资产负债表和财产清单后，发现公司财产不足清偿债务的，应当依法向人民法院申请宣告破产。此外，《最高人民法院关于适用<中华人民共和国公司法>若干问题的规定(二) 》第十七条对此种情况还规定有一简易程序，该条指出，人民法院指定的清算组在清理公司财产、编制资产负债表和财产清单时，发现公司财产不足清偿债务的，可以与债权人协商制作有关债务清偿方案。债务清偿方案经全体债权人确认且不损害其他利害关系人利益的，人民法院可依清算组的申请裁定予以认可。清算组依据该清偿方案清偿债务后，应当向人民法院申请裁定终结清算程序。债权人对债务清偿方案不予确认或者人民法院不予认可的，清算组应当依法向人民法院申请宣告破产。

根据《破产法》第一百三十四条规定，商业银行、证券公司、保险公司等金融机构有本法第二条规定情形的，国务院金融监督管理机构可以向人民法院提出对该金融机构进行重整或者破产清算的申请。国务院金融监督管理机构依法对出现重大经营风险的金融机构采取接管、托管等措施的，可以向人民法院申请中止以该金融机构为被告或者被执行人的民事诉讼程序或者执行程序。

(二) 破产案件的管辖

当事人的申请应向对破产案件有管辖权的人民法院提出。《破产法》规定，破产案件的地域管辖由债务人住所地人民法院管辖。债务人住所地指债务人的主要办事机构所在地。债务人主要办事机构所在地不明确、存在争议的，由其注册登记地人民法院管辖。根据《民事诉讼法》以及最高人民法院对旧破产法的司法解释规定，破产案件的级别管辖依破产企业的工商登记情况确定。基层人民法院一般管辖县、县级市或者区的工商行政管理机关核准登记企业的破产案件；中级人民法院一般管辖地区、地级市(含本级) 以上的工商行政管理机关核准登记企业的破产案件；纳入国家计划调整的国有企业破产案件即政策性破产，由中级人民法院管辖。上级人民法院有权审理下级人民法院管辖的企业破产案件，确有必要将本院管辖的企业破产案件交下级人民法院审理的，应当报请其上级人民法院批准。下级人民法院对其所管辖的企业破产案件，认为需要由上级人民法院审理的，可以报请上级人民法院审理。人民法院之间因管辖权发生争议，由争议双方协商解决；协商解决不了的，报请它们的共同上级人民法院指定管辖。省、自治区、直辖市范围内因特殊情况需对个别企业破产案件的地域管辖作调整的，须经共同上级人民法院批准。金融机构、上市公司的破产与重整案件或者具有重大影响、法律关系复杂的破产案件，一般应由中级人民法院管辖。此外，有的地方法院对破产案件的管辖作有特别规定，进行适当的跨地区集中专业化审理，如深圳市的破产案件均由深圳市中级人民法院受理，基层人民法院不受理破产案件。

【例 4-2】 A 公司长期不能清偿 B 银行的到期贷款，被 B 银行申请破产。A 公司注册地为甲市，主要办事机构所在地为乙市；B 银行注册地为丙市。对该破产案件有管辖权的是(　　)。

A. 甲市人民法院　　B. 乙市人民法院

C. 丙市人民法院　　D. 甲市或乙市或丙市人民法院

【解析】 正确答案为 B。企业破产案件由债务人所在地人民法院管辖。债务人所在地是指企业主要办事机构所在地。

(三) 当事人提出破产申请时的举证责任

当事人向人民法院提出破产申请，应当提交破产申请书和有关证据。破产申请书应当载明下列事项：①申请人、被申请人的基本情况；②申请目的，即申请破产清算还是申请重整或和解；③申请的事实和理由；④人民法院认为应当载明的其他事项。

债权人提出破产申请时，应当提交债务人不能清偿到期债务的有关证据。根据《破产法司法解释(一) 》第二条的规定，债权人需要举证证明的实际上已经不再是债务人不能清偿到期债务，而是“债权债务关系依法成立、债务履行期限已经届满、债务人未完全清偿债务”，其举证责任大为减轻且具有可行性。

债务人提出申请的，还应当向人民法院提交企业财产状况说明、债务清册、债权清册、有关财务会计报告、职工安置预案以及职工工资的支付和社会保险费用的缴纳情况等有关材料。由于企业在破产后往往既无能力也无义务对职工就业等作出安置，所以除特殊企业外，要求提交的“职工安置预案”实际应由地方政府有关部门履行相应职责在企业协助下负责制定。债务人为国有企业的，因可能涉及职工身份转换等历史遗留问题，职工安置预案应列明拟安置职工基本情况、安置障碍及主要解决方案、社会稳定因素评估及主要应对措施等。债务人为非国有企业的，职工安置预案应列明劳动关系解除后依法应对职工的补偿方案，但并不要求企业承担安置资金、解决就业等问题。

申请人申请债务人破产重整的，除提交《破产法》规定的上述材料外，还应当提交债务人具有重整可行性的报告。申请人申请上市公司破产重整的，应当提交关于上市公司具有重整可行性的报告、上市公司住所地省级人民政府向证券监督管理部门的通报情况材料以及证券监督管理部门的意见、上市公司住所地人民政府出具的维稳预案等。

破产申请提交后，在人民法院受理破产申请前，申请人可以请求撤回申请。

三、破产申请的受理

《破产法》规定，人民法院应当自收到破产申请之日起 15 日内裁定是否受理。其中，债权人提出破产申请的，人民法院应当自收到申请之日起 5 日内通知债务人。债务人对申请有异议的，应当自收到人民法院的通知之日起 7 日内向人民法院提出。人民法院应当自异议期满之日 10 日内裁定是否受理。有特殊情况需要延长受理期限的，经上一级人民法院批准，可以延长 15 日。

人民法院受理破产申请的，应当自裁定作出之日起 5 日内送达申请人。债权人提出申请的，人民法院应当自裁定作出之日起 5 日内送达债务人。债务人应当自裁定送达之日起 15 日内，向人民法院提交财产状况说明、债务清册、债权清册、有关财务会计报告以及职工工资的支付和社会保险费用的缴纳情况。

人民法院裁定不受理破产申请的，应当自裁定作出之日起 5 日内送达申请人并说明理由。申请人对裁定不服的，可以自裁定送达之日起 10 日内向上一级人民法院提起上诉。

人民法院应当自裁定受理破产申请之日起 25 日内通知已知债权人，并予以公告。通知和公告应当载明下列事项：①申请人、被申请人的名称或者姓名；②人民法院受理破产申请的时间；③申报债权的期限、地点和注意事项；④管理人的名称或者姓名及其处理事务的地址；⑤债务人的债务人或者财产持有人应当向管理人清偿债务或者交付财产的要求；⑥第一次债权人会议召开的时间和地点；⑦人民法院认为应当通知和公告的其他事项。人民法院裁定受理破产申请的，应当同时指定管理人。

第三节 管理人制度

一、管理人概述

通常而言，管理人是指破产案件受理后成立的，全面接管破产企业并负责破产财产的保管、清理、估价、处理和分配等破产清算事务的专门机构或人员。管理人概念有广义与狭义之分。狭义的管理人仅负责破产清算程序中的管理工作，所以又称破产管理人，如前述概念。广义的管理人则还在和解、重整程序中承担管理、监督工作。我国《破产法》规定，管理人的工作自案件受理开始，横贯破产清算、和解与重整 3 个程序，使用的是广义的管理人概念。

作为债务人财产的管理人，必须具有独立的法律地位，在破产案件中与债权人、债务人等不存在可能影响其公正从事管理活动的利害关系，并具有相应的专业能力。为此，各国破产立法均规定由律师、注册会计师等具有专门知识与较高社会诚信力的专业人士担任管理人。

《破产法》第二十二条规定，管理人由人民法院指定，指定管理人和确定管理人报酬的办法，由最高人民法院规定。《破产法》颁布后，最高人民法院制定了《最高人民法院关于审理企业破产案件指定管理人的规定》(以下简称《指定管理人规定》) 和《最高人民法院关于审理企业破产案件确定管理人报酬的规定》(以下简称《确定管理人报酬规定》)，以指导管理人制度的具体实施。

二、管理人的资格与指定

(一) 管理人的资格

《破产法》第二十四条规定，管理人可以由有关部门、机构的人员组成的清算组或者依法设立的律师事务所、会计师事务所、破产清算事务所等社会中介机构担任。人民法院根据债务人的实际情况，可以在征询有关社会中介机构的意见后，指定该机构具备相关专业知识并取得执业资格的人员担任管理人。有下列情形之一的，不得担任管理人：①因故意犯罪受过刑事处罚；②曾被吊销相关专业执业证书；③与本案有利害关系；④人民法院认为不宜担任管理人的其他情形。个人担任管理人的，应当参加执业责任保险。对这一规定在理解与执行上需注意以下几个问题。

1. 指定清算组担任管理人的案件范围

《指定管理人规定》综合考虑各方面的因素，在第十八条规定了可以指定清算组担任管理人的案件范围。其一，破产申请受理前，根据有关规定已经成立的清算组，人民法院认为符合司法解释有关规定的案件。这里的“根据有关规定已经成立的清算组”，包括所有在破产申请受理前依有关法律、法规成立的清算组、清算委员会、行政清算组(行政清理组) 等。但并非所有这些清算组都可以继续在破产案件中被指定为管理人，人民法院应依照《企业破产法》及司法解释规定的条件审查清算组成员的适用性。不符合规定时，应依法另行指定管理人。其二，《破产法》第一百三十三条规定的案件，即纳入国家计划的国有企业政策性破产案件。由于国有企业政策性破产制度目前已被彻底废止，此类案件将不复出现。其三，有关法律规定企业破产时成立清算组的案件，主要是指《中华人民共和国商业银行法》和《中华人民共和国保险法》等规定的金融机构破产。这些立法大都是在《破产法》颁布前制定，难以考虑到与管理人制度的衔接，也不可能将清算组称为管理人，从法理上讲，本可以不予特别考虑。但因目前我国对金融机构的破产尚缺乏具体制度规定，为了解决金融监督管理机构和相关行政部门参加破产程序、进行监督的需要，目前只能通过人民法院指定清算组担任管理人的形式，使这些部门的人员通过成为清算组成员而参加到破产程序中来。所以，从某种意义上讲，这是一个变通性办法。其四，人民法院认为可以指定清算组为管理人的其他情形。此为兜底条款，为人民法院审理上述情形以外的破产案件确需指定清算组为管理人的情况留下一定操作空间。需要强调指出的是，由中介机构担任管理人是破产法所倡导的主导模式，指定清算组担任管理人仅以必要为前提，在管理人的指定上，必须克服旧有的思维模式与操作惯例。

2. 个人担任管理人问题

《破产法》规定，中介机构中具备相关专业知识并取得执业资格的个人，也可以担任管理人，但立法对哪些破产案件适合个人担任管理人未作明确界定。为利于统一执法，《指定管理人规定》规定，对于事实清楚、债权债务关系简单、债务人财产相对集中的企业破产案件，人民法院可以指定管理人名册中的个人为管理人。司法解释没有将指定个人管理人的适用范围限定为小额破产案件，主要是考虑实践中破产案件的标的额标准复杂、具体数额不易确定，尤其是在破产案件受理时就确定，有时虽然案件标的额较大，但符合上述 3 个界定因素，并不会增加破产清算工作的难度与复杂性，仍可以由个人担任管理人。此外，由个人担任管理人并非仅由一个个人完成破产案件的管理工作，管理人可以聘任必要的工作人员。

3. 管理人的利害关系回避问题

《指定管理人规定》第二十三条规定，社会中介机构、清算组成员有下列情形之一，可能影响其忠实履行管理人职责的，人民法院可以认定为《破产法》第二十四条第三款第三项规定的利害关系：①与债务人、债权人有未了结的债务债权关系；②在人民法院受理破产申请前 3 年内，曾为债务人提供相对固定的中介服务；③现在是或者在人民法院受理破产申请前 3 年内曾经是债务人、债权人的控股股东或者实际控制人；④现在担任或者在人民法院受理破产申请前 3 年内曾经担任债务人、债权人的财务顾问、法律顾问；⑤人民法院认为可能影响其忠实履行管理人职责的其他情形。

《指定管理人规定》第二十四条规定，清算组成员的派出人员、社会中介机构的派出人员、个人管理人有下列情形之一，可能影响其忠实履行管理人职责的，可以认定为《破产法》第二十四条第三款第三项规定的利害关系：①具有本规定第二十三条规定情形；②现在担任或者在人民法院受理破产申请前 3 年内曾经担任债务人、债权人的董事、监事、高级管理人员；③与债权人或者债务人的控股股东、董事、监事、高级管理人员存在夫妻、直系血亲、三代以内旁系血亲或者近姻亲关系；④人民法院认为可能影响其公正履行管理人职责的其他情形。

(二) 管理人的指定

根据《破产法》规定，管理人由人民法院指定。在实践中，并非所有的中介机构及个人都具备担任管理人的客观能力与主观意愿，《指定管理人规定》设置了管理人名册制度。由人民法院根据本地破产案件发生数量从报名者中择优确定编入管理人名册的人数，并从编入管理人名册的中介机构及其取得执业资格的成员中实际指定管理人。人民法院对管理人名册实行动态管理，根据破产案件发生的数量、编入管理人名册者的工作考核情况以及社会中介机构和个人的情况变化，适时调整名册，加以增删，以适应审理破产案件的实际需要。

根据《指定管理人规定》，目前，指定管理人主要有随机、竞争、接受推荐 3 种方式。

1. 随机方式

随机方式包括抽签、摇号、轮候等形式。随机方式指定管理人通常可以排除人为干预，其程序公开、透明，有利于防止人民法院的有关人员行使权力寻租现象的发生，但是也存在指定的管理人业务能力可能与案件管理的实际要求不相符等弊端。

2. 竞争方式

《指定管理人规定》第二十一条规定，对于商业银行、证券公司、保险公司等金融机构或者在全国范围有重大影响、法律关系复杂、债务人财产分散的企业破产案件，人民法院可以采取公告的方式，邀请编入各地人民法院管理人名册中的社会中介机构参与竞争，从参与竞争的社会中介机构中指定管理人。参与竞争的社会中介机构不得少于 3 家。采取竞争方式指定管理人的，人民法院应当组成专门的评审委员会。评审委员会应当结合案件的特点，综合考量社会中介机构的专业水准、经验、机构规模、初步报价等因素，从参与竞争的社会中介机构中择优指定管理人。被指定为管理人的社会中介机构应经评审委员会成员 1/2 以上通过。采取竞争方式指定管理人的，人民法院应当确定一至两名备选社会中介机构，作为需要更换管理人时的接替人选。以竞争方式指定管理人有利于确定最优者担任管理工作，但是也存在可能有人为因素影响、指定程序复杂、期间较长等问题。

3. 接受推荐的方式

对于经过行政清理、清算的商业银行、证券公司、保险公司等金融机构的破产案件，人民法院可以在金融监督管理机构推荐的已编入管理人名册的社会中介机构中指定管理人。

在由清算组担任管理人时，对清算组成员的指定方法，《指定管理人规定》第十九条规定，清算组为管理人的，人民法院可以从政府有关部门、编入管理人名册的社会中介机构、金融资产管理公司中指定清算组成员，人民银行及金融监督管理机构可以按照有关法律和行政法规的规定派人参加清算组。

人民法院指定社会中介机构或者清算组担任管理人的，应当同时根据中介机构或清算组的推荐，指定管理人负责人。社会中介机构或者清算组需要变更管理人负责人的，应当向人民法院申请更换。

管理人无正当理由，不得拒绝人民法院的指定。《指定管理人规定》第三十九条对管理人拒绝指定行为规定有相应处罚，可以决定停止其担任管理人 1~3 年，或将其从管理人名册中除名。

《破产法》第二十二条第二款规定，管理人“不能依法、公正执行职务或者有其他不能胜任职务”情形的，债权人会议可以申请人民法院予以更换。

三、管理人的报酬与职责

(一) 管理人的报酬

管理人履行职责，付出劳动，应当获得合理的报酬。《破产法》第二十八条规定，管理人的报酬由人民法院确定。

根据《确定管理人报酬规定》规定，管理人获得的报酬是纯报酬，不包括其因执行职务进行破产管理工作中需支付的其他费用，如公告费用、变价财产费用等。

清算组中有关政府部门派出的工作人员参与工作的，不收取报酬。其他机构或人员的报酬根据其履行职责的情况确定。

管理人经人民法院许可，可以聘用必要的工作人员。《破产法》第四十一条规定，管理人执行职务的费用、报酬和聘用工作人员的费用为破产费用。为避免管理人重复计酬收费，必须对破产费用的支出加以限定。其中，最可能发生重复计酬问题的，是管理人聘请工作人员的费用，如不加控制，可能出现管理人将其工作全部聘请工作人员完成，并从破产财产中支付聘请工作人员的费用，而自己白拿报酬的现象。《确定管理人报酬规定》第十四条规定，律师事务所、会计师事务所通过聘用本专业的其他社会中介机构或人员协助履行管理人职责的，所需费用从其报酬中支付。破产清算事务所通过聘用其他社会中介机构或者人员协助履行管理人职责的，所需费用从其报酬中支付。

最终确定的管理人报酬及收取情况，应列入破产财产分配方案。在和解、重整程序中，管理人报酬方案内容应列入和解协议草案或重整计划草案，报债权人会议审查通过。

(二) 管理人的职责

管理人应当勤勉尽责，忠实执行职务。根据《破产法》规定，管理人履行下列职责：①接管债务人的财产、印章和账簿、文书等资料；②调查债务人财产状况，制作财产状况报告；③决定债务人的内部管理事务；④决定债务人的日常开支和其他必要开支；⑤在第一次债权人会议召开之前，决定继续或者停止债务人的营业；⑥管理和处分债务人的财产；⑦代表债务人参加诉讼、仲裁或者其他法律程序；⑧提议召开债权人会议；⑨人民法院认为管理人应当履行的其他职责。此外，《破产法》对管理人在重整等程序中的职责另有具体规定。

管理人依法执行职务，向人民法院报告工作，并接受债权人会议和债权人委员会的监督。管理人应当列席债权人会议，向债权人会议报告职务执行情况，并回答询问。管理人没有正当理由不得辞去职务。管理人辞去职务应当经人民法院许可。

管理人未依法勤勉尽责，忠实执行职务的，人民法院可以依法处以罚款；给债权人、债务人或者第三人造成损失的，依法承担赔偿责任。

【例 4-3】下列关于破产管理人的职责说法正确的有(　　)。

A. 破产管理人可以代表债务人进行民事诉讼

B. 破产管理人可以决定债务人的内部管理事务

C. 破产管理人可以决定债务人财产的分配方案

D. 破产管理人可以决定对债务人进行重整

【解析】正确答案为 AB。管理人可以提出债务人的财产分配方案，最终由债权人会议决定，所以选项 C 错误。债权人或者债务人可以提出对债务人重整，所以选项 D 错误。

第四节　债务人财产

债务人财产的界定是破产程序的基础，破产程序一经启动，便涉及何为债务人财产问题，相应地涉及债务人财产的追索、管理、评估、变价、分配等环节。

一、债务人财产的构成

如何界定债务人财产，关系到债权人能回收多少债权，尽量减小损失。根据《破产法》第三十条规定，债务人财产包括破产申请受理时属于债务人的全部财产，以及破产申请受理后至破产程序终结前债务人取得的财产。债务人财产在破产宣告后改称为破产财产，但是在两个称谓之下的财产范围是一致的。据此规定，确定债务人财产范围的界定时点是破产申请受理时，而不是破产宣告时；已作为担保物的财产也属于债务人财产。

最高人民法院在《最高人民法院关于适用<中华人民共和国企业破产法>若干问题的规定(二)》中对破产财产的具体范围作出规定，除债务人所有的货币、实物外，债务人依法享有的可以用货币估价并可以依法转让的债权、股权、知识产权、用益物权等财产和财产权益，人民法院均应认定为债务人财产。

但下列财产不应认定为债务人财产：①债务人基于仓储、保管、承揽、代销、借用、寄存、租赁等合同或者其他法律关系占有、使用的他人财产；②债务人在所有权保留买卖中尚未取得所有权的财产；③所有权专属于国家且不得转让的财产；④其他依照法律、行政法规不属于债务人的财产。

债务人已依法设定担保物权的特定财产，属于债务人财产。债务人的特定财产在担保物权消灭或者实现担保物权后的剩余部分，在破产程序中可用以清偿破产费用、共益债务和其他破产债权。

二、撤销权与无效行为

(一) 撤销权

撤销权是指管理人对债务人在破产案件受理前的法定期间内进行的欺诈逃债或损害公平清偿的行为，有申请法院撤销，并追回财产的权利。

1. 设置撤销权的目的

债务人陷于破产境地后，其财产全部用于清偿债权人尚且不足，对财产已经丧失实际利益，但仍掌握着财产处分权力。这时其出于种种不良利益动机极易发生道德风险，往往会在破产案件受理前竭力转移财产、逃避债务，或对个别债权人进行偏袒性清偿。一些债权人也会利用各种不正当手段争夺清偿，从而造成经济秩序混乱，使破产法公平、有序清偿之目的无法实现。由于破产程序启动后，债务人财产被管理人接管，债务人丧失财产控制权，所以上述违法行为集中发生在破产案件受理前夕、债务人仍控制其财产的期间内。要实现破产法保障公平清偿的宗旨，就必须制定相应的行为规则，使债务人诚信地承担债务责任，并对债务人在此期间进行的不当财产处分行为采取必要的法律措施加以纠正，恢复、保全债务人的责任财产，实现破产财产在全体债权人间的公平分配，这便是设置撤销权的目的。破产法以维护债务公平清偿为首要目标，撤销权则是维护公平清偿的关键环节，故各国均将撤销权视为破产法上最重要的制度之一。

2. 具体规定

撤销权是为防止债权人的利益受到侵害，故从理论上讲，其构成应有债权人利益因该行为受损的事实，即可撤销行为发生在债务人存在破产原因的情况下。立法如采用这一实质判断原则较为公平，但因时过境迁、信息不对称，存在债权人举证困难、法官判断困难问题，在实践中甚难实行。我国破产法采用程序判断原则，只要债务人的特定行为发生在法定期间内，即构成可撤销行为，立法一般不再对被撤销行为实施时债务人是否存在破产原因作实质判断，债务人与第三人主观上是否为恶意，原则上也不影响撤销权的行使，据此可以解决举证责任等问题，更好地维护债权人利益。

《破产法》对破产撤销权制度作了全面规定，其第三十一条规定：人民法院受理破产申请前一年内，涉及债务人财产的下列行为，管理人有权请求人民法院予以撤销：①无偿转让财产的；②以明显不合理的价格进行交易的；③对没有财产担保的债务提供财产担保的；④对未到期的债务提前清偿的；⑤放弃债权的。但是按照《最高人民法院关于适用<中华人民共和国企业破产法>若干问题的规定(二)》的规定，破产申请受理前一年内债务人提前清偿的未到期债务，在破产申请受理前已经到期，管理人请求撤销该清偿行为的，人民法院不予支持。但是，该清偿行为发生在破产申请受理前 6 个月内且债务人有《破产法》第二条第一款规定情形的除外。

【例 4-4】甲公司因经营管理不善，不能清偿到期债务，2017 年 11 月 20 日被其债权人乙公司申请破产，人民法院于同年 11 月 28 日裁定受理该破产申请，在破产程序进行中，乙公司向管理人提供，甲公司在上年度 8 月放弃拥有的对其控股公司丙的 20 万元债权，那么管理人能否请求人法院撤销甲公司放弃 20 万元债权的行为？

【解析】管理人不能请求人民法院撤销甲公司放弃 20 万元债权的行为。因为根据《破产法》规定，可撤销的行为必须发生在人民法院受理破产申请前一年内。

(二) 无效行为

我国破产法上的无效行为则是针对《民法典》等规定的无效行为在破产程序中的表现特点作出的强调性规定，在法律上并无实质性新内容，只是为突出对破产欺诈行为的打击。

《破产法》对破产无效行为制度作了全面规定，其第三十三条规定，涉及债务人财产的下列行为无效：①为逃避债务而隐匿、转移财产的；②虚构债务或者承认不真实的债务的。其中，“为逃避债务”而隐匿、转移财产，是指债务人的行为客观上构成逃避债务的后果，而不是要求债务人主观上必须具有逃避债务的目的。因为无论债务人有无逃避债务的目的，其在丧失清偿能力时隐匿、转移财产，本身就是客观上损害债权人利益的无效行为，如以主观目的作为认定行为无效的构成要件，则存在难以克服的举证与判定问题。管理人依据上述法律规定提起诉讼，主张被隐匿、转移财产的实际占有人返还债务人财产，或者主张债务人虚构债务或者承认不真实债务的行为无效并返还债务人财产的，人民法院应予支持。

三、取回权

破产法上的取回权分为一般取回权与特别取回权。

(一) 一般取回权

《破产法》第三十八条规定，人民法院受理破产申请后，债务人占有的不属于债务人的财产，该财产的权利人可以通过管理人取回。但是，本法另有规定的除外。这是对一般取回权的规定。所谓“本法另有规定的除外”，主要是指在重整程序中行使取回权应当符合事先约定的条件。《最高人民法院关于适用<中华人民共和国企业破产法>若干问题的规定(二)》第四十条规定，债务人重整期间，权利人要求取回债务人合法占有的权利人的财产，不符合双方事先约定条件的，人民法院不予支持。但是，因管理人或者自行管理的债务人违反约定，可能导致取回物被转让、毁损、灭失或者价值明显减少的除外。

司法实践中，取回权主要表现为加工承揽人破产时，定作人取回定作物；承运人破产时，托运人取回托运货物；承租人破产时，出租人收回出租物；保管人破产时，寄存人或存货人取回寄存物或仓储物；受托人破产时，信托人取回信托财产等。

对债务人占有的权属不清的、鲜活易腐等不易保管的财产或者不及时变现价值将严重贬损的财产，管理人应当及时变价并提存变价款，有关权利人可以就该变价款行使取回权。

(二) 特别取回权

《破产法》第三十九条规定，人民法院受理破产申请时，出卖人已将买卖标的物向作为买受人的债务人发运，债务人尚未收到且未付清全部价款的，出卖人可以取回在运途中的标的物。但是，管理人可以支付全部价款，请求出卖人交付标的物。这是对特别取回权中出卖人取回权的规定。

买受人在破产申请受理时尚未付清货款，同时也没有收到货物，尚未取得货物的所有权。如不允许出卖人对尚属于自己的货物行使取回权，货物在管理人收到后被纳入破产财产，其未得到支付的货款便只能作为破产债权受偿，有失公平。为此，破产法特设立出卖人取回权。

四、抵销权

破产法上的抵销权，是指债权人在破产申请受理前对债务人即破产人负有债务的，无论是否已到清偿期限、标的是否相同，均可在破产财产最终分配确定前向管理人主张相互抵销的权利。

《破产法》第四十条规定，债权人在破产申请受理前对债务人负有债务的，可以向管理人主张抵销。破产抵销权是破产债权只能依破产程序受偿的例外，抵销权实施的结果使该债权在抵销范围内得以由破产财产中得到全额、优先清偿。破产抵销权是民法、合同法上的抵销权在债务人丧失清偿能力时的特别适用，故具有优先于民法、合同法上抵销权适用的效力。但在破产程序中并不排斥民法、合同法上的抵销在不违背破产法公平清偿原则下的适用，例如对破产费用、共益债务的抵销。

破产法上的抵销权只能由债权人向管理人提出行使。管理人(或债务人) 不得主动主张债务抵销。债权人应当在破产财产最终分配确定之前向管理人主张破产抵销。

为防止破产抵销权被当事人所滥用，损害他人利益，各国破产法对抵销权的行使均规定有禁止条款。我国《破产法》规定，以下几种情况在破产程序中禁止抵销。

(1) 债务人的债务人在破产申请受理后取得他人对债务人的债权的，禁止抵销，因为债权转手后的抵销会损害其他破产债权人的利益。

(2) 债权人已知债务人有不能清偿到期债务或者破产申请的事实，对债务人负担债务的，禁止抵销；但是，债权人因为法律规定或者有破产申请一年前所发生的原因而负担债务的除外。

(3) 债务人的债务人已知债务人有不能清偿到期债务或者破产申请的事实，对债务人取得债权的；但是，债务人的债务人因为法律规定或者有破产申请一年前所发生的原因而取得债权的除外。

五、破产费用与共益债务

(一) 破产费用

在破产案件中，为保障破产程序顺利进行，维护全体债权人的共同利益，会产生各种各样的费用支出；为在必要时继续破产企业的营业、继续履行合同、进行破产财产的管理等，也可能会使破产财产负担一定的债务。旧破产法将这些费用与债务作统一规定，称为破产费用，从破产财产中优先拨付。《破产法》则区分其性质，分别规定为破产费用与共益债务，并规定了债务人财产不足以清偿所有破产费用和共益债务时两者的清偿顺序，更为科学合理。

破产费用，是在破产程序中为全体债权人共同利益，因程序进行而支付的各项费用的总称。《破产法》第四十一条规定，人民法院受理破产申请后发生的下列费用，为破产费用：①破产案件的诉讼费用；②管理、变价和分配债务人财产的费用；③管理人执行职务的费用、报酬和聘用工作人员的费用。

(二) 共益债务

共益债务，是在破产程序中发生的应由债务人财产负担的债务的总称。《破产法》第四十二条规定，人民法院受理破产申请后发生的下列债务，为共益债务：①因管理人或者债务人请求对方当事人履行双方均未履行完毕的合同所产生的债务；②债务人财产受无因管理所产生的债务；③因债务人不当得利所产生的债务；④为债务人继续营业而应支付的劳动报酬和社会保险费用以及由此产生的其他债务；⑤管理人或者相关人员执行职务致人损害所产生的债务；⑥债务人财产致人损害所产生的债务。

(三) 破产费用与共益债务的清偿

破产费用与共益债务均是以债务人财产为清偿对象的，并享有优先于其他债权的受偿权。但是，它们优先受偿的范围仅限于债务人的无担保财产，对债务人的特定财产享有担保权的权利人，仍对该特定财产享有优先于破产费用与共益债务受偿的权利。不过专为设有担保权的特定财产而支出的费用，如担保财产的拍卖费用、维护费用等，可以从担保财产的变价款中支付。

《破产法》第四十三条规定，破产费用和共益债务由债务人财产随时清偿。债务人财产不足以清偿所有破产费用和共益债务的，先行清偿破产费用。债务人财产不足以清偿所有破产费用或者共益债务的，按照比例清偿。债务人财产不足以清偿破产费用的，管理人应当提请人民法院终结破产程序。人民法院应当自收到请求之日起 15 日内裁定终结破产程序，并予以公告。债务人财产虽然不足以支付所有破产费用，但是破产案件的债权人、管理人、债务人的出资人或者其他利害关系人愿意垫付相关费用的，经人民法院同意，破产程序可以继续进行。这样可以避免因债务人财产不足，反而使债务人或其董事、监事、经理等高级管理人员的转移财产、逃避债务等违法行为无法纠正，不能追回财产，并使其逃脱法律制裁。

在债权人或债务人等提出破产清算申请时，人民法院即发现破产人财产可能不足以支付破产费用、无财产可供分配的，应当先受理破产案件，在对此情况审查确认后作出破产宣告，同时作出终结破产程序的裁定。这样可使当事人的债务关系得以合法终结，使债务人企业依法退出市场。

【例 4-5】下列属于共益债务的是(　　)。

A. 分配债务人财产的费用

B. 管理人执行职务的费用、报酬和聘用工作人员的费用

C. 因债务人不当得利所产生的债务

D. 破产案件的诉讼费用

【解析】正确答案为 C。

第五节　债权申报与债权人会议

一、债权申报

(一) 债权申报的一般规则

债权申报是指破产案件受理后，债权人依法定程序主张并证明其债权，以便参加破产程序的法律行为。

债权申报是不确定多数债权人集体清偿程序中的一项必备制度，破产程序、清算程序等集体清偿程序中都存在债权申报问题。只有通过债权的申报，才能够确定有权参加清偿的债权人范围，确定不同债权人间的清偿顺序，做到对多数债权人的有序、公平清偿。债权的个别清偿程序如诉讼执行程序，因债权人的权利实现不受其他债权人影响，故不存在债权申报问题。根据破产法的一般原则，破产案件受理后，债权人只有在依法申报债权并得到确认后，才能行使破产参与、受偿等权利。债权人行使各项权利，应依照破产法规定的程序进行。《破产法》规定，人民法院受理破产申请后，应当确定债权人申报债权的期限。债权申报期限自人民法院发布受理破产申请公告之日起计算，最短不得少于 30 日，最长不得超过 3 个月。在法律规定的期间内，人民法院可以根据案件的具体情况确定申报债权的期限。

债权人应当在人民法院确定的债权申报期限内向管理人申报债权，这是一般性规则，但是法律有特别规定的可以除外。债务人所欠职工的工资和医疗、伤残补助、抚恤费用，所欠的应当划入职工个人账户的基本养老保险、基本医疗保险费用，以及法律、行政法规规定应当支付给职工的补偿金，不必申报，由管理人调查后列出清单并予以公示。职工对清单记载有异议的，可以要求管理人更正；管理人不予更正的，职工可以向人民法院提起债权确认诉讼。据此，职工劳动债权是免申报的债权，这有助于更好地维护职工权益，避免出现因职工离职等情况而遗漏职工债权申报的现象。除此之外，其他债权如税收债权、社会保障债权以及对债务人特定财产享有担保权的债权均需依法申报。

未到期的债权，在破产申请受理时视为到期。附利息的债权自破产申请受理时起停止计息。无利息的债权，无论是否到期均以本金申报债权。附条件、附期限的债权和诉讼、仲裁未决的债权，债权人也可以申报。职工劳动债权计算到解除劳动合同时止，所以管理人接管企业后的一项重要工作，就是及时解除所有不必维持的劳动合同，避免给债权人扩大损失。

债权人申报债权时，应当书面说明债权的数额和有无财产担保，并提交有关证据。申报的债权是连带债权的，应当说明。连带债权人可以由其中一人代表全体连带债权人申报债权，也

可以共同申报债权。

《破产法》第五十六条规定，在人民法院确定的债权申报期限内，债权人未申报债权的，可以在破产财产最后分配前补充申报；但是，此前已进行的分配，不再对其补充分配。为审查和确认补充申报债权的费用，由补充申报人承担。

【例 4-6】破产程序中，下列属于债权人不必申报的债权是(　　)。

A. 债务人所欠职工的工资

B. 税收债权

C. 社会保障债权

D. 债务人特定财产享有担保权的债权

【解析】正确答案为 A。债务人所欠职工的工资和医疗、伤残补助、抚恤费用，所欠的应当划入职工个人账户的基本养老保险、基本医疗保险费用，以及法律、行政法规规定应当支付给职工的补偿金，不必申报，由管理人调查后列出清单并予以公示。

(二) 债权申报的特别规定

《破产法》对一些特殊破产债权的确认与申报有特别规定。债务人的保证人或者其他连带债务人已经代替债务人清偿债务的，以其对债务人的求偿权申报债权；尚未代替债务人清偿债务的，以其对债务人的将来求偿权预先申报债权。

根据《民法典》第五百一十八条的规定，债务人为二人以上的，债权人可以请求部分或者全部债务人履行全部债务的，为连带债务。连带债务的设立通过扩大债务人的范围，使全体连带债务人的所有一般财产(无物权担保财产) 都成为债务清偿的执行对象，以最大限度地保障债权人的利益。

人民法院受理债务人破产案件后，对于负连带责任的保证人，债权人有权直接要求其清偿保证债务，也可以先向进入破产程序的债务人追偿，然后再以未受偿的余额向保证人追偿。

人民法院受理保证人破产案件的，保证人的保证责任不得因其破产而免除。保证债务已到期时，债权人可依保证合同的约定向保证人申报债权追偿。保证债务尚未到期的，可适用《破产法》第四十六条的规定，将其未到期之保证责任视为已到期，提前予以清偿。

(三) 债权的确认

债权人申报之债权需经审查确认后才能在破产程序中行使权利。债权审查的判断原则是，凡未经发生法律效力的法律文书所确认的债权，均应在审查确认之列；已经发生法律效力的法律文书所确认的债权，原则上不在审查确认之列，可直接列入债权确认表中；但是，生效法律文书系因债务双方捏造事实、虚假诉讼、串通欺诈等行为所致者除外。

根据《破产法》规定，管理人收到债权申报材料后，应当登记造册，对申报的债权进行审查，并编制债权登记表。管理人必须将申报的债权全部登记在债权登记表上，不允许以其认为债权超过诉讼时效或不能成立等为由拒绝编入债权登记表。管理人进行实质审查后对各项债权的认定结果，如是否真实存在、是否超过诉讼时效等，应附在提交第一次债权人会议的债权登记表后，供核查使用。债权登记表和债权申报材料由管理人保存，供利害关系人查阅。

管理人依法编制的债权登记表，应当提交第一次债权人会议核查。首先，由管理人宣读被核查债权的申报登记情况以及有关证据材料，必要时可由该债权人作进一步说明。随后由管理人、债务人、其他债权人等利害关系人陈述意见，由该债权人解释，有疑问者可继续进行询问。经核查后，管理人、债务人、其他债权人等对债权无异议的，列入债权确认表中。债权确认表由人民法院裁定确认，其确认具有与生效判决同等的法律效力。

经核查后仍存在异议的债权，由人民法院裁定该异议债权是否列入债权确认表内。该项裁定无实体法律效力，不影响债权人等利害关系人提起债权确认诉讼的权利。人民法院裁定异议债权列入债权确认表的，异议人可以以该债权人为被告提起债权确认诉讼。人民法院裁定异议债权不列入债权确认表，该债权人可以以异议人为被告提起债权确认诉讼。根据《企业破产法》规定，管理人、债务人、债权人等利害关系人对债权表记载的债权有异议的，可以向受理破产申请的人民法院提起诉讼。税务机关就破产企业欠缴税款产生的滞纳金提起的债权确认之诉，人民法院也应依法受理。

二、债权人会议

(一) 债权人会议的组成

1. 债权人会议的概念

我国破产程序中的债权人会议，是由所有依法申报债权的债权人组成，以保障债权人共同利益为目的，为实现债权人的破产程序参与权，讨论决定有关破产事宜，表达债权人意志，协调债权人行为的破产议事机构。

2. 债权人会议的成员与权利

依法申报债权的债权人为债权人会议的成员，有权参加债权人会议，享有表决权。需注意的是，凡是申报债权者均有权参加第一次债权人会议，有权参加对其债权的核查、确认活动，并可依法提出异议，对于第一次会议以后的债权人会议，便只有债权得到确认者才有权行使表决权。债权尚未确定的债权人，除人民法院能够为其行使表决权而临时确定债权额者外，不得行使表决权。根据《破产法》第五十九条第三款规定，对债务人的特定财产享有担保权的债权人，未放弃优先受偿权利的，对于本法第六十一条第一款第七项(通过和解协议) 、第十项(通过破产财产的分配方案) 规定的事项不享有表决权。据此，对债务人的特定财产享有担保权的债权人也属于债权人会议成员，且享有法定的表决权。

债权人可以自己出席会议，也可以委托代理人出席债权人会议，行使表决权。代理人出席债权人会议，应当向人民法院或者债权人会议主席提交债权人的授权委托书。

为维护企业职工的权益，立法规定，债权人会议应当有债务人的职工和工会的代表参加，对有关事项发表意见。

为保证债权人会议的顺利进行，我国立法规定，债权人会议设主席一人，由人民法院在有完全表决权的债权人中指定，通常是由在破产程序中无优先权的大债权人担任。由单位出任债权人会议主席的，该单位应当指定一名常任代表履行主席职务，且一般情况下不得更换。债权人会议主席依法行使职权，负责债权人会议的召集、主持等工作。

在债权人会议上除有权出席会议的债权人之外，还有其他列席人员。债权人会议的列席人员是指不属于会议正式成员，无表决权，为协助债权人会议顺利召开，因履行法定义务或职务义务而参加会议的人员。债务人的法定代表人有义务列席债权人会议。经人民法院决定，债务人企业的财务管理人员和其他经营管理人员也有义务列席债权人会议。管理人作为负有财产管理职责的人应当列席债权人会议。有义务列席债权人会议的债务人的有关人员，经人民法院传唤，无正当理由拒不列席债权人会议的，人民法院可以拘传，并依法处以罚款。债务人的有关人员违反法律规定，拒不陈述、回答，或者作虚假陈述、回答的，人民法院可以依法处以罚款。

(二) 债权人会议的召集与职权

1. 债权人会议的召集

债权人会议是依召集方式活动的议决机关。第一次债权人会议由人民法院召集，自债权申报期限届满之日起 15 日内召开。以后的债权人会议，在人民法院认为必要时，或者管理人、债权人委员会、占债权总额 1/4 以上的债权人向债权人会议主席提议时召开。这里的提议召开，应理解为有提议即应召开，债权人会议主席无权拒绝召开会议。召开债权人会议，管理人应当提前 15 日通知已知的债权人。

2. 债权人会议的职权

《破产法》第六十一条对债权人会议的职权作有规定。债权人会议行使下列职权：①核查债权；②申请人民法院更换管理人，审查管理人的费用和报酬；③监督管理人；④选任和更换债权人委员会成员；⑤决定继续或者停止债务人的营业；⑥通过重整计划；⑦通过和解协议；⑧通过债务人财产的管理方案；⑨通过破产财产的变价方案；⑩通过破产财产的分配方案；⑪人民法院认为应当由债权人会议行使的其他职权。债权人会议应当将所议事项的决议作成会议记录。

债权人会议的决议，由出席会议的有表决权的债权人过半数通过，并且其所代表的债权额占无财产担保债权总额的 1/2 以上。债权人会议的决议，对于在该决议事项上有表决权的全体债权人均有约束力。

(三) 债权人委员会

1. 债权人委员会的概念与组成

债权人委员会是遵循债权人的共同意志，代表债权人会议监督管理人行为以及破产程序合法、公正进行，处理破产程序中的有关事项，维护债权人利益的常设监督机构。在破产程序中设立债权人委员会具有重要意义，有助于保护全体债权人的利益，保障债权人会议职能的有效执行，并在债权人会议闭会期间对破产程序进行日常必要的监督。

债权人委员会为破产程序中的选任机关，由债权人会议根据案件具体情况决定是否设置。债权人委员会中的债权人代表由债权人会议选任、罢免。此外，债权人委员会中还应当有一名债务人企业的职工代表或者工会代表。为便于决定事项、开展工作，债权人委员会的成员人数原则上应为奇数，最多不得超过 9 人。出任债权人委员会的成员应当经人民法院书面认可。

2. 债权人委员会的职权

债权人委员会行使下列职权：①监督债务人财产的管理和处分；②监督破产财产分配；③提议召开债权人会议；④债权人会议委托的其他职权。债权人委员会执行职务时，有权要求管理人、债务人的有关人员对其职权范围内的事务作出说明或者提供有关文件。管理人、债务人的有关人员违反法律规定拒绝接受监督的，债权人委员会有权就监督事项请求人民法院作出决定，强制施行。人民法院接到债权人委员会的请求应当在5日内作出决定。

第六节　重整与和解

进入破产程序的企业并不当然破产，债务人可以提出和解，债务人或债权人还可以提出对破产企业进行重整。

一、重整

破产重整是《破产法》新引入的一项制度，是指在企业无力偿债但有复苏希望的情况下，不对无偿付能力债务人的财产立即进行清算，而是在法院主持下，经债权人同意，允许企业继续经营，实现债务调整和企业重组，使企业摆脱困境，走向复兴的一项制度。

我国重整制度的适用范围为企业法人，由于其程序复杂、费用高昂、耗时很长，故实践中主要适用于较大型企业，较小型企业则往往采用更为简化的和解程序。

重整制度的产生，是《破产法》价值取向发展中的一次突破，在现代立法由个体本位逐步向社会本位转变的过程中，重整制度体现国家公力透过司法程序对社会经济活动的适度介入，在维护债权人、债务人权益的同时，也强调保障社会的整体利益与实质公平。

(一) 重整申请和重整期间

1. 重整申请

关于重整的原因，重整申请不仅在债务人已经发生破产原因时可以提出，而且在其有破产原因发生的可能时即可提出，可以使债务人获得更为充分的挽救机会。

《破产法》规定，债务人或者债权人可以依法直接向人民法院申请对债务人进行重整。债权人申请对债务人进行破产清算的，在人民法院受理破产申请后、宣告债务人破产前，债务人或者出资额占债务人注册资本1/10以上的出资人，可以向人民法院申请重整。其他债权人也可以申请对债务人进行重整。国务院金融监督管理机构可以向人民法院提出对金融机构进行重整的申请。债务人提出重整申请，除应提交《破产法》第八条规定的材料外，还应当提交债务人通过重整程序、能够持续经营、获得经济收益以偿还债务、摆脱困境的重整可行性报告。

鉴于上市公司破产重整案件较为敏感，不仅涉及企业职工和二级市场众多投资者的利益安排，还涉及与地方政府和证券监管机构的沟通协调。因此，目前人民法院在裁定受理上市公司破产重整申请前，应当将相关材料逐级报送最高人民法院审查。

2. 重整期间

自人民法院裁定债务人重整之日起至重整程序终止，为重整期间。需注意的是，所谓重整期间，仅指重整申请受理至重整计划草案得到债权人会议分组表决通过和人民法院审查批准，或重整计划草案未能得到债权人会议分组表决通过或人民法院不予批准的期间，不包括重整计划得到批准后的执行期间。

在重整期间，债务人的财产管理和营业事务执行，可以由债务人或管理人负责。《破产法》

规定，经人民法院批准，债务人自行管理财产和营业事务的，管理人应当向债务人移交财产和营业事务，管理人的职权由债务人行使。管理人起监督之作用。管理人负责管理财产和营业事务的，可以聘任债务人的经营管理人员负责营业等事务。

在重整期间，对所有债权实行冻结，甚至对债务人的特定财产享有的担保权也暂停行使。但是，对企业重整无保留必要的担保财产，经债务人或管理人同意，担保权人可以行使担保权。此外，担保物有损坏或者价值明显减少的可能，足以危害担保权人权利的，担保权人可以向人民法院请求恢复行使担保权。

在重整期间，债务人或者管理人为继续营业而借款的，可以以债务人财产为该借款设定担保。债务人在重整期间为重整进行而发生的费用与债务，性质属于共益债务，可以不受重整程序限制从债务人财产中及时受偿。

债务人合法占有的他人财产，该财产的权利人在重整期间要求取回的，应当符合事先约定的条件。

在重整期间，债务人的出资人不得请求投资收益分配；债务人的董事、监事、高级管理人员不得向第三人转让其持有的债务人的股权，但经人民法院同意的除外。

在重整期间，有下列情形之一的，经管理人或者利害关系人请求，人民法院应当裁定终止重整程序，并宣告债务人破产：①债务人的经营状况和财产状况继续恶化，缺乏挽救的可能性；②债务人有欺诈、恶意减少债务人财产或者其他显著不利于债权人的行为；③由于债务人的行为致使管理人无法执行职务。

【例 4-7】某公司因长期不能清偿到期债务，经债权人申请，人民法院裁定债务人重整。在重整期间，下列情形中，不符合法律规定的是(　　)。

A. 债务人申请在管理人的监督下自行管理财产和营业事务

B. 对债务人的特定财产享有的担保权暂停行使

C. 债务人为继续营业为借款设定担保

D. 债务人的出资人请求投资收益分配

【解析】正确答案为 D。《破产法》规定，在重整期间，债务人的出资人不得请求投资收益分配。

(二) 重整计划的制订与批准

1. 重整计划的制订

债务人企业在重整申请受理之后，应当在法定期限内制订并提交重整计划草案。债务人自行管理财产和营业事务的，由债务人制作重整计划草案。管理人负责管理财产和营业事务的，由管理人制作重整计划草案。债务人或者管理人应当自人民法院裁定债务人重整之日起 6 个月内，同时向人民法院和债权人会议提交重整计划草案。债权人、股东、战略投资人等利害关系人也可以制作重整计划草案，提交给债务人或管理人。债务人或管理人认为该重整计划草案可行的，可以提交或修改后提交债权人会议讨论。期限届满，经债务人或者管理人请求，有正当理由的，人民法院可以裁定延期 3 个月。债务人或者管理人未按期提出重整计划草案的，人民法院应当裁定终止重整程序，并宣告债务人破产。

重整计划草案应当包括下列内容：①债务人的经营方案；②债权分类；③债权调整方案；④债权受偿方案；⑤重整计划的执行期限；⑥重整计划执行的监督期限；⑦有利于债务人重整

的其他方案。

上市公司或者管理人制订的上市公司重整计划草案应当包括详细的经营方案。有关经营方案涉及并购重组等行政许可审批事项的，上市公司或管理人应当聘请经证券监管机构核准的财务顾问机构、律师事务所以及具有证券期货业务资格的会计师事务所、资产评估机构等证券服务机构按照证券监管机构的有关要求及格式编制相关材料，并作为重整计划草案及其经营方案的必备文件。

2. 重整计划草案的表决与批准

在重整计划草案提请表决之前，债务人或管理人应当向债权人等利害关系人履行详尽的说明义务，利害关系人认为债务人或管理人说明不充分的，可以要求债务人或管理人补充说明或接受询问。

重整计划草案在债权人会议上进行分组表决。表决组的划分要充分体现出当事人在重整计划中的差别利益。根据《破产法》规定，债权人参加讨论重整计划草案的债权人会议，依照下列债权分类，分组对重整计划草案进行表决：①对债务人的特定财产享有担保权的债权；②债务人所欠职工的工资和医疗、伤残补助、抚恤费用，所欠的应当划入职工个人账户的基本养老保险、基本医疗保险费用，以及法律、行政法规规定应当支付给职工的补偿金；③债务人所欠税款；④普通债权。

另外，人民法院在必要时可以决定在普通债权组中设小额债权组对重整计划草案进行表决。《破产法》规定的债权分组是指导性的，不是强制性的，除法律列举的组别划分外，人民法院还可以根据案件具体情况，决定设置其他组别，如公司债债权人组、次级债债权人组等。但是，表决组别的设置不得损害表决结果的公平性。

债务人的出资人代表可以列席讨论重整计划草案的债权人会议。重整计划草案涉及出资人权益调整事项的，应当设出资人组，对该事项进行表决。

人民法院应当自收到重整计划草案之日起30日内召开债权人会议，对重整计划草案进行表决。出席会议的同一表决组的债权人过半数同意重整计划草案，并且其所代表的债权额占该组债权总额的2/3以上的，即为该组通过重整计划草案。

各表决组均通过重整计划草案时，重整计划即为通过。自重整计划通过之日起 10 日内，债务人或者管理人应当向人民法院提出批准重整计划的申请。人民法院经审查认为重整计划符合法律规定，无损害利害关系人利益的内容，各表决组中反对者的法定既得利益未受到损害，经营方案具有可行性，应当自收到申请之日起 30 日内裁定批准，终止重整程序，并予以公告。

(三) 重整计划的执行、监督与终止

1. 重整计划的执行

根据《破产法》规定，重整计划由债务人负责执行。依据法律规定之文意，即使重整计划草案是由管理人负责制订的，在批准之后也要由债务人负责执行。为此，在重整计划草案制订时以及债权人会议审查、表决重整计划草案时，必须考虑在重整计划草案中对债务人董事、监事、经理等高级管理人员中有违法行为者及不称职者进行更换，以免在债务人执行重整计划的过程中因人员不当而发生问题。

人民法院裁定批准重整计划后，已接管财产和营业事务的管理人应当向债务人移交财产和

营业事务。

2. 重整计划的监督

在重整计划中应当规定对重整计划执行的监督期限。自人民法院裁定批准重整计划之日起，在重整计划规定的监督期内，由管理人监督重整计划的执行。在监督期内，债务人应当向管理人报告重整计划执行情况和债务人财务状况。

监督期届满时，管理人应当向人民法院提交监督报告。自监督报告提交之日起，管理人的监督职责终止。经管理人申请，人民法院可以裁定延长重整计划执行的监督期限。管理人向人民法院提交的监督报告，重整计划的利害关系人有权查阅。

3. 重整计划的效力

经人民法院裁定批准的重整计划，对债务人和全体债权人均有约束力，包括对债务人的特定财产享有担保权的债权人。债权人对债务人的保证人和其他连带债务人所享有的权利，不受重整计划的影响，可以依据原合同约定行使权利。

债务人不能执行或者不执行重整计划的，人民法院经管理人或者利害关系人请求，应当裁定终止重整计划的执行，并宣告债务人破产。

二、和解

和解是预防债务人破产的法律制度之一。在发生破产原因时，债务人可以提出和解申请及和解协议草案，由债权人会议表决，如能获得通过，再经人民法院裁定认可后生效执行，可以避免被破产清算。

因和解程序在债务人发生破产原因后才能提出申请，挽救企业的时机较晚，且不能约束对债务人的特定财产享有担保权的债权人，又没有强制批准程序，所以其挽救债务人的强制性效果不如重整程序，主要适用于没有重要财产设置物权担保的企业以及中小型企业，但其具有简单易行、成本低廉、时间快等优势。

根据《破产法》的规定，我国的和解制度主要有以下规则。

(一) 应由债务人提出和解协议

债务人可以依照《破产法》的规定，直接向人民法院申请和解，也可以在人民法院受理破产申请后、宣告债务人破产前，向人民法院申请和解。债务人申请和解，应当提出和解协议草案。

(二) 和解协议应经债权人会议通过

人民法院经审查认为和解申请符合《破产法》规定的，应当裁定和解，予以公告，并召集债权人会议讨论和解协议草案。债权人会议通过和解协议的决议，由出席会议的有表决权的债权人过半数同意，并且其所代表的债权额占无财产担保债权总额的2/3以上。

(三) 和解协议应经人民法院裁定认可后生效

债权人会议通过和解协议的，由人民法院裁定认可，终止和解程序，并予以公告。若和解协议草案经债权人会议表决未获得通过，或者债权人会议已经通过的和解协议未获得人民法院认可的，人民法院应当裁定终止和解程序，并宣告债务人破产。

(四) 和解协议生效后的效力

经人民法院裁定认可的和解协议，对债务人和全体和解债权人均有约束力。和解债权人是指人民法院受理破产申请时对债务人享有无财产担保债权的人。和解债权人未依照《破产法》规定申报债权的，在和解协议执行期间不得行使权利；在和解协议执行完毕后，可以按照和解协议规定的清偿条件行使权利。和解协议生效后，管理人应当向债务人移交财产和营业事务，并向人民法院提交执行职务的报告。

(五) 和解协议对债务人无强制执行力

债务人不能执行或者不执行和解协议的，人民法院经和解债权人请求，应当裁定终止和解协议的执行，并宣告债务人破产。

此外，《破产法》还规定，对债务人的特定财产享有担保权的权利人，自人民法院裁定和解之日起可以行使权利；因债务人的欺诈或者其他违法行为而成立的和解协议，人民法院应当裁定无效，并宣告债务人破产；按照和解协议减免的债务，自和解协议执行完毕时起，债务人不再承担清偿责任。

第七节　破产清算

一、破产宣告

破产宣告是指法院依据当事人等的申请或法定职权裁定宣布债务人破产以清偿债务的活动。破产宣告的对象一般是达到了破产界限，且重整或和解不成功的债务人。债务人被宣告破产后，意味着破产程序进入破产清算阶段，债务人成为破产人，债务人财产成为破产财产，人民法院受理破产申请时对债务人享有的债权成为破产债权。

人民法院依法宣告债务人破产的，应当自裁定作出之日起 5 日内送达债务人和管理人，自裁定作出之日起 10 日内通知已知债权人，并予以公告。

二、别除权

别除权是指债权人因其债权设有物权担保或享有法定特别优先权，而在破产程序中就债务人(即破产人) 特定财产享有的优先受偿权利。别除权的优先受偿权不受破产清算与和解程序的限制，但在重整程序中受到一定限制。

根据《破产法》规定，别除权之债权属于破产债权，其担保物属于破产财产。据此，别除权人享有破产申请权，也应当申报债权，未依法申报债权者不得依照破产法规定的程序行使权利。

别除权人就破产人的特定财产享有优先受偿权利，即该项财产的变价款必须优先清偿别除权人的担保债权，只有在全部清偿其担保债权后仍有剩余财产时才能够用于对其他普通债权人的清偿。所以别除权人对破产人的特定财产处于最优先的清偿顺序，但法律另有规定的除外。

别除权人行使优先受偿权利未能完全受偿的，其未受偿的债权作为普通债权。别除权人放弃优先受偿权利的，其债权作为普通债权。但如破产人仅作为担保人为他人债务提供物权担保，担保债权人的债权虽然在破产程序中可以构成别除权，但因破产人不是主债务人，在担保物价款不足以清偿担保债额时，余债不得作为破产债权向破产人要求清偿，只能向原主债务人求偿。此时，别除权人如放弃优先受偿权利，其债权也不能转为对破产人的破产债权，因为两人之间只有担保关系，无基础债务关系。

三、破产财产的变价和分配

(一) 破产财产的变价

破产财产的分配以货币分配为基本方式。在破产宣告后，管理人应当及时拟订破产财产变价方案，提交债权人会议讨论。管理人应当按照债权人会议通过的或者人民法院依法裁定的破产财产变价方案，适时变价出售破产财产。

变价出售破产财产应当通过拍卖方式进行，但债权人会议另有决议的除外。因为在实践中，虽然拍卖方式有助于保证公平，但有时不一定能够使破产财产以最高价格售出，而且其成本较高，耗时较长。所以，只要债权人会议作出相应决议，就可以不采取拍卖方式处分财产。破产财产的变价出售必须以价值最大化即债权人利益最大化为原则，不能与破产企业职工安置挂钩，职工安置是政府应负责解决的问题，不允许以低价向购买者出售破产财产的方式换取其对职工的就业安置，以损害债权人利益的方式解决政府的财政与工作困难。

破产企业可以以全部或者部分变价方式出售。企业变价出售时，可以将其中的无形资产和其他财产单独变价出售。按照国家规定不能拍卖或者限制转让的财产，应当按照国家规定的方式处理。

(二) 破产财产的分配

破产分配是指将破产财产按照法律规定的债权清偿顺序和案件实际情况决定的受偿比例进行清偿的程序。破产财产的分配应当遵守法定的分配顺序和分配方法。对破产财产可以进行一次性分配，也可以进行多次分配，需视破产财产的多少、变价难易等情况而定。

《破产法》第一百一十三条规定，破产财产在优先清偿破产费用和共益债务后，依照下列顺序清偿：①破产人所欠职工的工资和医疗、伤残补助、抚恤费用，所欠的应当划入职工个人账户的基本养老保险、基本医疗保险费用，以及法律、行政法规规定应当支付给职工的补偿金；②破产人欠缴的除前项规定以外的社会保险费用和破产人所欠税款；③普通破产债权。破产财产不足以清偿同一顺序的清偿要求的，按照比例分配。破产企业的董事、监事和高级管理人员的工资按照该企业职工的平均工资计算。

破产分配时，对债务人的董事、监事和高级管理人员在破产申请受理前拖欠的工资，应当按照企业拖欠职工工资的平均期间、以同期职工平均工资为标准予以调整，此前如有多发放的，应作为非正常收入予以追回。这是为避免企业董事、监事和高级管理人员在企业濒临破产期间拖欠职工的工资，却对自己的工资按期照发，或者在企业破产后，破产财产被董事、监事和高级管理人员不合理的高额工资所侵占，损害债权人利益。《最高人民法院关于适用<中华人民共和国企业破产法>若干问题的规定(二)》对此有明确规定，并指出其“高出该企业职工平均工资计算的部分，可以作为普通破产债权清偿”。

管理人应当及时拟订破产财产分配方案，提交债权人会议讨论。破产财产分配方案应当载明下列事项：①参加破产财产分配的债权人名称或者姓名、住所；②参加破产财产分配的债权额；③可供分配的破产财产数额；④破产财产分配的顺序、比例及数额；⑤实施破产财产分配的方法。

债权人会议表决通过破产财产分配方案后，由管理人将该方案提请人民法院裁定认可，经人民法院裁定认可后，由管理人执行。

四、破产程序的终结

(一) 破产终结程序

破产程序终结方式主要有 4 种：其一，因和解、重整程序顺利完成而终结；其二，因债务人以清算外的其他方式解决债务清偿问题(包括第三人代为清偿债务、自行和解) 而终结；其三，因债务人的破产财产不足以支付破产费用而终结；其四，因破产财产分配完毕而终结。在破产清算程序中仅涉及后两种情况。

破产人无财产可供分配的，管理人应当请求人民法院裁定终结破产程序。在破产人有财产可供分配的情况下，管理人在最后分配完结后，应当及时向人民法院提交破产财产分配报告，并提请人民法院裁定终结破产程序。人民法院应当自收到管理人终结破产程序的请求之日起 15 日内作出是否终结破产程序的裁定。裁定终结的，应当予以公告。

管理人应当自破产程序终结之日起 10 日内，持人民法院终结破产程序的裁定，向破产人的原登记机关办理注销登记。

(二) 遗留事务的处理

通常情况下，管理人应于办理破产人注销登记完毕的次日终止执行职务。但是，破产案件中存在债权诉讼或者仲裁未决等情况时，管理人可以在破产程序终结后，继续办理破产案件的遗留事务。

在破产程序因债务人财产不足以支付破产费用而终结，或者因破产人无财产可供分配或破产财产分配完毕而终结时，自终结之日起两年内，有下列情形之一的，债权人可以请求人民法院按照破产财产分配方案进行追加分配。

(1) 发现在破产案件中有可撤销行为、无效行为或者债务人的董事、监事和高级管理人员利用职权从企业获取非正常收入和侵占企业财产的情况，应当追回财产的。

(2) 发现破产人有应当供分配的其他财产的。有上述情形，但财产数量不足以支付分配费用的，不再进行追加分配，由人民法院将其上交国库。

【例 4-8】下列各项中，属于破产程序终结的情形有(　　)。

A. 债务人财产不足以清偿破产费用的

B. 破产人无财产可供分配的

C. 破产财产分配完毕的

D. 重整程序顺利完成的

【解析】正确答案为 ABCD。以上 4 项都是可以终结破产程序的情形。

本 章 小 结

1. 破产法是规定在债务人丧失清偿能力时，法院强制对其全部财产进行清算分配，公平、有序清偿债权人，或通过债务人与债权人会议达成的和解协议清偿债务，或进行企业重整，避免债务人破产的法律规范的总称。

2. 企业法人的破产原因是不能清偿到期债务，并且资产不足以清偿全部债务或者明显缺乏清偿能力。

3. 管理人是指破产案件受理后成立的，全面接管破产企业并负责破产财产的保管、清理、估价、处理和分配等破产清算事务的专门机构或人员。

4. 债务人财产包括破产申请受理时属于债务人的全部财产，以及破产申请受理后至破产程序终结前债务人取得的财产。

5. 债权申报是指破产案件受理后，债权人依法定程序主张并证明其债权，以便参加破产程序的法律行为。

6. 债权人会议，是由所有依法申报债权的债权人组成，以保障债权人共同利益为目的，为实现债权人的破产程序参与权，讨论决定有关破产事宜，表达债权人意志，协调债权人行为的破产议事机构。

7. 破产重整是指在企业无力偿债但有复苏希望的情况下，不对无偿付能力债务人的财产立即进行清算，而是在法院主持下，经债权人同意，允许企业继续经营，实现债务调整和企业重组，使企业摆脱困境，走向复兴的一项制度。

8. 和解是在发生破产原因时，债务人可以提出和解申请及和解协议草案，由债权人会议表决，如能获得通过，再经人民法院裁定认可后生效执行，可以避免被破产清算。

9. 破产宣告是指法院依据当事人等的申请或法定职权裁定宣布债务人破产以清偿债务的活动。债务人被宣告破产后，意味着破产程序进入破产清算阶段，债务人成为破产人，债务人财产成为破产财产，人民法院受理破产申请时对债务人享有的债权成为破产债权。

习　题

一、单项选择题

1. 法律意义上的破产，是指债务人不能清偿到期债务时，由(　　)通过法定程序，将债务人的全部财产强制向全体债权人公平清偿并使债务人丧失其主体资格的事件。

A. 债务人　　B. 法院

C. 债务人的上级部门　　D. 工商管理部门

2. 破产申请人为(　　)。

A. 债务人　　B. 债权人

C. 债务人和债权人均可　　D. 法院

3. 破产财产分配方案草案，由管理人拟订，经(　　) 讨论通过，报请法院裁定认可，由(　　)执行。

A. 债权人委员会；法院　　B. 债务人；债权人会议

C. 债务人上级主管部门；清算组　　D. 债权人会议；管理人

4. 第一次债权人会议由人民法院召集，应当在债权申报期限届满之日起(　　)日内召开。

A. 10　　B. 7

C. 20　　D. 15

5. 下列说法错误的是(　　)。

A. 在重整期间，债务人或者管理人为继续营业而借款的，可以为该借款设定担保

B. 在重整期间，债务人的经营状况和财产状况继续恶化，缺乏挽救可能的，管理人或利害关系人可以请求法院裁定终止重整程序

C. 自法院裁定债务人重整之日起至破产程序终结之日止，为重整期间

D. 债务人或债权人可以直接向法院申请对债务人进行重整

二、名词解释

1. 破产　2. 破产界限　3. 管理人　4. 撤销权　5. 取回权　6. 抵销权　7. 破产费用　8. 共益债务　9. 债权申报　10. 债权人会议　11. 重整　12. 和解　13. 破产宣告　14. 别除权

三、简答题

1. 我国破产法对破产界限是如何规定的？

2. 简述管理人的职责。

3. 简述破产财产的分配顺序。

案例分析

2017 年 3 月 15 日，人民法院裁定受理债权人甲公司对债务人乙公司的破产申请，并指定了管理人。管理人接管乙公司后，发现以下事实。

1. 2015 年 12 月 25 日，乙公司的债权人 A 公司与乙公司签订了一份原材料购买合同，欠乙公司货款 50 万元。至破产申请受理时，该笔欠款尚未支付。

2. 2016 年 5 月 9 日，乙公司无偿转让给 B 公司一台价值 20 万元的机器设备。

3. 2016 年 6 月 8 日，乙公司为逃避债务向 C 公司转移了 100 万元的财产。

4. 2017 年 1 月 28 日，乙公司与 D 公司签订了一份买卖合同，约定 D 公司向乙公司提供一批物资，乙公司收货后付款。至破产申请受理时，该批货物尚在运输途中。

2017 年 6 月 12 日，人民法院审查通过了债务人乙公司提出的重整申请。在重整期间发生了下列事项。

1. E 银行对乙公司的一处房屋要求行使抵押权。经查，乙公司在 2016 年 1 月向 E 银行申请贷款时，将该房屋抵押给了 E 银行并办理了抵押登记。

2. 乙公司的出资人 F 公司要求分配投资收益。

3. 乙公司的董事刘某要求向第三人转让其持有的乙公司股权。

问题：

1. A 公司能否向管理人主张抵销 50 万元货款？说明理由。

2. 对乙公司向 B 公司无偿转让机器设备的行为，管理人能否申请人民法院予以撤销？说明理由。

3. C 公司从乙公司取得的 100 万元财产，管理人是否有权追回？说明理由。

4. D 公司能否对运输途中的货物行使取回权？说明理由。

5. E 银行能否行使抵押权？说明理由。

6. F 公司能否请求分配投资收益？

7. 董事刘某能否向第三人转让其持有的乙公司股权？说明理由。

第五章

合同法律制度

【导读】

合同是平等主体的自然人、法人、其他经济组织之间建立、变更、终止民事法律关系的协议。在人们的社会生活中，合同是普遍存在的，起着十分重要的作用。在社会主义市场经济中，在社会再生产的各个环节，社会各类经济组织或商品生产经营者之间存在各种经济往来关系。它们是最基本的市场经济活动，它们都需要经过合同来实现和连接，需要用合同来维护当事人的合法权益，维护社会的经济秩序。没有合同，整个社会的生产和生活就不可能有效和正常地进行。

我国分别于1981 年颁布了《中华人民共和国经济合同法》；1985 年颁布了《中华人民共和国涉外经济合同法》；1987年颁布了《中华人民共和国技术合同法》。在三部合同法实行十多年后，我国将三部合同法合一，于1999年3月15日颁布了统一的《中华人民共和国合同法》，并于1999年10月1日起施行。2020年5月28日，十三届全国人大三次会议表决通过了《中华人民共和国民法典》，自2021年1月1日起施行。《中华人民共和国婚姻法》《中华人民共和国继承法》《中华人民共和国民法通则》《中华人民共和国收养法》《中华人民共和国担保法》《中华人民共和国合同法》《中华人民共和国物权法》《中华人民共和国侵权责任法》《中华人民共和国民法总则》同时废止。

【学习重点】

掌握合同订立的形式、合同订立方式、合同成立时间地点；合同的生效、效力待定合同；合同履行的规则、抗辩权的行使、保全措施；合同的变更、合同的转让；熟悉合同权利义务终止的具体情形、合同权利义务终止的法律后果；熟悉违约责任的主要形式。

【学习难点】

掌握合同的一般概念和法律特征并理解合同法基本原则的基础上，运用这些原则分析和处理具体的合同关系。

【教学建议】

让学生识记基本概念和知识、理解掌握有关的理论，学会运用它们分析实际案例和解决实际问题。

第一节　合同法律制度概述

一、合同的概念和特征

(一) 合同的概念

大陆法和英美法对合同的定义不同，大陆法学者基本上认为合同是一种合意或协议，英美法学者大多认为是一种允诺。我国民法理论在合同定义上，基本继受了大陆法的概念，认为合同是一种合意或协议。《中华人民共和国民法典》第四百六十四条规定，合同是当事人之间设立、变更、终止民事关系的协议。

我国现行的合同法律制度主要是2000年5月28日第十三届全国人民代表大会第三次会议通过、自2021年1月1日起施行的《中华人民共和国民法典》(以下简称《民法典》)。该法规定，合同是指平等主体的自然人、法人、其他组织之间设立、变更、终止民事权利义务关系的协议。

(二) 合同的特征

1. 合同是平等主体的自然人、法人和其他组织所实施的一种民事法律行为

民事法律行为是民事主体实施的能够引起民事权利和民事义务的产生、变更或终止的合法行为。因此，只有在合同当事人所作出的意思表示符合法律要求，合同才具有法律约束力，并受到国家法律的保护。如果当事人作出了违法的意思表示，即使达成协议，也不能产生合同的效力。同时，由于合同是一种民事法律行为，因此民法关于民事法律行为的一般规定，如民事法律行为的生效要件、民事行为的无效和撤销等，均可适用于合同。另外，合同是由平等主体的自然人、法人或其他组织所订立的，这就是说，订立合同的主体在法律地位上是平等的，任何一方都不得将自己的意志强加给另一方。

2. 合同以设立、变更或终止民事权利义务关系为目的

所谓设立民事权利义务关系，是指当事人订立合同旨在形成某种法律关系(如买卖关系)，从而具体地享受民事权利、承担民事义务。所谓变更民事权利义务关系，是指当事人通过订立合同使原有的合同关系在内容上发生变化。变更合同关系通常是在继续保持原合同关系效力的前提下变更合同内容，如果因为变更使原合同关系消灭并产生一个新的合同关系，则不属于变更的范畴。所谓终止民事权利义务关系，是指当事人通过订立合同，旨在消灭原合同关系。

3. 合同是当事人协商一致的产物，是意思表示一致达成的协议

合同是合意的结果，它必须包括以下要素：①合同的成立必须要有两个以上的当事人；②各方当事人须互相作出意思表示；③各个意思表示达成一致。

二、合同的分类

由于市场经济活动的形式丰富多彩，形成多种多样的合同。按照不同的标准可以将合同划

分成不同的类型，合同主要有以下分类。

(一) 单务合同与双务合同

按照双方是否互负给付义务为标准，分为单务合同和双务合同。单务合同，是指合同当事人仅有一方负担给付义务的合同，如赠与、借用等。或一方所负义务不属于对待给付义务，如附条件赠与等。双务合同是指当事人双方互负对待给付义务的合同，即一方当事人愿意负担履行义务，旨在使他方当事人因此负有对待给付的义务。或者说，一方当事人所享有的权利，即为他方当事人所负有的义务，例如买卖、互易、加工承揽、租赁合同等。

(二) 有偿合同与无偿合同

按照当事人权利的获得是否支付代价为标准，分为有偿合同与无偿合同。有偿合同是指当事人一方享有合同规定的权益，须向对方当事人偿付相应代价的合同，如买卖、租赁等合同。无偿合同是指当事人一方享有合同规定的权益，不必向对方当事人偿付相应代价的合同，如赠与合同。

(三) 诺成合同与实践合同

按照合同成立是否以标的物交付为要件，分为诺成合同与实践合同。诺成合同，指当事人一方的意思表示一旦经对方同意即能产生法律效果的合同，大多数合同属于诺成合同。实践合同，指除当事人双方意思表示一致以外还须交付标的物才能成立的合同。我国现行合同法上赠与、银行借款、铁路、航空等客货运、商业保管合同均为诺成合同。诺成合同与实践合同的确定，通常应根据法律的规定及交易习惯而定。

(四) 要式合同与不要式合同

按照法律、法规是否要求具备特定形式和手续为标准，分为要式合同和不要式合同。要式合同是指根据法律或约定应当采取特定方式订立的合同，分为法定要式合同和约定要式合同。如中外合资经营企业合同应当由国家批准，涉外收养合同需要公证等。不要式合同，是指当事人订立的合同依法并不需要采取特定的形式，当事人可以根据合同，自由原则选择合同形式。合同以不要式为原则。

(五) 主合同与从合同

按照合同相互间的主从关系为标准，分为主合同与从合同。凡不以他种合同的存在为前提即能独立存在的合同为主合同；而必须以他种合同的存在为前提，自身不能独立存在的合同为从合同。

(六) 有名合同与无名合同

按照法律、法规是否对其名称作出明确规定为标准，分为有名合同和无名合同。有名合同，又称为典型合同，是指法律上已经确定了一定的名称及规则的合同。无名合同，又称非典型合同，是指法律上尚未确定一定的名称与规则的合同，如旅游、美容、法律服务合同等。无名合同包括纯无名合同和混合合同。后者指一个有名合同中和其他有名合同或无名合同结合在一起的合同。如在租赁房屋时承租人以提供劳务代替交付租金的合同。例如对旅游合同来说，其中包含了运输合同、服务合同、房屋租赁合同等多项有名合同的内容，因此可以类推适用有名合同的规则。

(七) 利己合同与利他合同

按照当事人订立合同是为谁的利益为划分标准，分为利己合同和利他合同。利己合同指订约人为使自己直接获得和享有合同利益而订立的合同。利他合同指订约当事人一方非为自己而为第三人获得和享有合同利益而订立的合同，如设定第三人为受益人的保险合同、第三人代为清偿合同等。

三、合同法律制度的概念和特征

(一) 合同法律制度的概念

合同法律制度是调整平等主体之间的交易关系的法律原则与规则的总称，它主要规范合同的订立，合同的效力，合同的履行、变更、转让、终止，违反合同的责任及各类有名合同等问题。合同法律制度并不是一个独立的法律部门，而只是我国民法的重要组成部分。

(二) 合同法律制度的特征

1. 合同法律制度以任意性规范为主

市场经济的本质是自由和竞争的经济，商品、技术、资金、劳务等社会资源的交换应当在市场主体之间自由地进行，这就要求市场主体在交易中能够独立自主，并能充分表达其意志，法律应为市场主体的交易活动留下广阔的活动空间，政府对经济活动的干预应限制在合理的范围内，因此，合同法律制度采取了约定优先的原则，即有约定依约定、无约定依法定的规则。合同法律制度中的大多数规则，允许当事人通过协商加以改变，而非强行性规范，以充分体现当事人的意思自治，使当事人的市场行为能最大限度地反映和符合市场经济的供需规律和价值规律。

2. 合同法律制度以平等协商和等价有偿为原则

由于合同法律制度规范的对象是交易关系，而交易关系本质上需要遵守平等协商和等价有偿原则。商品交换必然要求遵循价值规律，实行等量劳动的交换，因此决定了合同法律制度较之于民法的其他法律制度更强调平等协商和等价有偿原则。由于合同法律制度强调平等协商和等价有偿原则，因而合同法律制度突出地表现了民法的调整对象和调整方法的特点。

3. 合同法律制度具有统一性和国际性

作为市场经济基本法的合同法律制度，不仅应反映国内统一市场的需要而形成一套统一规则，同时也应该与国际惯例相衔接。

4. 合同法律制度具备财产法特点

交易关系的本质是财产关系，即社会财富在社会成员之间的交换关系，合同法律制度以交易关系为调整对象，通过规范以财产为内容的民事权利——债权，实现保障当事人权益、鼓励交易、创造财富、维护社会交易关系顺利进行的目的，所以说，合同法律制度具备财产法特点。

四、合同法律制度的基本原则

合同法律制度的基本原则是合同当事人在合同活动中应当遵守的基本准则，也是人民法院、仲裁机构在审理、仲裁合同纠纷时应当遵循的原则。

(一) 平等原则

合同当事人的法律地位平等，一方不得将自己的意志强加给另一方。平等原则所指的法律地位平等，并非指合同双方当事人事实上平等、权利义务相同，而是指在双方权利义务对等、法律利益相对平衡的情况下，在签署合同时各方的平等地位。

根据该原则，合同当事人之间应当就合同条款充分协商，取得一致。订立合同是双方当事人意思表示一致的结果，是在互利互惠基础上充分表达双方意见，就合同条款取得一致后达成的协议。故任何一方都不应当凌驾于另一方之上，也不得将自己意志强加给对方，更不得以强迫命令、胁迫等手段签订合同。

(二) 自愿原则

当事人依法享有自愿订立合同的权利，任何单位和个人不得非法干预。自愿原则是指合同当事人在法律规定的范围内，在合法的前提下，通过协商，自愿决定和调整相互权利义务关系。自愿原则体现了民事活动的基本特征，是民事法律关系区别于行政法律关系、刑事法律关系的特有原则。

自愿原则贯彻合同活动全过程，根据其内涵，当事人有权依据自己的意愿自主决定是否签订合同，自愿与谁订合同，签订合同时，有权选择对方当事人，在合同履行过程中，当事人可以协议补充、协议变更有关内容等。双方也可以协议解除合同，约定违约责任，在发生争议时，当事人可以自愿选择解决争议的方式等。

(三) 公平原则

在合同订立方面，作为平等合同主体的当事人都有权公平参与。在明确合同双方权利义务的内容时，应当兼顾各方利益，公平协商对待。出现订立合同时显失公平等情形的，一方当事人有权请求人民法院或者仲裁机构变更或者撤销。根据公平原则确定违约责任。

(四) 诚实信用原则

当事人在行使权力和履行义务时应当遵循诚实信用原则，不得有欺诈行为。诚实信用原则的基本内涵是，当事人在合同订立、履行、变更、解除等各个阶段，以及在合同关系终止后，都应当严格依据诚实信用原则行使权利和履行义务。

(五) 合法性原则

当事人在订立及履行合同时，符合国家强制性法律要求，不违背社会公共利益，不扰乱社会经济秩序。

(六) 严守合同原则

依法成立的合同对当事人具有法律约束力，当事人应当按照约定履行自己的义务，不得擅自变更或解除合同。

第二节　合同的订立

一、合同订立的概念

合同的订立是指两个或两个以上的当事人，依法就合同的主要条款经过协商一致达成协议的法律行为。合同当事人可以是自然人，也可以是法人或者其他组织，但都应当具有与订立合同相应的民事权利能力和民事行为能力。当事人也可以依法委托代理人订立合同。《民法典》(合同编)规定，当事人订立合同，可以采取要约、承诺方式或者其他方式。在订立合同中，一方当事人提出要约，另一方当事人予以承诺，双方就交易目的及其实现达成合意，合同即告成立。因此，邀约和承诺既是合同订立方式，也是合同订立的两个阶段。

二、合同订立的方式

根据《民法典》(合同编)规定，当事人除了采取要约、承诺方式订立合同还可以以悬赏广告的方式订立合同，悬赏人以公开方式声明对完成特定行为的人支付报酬的，完成该行为的人可以请求其支付。

(一) 要约

1. 要约的概念

《民法典》(合同编)规定，要约是希望与他人订立合同的意思表示，该意思表示应符合下列条件：①内容具体确定；②表明经受要约人承诺，要约人即受该意思表示的约束。发出要约的当事人称为要约人，要约所指向的对方当事人则称为受要约人。

2. 要约应具备的条件

(1) 内容具体确定。发出要约的目的在于订立合同，要约人必须是能够确定的；受要约人一般也是特定的，但在一些场合，要约人也可以向不特定人发出要约。要约的内容必须具有足以使合同成立的主要条件，包括主要条款，如标的、数量、质量、价款或者报酬、履行期限、地点和方式等，一经受要约人承诺，合同即可成立。

(2) 必须是特定人所为的意思表示。要约是要约人向相对人(受要约人)所作出的含有合同条件的意思表示，旨在得到受要约人的承诺并成立合同，只有要约人是特定的人，受要约人才能对之承诺。

(3) 要约必须向相对人发出。要约必须经过相对人的承诺才能成立合同，因此要约必须是要约人向相对人发出的意思表示。相对人一般为特定的人，但在特殊情况下，对不特定的人作出又不妨碍要约所达目的时，相对人也可以是不特定人。

(4) 表明经受要约人承诺，要约人即受该意思表示约束。要约是一种法律行为，要约人发出的要约的内容必须能够表明，如果对方接受要约，合同即告成立。

3. 要约邀请

要约邀请是希望他人向自己发出要约的意思表示。要约邀请与要约不同，要约是一个一经承诺就成立合同的意思表示；而要约邀请的目的则是邀请他人向自己发出要约，自己如果承诺才成立合同。要约邀请处于合同的准备阶段，没有法律约束力。《民法典》(合同编)规定，拍卖公告、招标公告、招股说明书、债券募集办法、基金招募说明书、商业广告和宣传、寄送的价目表等为要约邀请。

4. 要约生效时间

要约到达受要约人时生效。采用数据电文形式订立合同，收件人指定特定系统接收数据电文的，该数据电文进入该特定系统的时间，视为到达时间；未指定特定系统的，相对人知道或者应当知道该数据电文进入其系统时生效。要约到达受要约人，并不是指要约一定实际送达受要约人或者其代理人手中，要约只要送达受要约人通常的地址、住所或者能够控制的地方(如信箱等)即为送达。反之，即使在要约送达受要约人之前受要约人已经知道其内容，要约也不生效。

5. 要约的效力

要约一经生效，要约人即受到要约的约束，不得随意撤销或对要约加以限制、变更和扩张。受要约人在要约生效时即取得承诺的权利，即取得了依其承诺而成立合同的法律地位，所以受要约人可以承诺，也可以不承诺。

6. 要约的撤回、撤销与失效

要约撤回是指要约在发出后、生效前，要约人使要约不发生法律效力的意思表示。法律规定要约可以撤回，原因在于这时要约尚未发生法律效力，撤回要约不会对受要约人产生任何影响，也不会对交易秩序产生不良影响。由于要约在到达受要约人时即生效，因此，撤回要约的通知应当在要约到达受要约人之前或者与要约同时到达受要约人。

要约撤销是指要约人在要约生效后、受要约人承诺前，使要约丧失法律效力的意思表示。撤销要约的通知应当在受要约人发出承诺通知之前到达受要约人。也就是说，要约已经到达受要约人，在受要约人作出承诺之前，要约人可以撤销要约。由于撤销要约可能会给受要约人带来不利的影响，损害受要约人的利益，法律规定了两种不得撤销要约的情形：①要约人以确定承诺期限或者其他形式明示要约不可撤销；②受要约人有理由认为要约是不可撤销的，并已经为履行合同做了准备工作。

要约失效是指要约丧失法律效力，即要约人与受要约人均不再受其约束，要约人不再承担接受承诺的义务，受要约人也不再享有通过承诺使合同得以成立的权利。《民法典》规定了要约失效的情形：①要约被拒绝。受要约人接到要约后，通知要约人不同意与之签订合同，则拒绝了要约，在拒绝要约的通知到达要约人时，该要约失去法律效力。②要约被依法撤销。③承诺期限届满，受要约人未作出承诺。要约中确定了承诺期限的，超过这个期限不承诺，则要约失效；要约中没有规定承诺期限的，在通常情况下，要约发出后一段合理时间内不承诺的，要约失效。④受要约人对要约的内容作出实质性变更。发生这种情况即为反要约，反要约是一个新的要约，提出反要约就是对原要约的拒绝，使原要约失去效力，原要约人不再受该要约的约束。

【例 5-1】以招标方式订立合同时，招标行为的意思表示是( )。

A. 要约　　B. 要约邀请

C. 承诺　　D. 要约磋商

【解析】正确答案为 B。招标行为本身不是要约，而是邀请他人向自己提出要约，由此引发要约。

【例 5-2】根据《民法典》的规定，下列各项中，不属于要约失效的情形是( )。

A. 要约人依法撤回要约

B. 要约被依法撤销

C. 承诺期限届满，受要约人未作出承诺

D. 受要约人对要约内容作出实质性变更

【解析】正确答案为 A。要约人依法撤回要约的，要约本身并未生效，因此谈不上失效的问题。

(二) 承诺

1. 承诺的概念

承诺是受要约人同意要约的意思表示。

2. 承诺应当具备的条件

(1) 承诺必须由受要约人作出。如由代理人作出承诺，则代理人须有合法的委托手续。要约和承诺是一种相对人的行为，只有受要约人享有承诺的资格，所以承诺必须由受要约人作出。

(2) 承诺必须向要约人作出。受要约人承诺的目的在于同要约人订立合同，所以承诺只有向要约人作出才有意义。

(3) 承诺的内容必须与要约的内容一致。承诺是受要约人愿意按照要约的内容与要约人订立合同的意思表示，所以要取得成立合同的法律效果，承诺就必须在内容上与要约的内容一致。

(4) 承诺必须在有效期限内作出。要约在其存续期间内才有效力，其中包括一旦受要约人承诺便可成立合同的效力，所以承诺必须在此期间内作出。

【例 5-3】乙接到甲发出的 E-mail 称：“现有 1000 吨红糖，每吨售价 2500 元，如有意购买，请于 6 月 1 日前到我厂提货。”乙于是给甲回了 E-mail，称：“我厂同意按你厂提出的条件购买红糖，并将于 5 月 30 日到你厂提货。”请问：乙给甲发出的 E-mail 是否属于承诺？

【解析】乙给甲发出的 E-mail 是承诺，因为乙完全同意了甲的要约的内容。

3. 承诺的方式

承诺应当以通知的方式作出，通知的方式可以是口头的，也可以是书面的。一般来说，如果法律或要约中没有规定必须以书面形式表示承诺，当事人就可以以口头形式表示承诺。根据交易习惯或当事人之间的约定，承诺也可以不以通知的方式，而以通过实施一定的行为或以其他方式作出。如果要约人在要约中规定承诺需用特定方式的，只要该种方式不为法律所禁止或不属于在客观上根本不可能，承诺人在作出承诺时就必须符合要约人规定的承诺方式。

4. 承诺的期限

承诺应当在要约确定的期限内到达要约人。要约以信件或者电报作出的，承诺期限自信件载明的日期或者电报交发之日开始计算。信件未载明日期的，自投寄该信件的邮戳日期开始计算。要约以电话、传真等快速通讯方式作出的，承诺期限自要约到达受要约人时开始计算。要约没有确定承诺期限的，承诺应当依照下列规定到达：①要约以对话方式作出的，应当即时作出承诺，但当事人另有约定的除外；②要约以非对话方式作出的，承诺应当在合理期限内到达。受要约人超过承诺期限发出承诺的，除要约人及时通知受要约人该承诺有效的以外，为新要约。受要约人在承诺期限内发出承诺，按照通常情形能够及时到达要约人，但因其他原因承诺到达要约人时超过承诺期限的，除要约人及时通知受要约人因承诺超过期限不接受该承诺的以外，该承诺有效。

5. 承诺的效力

承诺通知到达要约人时生效。承诺不需要通知的，根据交易习惯或者要约的要求作出承诺的行为时生效。采用数据电文形式订立合同的，承诺到达的时间同上述要约到达时间的规定相同。

受要约人对要约的内容作出实质性变更的，为新要约。有关合同标的、数量、质量、价款或者报酬、履行期限、履行地点和方式、违约责任和解决争议方法等内容的变更，是对要约内容的实质性变更。承诺对要约的内容作出非实质性变更的，除要约人及时表示反对或者要约表明承诺不得对要约的内容作出任何变更的以外，该承诺有效，合同的内容以承诺的内容为准。

6. 承诺的撤回

承诺的撤回是指受要约人阻止承诺发生法律效力的意思表示。撤回承诺的通知应当在承诺通知到达要约人之前或者与承诺通知同时到达要约人。

三、合同订立的形式

《民法典》(合同编)规定，当事人订立合同有书面形式、口头形式和其他形式。

(一) 书面形式

书面形式是指合同书、信件、电报、电传、传真等可以有形地表现所载内容的形式。以电子数据交换、电子邮件等方式能够有形地表现所载内容，并可以随时调取查用的数据电文，视为书面形式。除此之外，法律、行政法规规定采用书面形式的，应当采用书面形式。当事人约定采用书面形式的，应当采用书面形式。

(二) 口头形式

口头形式是指当事人双方就合同内容面对面或以通信设备交谈达成的协议。

(三) 其他形式

除了书面形式和口头形式，合同还可以以其他形式成立。法律没有列举具体的“其他形式”，但可以根据当事人的行为或者特定情形推定合同的成立。这种形式的合同可以称为默示合同，指当事人未用语言或文字明确表示意见，而是根据当事人的行为表明其已经接受或在特定的情形下推定成立的合同。

四、合同格式条款

(一) 格式条款的概念

格式条款是当事人为了重复使用而预先拟订，并在订立合同时未与对方协商的条款。当事人采用格式条款订立合同时，提供格式条款的一方应当遵循公平原则确定当事人之间的权利和义务。

(二) 《民法典》(合同编)对格式条款适用的限制

1. 提供格式条款一方的义务

提供格式条款的一方应当遵循公平原则确定当事人之间的权利和义务，并采取合理的方式提示对方注意免除或者减轻其责任等与对方有重大利害关系条款的义务，按照对方的要求，对该条款予以说明。

2. 格式条款无效的情形

(1) 无民事行为能力人实施的民事法律行为、虚假的民事法律行为、违反法律强制性规定的民事法律行为、违背公序良俗的民事法律行为、恶意串通的民事法律行为，以及造成对方人身损害、因故意或者重大过失造成对方财产损害的免责条款，都一律无效。

(2) 提供格式条款的一方不合理地免除或者减轻其责任，加重对方责任，限制对方主要权利的条款无效。

(3) 提供格式条款一方排除对方主要权利，导致对方当事人订立合同的目的不能实现，因而属于格式条款绝对无效的情形。

3. 对格式条款的解释

对格式条款的理解发生争议的，应当按照通常理解予以解释。对格式条款有两种以上解释的，应当作出不利于提供格式条款一方的解释。格式条款和非格式条款不一致的，应当采用非格式条款。

五、合同成立的时间和地点

(一) 合同成立的时间

一般来说，合同谈判成立的过程，就是要约、新要约、更新的要约直到承诺的过程。一般情况下，承诺作出生效后合同即告成立，当事人于合同成立时开始享有合同权利、承担合同义务。但在一些特殊情况下，合同成立的具体时间依不同情况而定。

(1) 当事人采用合同书形式订立合同的，自双方当事人签字或者盖章时合同成立，在签字或者盖章之前，当事人一方已经履行主要义务并且对方接受的，该合同成立。

(2) 当事人采用信件、数据电文等形式订立合同的，可以在合同成立之前要求签订确认书，签订确认书时合同成立。

(3) 当事人以直接对话方式订立合同的，承诺人的承诺生效时合同成立；法律、行政法规规定或者当事人约定采用书面形式订立合同，当事人未采用书面形式但一方已经履行主要义务并且对方接受的，该合同成立。

(4) 当事人签订要式合同的，以法律、法规规定的特殊形式要求完成的时间为合同成立时间。

(二) 合同成立的地点

一般来说，承诺生效的地点为合同的成立地点，但在特殊情况下，合同可以有不同的成立地点。

采用数据电文形式订立合同的，收件人的主营业地为合同成立的地点，没有主营业地的，其经常居住地为合同成立的地点。

当事人采用合同书、确认书形式订立合同的，双方当事人签字或者盖章的地点为合同成立的地点。

合同需要完成特殊的约定或法律形式才能成立的，以完成合同的约定形式或法定形式的地点为合同的成立地点。

当事人对合同的成立地点另有约定的，按照其约定。

六、缔约过失责任

缔约过失责任是指当事人在订立合同过程中，因故意或过失致使合同未成立、未生效、被撤销或无效，给他人造成损失应承担的损害赔偿责任。

《民法典》(合同编)规定，当事人在订立合同过程中有下列情形之一，造成对方损失的，应当承担损害赔偿责任：①假借订立合同，恶意进行磋商；②故意隐瞒与订立合同有关的重要事实或者提供虚假情况；③有其他违背诚信原则的行为。缔约过失责任与违约责任不同，违约责任产生于合同生效之后，适用于生效合同，赔偿的是可期待利益的损害；缔约过失责任则发生在合同成立之前，适用于合同未成立、未生效、无效等情况，赔偿的是信赖利益的损失。信赖损失小于或等于可期待利益的损失。

第三节　合同的效力

一、合同效力概述

合同的效力，是法律赋予依法成立的合同对当事人的法律强制力。所谓法律强制力是指当事人应当按照合同的约定履行自己的义务，不得擅自变更或解除合同。否则，承担违约责任。

合同依效力层次可分为生效合同、效力待定合同、可撤销合同和无效合同。

专栏5-1

合同成立与合同效力的联系与区别

1. 合同的生效以合同的成立为前提条件，合同没有成立，自然不可能生效。因此，考察合同的生效，首先必须考虑合同是否成立。

2. 合同的成立侧重于合同当事人订约时的意思表示一致，合同即告成立；而合同的生效则侧重于合同是否违背法律和行政法规的规定，如果违背法律的规定，即使合同成立，该合同也不能产生法律效力。

3. 合同的成立侧重考虑承诺与要约是否一致，只要承诺与要约一致，合同即成立。而合同生效则侧重于考虑要约和承诺是否真正是当事人真实的意思表示，如果不是当事人的真实意思表示，而是受另一方威胁、蒙骗，即使从形式上要约与承诺一致，合同成立，但因当事人意思表示不真实，则该合同不能产生法律效力。

在实践中，通常合同依法成立之时，就是合同生效之日，二者在时间上是同步的。但有些合同成立后，并不必然地立即产生法律效力，而是需要其他条件成就之后，成立的合同才开始生效。

二、生效合同

(一) 概念

生效合同是指已经成立的、对当事人发生法律规定的约束力的合同，也称有效合同。

(二) 合同生效的时间

《民法典》根据合同类型的不同，分别规定了合同不同的生效时间：①依法成立的合同，原则上自成立时生效；②法律、行政法规规定应当办理批准、登记等手续生效的，自批准、登记时生效；③法律、行政法规规定合同应当办理登记手续，但未规定登记后生效的，当事人未办理登记手续不影响合同的效力，但合同标的所有权及其他物权不能转移；④当事人对合同的效力可以附条件或附期限，附生效条件的合同，自条件成就时生效。

附解除条件的合同，自条件成就时失效。当事人为自己的利益不正当地阻止条件成就的，视为条件已成就；不正当地促成条件成就的，视为条件不成就。附生效期限的合同，自期限届至时生效。附终止期限的合同，自期限届满时失效。

(三) 合同生效的要件

合同生效应当具备以下要件：①合同当事人具有相应的民事权利能力和民事行为能力；②合同当事人的意思表示真实；③合同不违反法律或者损害社会公共利益。

三、效力待定合同

(一) 概念

所谓效力待定的合同是指合同虽然成立，但因不完全符合有关生效条件的规定，其效力能否发生尚未确定，一般须经当事人的追认，才能有效。追认的意思表示自到达相对人时生效，合同自订立时起生效。如在一定期间内没有追认则无效。

(二) 效力待定合同的类型

效力待定合同主要包括以下几种情形。

限制民事行为能力人订立的合同，经法定代理人追认后，该合同有效。但纯获利益的合同或者是与其年龄、智力、精神健康状况相适应而订立的合同，不必经法定代理人追认，合同当然有效。相对人也可以催告法定代理人在一个月内予以追认。法定代理人未作表示的，视为拒绝追认。合同被追认之前，善意相对人有撤销的权利。撤销应当以通知的方式作出。

行为人没有代理权、超越代理权或者代理权终止后以被代理人名义订立的合同，未经被代理人追认，对被代理人不发生效力，由行为人承担责任。相对人可以催告被代理人在一个月内予以追认。被代理人未作表示的，视为拒绝追认。合同被追认之前，善意相对人有撤销的权利。撤销应当以通知的方式作出。

无处分权的人处分他人财产，经权利人追认或者无处分权的人订立合同后取得处分权的，该合同有效。无处分权包括两种情况：一是行为人对处分的财产享有所有权，但是其处分权受到限制，使其不得处分其所有的财产；二是行为人对处分的财产没有所有权，只有占有权，因而没有对该财产的处分权。

【例 5-4】甲委托乙购买 150 台电视机，但是，乙未经甲同意，擅自与丙签订了购买 250 台电视机的合同。请问：乙与丙签订的合同属于什么性质的合同？

【解析】乙与丙签订的购买 250 台电视机的合同属于超越代理权以被代理人(甲)的名义订立的效力待定合同，如果甲在 1 个月之内未予以追认，则该合同的效力不及于甲，并且善意相对人丙有权撤销该合同。

四、可撤销合同

(一) 概念

可撤销合同是指合同成立后，如发生特定情况，当事人可以要求有关机构予以撤销的合同。所谓可撤销，是指经过法定机关或者程序使合同不再具有法律效力。

(二) 合同可以撤销的情形

1. 因重大误解订立的合同

重大误解是指当事人对合同的内容或者条款在理解上存在重大的错误。

2. 在订立合同时乘人之危导致的显失公平

一方利用对方处于危困状态、缺乏判断能力等情形，致使民事法律行为成立时显失公平的，受损害方有权请求人民法院或仲裁机构予以撤销。例如：某设计院在与一个房地产开发商签订的一份规划图纸的合同中，利用对方对价格方面的无知，而索要高于市场价格的报酬。

3. 一方以欺诈、胁迫的手段，使对方在违背真实意思的情况下订立的合同

欺诈一般是指行为人故意欺骗他人，使对方陷入错误判断，并基于此错误判断作出意思表示的行为。

胁迫是指行为人通过威胁、恐吓等不法手段对他人思想上施加强制，由此使他人产生恐惧心理并基于恐惧心理作出意思表示的行为。

【例 5-5】甲的儿子不慎失足落水，甲因不会游泳遂向不远处的乙呼救。乙乘机提出：可以帮忙救甲的儿子，但甲必须支付给乙 8 万元钱，并给乙的女儿安排工作。甲为了救儿子，不得不答应了乙的条件。请问：甲、乙之间的约定属于什么性质的合同？

【解析】甲、乙之间的约定属于可撤销合同，因为这是乙乘甲处于紧急危难中，迫切需要救助时，使甲在违背真实意思的情况下订立的合同。

（三）撤销权的消灭

可撤销合同最终是否被撤销取决于享有撤销权的人在撤销期限内是否行使撤销权。享有撤销权的当事人一般为订立合同中的受欺诈人、受胁迫人和受误解人。当事人应当在适当的期限内行使其撤销权，否则，超过法律规定的期限则撤销权消灭。撤销权消灭的情形主要有如下两种。

1. 期限届满

撤销权原则上应当在权利人自知道或者应当知道撤销事由之日起一年内行使撤销权，但自民事法律行为发生之日起 5 年内没有行使的，撤销权消灭。

对于因重大误解享有撤销权的，权利人应在知道或者应当知道撤销事由之日起 90 日内行使，否则撤销权消灭。

对于因胁迫享有撤销权的，应自胁迫行为终止之日起 1 年内行使，否则撤销权消灭。

2. 当事人放弃

具有撤销权的当事人知道或者应当知道撤销事由后明确表示或者以自己的行为放弃撤销权。

五、无效合同

（一）概念

无效合同，是指不为法律所承认和保护，不具有法律效力的合同。无效合同，是指整个合同无效的情形。当然，在现实生活中，也包括合同的部分条款无效的情形。合同部分无效并不影响其余部分的效力，其他部分仍然有效。

(二) 合同无效的情形

《民法典》(合同编)未统一列举合同无效情形，而是在第五百零八条规定，本编对合同的效力没有规定的，适用本法第一编第六章的规定。也就是按照总则编第六章“民事法律行为”的规定来认定。按照总则第六章的规定，合同无效情形有 5 种，以下分述之。

1. 无民事行为能力人实施的民事法律行为无效

所谓无民事行为能力人，指的是：①不满 8 周岁的未成年人；②不能辨认自己行为的成年人；③不能辨认自己行为的 8 周岁以上的未成年人。不能辨认自己行为，指因智力、精神健康原因所致；因醉酒导致不能辨认自己行为的，不属于无民事行为能力人，不得以此为由主张行为无效。

根据《民法典》第一百四十四条规定，无民事行为能力人实施的民事法律行为一律无效，没有例外。

2. 通谋虚伪表示行为无效

《民法典》第一百四十六条规定，行为人与相对人以虚假的意思表示实施的民事法律行为无效。以虚假的意思表示隐藏的民事法律行为的效力，依照有关法律规定处理。

典型表现是股权转让合同中的“阴阳合同”。股权转让双方出于逃税等原因考虑，签订了价格不同的两份股权转让合同。提交工商局做变更登记的合同属于“阳合同”，价格较低；双方真正执行的是另一份合同(或者补充协议、抽屉协议)，俗称“阴合同”。此种情形下，因为“阳合同”并非当事人真实意思，因而无效；隐藏的“阴合同”才属于当事人真实意思，因为不存在违反法律法规效力性强制性规定的情形，因此合同有效。

另一种虚伪表示行为是实践中常见的名实不符的合同，比如名为买卖实为借贷的合同。

3. 违反法律行政法规效力性强制性规定的行为无效

《民法典》第一百五十三条第一款规定，违反法律、行政法规的强制性规定的民事法律行为无效。但是，该强制性规定不导致该民事法律行为无效的除外。

与原《合同法》第五十二条第五项的不同之处在于，《民法典》上述条文规定了例外情形，即强制性规定不导致该民事法律行为无效的除外。按照最高法院的司法解释，强制性规定分为效力性和管理性两种，只有违反了效力性强制性规定才导致合同无效。

需要注意的是，只有违反了“法律、行政法规”的效力性强制性规定，才导致合同无效。现实中很多规章、规范性文件亦存在大量强制性规定，但不能仅依此就认定合同无效，因为“位阶不够”。

4. 违背公序良俗的民事法律行为无效

《民法典》第一百五十三条第二款规定，违背公序良俗的民事法律行为无效。所谓公序良俗，是指公共秩序、善良风俗，也就是原《合同法》第五十二条第四项规定的社会公共利益。违背公序良俗的民事法律行为，比如赌债、请托等，法律给予其否定性评价，认定行为无效。政治秩序、金融秩序等涉及不特定多数人公共利益的，也属于公共秩序范畴。

现实中一些行为违反了规章所列强制性规定，虽然不能依据违反强制性规定认定行为无效，但若该等强制性规定实则体现了和旨在维护社会公共利益，则可依据《民法典》第一百五十三条第二款，以违背公序良俗为由，认定该民事法律行为无效。比如代持证券发行人股权、代持金融机构股权，法院通常以损害社会公共利益为由认定代持行为无效。

5. 恶意串通损害他人利益的行为无效

《民法典》第一百五十四条规定，行为人与相对人恶意串通，损害他人合法权益的民事法律行为无效。与原《合同法》第五十二条第二项相比，《民法典》上述规定不再区分利益受损的主体类型(国家、集体、第三人)，而是统一规定为“他人”。

因为民事主体合法权益受法律保护，只要损害他人合法权益即应受法律否定，没有必要再画蛇添足区分不同类型。恶意串通损害他人利益的行为，常见的如甲、乙为公司股东，乙、丙恶意串通，伪造股权转让合同，由乙伪造甲之签名，将股权转让给丙，并办理工商变更登记。

值得注意的是，行为人和相对人之间必须具有意思联络、共同恶意，方构成恶意串通。如果只有一方具有损害他人权益的主观恶意，另一方不知情或者虽然知情但并无主观恶意，不构成恶意串通。比如，甲先将房屋卖给乙，签了合同但尚未过户，后又将房屋高价卖给丙，并完成过户；即使丙知道甲存在一房二卖行为，但丙出高价买房主观上并无不妥，不构成恶意串通。

第四节　合同的履行

一、合同履行的概念

合同的履行是指合同生效后，双方当事人按照合同规定的各项条款，完成各自承担的义务和实现各自享受的权利，使双方当事人的合同目的得以实现的行为，如运输合同中的运输行为，买卖合同中的交付货物或支付货款行为，赠与合同中交付赠与物的行为等。

二、合同履行的规则

(一) 合同履行的一般规则

1. 履行主体

1) 债务人及其代理人履行

合同履行的主体，首先为债务人。除法律规定、当事人约定或性质上必须由债务人本人履行的债务外，履行可由债务人的代理人进行。

2) 第三人代为履行

当事人可以约定由第三人向债权人履行债务。当事人约定由第三人向债权人履行债务的，第三人不履行债务或者履行债务不符合约定，债务人应当向债权人承担违约责任。

3) 向第三人履行

当事人可以约定由债务人向第三人履行债务。当事人约定由债务人向第三人履行债务的，债务人未向第三人履行债务或者履行债务不符合约定，应当向债权人承担违约责任。

2. 履行标的

履行标的是指债务人应为履行的内容，包括交付货物、转移权利、提供劳务、完成工作等。

3. 履行地点

履行地点指债务人应为履行行为的地点。履行地点不明确，给付货币的，在接受货币一方所在地履行；交付不动产的，在不动产所在地履行；其他标的，在履行义务一方所在地履行。

4. 履行期限

对履行期限，法律有规定的，应依其规定。履行期限不明确的，债务人可以随时履行，债权人也可以随时要求履行，但应当给对方必要的准备时间。

5. 履行方式

履行方式是完成合同义务的方法。履行方式不明确的，按照有利于实现合同目的的方式履行。债权人可以拒绝债务人部分履行债务，但部分履行不损害债权人利益的除外。

6. 履行费用

履行费用是指履行合同所需要的必要费用，如物品交付费用、运输物品的费用，但不包括合同标的的本身价值。履行费用的负担不明确的，由履行义务一方负担。因为债权人的原因而增加的费用，由债权人承担。

(二) 当事人就有关合同内容约定不明确时的履行规则

合同生效后，当事人就质量、价款或者报酬、履行地点等内容没有约定或者约定不明确的，可以协议补充；不能达成补充协议的，按照合同有关条款或者交易习惯确定；仍不能确定的，适用下列规定。①质量要求不明确的，按照强制性国家标准履行；没有强制性国家标准的，按照推荐性国家标准履行；没有推荐性国家标准的，按照行业标准履行；没有国家标准、行业标准的，按照通常标准或者符合合同目的的特定标准履行。②价款或者报酬不明确的，按照订立合同时履行地的市场价格履行；依法应当执行政府定价或者政府指导价的，按照规定履行。③履行地点不明确，给付货币的，在接受货币一方所在地履行；交付不动产的，在不动产所在地履行；其他标的在履行义务一方所在地履行。④履行期限不明确的，债务人可以随时履行，债权人也可以随时要求履行，但应当给对方必要的准备时间。⑤履行方式不明确的，按照有利于实现合同目的的方式履行。⑥履行费用的负担不明确的，由履行义务一方负担。

(三) 涉及第三人的合同履行

1. 向第三人履行的合同

向第三人履行的合同，也叫第三人代债权人受领合同。合同当事人约定向第三人履行合同的，只要该第三人符合法律或者合同规定的接受履行资格能够受领的，该第三人就成为合同的受领主体，有权接受履行。第三人接受履行时，只是接受履行的主体，而不是合同当事人。

第三人替债权人接受履行不适当或因此给债务人造成损失的，应由债权人承担民事责任。

债权人可以要求债务人在未向第三人履行债务或者履行债务不符合约定时，承担违约责任。但如果债务人向第三人履行而使费用增加，则增加的费用应由债权人负担。

2. 由第三人履行的合同

由第三人履行的合同，也叫第三人代债务人履行合同，指在合同履行中，由第三人代替债务人向债权人履行债务。该合同以债权人、债务人为合同双方当事人，第三人不是合同的当事人。第三人只负担向债权人履行，不承担合同责任。债务人有义务督促第三人向债权人履行合同，如第三人不履行或履行不符合约定时，债权人有权追究债务人的违约责任，债务人应负损害赔偿责任。

3. 第三人代为履行的合同

当一个债务已届履行期，债务人不履行债务，该不履行债务的行为有可能损害第三人的利益时，第三人得代债务人向债权人履行债务，以使自己的合法利益得到保全。

第三人代债务人履行之后，债权人已经接受第三人的履行的，债权人对债务人的债权就转让给了第三人，第三人对债务人享有该债权，可以向债务人主张该债权。

三、抗辩权的行使

抗辩权是指在双务合同中，一方当事人在对方不履行或履行不符合约定时，依法对抗对方要求或否认对方权利主张的权利，包括同时履行抗辩权、先履行抗辩权和不安抗辩权 3 种。

(一) 同时履行抗辩权

1. 同时履行抗辩权的概念

同时履行抗辩权是指在双务合同中应当同时履行的一方当事人有证据证明另一方当事人在同时履行的时间不能履行或不能适当履行，到履行期时其享有不履行或部分履行的权利。

当事人互负债务，没有先后履行顺序的，应当同时履行。一方在对方履行之前有权拒绝其履行要求；一方在对方履行债务不符合约定时，有权拒绝其相应的履行要求。

2. 同时履行抗辩权行使的条件

①需基于同一双务合同，互负债务。②根据合同约定或合同性质，要求当事人同时履行合同义务，双方的履行没有先后顺序。③双方债务已届清偿期。④一方当事人有证据证明应同时履行义务的对方当事人未履行或未适当履行合同。⑤对方有履行的可能性。例如对方已不可能履行，如标的物灭失，则当事人再向对方提出同时抗辩权就没有实际意义了，只能解除合同。

3. 同时履行抗辩权的适用

同时履行抗辩权的适用情形有以下两种：①当一方不能履行或拒绝履行合同时，即应当同时履行合同的一方当事人不履行合同时，另一方当事人就享有也不履行合同的权利；②当一方部分履行合同或履行合同不符合约定时，当事人一方部分履行合同的，对方当事人有权就未履行部分提出抗辩，拒绝相应的给付，只履行对应的部分；当事人一方履行合同不符合约定时，另一方有权拒绝其相应的履行请求。

4. 同时履行抗辩权的效力

同时履行抗辩权只是暂时阻止对方当事人请求权的行使，而不是永久地终止合同。当对方当事人完全履行了合同义务，同时履行抗辩权即告消灭，主张抗辩权的当事人就应当履行自己的义务。当事人因行使同时履行抗辩权致使合同迟延履行的，迟延履行责任由对方当事人承担。

【例 5-6】2016 年 3 月 10 日，甲公司与乙公司签订 2000 件衬衣买卖合同。合同约定：甲公司向乙公司提供某款衬衣 2000 件，每件 100 元，甲公司于 2016 年 4 月 10 日之前送货至乙公司，乙公司付款 20 万元。2016 年 4 月 8 日，甲公司按约定将货物送到乙公司，乙公司此时只筹到 10 万元，要求甲公司将全部货物卸车交付，甲公司拒绝卸货，并将货拉回。

【解析】本案例涉及双务合同中的同时履行抗辩权。

(二) 先履行抗辩权

1. 先履行抗辩权的概念

先履行抗辩权又叫先违约抗辩权，实践中亦称顺序履行抗辩权，是指合同当事人互负债务，有先后履行顺序，先履行一方未履行的，后履行一方有权拒绝其履行要求。先履行一方履行债务不符合约定的，后履行一方有权拒绝其相应的履行要求。

2. 先履行抗辩权行使的条件

①当事人基于同一双务合同，互负债务。②当事人的履行有先后顺序。③应当先履行的当事人不履行合同或不适当履行合同。④应当先履行的债务是可能履行的。

3. 先履行抗辩权适用的适用情形

①当应当先履行的一方当事人不履行到期债务时，先履行一方的当事人如果不履行已到期债务，那么后履行的当事人有权不履行义务。②当应当先履行的一方当事人履行债务不符合约定时，如果先履行的一方当事人履行有瑕疵或部分履行的，后履行当事人有权不履行相应的合同义务。

4. 先履行抗辩权的效力

先履行抗辩权不是永久性的，它的行使只是暂时阻止了当事人请求权的行使。先履行一方的当事人如果完全履行了合同义务，则后履行抗辩权消灭，后履行当事人就应当按照合同约定履行自己的义务。

【例 5-7】甲、乙订立一份价款为十万元的图书买卖合同，约定甲先支付书款，乙两个月后交付图书。甲由于资金周转困难只交付五万元，答应余款尽快支付，但乙不同意。两个月后甲要求乙交付图书，遭乙拒绝。对此，下列表述正确的是(　　)。

A. 乙对甲享有同时履行抗辩权

B. 乙对甲享有不安抗辩权

C. 乙有权拒绝交付全部图书

D. 乙有权拒绝交付与五万元书款价值相当的部分图书

【解析】正确答案为 D。当事人互负债务，有先后履行顺序，先履行一方未履行的，后履行一方有权拒绝其履行要求。先履行一方履行债务不符合约定的，后履行一方有权拒绝其相应的履行要求。

(三) 不安抗辩权

1. 不安抗辩权的概念

不安抗辩权，是指当事人互负债务，有先后履行顺序的，先履行的一方有确切证据证明另一方丧失履行债务能力时，在对方没有履行或者没有提供担保之前，有权中止合同履行的权利。规定不安抗辩权是为了切实保护当事人的合法权益，防止借合同进行欺诈，促使对方履行义务。

2. 不安抗辩权行使的条件

①当事人基于同一双务合同，互负债务；②当事人的履行有先后顺序；③不安抗辩权的行使人是履行义务顺序在先的一方当事人；④后履行合同的一方当事人有丧失或可能丧失履行债务能力的情形。

3. 不安抗辩权适用的情形

《民法典》第五百二十七条规定，应当先履行债务的当事人，有确切证据证明对方有下列情形之一的，可以中止履行：①经营状况严重恶化；②转移财产、抽逃资金，以逃避债务；③丧失商业信誉；④有丧失或可能丧失履行债务能力的其他情形。

先履行合同义务的当事人应当有证据证明对方不能履行合同或者有不能履行合同的可能性，行使不安抗辩权造成对方损失的，应当承担违约责任。

4. 不安抗辩权的效力

1) 中止合同

中止合同，即先履行合同的当事人停止履行或延期履行合同。先履行合同的当事人行使中止权时，应当及时通知对方，以免给对方造成损害，也便于对方在接到通知后，提供相应的担保，使合同得以履行。如果对方当事人恢复了履行能力或提供了相应的担保后，先履行一方当事人“不安” 的原因消除，应当恢复合同的履行。

2) 解除合同

中止履行合同后，如果对方在合理期限内未恢复履行能力并且未提供适当担保的，中止履行合同的一方可以解除合同。

【例 5-8】甲、乙签订了一份买卖合同，双方约定由甲向乙提供一批生产用原材料，总货款为 500 万元，甲最晚于 7 月底前供货，货到付款。6 月份甲从报纸上得知：乙为逃避债务私自转移财产，被法院依法查封扣押了财产。于是甲通知乙，在乙付款或提供担保前中止履行合同。请问：甲行使的是什么权利？

【解析】甲行使的是不安抗辩权。根据《民法典》相关规定，先履行的一方有确切证据证明另一方丧失履行债务能力时，在对方没有履行或者没有提供担保之前，有权中止合同的履行，即有权行使不安抗辩权。本案中甲明确得知乙丧失了履行能力，于是依法行使了不安抗辩权。

四、保全措施

为防止因债务人的财产不当减少而给债权人的债权带来危害，法律允许债权人为保全其债权的实现而采取的法律措施，这些允许采取的法律措施，称作合同的保全措施。保全措施包括代位权和撤销权。

(一) 代位权

《民法典》(合同编)规定，因债务人怠于行使其债权或者与债权有关的从权利，影响债权人的到期债权实现的，债权人可以向人民法院请求以自己的名义代位行使债务人对相对人的权利，但该债权专属于债务人自身的除外。

代位权的行使需满足以下条件。

(1) 债务人对第三人享有合法债权，并且是非专属于债务人自身的权利，如果债务人没有对外的债权，就无所谓代位权。

(2) 债务人怠于行使其债权，如果债务人已经行使了权利，即使不尽如人意，债权人也不能行使代位权。

(3) 影响债权人的到期债权实现，即债务人不履行其对债权人的到期债务，又不以诉讼方式或仲裁方式向其债务人主张其享有的，具有金钱给付内容的到期债权，致使债权人的到期债权未能实现。

(4) 债务人的债务已到期，债务人已陷于迟延履行，如果债务人的债务未到履行期或履行期间未届满的，债权人不能行使代位权。

(5) 债务人的债权不是专属于债务人自身的债权。专属于债务人自身的债权是指，基于扶养关系、抚养关系、赡养关系、继承关系产生的给付请求权和劳动报酬、退休金、养老金、抚恤金、安置费、人寿保险、人身伤害赔偿请求权等权利。

代位权的行使范围以债权人的债权为限，否则对超出部分人民法院不予支持。债权人行使代位权的必要费用，由债务人负担，债权人向次债务人(即债务人的债务人)提起的代位权诉讼，经人民法院审理后认定代位权成立的，由次债务人向债权人履行清偿义务，债权人与债务人、债务人与次债务人之间相应的债权、债务关系即予消灭。在代位权诉讼中，债权人应诉的，诉讼费由次债务人负担，从实现的债权中优先支付。

(二) 保存行为

债权人的债权到期前，债务人的债权或者与该权有关的从权利存在诉讼时效期间即将届满或者未及时申报破产债权等情形，影响债权人的债权实现的，债权人可以代位向债务人的相对人请求其向债务人履行、向破产管理人申报或者作出其他必要的行为。

债权到期前债权人代位权行使的条件是债务人对相对人享有的债权或者与债权有关的从权利可能在诉讼时效期间即将届满或者未及时申报破产债权等情形，影响债权人的债权实现。其具体方法是：①可以债务人的名义代位向债务人的相对人请求其向债务人履行，这是典型的代权行使方法；②相对人在破产程序中的，债权人可以代债务人之位，向破产管理人申报债权，将该债权纳入破产财产清偿范围，期待在破产清算中实现债权；③作出其他必要的行为，例如符合条件的，可以请求查封、冻结财产等。后两种方法超出了传统债权人代位权的范围，其目的仍然是保全债务人的财产以保护自己的债权，是针对实际情况所作的规定，对于保全债权人的债权具有重要意义。

(三) 撤销权

《民法典》(合同编)规定，因债务人放弃其到期债权或者无偿转让财产，对债权人造成损害的，债权人可以请求人民法院撤销债务人的行为。债务人以明显不合理的低价转让财产，对债权人造成损害，并且受让人知道该情形的，债权人也可以请求人民法院撤销债务人的行为。

所谓“明显不合理的低价”，人民法院应当以交易当地一般经营者的判断，并参考交易当时交易地的物价部门指导价或者市场交易价，结合其他相关因素综合考虑予以确认。转让价格达不到交易时交易地的指导价或者市场交易价 70%的，一般可以视为“明显不合理的低价”；对转让价格高于当地指导价或者市场交易价 30%的，一般可以视为“明显不合理的高价”。如果债务人以明显不合理的高价收购他人财产，人民法院可以根据债权人的申请，参照《民法典》(合同编)有关规定予以撤销。

引起撤销权发生的要件是债务人有损害债权人债权的行为发生，主要指债务人以赠与、免除等无偿行为处分债权，包括放弃到期债权、无偿转让财产或以明显不合理的低价转让财产。无偿行为不论第三人善意、恶意取得，均可撤销；有偿转让行为，以第三人的恶意取得为要件，若第三人主观上无恶意，则不能撤销其善意取得的行为。债务人、第三人的行为被撤销的，其行为自始无效。

债务人放弃其未到期的债权或者放弃债权担保，或者恶意延长到期债权的履行期，对债权人造成损害，债权人依照《民法典》(合同编)有关规定提起撤销权诉讼的，人民法院应当支持。

债权人行使撤销权应以自己的名义，向被告住所地人民法院提起诉讼，请求法院撤销债务人因处分财产而危害债权的行为。撤销权自债权人知道或者应当知道撤销事由之日起 1 年内行使。自债务人的行为发生之日起 5 年内没有行使撤销权的，该撤销权消灭。

撤销权的行使范围以债权人的债权为限，债权人行使撤销权的必要费用，由债务人承担。

第五节　合同的变更和转让

一、合同的变更

(一) 合同变更的概念

合同的变更有广义与狭义之分。广义的合同变更，包括合同内容的变更与合同主体的变更。前者是指当事人不变，合同的权利义务予以改变的现象。狭义的合同变更指合同内容的变更，是指合同成立后，当事人双方根据客观情况的变化，依照法律规定的条件和程序，经协商一致，对原合同内容进行修改、补充或者完善。合同的变更是在合同的主体不改变的前提下对合同内容的变更，合同性质并不改变。

(二) 合同变更的要件

(1) 当事人之间已存在合同关系。合同关系变更时在原合同基础上由当事人对其实质内容加以改变，所以，合同变更以已存在合同关系为前提。同时，原合同关系如果非合法有效，也无合同变更的余地。

(2) 合同内容发生了局部变化。合同内容的变化包括：标的物数量的增减；标的物品质的改变；价款或者酬金的增减；履行期限的变更；履行地点的改变；履行方式的改变；结算方式的改变；所附条件的增添或除去；单纯债权变为选择债权；担保的设定或取消；违约金的变更；利息的变化。

(3) 必须遵守法律的规定和当事人的约定。合同的变更可以依据法律的规定产生，其中有两种情况：一是基于法律的直接规定而变更，当法律规定的情形出现时，合同内容当然发生变化，如遇有不可抗力导致债务不能履行时，合同可以延期履行；二是根据人民法院或仲裁机关的裁决而变更，如对因重大误解而订立的合同，或在订立时显失公平的合同，当事人一方有权请求人民法院或仲裁机构变更或撤销。当事人约定变更合同有两种情形：一是由合同当事人达成变更合同的协议；二是当事人可以在订立合同时即约定，当某种特定情况出现时，当事人有权变更合同。

(4) 法律、行政法规规定变更合同应当办理批准、登记等手续的，应遵守其规定。

(三) 合同变更的形式和程序

合同变更除法律规定的变更和人民法院依法变更外，主要是当事人协议变更。

合同变更适用《民法典》关于要约、承诺的规定，双方经协商取得一致，并采用书面形式。如原合同是经过公证、鉴证的，变更后的合同应报原公证、鉴证机关备案，必要时应对变更的事实予以公证、鉴证；如原合同按照法律、行政法规的规定是经过有关部门批准、登记的，变更后仍应报原批准机关批准、登记。

(四) 合同变更的效力

合同变更后，变更后的内容就取代了原合同的内容，当事人就应当按照变更后的内容履行合同，合同各方当事人均应受变更后的合同的约束。为了减少在合同变更时可能发生的纠纷，当事人对合同变更的内容约定不明确的，推定为未变更。合同变更的效力原则上仅对未履行的部分有效，对已履行的部分没有溯及力，但法律另有规定或当事人另有约定的除外。

二、合同的转让

(一) 合同转让的概念

合同的转让是指合同当事人一方将其合同的权利和义务全部或部分转让给第三人的行为。合同的转让仅指合同主体的变更，不改变合同约定的权利义务。合同的转让，一般由当事人自主决定。合同的转让有 3 种情况：合同权利转让、合同义务转移、权利和义务一并转让。

(二) 合同权利转让

1. 合同权利转让的概念

债权人可以将合同的权利全部或部分转让给第三人。这里转让权利的人称为让与人，接受权利的人称为受让人。合同权利全部转让的，原合同关系消灭，受让人取代原债权人的地位，成为新的债权人，原债权人脱离合同关系。合同权利部分转让的，受让人作为第三人加入合同关系中，与原债权人共同享有债权。债权人转让主权利时，附属于主权利的从权利也一并转让，受让人在取得债权时，也取得与债权有关的从权利，但该从权利专属于债权人自身的除外。

2. 合同权利转让的有效条件

(1) 须转让的合同权利有可让与性。

(2) 须所转让的合同债权为有效债权且让与人享有所转让的合同债权。

(3) 须转让当事人的意思表示无瑕疵。

(4) 债权转让应符合法律规定程序。

下列 3 种情形，债权人不得转让合同权利。

第一，根据合同性质不得转让。一是根据当事人之间信任关系而发生的债权，如委托合同中委托人对受托人的信任。二是以选定的债权人为基础发生的合同权利，如以某个特定演员的演出活动为基础订立的演出合同。三是合同内容中包括了针对特定当事人的不作为义务，如禁止某人在转让某项权利后再将该权利转让给他人。

第二，根据当事人约定不得转让。当事人在订立合同时，可以对权利的转让作出特别的约定，禁止债权人将权利转让给第三人。此种约定不得约束善意第三人，如果一方当事人违反约定，将合同权利转让给善意第三人，则善意第三人可以取得该项权利。

第三，依照法律规定不得转让。

债权人转让权利无须经债务人同意，但应当通知债务人。未经通知，该转让对债务人不发生效力。债务人接到债权转让通知后，债权让与行为就生效，如果债务人对让与人享有债权，并且债务人的债权先于转让的债权到期或同时到期的，债务人可以向受让人主张抵销。债务人对让与人的抗辩，可以向受让人主张。债权人转让权利的通知不得撤销，但经受让人同意的除外。

【例 5-9】李某是全国著名的画家，刘某仰慕李某的画作，托人请求李某以 20 万元的价钱为其绘画一幅。后李某因身体不适不能作画，李某通知刘某将其为刘某作画的义务及接受画款的权利转移给其得意弟子张某，刘某拒绝。

【解析】在本案中，刘某是因为仰慕李某才与其签订合同的，该合同具有很强的人身依附性，未经刘某的同意，李某不能将合同的义务和权利转移给第三方。

3. 合同权利转让的程序

债权人转让权利的，应当通知债务人。未经通知，该转让对债务人不发生效力。债务人接到债权转让通知后，债权让与行为就生效。债权人转让权利的通知不得撤销，但经受让人同意的除外。

4. 合同权利转让的效力

(1) 合同权利转让的内部效力：法律地位的取代；从权利随之移转转让人将债权证明文件全部交付受让人，并告知受让人行使权利所必要的一切情况；转让人对转让的债权承担瑕疵担保；转让人不得就某项债权转让后，再次转让。

(2) 合同权利转让的外部效力：债务人接到债权转让通知后，债务人对让与人的抗辩，可以向受让人主张；债务人接到债权转让通知时，债务人对让与人享有债权，并且债务人的债权先于转让的债权到期或者同时到期的，债务人可以向受让人主张抵销。

(三) 合同义务转移

1. 合同义务转移的概念

债务人将合同的义务全部或者部分转移给第三人，应当经债权人同意，否则债务人转移合同义务的行为对债权人不发生效力，债权人有权拒绝第三人向其履行，同时有权要求债务人履行义务并承担不履行或迟延履行合同的法律责任。

2. 合同义务转让的有效条件

(1) 须经债权人同意。

(2) 须转让的合同义务有效存在并具有可让与性。

(3) 法律、行政法规规定转让义务应当办理批准、登记等手续的，应办理批准、登记等手续。

3. 合同义务转让的效力

(1) 新债务人成为合同一方当事人，如不履行或不适当履行合同义务，债权人可以向其请求履行债务或承担违约责任。

(2) 新债务人享有基于原合同关系的对抗债权人的抗辩权。债务人转移义务的，新债务人可以主张原债务人对债权人的抗辩。

(3) 从属于主债务的从债务，随主债务的转移而转移。

(4) 原第三人向债权人提供的担保，若担保人未明确表示继续承担担保责任，则担保责任因债务的转移而消灭。

(四) 合同权利义务的一并转让

1. 合同权利义务的一并转让的概念

合同权利义务的一并转让是指合同当事人一方将其权利义务一并转让给第三人承受。合同关系的一方当事人将权利义务一并转让时，除了应当征得另一方当事人的同意外，还应当遵守《民法典》有关转让权利义务的规定。

2. 合同权利义务的法定概括转让

合同的法定概括转让主要有两种情形。

(1) 因继承而发生的。

(2) 因法人的分立、合并而发生的。当事人订立合同后合并的，由合并后的法人或者其他组织行使合同权利，履行合同义务。当事人订立合同后分立的，除债权人和债务人另有约定的以外，由分立的法人或者其他组织对合同的权利和义务享有连带债权，承担连带债务。

第六节　合同的权利义务终止

一、合同权利义务终止的概念

义务终止是指依法生效的合同，因具备法定情形和当事人约定的情形，合同债权、债务归于消灭，债权人不再享有合同权利，债务人也不必再履行合同义务，合同当事人双方终止合同关系，合同的效力随之消灭。

二、合同权利义务终止的具体情形

(一) 债务已经按照约定履行

债务已经按照约定履行是指债务人按照约定的标的、质量、数量、价款或报酬、履行期限、履行地点和方式全面履行。

以下情况也属于合同按照约定履行：①当事人约定的第三人按照合同内容履行，产生债务消灭的后果；②债权人同意以他种给付代替合同原定给付，有时实际履行债务在法律上或者事实上不可能，如标的物灭失无法交付或者实际履行费用过高，这时经债权人同意，可以采用替代物履行的办法，达到债务消灭的目的；③当事人之外的第三人接受履行。当事人约定债务人向第三人履行，第三人已接受履行的，债务归于消灭。

(二) 债务相互抵销

《民法典》(合同编)规定，当事人互负到期债务，该债务的标的物种类、品质相同的，任何一方可以将自己的债务与对方的债务抵销，但依照法律规定或者按照合同性质不得抵销的除外。当事人主张抵销的，应当通知对方。通知自到达对方时生效。抵销不得附条件或者附期限。

按照有关法律规定，下列债务不能抵销。

(1) 按合同性质不能抵销。有些合同不实际履行就不能达到订立合同的目的，如债务标的为劳务的合同，如咨询、培训、医疗合同。

(2) 按照约定应当向第三人给付的债务。如果双方当事人在订立合同时已约定债务人应向第三人履行义务，则债务人不得以对合同对方当事人享有债权而主张抵销该义务，否则将损害第三人的利益。

(3) 因故意实施侵权行为产生的债务。这种债务是对被害人的赔偿，如允许抵销，则意味着可以用金钱补偿对债务人的人身和财产权利的任意侵犯，是有悖社会正义的。

(4) 法律规定不得抵销的其他情形。例如被人民法院查封、扣押、冻结的财产，当事人已无处分权，不能用来抵销债务。

(三) 提存

提存是指由于债权人的原因，债务人无法向其交付合同标的物而将该标的物交给提存机关，从而消灭债务、终止合同的制度。

《民法典》(合同编)规定，有下列情形之一，难以履行债务的，债务人可以将标的物提存。

(1) 债权人无正当理由拒绝受领。例如，在仓储合同中，存储期届满，仓单持有人不提取仓储物，保管人催告其在合理期限内提取货物后，逾期仍不提取的，保管人可以提存该货物。

(2) 债权人下落不明。其包括债权人失踪，其财产尚无人代管、债权人不清、地址不详、无法查找等。

(3) 债权人死亡未确定继承人或者丧失民事行为能力未确定监护人。此时债权人的财产没有合法的管理人，债务人无法交付。

(4) 法律规定的其他情形。

标的物提存后，除债权人下落不明的以外，债务人应当及时通知债权人或者债权人的继承人、监护人。标的物不适于提存或者提存费用过高的，债务人依法可以拍卖或者变卖标的物，提存所得的价款。

提存期间，标的物的孳息归债权人所有。提存费用由债权人负担。标的物提存后，毁损、灭失的风险由债权人承担。债权人可以随时领取提存物，但债权人对债务人负有到期债务的，在债权人未履行债务或者提供担保之前，提存部门根据债务人的要求应当拒绝其领取提存物。

债权人领取提存物的权利，自提存之日起5年内不行使而消灭，提存物扣除提存物费用后归国家所有。

【例5-10】甲向乙定制了一套衣服，但甲迟迟不来领取，乙无法找到甲向其交付衣服，于是半年后乙将该套衣服变卖，将所得价款扣除了报酬和保管费用后，以甲的名义存入银行。请问：乙的行为属于什么性质？是否合法？

【解析】乙的行为属于依法将标的物提存，是合法的。

(四) 免除

债务的免除是指合同没有履行或未完全履行，权利人放弃自己的全部或部分权利，从而使合同义务减轻或使合同终止的一种形式。

债权人免除债务人部分或者全部债务的，合同的权利义务部分或者全部终止。免除债权，债权的从权利如从属于债权的担保权利、利息权利、违约金请求权等也随之消灭。

(五) 混同

混同，即债权债务同归于一人。例如，由于甲、乙两企业合并，甲、乙企业之间原先订立的合同中的权利义务同归于合并后的企业，债权债务关系自然终止。《民法典》(合同编)规定，债权和债务同归于一人的，合同的权利义务终止，但涉及第三人利益的除外。

(六) 法律规定或者当事人约定终止的其他情形

《民法典》(合同编)规定，委托或者委托人死亡、丧失民事行为能力或者破产的，委托合同终止。原《民法通则》规定，代理人死亡、丧失民事行为能力或者破产的，作为代理人或代理人的法人终止，委托代理终止。

债的消灭原因为6种，除此之外，解除也是消灭债的关系。之所以将解除从债的消灭事由中单独提出来，是因为合同的解除是合同尚未履行完毕就推翻合同约定，与前6种债的消灭是不一样的。

(七) 合同解除

合同解除是指合同有效成立后，因主客观情况发生变化，使合同的履行成为不必要或不可能，根据双方当事人达成的协议或一方当事人的意思表示提前终止合同效力。当事人一方主张解除合同时，应当通知对方。合同自通知到达对方时解除。对方有异议的，可以请求人民法院或者仲裁机构确认解除合同的效力。合同解除有约定解除和法定解除两种情况。

1. 约定解除

当事人约定解除合同包括两种情况。

(1) 协商解除。其指合同生效后，未履行或未完全履行之前，当事人以解除合同为目的，经协商一致，订立一个解除原来合同的协议，使合同效力消灭的行为。

(2) 约定解除权。解除权可以在订立合同时约定，也可以在履行合同的过程中约定，可以约定一方解除合同的权利，也可以约定双方解除合同的权利。

2. 法定解除

《民法典》(合同编)规定，有下列情形之一的，当事人可以解除合同。

(1) 因不可抗力致使不能实现合同目的。只有不可抗力致使合同目的不能实现时，当事人才可以解除合同。

(2) 因预期违约解除合同。在履行期限届满之前，当事人一方明确表示或者以自己的行为表明不履行主要债务的，对方当事人可以解除合同。

(3) 当事人一方迟延履行主要债务，经催告后在合理期限内仍未履行。

(4) 当事人一方迟延履行债务或者有其他违约行为致使不能实现合同目的。

(5) 法律规定的其他情形。

合同成立以后客观情况发生了当事人在订立合同时无法预见的、非不可抗力造成的不属于商业风险的重大变化，继续履行合同对于一方当事人明显不公平或者不能实现合同目的，当事人请求人民法院变更或者解除合同的，人民法院应当根据公平原则，并结合案件的实际情况确定是否变更或者解除。

合同解除后尚未履行的，终止履行；已经履行的，根据履行情况和合同性质，当事人可以要求恢复原状、采取其他补救措施，并有权要求赔偿损失。合同的权利义务终止，不影响合同中结算和清理条款的效力。

三、合同权利义务终止的法律后果

(一) 负债字据的返还

负债字据是债权债务关系的证明，债权人应当在合同关系消灭后，将负债字据返还债务人。

(二) 在合同当事人之间发生后合同义务

根据《民法典》第五百五十八条规定，债权债务终止后，当事人应当遵循诚信原则，根据交易习惯履行通知、协助、保密、旧物回收等义务。

(三) 合同中关于解决争议的方法、结算和清理条款的效力

合同无效、被撤销或者终止的，不影响合同中独立存在的有关解决争议方法的条款的效力。合同的权利义务关系终止，不影响合同中结算和清理条款的效力。

第七节 违约责任

一、违约责任的概念

违约责任即违反合同的民事责任，是指合同当事人一方或双方不履行合同义务或者履行合同义务不符合约定时，依照法律规定或者合同约定所承担的法律责任。依法订立的有效合同对当事人双方来说，都具有法律约束力。如果不履行或者履行义务不符合约定，就要承担违约责任。

二、违约责任的特征

(一) 违约责任是一种民事责任

法律责任分为民事责任、行政责任、刑事责任等类型。民事责任是指民事主体在民事活动中，因实施民事违法行为或基于法律的特别规定，依据民法所应承担的民事法律后果。《民法典》规定了违约责任和侵权责任两种民事责任。违约责任作为一种民事责任，在目的、构成要件、责任形式等方面均有别于其他法律责任。

(二) 违约责任是违约的当事人一方对另一方承担的责任

合同关系的相对性决定了违约责任的相对性，即违约责任是合同当事人之间的民事责任，合同当事人以外的第三人对当事人之间的合同不承担违约责任，具体而言：①违约责任是合同当事人的责任，不是合同当事人的辅助人(如代理人)的责任；②合同当事人对于因第三人的原因导致的违约承担责任。合同法规定，当事人一方因第三人的原因造成违约的，应当向对方承担违约责任。当事人一方和第三人之间的纠纷，依照法律规定或者按照约定解决。

(三) 违约责任是当事人不履行或不完全履行合同的责任

违约责任是违反有效合同的责任。合同有效是承担违约责任的前提。这一特征使违约责任与合同法上的其他民事责任区别开来。

违约责任以当事人不履行或不完全履行合同为条件。能够产生违约责任的违约行为有两种情形：一是一方不履行合同义务，即未按合同约定提供给付；二是履行合同义务不符合约定条件，即其履行存在瑕疵。

(四) 违约责任具有补偿性和一定的任意性

违约责任以补偿守约方因违约行为所受损失为主要目的，以损害赔偿为主要责任形式，故具有补偿性质。

违约责任可以由当事人在法律规定的范围内约定，具有一定的任意性。合同法规定，当事人可以约定一方违约时应当根据违约情况向对方支付一定数额的违约金，也可以约定因违约产生的损失赔偿额的计算方法。

三、违约责任的构成要件

违约责任的构成要件有二：一是有违约行为；二是无免责事由。前者称为违约责任的积极要件，后者称为违约责任的消极要件。

(一) 违约行为

1. 违约行为的概念

违约行为，是指当事人一方不履行合同义务或者履行合同义务不符合约定条件的行为。这一定义表明：①违约行为的主体是合同当事人。合同具有相对性，违反合同的行为只能是合同当事人的行为。如果由于第三人的行为导致当事人一方违反合同，对于合同对方来说只能是违反合同的当事人实施了违约行为，第三人的行为不构成违约。②违约行为是一种客观的违反合同的行为。违约行为的认定以当事人的行为是否在客观上与约定的行为或者合同义务相符合为标准，而不管行为人的主观状态如何。③违约行为侵害的客体是合同对方的债权。因违约行为的发生，使债权人的债权无法实现，从而侵害了债权。

2. 违约行为的分类

根据不同标准，可将违约行为做以下分类：①单方违约与双方违约。双方违约，是指双方当事人分别违反了自己的合同义务。合同法规定：当事人双方都违反合同的，应当各自承担相应的责任。②根本违约与非根本违约。以违约行为是否导致另一方订约目的不能实现为标准，违约行为可作此分类。其主要区别在于，根本违约可构成合同法定解除的理由。③不履行、不完全履行与迟延履行。④实际违约与预期违约。

3. 违约行为的形态

1) 实际违约

实际违约，即实际发生的违约行为。实际违约的具体形态包括以下几种。①不履行，包括履行不能和拒绝履行。履行不能是指债务人在客观上已经没有履行能力。如在提供劳务的合同中，债务人丧失了劳动能力；在以特定物为标的的合同中，该特定物灭失。拒绝履行是指合同履行期到来后，一方当事人能够履行而故意不履行合同规定的全部义务。②迟延履行。迟延履行是指合同债务已经到期，债务人能够履行而未履行。③不适当履行。不适当履行是指债务人虽然履行了债务，但其履行不符合合同的约定，包括瑕疵给付和加害给付。

2) 预期违约

预期违约也称先期违约，是指在合同履行期限到来之前，一方无正当理由但明确表示其在履行期到来后将不履行合同，或者其行为表明其在履行期到来后将不可能履行合同。

预期违约包括两种形态，即明示预期违约和默示预期违约。

明示毁约，是指一方当事人无正当理由，明确地向对方表示将在履行期届至时不履行合同。其要件为：①一方当事人明确肯定地向对方作出毁约的表示；②须表明将不履行合同的主要义务；③无正当理由。

默示毁约，是指在履行期到来之前，一方以自己的行为表明其将在履行期届至后不履行合同。其特点为：债务人虽然没有表示不履行合同，但其行为表明将不履行合同或不能履行合同。

例如特定物买卖合同的出卖人在合同履行期届至前将标的物转卖给第三人，或买受人在付款期到来之前转移财产和存款以逃避债务。

(二) 免责事由

免责事由也称免责条件，是指当事人对其违约行为免于承担违约责任的事由。合同法上的免责事由可分为两大类，即法定免责事由和约定免责事由。法定免责事由是指由法律直接规定、不需要当事人约定即可援用的免责事由，主要指不可抗力；约定免责事由是指当事人约定的免责条款。

1. 不可抗力

根据我国法律的规定，所谓不可抗力，是指不能预见、不能避免并不能克服的客观情况。不可抗力主要包括以下几种情形：①自然灾害，如台风、洪水、冰雹；②政府行为，如征收、征用；③社会异常事件，如罢工、骚乱。

在不可抗力的适用上，有以下问题值得注意：①合同中是否约定不可抗力条款，不影响直接援用法律规定；②不可抗力条款是法定免责条款，约定不可抗力条款若小于法定范围，当事人仍可援用法律规定主张免责；若大于法定范围，超出部分应视为另外成立了免责条款，依其约定；③不可抗力作为免责条款具有强制性。当事人不得约定将不可抗力排除在免责事由之外。

不可抗力的免责效力是指因不可抗力不能履行合同的，根据不可抗力的影响，违约方可部分或全部免除责任，但有以下例外：①金钱债务的迟延责任不得因不可抗力而免除；②迟延履行期间发生的不可抗力不具有免责效力。

2. 免责条款

免责条款是指当事人在合同中约定免除将来可能发生的违约责任的条款，其所规定的免责事由即约定免责事由。对此，合同法未作一般性规定。值得注意的是：免责条款不能排除当事人的基本义务，也不能排除故意或重大过失的责任。

四、承担违约责任的形式

《民法典》(合同编)规定，当事人一方不履行合同义务或者履行合同义务不符合约定的，应当承担继续履行、采取补救措施或者赔偿损失等违约责任。当事人一方明确表示或者以自己的行为表明不履行合同义务的，对方可以在履行期限届满之前要求其承担违约责任。

(一) 继续履行

订立合同的目的是实现合同的约定，即实际履行合同。继续履行合同既是为了实现合同目的，又是一种违约责任。当事人一方未支付价款或者报酬的，对方可以要求其支付价款或者报酬。当事人一方不履行非金钱债务或者履行非金钱债务不符合约定的，对方可以要求履行，但有下列情形之一的除外：①法律上或者事实上不能履行；②债务的标的不适于强制履行或者履行费用过高；③债权人在合理期限内未要求履行。

(二) 采取补救措施

当事人一方履行合同义务不符合约定的，应当按照当事人的约定承担违约责任。受损害方可以根据受损害的性质以及损失的大小，合理选择要求对方适当履行，如采取修理、更换、重作、退货、减少价款或者报酬等措施，也可以选择解除合同、中止履行合同、通过提存履行债务、行使担保债权等补救措施。

(三) 赔偿损失

当事人一方不履行合同义务或者履行合同义务不符合约定的，在履行义务或者采取补救措施后，对方还有其他损失的，应当赔偿损失。损失赔偿额应当相当于因违约所造成的损失，包括合同履行后可以获得的利益，但不得超过违反合同一方订立合同时预见到或者应当预见到的因违反合同可能造成的损失。当事人一方违约后，对方应当采取适当措施防止损失的扩大；没有采取适当措施致使损失扩大的，不得就扩大的损失要求赔偿。当事人因防止损失扩大而支出的合理费用，由违约方承担。

(四) 支付违约金

为了保证合同的履行，合同当事人可以约定一方违约时应当根据情况向对方支付一定数额的违约金，也可以约定因违约产生的损失赔偿额的计算方法。

约定的违约金低于造成的损失的，当事人可以请求人民法院或者仲裁机构予以增加；约定的违约金过分高于造成的损失的，当事人可以请求人民法院或者仲裁机构予以适当减少。当事人就迟延履行约定违约金的，违约方支付违约金后，还应当履行债务。当事人可以通过反诉或者抗辩的方式，请求人民法院依照《民法典》(合同编)第五百八十五条的规定调整违约金。当事人依法请求人民法院增加违约金的，增加后的违约金数额以不超过实际损失额为限。增加违约金以后，当事人又请求对方赔偿损失的，人民法院不予支持。当事人主张约定的违约金过高请求予以适当减少的，人民法院应当以实际损失为基础，兼顾合同的履行情况、当事人的过错程度以及预期利益等综合因素，根据公平原则和诚实信用原则予以衡量，并作出裁决。

在同一合同中，当事人既约定违约金，又约定定金的，一方违约时，对方可以选择适用违约金或者定金条款。但《最高人民法院关于审理买卖合同纠纷案件适用法律问题的解释》规定，买卖合同约定的定金不足以弥补一方违约造成的损失，对方请求赔偿超过定金部分的损失的，人民法院可以并处，但定金和损失赔偿的数额总和不应高于因违约造成的损失。

本章小结

1. 合同订立的方式：①要约是希望和他人订立合同的意思表示；②承诺是受要约人同意要约的意思表示。

2. 合同的效力是指已经成立的合同在当事人之间产生的一定的法律约束力。

3. 效力待定合同订立的合同为效力待定合同的情形：①限制民事行为能力人订立的合同；②行为人没有代理权、超越代理权或者代理权终止后以被代理人名义订立的合同；③无处分权的人处分他人财产而订立的合同。

4. 同时履行抗辩权。当事人互负债务，没有先后履行顺序的，应当同时履行。一方在对方履行之前有权拒绝其履行要求；一方在对方履行债务不符合约定时，有权拒绝其相应的履行要求。同时履行抗辩权的效力。同时履行抗辩权只是暂时阻止对方当事人请求权的行使，而不是永久地终止合同。

5. 先履行抗辩权。当事人互负债务，有先后履行顺序，先履行一方未履行的，后履行一方有权拒绝其履行要求，先履行一方履行债务不符合约定的，后履行一方有权拒绝其相应的履行要求。后履行抗辩权的效力。先履行抗辩权不是永久性的，它的行使只是暂时阻止了当事人请求权的行使。

6. 不安抗辩权。应当先履行债务的当事人，有确切证据证明对方有下列情形之一的，可以中止履行：①经营状况严重恶化；②转移财产、抽逃资金，以逃避债务；③丧失商业信誉；④有丧失或可能丧失履行债务能力的其他情形。

习　　题

一、单项选择题

1. 下面属于从合同的有(　　)。

A. 借款合同　　B. 借用合同

C. 买卖合同　　D. 抵押合同

2. 定金的数额由当事人约定，但不得(　　)。

A. 少于合同标的额的10%　　B. 超过合同标的额的10%

C. 少于合同标的额的20%　　D. 超过合同标的额的20%

3. 某商店橱窗内展示的衣服上标明“正在出售”，且标明了价格。则“正在出售”的标示视为(　　)。

A. 要约　　B. 承诺

C. 要约邀请　　D. 既是要约又是承诺

4. 甲的儿子患重病住院急需用钱，乙趁机表示愿意借给甲3000元，但半年后须加倍偿还，否则以甲的房子代偿，甲表示同意。根据合同法的规定，甲乙之间的借款合同(　　)。

A. 因显失公平而无效　　B. 因显失公平而可撤销

C. 因乘人之危而无效　　D. 因乘人之危而可撤销

5. 李某 15 岁，把自己家里价值 8000 元的手提电脑以合理的价格卖给 32 岁的刘某。该合同属于(　　)。

A. 无效合同　　B. 有效合同

C. 可撤销合同　　D. 效力待定合同

6. 王小姐向璀璨珠宝店购买了一条钻石项链，但是该店面仅有样品，双方约定，由其合作伙伴甲公司为王小姐负责量身定制并且送货上门。事后，王小姐按期收到钻石项链，但是去珠宝鉴定中心鉴定后，得知该钻石是次品。根据合同法律制度规定，王小姐要求承担违约责任的表述中，正确的是(　　)。

A. 请求甲公司承担　　B. 请求璀璨珠宝店承担

C. 请求甲公司和璀璨珠宝店共同承担　　D. 请求甲公司或璀璨珠宝店承担

7. 张某与李某签订一份买卖合同，约定如果当年张某读高三的女儿考不上重点大学，则张某将房屋卖给李某，带女儿出国。因李某购房心切，暗地安排一帅哥去学校结识张某的女儿，后带着张某的女儿到处游玩，导致张某原本成绩优异的女儿，高考落榜，遂李某要求张某将房屋卖与自己。根据合同法律制度的规定，下列对买卖合同的表述正确的是(　　)。

A. 条件成就，张某须履行合同

B. 条件不成就，张某无须履行合同

C. 期限届至，张某须履行合同

D. 附解除条件的合同，条件未成立，张某无须履行合同

8. 下列合同法的哪个原则具有“帝王条款”的美誉(　　)。

A. 平等原则　　B. 自愿原则

C. 公平原则　　D. 诚实信用原则

9. 下列主体不能作为保证人的是(　　)。

A. 自然人　　B. 法人

C. 其他组织　　D. 以公益为目的的学校和医院

二、多项选择题

1. 根据《民法典》的规定，提供格式条款一方拟订的下列格式条款中，属于无效的有(　　)。

A. 内容理解发生争议的格式条款　　B. 排除对方主要权利的格式条款

C. 以合法形式掩盖非法目的格式条款　　D. 造成对方人身伤害得以免责的格式条款

2. 根据合同法律制度的规定，下列选项中属于双务合同，同时又是诺成合同的有(　　)。

A. 租赁合同　　B. 承揽合同

C. 赠与合同　　D. 买卖合同

3. 根据合同法律制度的规定，下列情形中，要约失效的有(　　)。

A. 撤销要约的通知在受要约人发出承诺通知之前到达受要约人

B. 撤回要约的通知与要约同时到达受要约人

C. 同意要约的通知到达要约人

D. 受要约人对要约的内容作出实质性变更

4. 甲、乙双方签订了买卖合同，在合同履行过程中，发现该合同履行地点约定不明确。根据合同法律制度的规定，下列履行规则中甲乙双方可能适用的解决途径有(　　)。

A. 双方可以协议补充

B. 不能协议补充，按交易习惯确定

C. 不能协议补充，也不能按照合同有关条款或者交易习惯确定，给付货币的，在支付货币一方所在地履行

D. 不能协议补充，也不能按照合同有关条款或者交易习惯确定，交付不动产的，在不动产所在地履行

5. 甲与乙订立买卖合同，约定乙先向甲发货，甲后付款。乙在交货前有确切证据表明甲经营状况严重恶化。乙得知该情况后，采取的下列措施中符合规定的有(　　)。

A. 可以提出中止履行合同并及时通知甲

B. 可以要求甲提供适当担保

C. 乙可以直接通知甲解除合同

D. 中止履行合同后，若甲在合理期限内未恢复履行能力且未提供适当担保，乙可以解除合同

三、名词解释

1. 合同　2. 要约　3. 承诺　4. 同时履行抗辩权　5. 先履行抗辩权　6. 代位权　7. 撤销权　8. 违约责任

四、简答题

1. 简述合同法的适用范围。
2. 简述合同法的基本原则。
3. 简述合同无效的情形。

案 例 分 析

甲商场是一家主要经营电器的商场。2018 年 1 月 20 日，某电视机厂向甲商场发函称：愿以每台电视机 2400 元的价格卖给甲商场 300 台某型号的电视机。甲商场回函：要以每台 2100 元的价格买 200 台。电视机厂收到商场函后又发一函称：愿以每台 2200 元的价格卖給甲商场 200 台电视，且函到即发货。甲商场因对条件不满意，故未予理睬。1 月 30 日，该电视机厂将 200 台电视运至商场，商场拒绝接收。后该电视机厂到法院起诉甲商场。

问题：

甲商场与某电视机厂是否存在买卖电视机的合同？为什么？

第六章

担保法律制度

【导读】

在经济活动中不履行或不能履行债务的情况屡见不鲜，这将不利于交易和资金流通。为了保障债权人实现债权以及促进市场经济和信用关系的发展，建立完善的债的担保制度是十分重要的。本章主要介绍抵押、质押、留置3种担保方式。通过对本章的学习，应掌握3种担保方式的区别，重点把握3种担保方式的成立及效力。

【学习重点】

担保的概念、类型，抵押财产及抵押物登记，动产质押与权力质押。

【学习难点】

担保合同无效的法律责任，抵押的效力，质权人对质物的权利和责任，不同种类权利出质的法律规定。

【教学建议】

教师要通过案例分析帮助学生了解3种担保方式的理论知识。同时，动员学生自己收集资料，了解相关知识。

第一节　担保法律制度概述

一、担保

(一) 担保的概念

担保是指在民商事法律关系中发生的、保证债务人清偿债务，债权人实现债权的法律制度。具体来说，当事人在设定债权时，往往担心其债权到期得不到实现，为此希望债务人或第三人能为其债权的实现提供保障，这种在债权之外为保障其债权实现而设定的权利就是担保权。

《民法典》规定，债权人在借贷、买卖等民事活动中，为保障实现其债权，需要担保的，可以依照本法和其他法律的规定设立担保物权。该法列举了两种典型的可以设定担保物权的民事活动，但可以设定担保物权的民事活动很广泛，并不仅限于这两种民事活动。在其他民事活动中，如货物运输、加工承揽等都可以设定担保物权。担保具有如下法律特征。

1. 从属性

从属性是指担保之债从属于被担保之债即主债的，其以主债为存在前提，并随主债的转移、减少、消灭而转移、减少、消灭，但依法而为的独立担保除外。

2. 补充性

补充性是指只有当主债务人到期不履行或不能履行主债务时，主债权人才能行使担保权，以实现其债权。

3. 相对独立性

相对独立性是指担保法律关系是一个独立的法律关系，有自己的发生原因、有效要件、消灭原因等。

(二) 反担保

《民法典》规定，第三人为债务人向债权人提供担保的，可以要求债务人提供反担保。反担保使用本法和其他法律的规定。

二、担保法律制度概况

原《中华人民共和国担保法》是对担保法律关系进行调整的最重要的一部法律。为促进资金融通和商品流通，保障债权的实现，发展社会主义市场经济，我国第八届全国人大常委会第十四次会议于 1995 年 6 月 30 日通过了原《中华人民共和国担保法》。该法自 1995 年 10 月 1 日起施行。该法共 7 章 96 条，第一章为总则，第二到第六章分别为保证、抵押、质押、留置和定金，最后一章为附则。

随着《民法典》在 2021 年 1 月 1 日的正式实施和《中华人民共和国担保法》等相关法律的废止，担保法律制度根据不同担保类型的特性，分布在《民法典》的不同章节当中，我国的担保法律制度在《民法典》中的整合与完善，不仅使得担保制度变得系统和科学，也更加适应我国经济发展的需求。

第二节　抵　　押

抵押是指为担保债务的履行，债务人或者第三人不转移财产的占有，将该财产抵押给债权人的，债务人不履行到期债务或者发生当事人约定的实现抵押权的情形，债权人有权就该财产优先受偿。

债务人或者第三人为抵押人，债权人为抵押权人，提供担保的财产为抵押财产。

一、抵押合同

设立抵押权，当事人应当采取书面形式订立抵押合同。抵押合同一般包括下列条款：①被担保债权的种类和数额；②债务人履行债务的期限；③抵押财产的名称、数量、质量、状况、所在地、所有权归属或者使用权归属；④担保的范围。

抵押合同对被担保的主债权种类、抵押财产没有约定或者约定不明，根据主合同和抵押合同不能补正或者无法推定的，抵押不成立。

抵押权人在债务履行期届满前，不得与抵押人约定债务人不履行到期债务时抵押财产归债权人所有。如果当事人在抵押合同中有这样的条款，该条款无效。该条款的无效不影响抵押合同其他部分内容的效力。

法律规定，登记生效的抵押合同签订后，抵押人违背诚实信用原则拒绝办理抵押登记致使债权人受到损失的，抵押人应当承担赔偿责任。

债务履行期届满后抵押权人未受清偿时，抵押权人和抵押人可以协议以抵押物折价取得抵押物。但是，损害顺序在后的担保物权人和其他债权人利益的，人民法院可以适用《民法典》有关撤销权的规定。

二、抵押财产

(一) 可以设立抵押权的财产

根据《民法典》第三百九十五条的规定，债务人或者第三人有权处分的下列财产可以抵押：①建筑物和其他土地附着物；②建设用地使用权；③海域使用权；④生产设备、原材料、半成品、产品；⑤正在建造的建筑物、船舶、航空器；⑥交通运输工具；⑦法律、行政法规未禁止抵押的其他财产。抵押人可以将上述所列财产一并抵押。

(二) 不得设立抵押权的财产

根据《民法典》第三百九十九条的规定，下列财产不得抵押：①土地所有权；②宅基地、自留地、自留山等集体所有的土地使用权，但法律规定可以抵押的除外；③学校、幼儿园、医院机构等为公益目的成立的非营利法人的教育设施、医疗卫生设施和其他公益设施；④所有权、使用权不明或者有争议的财产；⑤依法被查封、扣押、监管的财产；⑥法律、行政法规规定不得抵押的其他财产。例如：以法定程序确认为违法、违章的建筑物抵押的，抵押无效。

建设用地使用权抵押后，该土地上新增的建筑物不属于抵押财产。该建设用地使用权实现抵押权时，应当将该土地上新增的建筑物与建设用地使用权一并处分，但新增建筑物所得的价款，抵押权人无权优先受偿。

以土地承包经营权抵押的，或者以乡镇、村企业的厂房等建筑物占用范围内的建设用地使用权一并抵押的，实现抵押权后，未经法定程序，不得改变土地所有权的性质和土地用途。

三、抵押物登记

(一) 登记是抵押权的设立条件

根据《民法典》的规定，以建筑物和其他土地附着物，建设用地使用权，海域使用权，正在建造的建筑物这 4 种财产设定抵押的，应当办理抵押物登记，抵押权自登记之日起设立。

以上述财产设定抵押，如果当事人未办理登记，虽然抵押权没有设立，但是抵押合同已经生效。抵押物登记记载的内容与抵押合同约定的内容不一致的，以登记记载的内容为准。以尚未办理权属证书的财产抵押的，只要当事人在一审法庭辩论终结前能够提供权利证书或者补办登记手续的，法院可以认定抵押有效。

(二) 登记为对抗第三人的效力

根据《民法典》第四百零三条的规定，以动产抵押的，抵押权自抵押合同生效时设立；未经登记，不得对抗善意第三人。

四、抵押的效力

抵押担保的范围包括主债权及利息、违约金、损害赔偿金和实现抵押权的费用。抵押合同另有约定的，按照约定。

(一) 抵押权对抵押物所生孳息及已存在租赁权的效力

根据《民法典》第四百一十二条的规定，债务人不履行到期债务或者发生当事人约定的实现抵押权的情形，致使抵押财产被人民法院依法扣押的，自扣押之日起，抵押权人有权收取该抵押财产的天然孳息或者法定孳息，但抵押权人未通知应当清偿法定孳息的义务人的除外。孳息的清偿顺序为：①充抵收取孳息的费用；②主债权的利息；③主债权。

订立抵押合同前抵押财产已出租的，原租赁关系不受该抵押权的影响。抵押人将已抵押的财产出租时，如果抵押人未书面告知承租人该财产已抵押的，抵押人对出租抵押物造成承租人的损失承担赔偿责任；如果抵押人已书面告知承租人该财产已抵押的，抵押权实现造成承租人的损失，由承租人自己承担。抵押权设立后抵押财产出租的，该租赁关系不得对抗已登记的抵押权。

(二) 抵押期间抵押物的转让

抵押期间，抵押人可以转让抵押财产。当事人另有约定的，按照其约定。抵押财产转让的，抵押权不受影响。

抵押人转让抵押财产的，应当及时通知抵押权人。抵押权人能够证明抵押财产转让可能损害抵押权的，可以请求抵押人将转让所得的价款向抵押权人提前清偿债务或者提存。转让的价款超过债权数额的部分归抵押人所有，不足部分由债务人清偿。

(三) 抵押权转移及消灭的从属性

抵押权不得与债权分离而单独转让或者作为其他债权的担保。债权转让的，担保该债权的抵押权一并转让，但法律另有规定或者当事人另有约定的除外。

主债权未受全部清偿的，抵押权人可以就抵押物的全部行使其抵押权。

主债权被分割或者部分转让的，各债权人可以就其享有的债权份额行使抵押权。

主债务被分割或者部分转让的，抵押人仍以其抵押物担保数个债务人履行债务。但是，第三人提供抵押的，债权人许可债务人转让债务未经抵押人书面同意的，抵押人对未经其同意转让的债务，不再承担担保责任。

(四) 抵押财产价值减少或毁损的处理

抵押人的行为足以使抵押财产价值减少的，抵押权人有权要求抵押人停止其行为。抵押财产价值减少的，抵押权人有权要求恢复抵押财产的价值，或者提供与减少的价值相应的担保。抵押人不恢复抵押财产的价值也不提供担保的，抵押权人有权要求债务人提前清偿债务。

在抵押物灭失、毁损或者被征用的情况下，抵押权人可以就该抵押物的保险金、赔偿金或者补偿金优先受偿。

抵押物灭失、毁损或者被征用的情况下，抵押权所担保的债权未届清偿期的，抵押权人可以请求人民法院对保险金、赔偿金或补偿金等采取保全措施。

(五) 其他情况下的抵押权效力

抵押物因附合、混合或者加工使抵押物的所有权为第三人所有的，抵押权的效力及于补偿金；抵押物所有人为附合物、混合物或者加工物的所有人的，抵押权的效力及于附合物、混合物或者加工物；第三人与抵押物所有人为附合物、混合物或者加工物的共有人的，抵押权的效力及于抵押人对共有物享有的份额。

抵押权设定前为抵押物的从物的，抵押权的效力及于抵押物的从物。但是，抵押物与其从物为两个以上的人分别所有时，抵押权的效力不及于抵押物的从物。

五、抵押权的实现

(一) 抵押权实现的条件、方式和程序

债务人不履行到期债务或者发生当事人约定的实现抵押权的情形，抵押权人可以与抵押人协议以抵押财产折价或者以拍卖、变卖该抵押财产所得的价款优先受偿。协议损害其他债权人利益的，其他债权人可以在知道或者应当知道撤销事由之日起1年内请求人民法院撤销该协议。

抵押权人与抵押人未就抵押权实现方式达成协议的，抵押权人可以请求人民法院拍卖、变卖抵押财产。

抵押财产折价或者变卖的，应当参照市场价格。

抵押财产折价或者拍卖、变卖后，其价款超过债权数额的部分归抵押人所有，不足部分由债务人清偿。

抵押物折价或者拍卖、变卖所得的价款，当事人没有约定的，按下列顺序清偿：①实现抵

押权的费用；②主债权的利息；③主债权。

抵押权人应当在主债权诉讼时效期间行使抵押权；未行使的，人民法院不予保护。

(二) 抵押权的顺位及确定抵押权次序的规则

抵押权人可以放弃抵押权或者抵押权的顺位。抵押权人与抵押人可以协议变更抵押权顺位以及被担保的债权数额等内容，但抵押权的变更，未经其他抵押权人书面同意，不得对其他抵押权人产生不利影响。

债务人以自己的财产设定抵押，抵押权人放弃该抵押权、抵押权顺位或者变更抵押权的，其他担保人在抵押权人丧失优先受偿权益的范围内免除担保责任，但其他担保人承诺仍然提供担保的除外。

同一财产向两个以上债权人抵押的，顺序在先的抵押权与该财产的所有权归属一人时，该财产的所有权人可以以其抵押权对抗顺序在后的抵押权；顺序在后的抵押权所担保的债权先到期的，抵押权人只能就抵押物价值超出顺序在先的抵押担保债权的部分受偿；顺序在先的抵押权所担保的债权先到期的，抵押权实现后的剩余价款应予提存，留待清偿顺序在后的抵押担保债权。

同一财产向两个以上债权人抵押的，拍卖、变卖抵押财产所得的价款依照下列规定清偿：①抵押权已登记的，按照登记的先后顺序清偿；顺序相同的，按照债权比例清偿；②抵押权已登记的先于未登记的受偿；③抵押权未登记的，按照债权比例清偿。

同一债权有两个以上抵押人的，债权人放弃债务人提供的抵押担保的，其他抵押人可以请求人民法院减轻或者免除其应当承担的担保责任。

六、最高额抵押

最高额抵押，是指为担保债务的履行，债务人或者第三人对一定期间内将要连续发生的债权提供担保财产的，债务人不履行到期债务或者发生当事人约定的实现抵押权的情形，抵押权人有权在最高债权额限度内就该担保财产优先受偿。

最高额抵押权设立前已经存在的债权，经当事人同意，可以转入最高额抵押担保的债权范围。

最高额抵押权所担保的债权范围，不包括抵押物因财产保全或者执行程序被查封后或债务人、抵押人破产后发生的债权。

(一) 最高额抵押的条件

(1) 抵押担保的是将来发生的债权，现在尚未发生。

(2) 抵押担保的债权额不定，但设有最高限制额。

(3) 实际发生的债权是连续的、不特定的，即债权人并不规定对方实际发生债权的次数和数额。

(4) 债权人仅对抵押财产行使最高限度内的优先受偿权。

(5) 最高抵押只需登记即可设置。

(二) 最高额抵押权的转让及变更

最高额抵押担保的债权确定前，部分债权转让的，最高额抵押权不得转让，但当事人另有约定的除外。

最高额抵押担保的债权确定前，抵押权人与抵押人可以通过协议变更债权确定的期间、债权范围以及最高债权额，但变更的内容不得对其他抵押权人产生不利影响。

(三) 最高额抵押权所担保的债权确定

根据《民法典》第四百二十三条的规定，有下列情形之一的，抵押权人的债权确定：①约定的债权确定期间届满；②没有约定债权确定期间或者约定不明确，抵押权人或者抵押人自最高额抵押权设立之日起满二年后请求确定债权；③新的债权不可能发生；④抵押权人知道或者应当知道抵押财产被查封、扣押；⑤债务人、抵押人被宣告破产或者解散；⑥法律规定债权确定的其他情形。

最高额抵押权所担保的不特定债权，在特定后，债权已届清偿期的，最高额抵押权人可以根据普通抵押权的规定行使其抵押权。

抵押权人实现最高额抵押权时，如果实际发生的债权余额高于最高限额的，以最高限额为限，超过部分不具有优先受偿的效力；如果实际发生的债权余额低于最高限额的，以实际发生的债权余额为限对抵押物优先受偿。

七、动产浮动抵押

动产浮动抵押是一种特别抵押，指抵押人以其现在和将来所有的全部财产为债权提供担保，在行使抵押权之前，该抵押财产可以自由流转经营，在约定或法定事由发生时，其价值才能确定的一种抵押。

经当事人书面协议，企业、个体工商户、农业生产经营者可以将现有的以及将有的生产设备、原材料、半成品、产品抵押，债务人不履行到期债务或者发生当事人约定的实现抵押权的情形，债权人有权就实现抵押权时的动产优先受偿。

抵押财产自下列情形之一发生时确定：①债务履行期届满，债权未实现；②抵押人被宣告破产或者解散；③当事人约定的实现抵押权的情形；④严重影响债权实现的其他情形。

上述抵押不得对抗正常经营活动中已支付合理价款并取得抵押财产的买受人。抵押人应当向抵押人住所地的工商行政管理部门办理登记。抵押权自抵押合同生效时设立“未经登记”不得对抗善意第三人。

【例 6-1】 A 公司将市值 200 万元的房屋抵押给 B 公司，并取得借款 200 万元，之后 A 公司又将该房屋抵押给 C 公司并欲取得借款 100 万元。请问：A 公司与 C 公司可签订的合同是否有效？

【解析】 A 公司与 C 公司可签订的合同无效。房屋抵押需要办理登记才能生效，A 公司已将价值 200 万元的房屋抵押给 B 公司，如果该抵押合同有效，就肯定是登记过了的。法律规定超过抵押物价值部分的抵押无效，再用该房屋抵押是不可能得到登记的，不登记的房屋抵押合同是无效的。

第三节 质 押

质押分为动产质押和权利质押。

一、动产质押

(一) 动产质押的概念

动产质押是以动产作为标的物的质押，指为担保债务的履行，债务人或者第三人将其动产出质给债权人占有的，债务人不履行到期债务或者发生当事人约定的实现质权的情形，债权人有权就该动产优先受偿。

该债务人或者第三人为出质人，债权人为质权人，交付的动产为质押财产。

质押担保的范围包括主债权及利息、违约金、损害赔偿金、质物保管费用和实现质权的费用。质押合同另有约定的，按照约定。

法律、行政法规禁止转让的动产不得出质。

(二) 质押合同

根据《民法典》第四百二十七条的规定，设立质权，当事人应当采用书面形式订立质押合同。质押合同一般包括以下条款：①被担保债权的种类和数额；②债务人履行债务的期限；③质押财产的名称、数量等情况；④担保的范围；⑤质押财产交付的时间、方式。

质押合同自成立时生效，质权自出质人交付质押财产时设立。

质权人在债务履行期届满前，不得与出质人约定债务人不履行到期债务时质押财产归债权人所有。

(三) 动产质押的效力

(1) 债务人或者第三人未按质押合同约定的时间移交质物的，因此给质权人造成损失的，出质人应当根据其过错承担赔偿责任。

(2) 出质人代质权人占有质物的，质押合同不生效；质权人将质物返还于出质人后，以其质权对抗第三人的，人民法院不予支持。

(3) 出质人以间接占有的财产出质的，质押合同自书面通知送达占有人时视为移交。占有人收到出质通知后，仍接受出质人的指示处分出质财产的，该行为无效。

(4) 质押合同中对质押的财产约定不明，或者约定的出质财产与实际移交的财产不一致的，以实际交付占有的财产为准。

(5) 质物有隐蔽瑕疵造成质权人其他财产损害的，应由出质人承担赔偿责任。但是，质权人在质物移交时明知质物有瑕疵而予以接受的除外。

(6) 债务人以自己的财产出质，质权人放弃该质权的，其他担保人在质权人丧失优先受偿权益的范围内免除担保责任，但其他担保人承诺仍然提供担保的除外。

(四) 质权人对质物的权利和责任

质权人对质物的权利和责任体现在以下几个方面。

(1) 质权人有权收取质押财产的孳息，但合同另有约定的除外。上述孳息应当先充抵收取孳息的费用。

(2) 质权人在质权存续期间，未经出质人同意，擅自使用、处分质押财产，给出质人造成损害的，应当承担赔偿责任。

(3) 质权人负有妥善保管质押财产的义务；因保管不善致使质押财产毁损、灭失的，应当承担赔偿责任。

(4) 质权人的行为可能使质押财产毁损、灭失的，出质人可以要求质权人将质押财产提存，或者要求提前清偿债务并返还质押财产，但质物提存费用由质权人负担，出质人提前清偿债权的，应当扣除未到期部分的利息。

(5) 因不能归责于质权人的事由可能使质押财产毁损或者价值明显减少，足以危害质权人权利的，质权人有权要求出质人提供相应的担保；出质人不提供的，质权人可以拍卖、变卖质押财产，并与出质人通过协议将拍卖、变卖所得的价款提前清偿债务或者提存。

(6) 质权人在质权存续期间，未经出质人同意转质，造成质押财产毁损、灭失的，应当向出质人承担赔偿责任。

(五) 质权的实现

债务人履行债务或者出质人提前清偿所担保的债权的，质权人应当返还质押财产。债务人不履行到期债务或者发生当事人约定的实现质权的情形，质权人可以与出质人协议以质押财产折价也可以就拍卖、变卖质押财产所得的价款优先受偿。质押财产折价或者变卖的，应当参照市场价格。

出质人可以请求质权人在债务履行期届满后及时行使质权；质权人不行使的，出质人可以请求人民法院拍卖、变卖质押财产。

出质人请求质权人及时行使质权，因质权人怠于行使权利造成损害的，由质权人承担赔偿责任。

质押财产折价或者拍卖、变卖后，其价款超过债权数额的部分归出质人所有，不足部分由债务人清偿。

为债务人质押担保的第三人，在质权人实现质权后，有权向债务人追偿。

出质人与质权人可以协议设立最高额质权。

二、权利质押

(一) 权利质押的概念

权利质押是指债务人或者第三人以其财产权利交付债权人作为债权的担保，当债务人不履行债务时，债权人有权依照法律规定，以该财产权利折价或者以拍卖、变卖该财产权利的价款优先受偿。

根据《民法典》第四百四十条的规定，债务人或者第三人有权处分的下列权利可以出质：

①汇票、支票、本票；②债券、存款单；③仓单、提单；④可以转让的基金份额、股权；⑤可以转让的注册商标专用权、专利权、著作权等知识产权中的财产权；⑥现有的以及将有的应收账款；⑦法律、行政法规规定可以出质的其他财产权利。

(二) 以不同种类权利出质的法律规定

(1) 以汇票、支票、本票、债券、存款单、仓单、提单出质的，当事人应当订立书面合同。质权自权利凭证交付质权人时设立；没有权利凭证的，质权自有关部门办理出质登记时设立。汇票、支票、本票、债券、存款单、仓单、提单的兑现日期或者提货日期先于主债权到期的，质权人可以兑现或者提货，并与出质人协议将兑现的价款或者提取的货物提前清偿债务或者提存。

(2) 以基金份额、股权出质的，当事人应当订立书面合同。以基金份额、证券登记结算机构登记的股权出质的，质权自证券登记结算机构办理出质登记时设立；以其他股权出质的，质权自工商行政管理部门办理出质登记时设立。基金份额、股权出质后，不得转让，但经出质人与质权人协商同意的除外。出质人转让基金份额、股权所得的价款，应当向质权人提前清偿债务或者提存。

(3) 以注册商标专用权、专利权、著作权等知识产权中的财产权出质的，当事人应当订立书面合同。质权自有关主管部门办理出质登记时设立。知识产权中的财产权出质后出质人不得转让或者许可他人使用但经出质人与质权人协商同意的除外。出质人转让或者许可他人使用出质的知识产权中的财产权所得的价款，应当向质权人提前清偿债务或者提存。

(4) 以应收账款出质的，当事人应当订立书面合同。质权自信贷征信机构办理出质登记时设立。应收账款出质后，不得转让，但经出质人与质权人协商同意的除外。出质人转让应收账款所得的价款，应当向质权人提前清偿债务或者提存。

【例 6-2】甲于 6 月 12 日向银行借款 10000 元，以其在该银行的 11000 元 1 年期定期存单出质。9 月 20 日，10000 元借款到期，甲无力偿还，银行支取了存单金额 11000 元及利息 300 元。请问：甲存单上的本息是否应全部归银行所有？

【解析】这是一个实现质权的问题。如果质押合同中没有特别约定，应就全部债务承担质押保证责任，包括主债务及利息、违约金、损害赔偿金、质物保管费用和实现质权的费用。银行支取的 11000 元本金和 300 元利息，应扣除银行的 10000 元借款及其利息、违约金，如有剩余应返还给甲。

第四节 留　　置

一、留置与留置权

1. 留置

留置是指债权人按照合同约定占有债务人的动产。留置权是指债务人不履行到期债务，债权人可以留置已经合法占有的债务人的动产，并有权就该动产优先受偿。其中债权人为留置权人，占有的动产为留置财产。

留置担保的范围包括主债权及利息、违约金、损害赔偿金、留置物保管费用和实现留置权的费用。

2. 留置权

留置权适用的范围包括：因保管合同、运输合同、承揽合同以及法律规定可以留置的其他合同发生的债权，债务人不履行债务的，债权人有留置权。

债权人留置的动产，应当与债权属于同一法律关系，但企业之间留置的除外。留置财产为可分物的，留置财产的价值应当相当于债务的金额。当事人可以在合同中约定不得留置的物。法律规定或者当事人约定不得留置的动产，不得留置。

二、留置权的实现

留置权人负有妥善保管留置财产的义务；因保管不善致使留置财产毁损、灭失的，应当承担赔偿责任。留置权人有权收取留置财产的孳息。孳息应当先充抵收取孳息的费用。

留置权人与债务人应当约定留置财产后的债务履行期间；没有约定或者约定不明确的，留置权人应当给债务人两个月以上履行债务的期间，但鲜活易腐等不易保管的动产除外。债务人逾期未履行的，留置权人可以与债务人协议以留置财产折价，也可以就拍卖、变卖留置财产所得的价款优先受偿。留置财产折价或者变卖的，应当参照市场价格。债务人可以请求留置权人在债务履行期届满后行使留置权；留置权人不行使的，债务人可以请求人民法院拍卖、变卖留置财产。留置财产折价或者拍卖、变卖后，其价款超过债权数额的部分归债务人所有，不足部分由债务人清偿。

留置权人在债权未受全部清偿前，留置物为不可分物的，留置权人可以就其留置物的全部行使留置权。留置的财产为可分物的，留置物的价值应当相当于债务的金额。

同一动产上已设立抵押权或者质权，该动产又被留置的，留置权人优先受偿。

留置权因下列原因而消灭：①留置权人对留置财产丧失占有；②留置物灭失、损毁而无代位物；③与留置物有牵连关系的债权消灭；④债务人另行提供价值相当的担保并被债权人接受；⑤实现留置权。

【例 6-3】甲企业向乙企业购买了一批总价款为 100 万元的建筑材料。甲企业率先支付 60 万元，约定其余的 40 万元在 3 个月内付清。后甲企业将一台价值 30 万元的施工设备交由乙企业代为保管。3 个月后，几经催告，甲企业仍未支付乙企业 40 万元货款。后来，甲企业前来提取设备，乙企业将该设备留置以担保货款债权的实现。请问：乙企业的行为是否合法？

【解析】乙企业的行为是合法的。根据法律规定，对于企业之间留置权的行使，可不以同一债权债务关系为要件。

本章小结

1. 担保是指在民商事法律关系中发生的、保证债务人清偿债务、债权人实现债权的法律制度。

2. 抵押是指为担保债务的履行，债务人或者第三人不转移财产的占有，将该财产抵押给债权人的，债务人不履行到期债务或者发生当事人约定的实现抵押权的情形，债权人有权就该财产优先受偿。

3. 质押分为动产质押和权利质押。动产质押是以动产作为标的物的质押，指为担保债务的履行，债务人或者第三人将其动产出质给债权人占有的，债务人不履行到期债务或者发生当事人约定的实现质权的情形，债权人有权就该动产优先受偿；权利质押是指债务人或者第三人以其财产权利交付债权人作为债权的担保，当债务人不履行债务时，债权人有权依照法律规定，以该财产权利折价或者以拍卖、变卖该财产权利的价款优先受偿。

4. 留置是指债权人按照合同约定占有债务人的动产。留置权是指债务人不履行到期债务，债权人可以留置已经合法占有的债务人的动产，并有权就该动产优先受偿。

习　　题

一、单项选择题

1. 根据担保法律制度的规定，下列各项中，可以为合同债务人的债务履行作保证人的是(　　)。

A. 学校　　B. 医院

C. 企业　　D. 残疾人联合会

2. 甲将所持有的A公司债券交付乙，作为向乙借款的质押物。双方签订了书面质押合同，但未在债券上背书“质押”字样。借款到期后甲未还款。甲的另一债权人丙向法院申请执行上述债券。下列说法正确的是(　　)。

A. 质押合同无效

B. 质押合同自签订书面质押合同之日起生效

C. 乙对该债券不享有质权

D. 乙以债券已出质对抗丙的执行申请，不能得到法院的支持

3. 下列几种财产中可以抵押的是(　　)。

A. 自留山　　B. 某中学的小汽车

C. 某大学的办公楼　　D. 宅基地使用权

4. 以下符合留置条件的情形为(　　)。

A. 老王酷爱古董，借邻居老李的明代瓷器赏玩，之后，老王与老李发生邻里纠纷，老王扣留老李的瓷器不还

B. 小许准备将自己本地的房屋卖了，到外地发展，小许的母亲得知后极力反对，并扣押了小许房屋的房产证，不让其卖房

C. 天宇学校委托大丰印刷厂印刷一批学生指导用书，由于教育局拨款不及时，导致印刷费用无法按时支付，大丰印刷厂扣留了部分指导用书

D. 村民王某受委托照顾李某的一头牛，约定一年后李某支付王某照看费2000元，但李某之后后悔，仅愿意支付1000元。王某扣留牛不还给李某，并不再认真照顾牛，导致牛生病后死亡

二、名词解释

1. 担保 2. 抵押 3. 动产质押 4. 权利质押 5. 留置

三、简答题

1. 简述确定抵押权次序的规则。
2. 简述动产质押的效力。

案 例 分 析

甲公司与乙公司于2017年12月1日签订一份互联网电视机购销合同，约定甲公司向乙公司购买100台互联网电视机，乙公司于12月11日前交货，每台电视机单价5000元，乙公司负责送货，甲公司于货到后立即付款。乙公司于12月8日发出了该电视机100台。甲公司由于发生资金周转困难，于12月10日传真告知乙公司自己将不能履行合同。乙公司收到传真后，努力寻找新的买家，于12月15日与丙公司签订了该电视机100台的购销合同。合同约定：丙公司购买100台托运中的电视机，每台单价4900元，丙公司于订立合同时向乙公司支付5万元定金，在收到货物后20天内付清全部货款；在丙公司付清全部货款前，乙公司保留对电视机的所有权；如有违约，违约方应承担合同总价款20%的违约金。乙公司同时于当日传真通知甲公司解除与甲公司签订的合同。12月20日，运输公司在运输该批电视机的过程中遇上泥石流，其中有30台电视机毁损。丙公司于12月25日收到70台完好无损的电视机后，又与丁公司签订合同准备将这70台电视机全部卖与丁公司。同时丙公司以其未能如约收到100台电视机为由，拒绝向乙公司付款。乙公司认为丙公司拒绝付款构成违约，决定不返还其定金，同时要求其按合同约定给付违约金。

问题：

1. 乙公司可否在与甲公司的合同履行期届满前解除合同？说明理由。
2. 遭遇泥石流而毁损的电视机的风险应由谁承担？说明理由。
3. 乙公司不返还定金并要求丙公司支付违约金的主张能否得到支持？说明理由。

第七章

票　据　法

【导读】

为了提高经济交易的便捷性和安全性，票据结算方式逐渐成为支付结算的重要组成部分。票据法律制度就是用以规定票据当事人在采用票据结算方式进行结算时应享受的权利和应承担的义务。狭义的票据指的是支票、汇票和本票3种有价证券。票据法律制度规范了这3种票据的票据行为，比如出票、承兑、背书、保证、付款等；同时还规定了持票人应享有的权利，如付款请求权和追索权。正是由于票据结算的重要性，从而进一步推动了票据法律制度的完善，现有的法律制度包括《中华人民共和国票据法》(以下简称《票据法》)《票据管理实施办法》《支付结算办法》《商业汇票承兑、贴现与再贴现管理暂行办法》《电子商业汇票业务管理办法》等。

【学习重点】

掌握票据和票据法的概念、票据行为的种类和票据权利，能系统地分析票据权利的取得、行使和消灭；票据伪造变造、丧失及补救，汇票的概念与分类，商业汇票的出票、承兑、背书、保证、付款及追索权的行使，了解银行汇票、支票和本票的票据行为。

【学习难点】

对票据当事人涉及的票据种类、票据行为和票据权利进行综合分析，熟知票据法律制度。

【教学建议】

第一节以课堂讲授为主，第二节、第三节和第四节建议结合案例或者图示进行教学，加深学生对知识的理解，并布置课后作业。

第一节　票据法概述

一、票据的概念与种类

(一) 票据的概念

在经济活动中，权利财产最普遍的形式是各种“权利凭证”，是取得或确认财产所有权或控制权的手段或证据，人们通常称其为“票据”。票据作为一种有价证券，分为广义上的票据和狭义上的票据。广义上的票据指的是商业活动中的各种有价证券和各种物权凭证，不仅包括股票、债券、汇票、本票、支票、借款凭证、存款凭证，还包括发票、提单、仓单、保险单等。狭义上的票据即票据法所定义的票据，是由出票人签发的，约定出票人自己或委托付款人在见票时或指定的日期向收款人或持票人无条件支付一定金额的有价证券。

(二) 票据的种类

由于世界各国商业习惯和法律规定的不同，票据法所定义的票据范围也不完全相同。在日本和德国、法国等一些欧洲国家，票据法所定义的票据仅包括汇票和本票两种。在英国，票据法所定义的票据包括支票、本票和汇票，不过支票被认为是一种银行汇票，把它纳入了汇票的范畴之内。在美国，票据法定义中除了包括支票、汇票和本票，还把存款单列入了票据的范畴，和英国一样，美国也把支票作为汇票的一种。根据《票据法》的规定，票据包括汇票、本票和支票 3 种。

1. 汇票

《票据法》第十九条第一款规定，汇票是出票人签发的，委托付款人在见票时或者在指定日期无条件支付确定的金额给收款人或者持票人的票据。汇票根据出票人的不同，分为银行汇票和商业汇票，而商业汇票又根据承兑人的不同，分为银行承兑汇票和商业承兑汇票。

2. 本票

《票据法》第七十三条第一款规定，本票是出票人签发的，承诺自己在见票时无条件支付确定的金额给收款人或者持票人的票据。票据法中的本票即指银行本票。

3. 支票

《票据法》第八十一条规定，支票是出票人签发的，委托办理支票存款业务的银行或者其他金融机构在见票时无条件支付确定的金额给收款人或者持票人的票据。

假设 A 企业拟向 B 企业购买一批原材料，总价 200 万元。如果 A 企业选择采用银行承兑汇票的方式付款，则可以签发一张以 A 企业为出票人、以 B 企业为收款人，以 A 企业的开户银行(甲银行)为付款人的汇票，将其交付给 B 企业。B 企业在票据到期时，委托自己的开户银行(乙银行)向甲银行提示付款。甲银行经审核无误后，将票据金额 200 万元支付给乙银行，由其存入 B 企业的账户。

如果 A 企业和 B 企业是异地，同时，A 企业选择采用银行汇票的方式付款，则应先将 200 万元存入 A 企业的开户银行(甲银行)当中，由甲银行签发一张以自己为出票人、以 B 企业为收款人，以甲银行为付款人的银行汇票，将其交付给 B 企业。B 企业取得银行汇票后，携带银行汇票和发货单到自己的开户银行(乙银行)向甲银行提示付款。甲银行经审核无误后，将票据金额 200 万元支付给乙银行，由其存入 B 企业账户。

经上述两例对比银行承兑汇票和银行汇票结算过程发现，两者有不同之处。第一，两者的出票人不同，银行承兑汇票的出票人为企业；而银行汇票的出票人为银行。第二，两者的付款时间不同，银行承兑汇票是远期票据，是在指定的日期付款；而银行汇票是见票即付票据。

如果 A 企业选择采用转账支票的方式付款，则可以签发一张以自己为出票人、以 B 企业为收款人、以开户银行(甲银行)为付款人的转账支票。B 企业委托自己的开户银行(乙银行) 向甲银行提示付款。甲银行经审核无误后，将票据金额 200 万元支付给乙银行，由其存入 B 企业账户。

二、票据的法律特征

票据作为依票据法发行的、以无条件支付一定金额为目的的一种有价证券，具有以下法律特征。

(一) 票据是有价证券

这是票据的首要特征，票据所表示的权利和票据本身有不可分离的关系，两者完全融合在一起。行使票据上的权利，必须出示该票据，否则票据债务人有权拒绝且不负延迟的责任。若票据丢失，则无法行使票据权利。故可得出，票据代表着给付一定金额的请求权，是有价证券。

(二) 票据是债权证券

票据的持票人可以就票据上所载的金额向特定票据债务人行使其请求权，其性质是债权，所以，票据是债权证券。它有别于社员权证券，后者表彰的是社员权，如股票。

(三) 票据是金钱凭证

就票据而言，持票人享有的权利就是请求债务人给付一定的金钱，所以票据是一种金钱凭证。它有别于物权证券，物权证券其性质是支配权，是证券持有者对财产物资有直接支配处理的权利，如提单、仓单等。

(四) 票据是设权证券

票据上所代表的权利本来不存在，而是随着票据的制作而产生，因此，它不是证明已经存在的权利，而是创设权利，是一种设权证券。它有别于证权证券，证权证券是指证券是权利的一种物化的外在形式，是权利的载体，用来证明已经存在的权利。

(五) 票据是文义证券

票据上的权利与义务是以票据上所记载的文义来决定其效力的，除法律另有规定的以外，持票人不得要求票据所载文义以外的权利，票据债务人也不负文义以外的义务。票据上记载的文义即使有错，通常也不得依据票据之外的其他证据变更或者补充，即票据是文义证券。票据的这个特征主要是为了保护善意持票人，以维护交易的安全。

(六) 票据是流通证券

票据具有可以流通的特性。票据和普通的债券是不同的，票据上的权利可以以背书、交付而转让流通，并且票据可以在市场上任意流通，而不需要像民法上的债权转让，必须要通知债务人而作为对债务人债权转让生效的要件或作为对抗第三人的要件。票据的作用正是由于其形式简明、流通自由、节约了现金的使用，因而为各国法律给予充分保护。各国的票据法一般都认为，当票据的受让人取得了票据以后，就取得了票据的全部权利，包括受让人有权用自己的名义对票据上的所有当事人起诉，而不需要依靠其前手参加。

(七) 票据是无因证券

由于票据上的权利和义务是以票据上所记载的文义来决定其效力，而不论其所发生的原因如何，因而票据又是不要原因的有价证券。这里所说的“因”，是指产生票据上的权利和义务的原因。票据为无因证券包含两层意思：①票据上的权利和义务的发生，不论其行为有无原因，或者其原因是否正当，都不影响票据的效力；②票据债务人自其票据行为完成之时起，就对正当持票人承担了票据上的责任。

(八) 票据是要式证券

票据的做成必须具备法定的形式，如果不具备法定的形式，就不能产生票据的效力。这是因为票据上的权利义务关系全凭票据上的文义来确定，如果票据上所记载的事项不统一，或票据上对某些重要事项记载不明确，则当事人的权利义务难以确定，必然影响票据的流通，因此各国票据法对票据的形式条件、款式作了详细规定，缺少应记载的事项则票据无效；当事人不能任意更改票据所要求的款式及所应记载的事项；票据上记载了票据法上所不规定的事项，这些事项不发生票据上的法律效力。

三、票据的功能

票据是随着经济社会的发展而产生和日益形成规模的，由于现金的不安全性、不易宏观控制和管理以及携带不便等种种限制，才促进了票据进一步的发展。票据的功能就是票据本身所具有的能力，是票据的一部“发展史”，它依附于票据而存在，与票据的发展过程相适应，从最初的汇兑功能到现在的融资功能，无一不是顺应着经济的发展，满足商品交易的需要。从票据产生和发展的历史看，票据的功能主要有：汇兑功能、支付功能、结算功能、信用功能、融资功能和流通功能。

(一) 汇兑功能

票据的汇兑功能，是票据的一种输送金钱的功能，是票据最基本最原始的功能。随着社会商品经济的发展，商品交易范围不断扩大，交易双方往往分处异地甚至异国，因而会经常产生在异地或异国转移货币或兑换货币的需要，采用金钱实际转移方式，既不方便又不安全，而且费用较高。如果采用以票据转移代替金钱转移的方式，既可以消除金钱实际转移的弊端，又可以促进贸易的发展。

汇兑是指汇款人即需要输送货币的人，将款项交付给银行，由银行做成汇票交给汇款人，由汇款人携带或者邮寄给收款人，再由持票人到银行设在异地的分支机构或委托的付款机构，领取款项。可见汇票的汇兑功能主要是消除金钱在空间转移上的障碍。在很长的一段时期里，汇票都是异地转移货币的最佳工具。只是到了 21 世纪，由于邮汇、电汇的广泛流行，使票据的汇兑功能有所下降。那种单纯为实现货币空间转移而使用汇票的越来越少，如英国和日本，已不能用商业汇票作为国内汇款的手段。特别是在国际货物买卖中，由于信用证的广泛使用，更缩小了汇票的使用范围。可见 21 世纪以来，票据的汇兑功能有所萎缩，失去了汇兑的独占地位。但是由于票据尚具有其他功能，票据汇兑功能仍能发挥，因而仍被广泛地使用着。

(二) 支付功能

票据的支付功能，是票据可以代替现金进行支付，从而简化现金支付手段的功能。在经济活动中所发生的货币收支关系，可利用票据来代替现金，从而避免现金支付在时间、空间、费用等方面存在的弊端，这是票据最原始的功能之一。作为支付手段，各种票据都可以使用。比如在购销活动中，购货方需支付货款给销货方，既可采用支票，也可采用本票，还可采用汇票的方式，其中以支票最为灵活方便。人们为不经常携带大量现金，可将现金预先存入银行，与银行订立支票合同，然后从银行领取支票簿置于身上，在需要支付现金时，即可签发支票。

票据的支付功能与票据的汇兑功能，有时可分别使用，单独发挥作用；有时则必须同时发挥作用。比如在办理同城结算时，票据的支付功能可单独实现，但在办理异地结算时，两种功能必须同时发挥作用。如果说票据的汇兑功能有所萎缩，那么票据的支付功能也存在同样问题。由于银行结算方式的多样化，所以在办理异地结算时，人们可选择法律所允许的其他结算方式，如信汇、电汇等。因而单纯以支付为目的的结算方式，已不仅限于票据。

(三) 结算功能

票据的结算功能，是票据作为支付手段对经济往来中的货币收付关系进行清算和了结的能力。票据的结算功能，是票据的汇兑功能、支付功能和信用功能的具体体现，也是这些功能发挥作用的必然结果。在经济活动中，票据可以作为支付工具，当当事人互相拥有对方所发票据时，他们可以用票据抵销双方的债权债务关系，而只就票据差额进行货币支付。如甲欠乙 10 万元，开一张金额为 10 万元的票据给乙，乙又欠甲 12 万元，开具一张金额为 12 万元的票据给甲，双方可就票面差额，进行结算，这是票据狭义的结算功能。从广义上看，由于票据流通功能的作用，票据持有人可以通过背书转让票据，使票据的结算关系不只局限于在票据的签发人之间相互进行。现代票据以银行为中介，通过票据的交换进行划转和冲抵，实现货币的收支，进行债权债务的清算。

(四) 信用功能

票据的信用功能，是指在商品交易中，当商品和货币的换位活动在时间上相分离时，以票据作为权利载体的能力。票据的信用功能是票据其他诸功能得以发挥的基础和保障，也是票据法律制度建立的基础。票据是信用的产物，同时也是一种信用工具。

票据信用产生的经济条件是在商品交易中，交易各方所拥有的货币资金往往处于流动状态，当购买方急需购进商品时，却可能因手头资金不足而无力购买，而销售方可能因商品积压而难以实现其价值，在此情况下则可能发生赊销行为——商品的让渡与其价值的实现在时间上发生分离，这就是一种信用关系。作为尚未付款就取得商品的买方，需向让渡商品的卖方承诺付款，承诺的方式可以是合同、协议，也可以是票据，即由买方提供记载一定时间、地点及无条件支付一定金额的票据给卖方，卖方在票据到期日取得票据权利，实现其商品价值。当票据到期而票据债务人不能履行付款义务时，不仅要承担法律责任，而且丧失其信用，影响其以后的经济往来活动。这是票据最基本的信用功能。

作为信用工具的票据，其信用功能最主要体现在票据代替现金的流通方面。比如商业汇票经付款人承兑后，在付款到期日之前，可经背书而在市场主体之间转让流通，并且可以利用承兑人的信用向银行贴现换取现金，从而使整个社会能够充分利用有限资金，促进生产的发展。可见票据信用对社会经济发展有至关重要的意义，因为信用可以转化为金钱和效益。

(五) 融资功能

票据的融资功能，是指票据所具有的筹集和调度资金的能力。这一功能是票据发展的产物，是票据的一个新功能。票据的融资功能是通过票据贴现来实现的。票据的贴现是指票据持有者在需要资金时，将其持有未到期票据，以低于票面金额的价格，卖给银行等金融机构，卖方获得现金，买方赚取差价。银行等金融机构经营贴现业务，是将未到期的票据提前变现，实际上是向社会投放货币资金。如果票据的签发人是为了取得货币资金而专门签发远期票据向银行贴现，这种票据就不是一种支付工具，而是一种单纯的融资手段。

票据的融资功能，主要表现在商业汇票方面。可见，票据的融资功能直接影响着社会货币资金的流通，具有直接控制货币流通的作用，因而这一功能的现实意义已远远超出融资本身。充分发挥票据的融资功能，有助于社会资金的灵活调度，有助于促进生产的发展。但也必须为其创造必要的条件：一是建立票据市场，既买卖到期票据，也买卖未到期票据；二是提高整个社会的使用程度，正常地使用商业汇票。

(六) 流通功能

票据的流通性是指通过背书转让票据，使票据充当信用货币的能力。从票据产生来看，它只是作为一次性付款的支付工具，不具有流通性，只是当背书转让制度产生后，票据才具有流通性。票据本身是权利的载体，由于债权所具有的可转让性，决定了票据的可转让性。根据票据转让制度的要求，每一个在票据上背书的人都负有担保债务履行的义务，所以票据背书人次越多，其信用程度就越高。由于票据流通功能的作用，在商品交易中交易各方在不投入资金的情况下，可以利用票据进行多次交易，从而起到节约货币和加速商品周转速度的作用。因此可以说票据的流通功能，是票据制度得以存在和发展的基础，是票据新的生命力所在。

如前所述，由于邮电业的发展及银行结算方式的多样化，已使票据的汇兑功能、支付功能受到影响，但是由于票据具有流通等其他功能，才使票据的汇兑、支付功能尚不能被信汇、电汇及其他银行结算方式所完全取代。在市场经济发达的国家，票据被广泛地运用，代替现金作为支付和流通的手段。但是，票据本身不是货币，它不具有货币强制流通的效力，所以当债务人以票据清偿债务时，则必须征得债权人同意，债权人可以拒绝接受票据而要求以货币清偿。

票据的诸功能是在票据的产生和发展过程中逐渐显现出的。我们对票据功能的研究不仅要认识票据产生时的一些原始功能，如汇兑功能、支付功能等，更应注意研究在票据发展过程中所显现出的新的功能，如结算功能、流通功能、融资功能等。要为这些功能的发挥创造必要的条件，以充分发挥诸功能的综合作用。

四、票据法的概念与特征

(一) 票据法概念

票据法是调整票据当事人之间的票据授受关系和货币支付关系的法律规范的总称。一般意义上所说的票据法是指狭义的票据法，即专门的票据法规范，它是规定票据的种类、形式和内容，明确票据当事人之间的权利义务，调整因票据而发生的各种社会关系的法律规范。

(二) 票据法特征

1. 票据法具有强制性

由于票据具有较强的流通性，不仅涉及直接进行票据授受的特定当事人，而且涉及经票据流通间接取得票据而加入票据关系的不特定第三人。所以，票据关系的设定、变更或消灭，均以法律的规定为行为准则，票据的内容由法律直接规定，不允许当事人加以变更，除法律另有规定的以外，一般也不承认当事人约定的优先效力。票据法首先规定了票据只有 3 种——汇票、本票和支票，除此之外，任何银行、单位和个人不得创设新的票据形式；其次，票据是严格的要式证券，票据行为也是严格的要式行为，违反法定方式的票据及票据行为一律无效。

2. 票据法具有技术性

票据是作为金钱支付和运用手段而创造出来的，必须具有严密而精巧的技术解决方法。票据法中的许多规定，如票据形式的严格规定、关于票据行为无因性的规定、背书连续的规定、抗辩切断的规定以及付款责任的规定等，都是为了保证票据使用的安全、确保票据的流通和付款，从方便合理的角度出发，由立法者专门设计出来的，而不是基于一般的道德理念，或者遵循一般的法律原则而规定的。就这一点来说，票据法类似于交通法规，具有较强的技术性。

3. 票据法具有统一性

票据的产生，就始于国际贸易，而国际贸易的不断扩大，更使得各国间票据法的统一成为一种需要。目前，不少国家的票据法正逐步趋于统一，国际社会也在谋求票据法的统一。国际票据法的统一先后经历了海牙统一票据法、日内瓦统一票据法和联合国统一票据法 3 个发展阶段。最具代表意义、影响最大的是 1930 年和 1931 年日内瓦统一票据法，包括《统一票据汇票本票法公约》《解决汇票本票法律冲突公约》《汇票本票印花税法公约》《统一支票法公约》《解决支票法律冲突公约》《支票印花税法公约》。这些公约是相互独立的，各国可分别加入。

五、票据法律体系

第八届全国人大常委会第十三次会议于 1995 年 5 月 10 日正式通过了《中华人民共和国票据法》，该法于 1996 年 1 月 1 日起施行。由此，中国初步建立起了票据法体系。随后，根据 2004 年 8 月 28 日第十届全国人民代表大会常务委员会第十一次会议《关于修改〈中华人民共和国票据法〉的决定》修正。

1. 法律

《票据法》是最主要的相关法律。对于《票据法》没有规定的，应当适用民事普通法的规定，主要是《民法典》等。此外，《中华人民共和国民事诉讼法》中的公示催告程序也是票据法的重要组成部分。

2. 行政法规

目前最主要的行政法规是中国人民银行制定、国务院批准的《票据管理实施办法》(1997年8月21日发布，根据2011年1月8日《国务院关于废止和修改部分行政法规的决定》修正)。

3. 司法解释

为了正确适用《票据法》，最高人民法院于2000年2月24日通过了《最高人民法院关于审理票据纠纷案件若干问题的规定》。其根据2020年12月23日最高人民法院审判委员会第1823次会议通过的《最高人民法院关于修改<最高人民法院关于破产企业国有划拨土地使用权应否列入破产财产等问题的批复>等二十九件商事类司法解释的决定》修正，修正内容自2021年1月1日起施行。这是票据法领域最重要的司法解释。

4. 部门规章

中国人民银行是国务院的金融主管机关，制定了一大批有关票据的部门规章或者其他规范性文件，其中较为重要的有《支付结算办法》《商业汇票承兑、贴现与再贴现管理暂行办法》《电子商业汇票业务管理办法》等。

第二节　票据行为与票据权利

一、票据行为

(一) 票据行为的概念

票据行为，是指票据当事人以发生票据债务为目的、以在票据上签名或盖章为权利义务成立要件的法律行为。我国票据法上的票据行为包括出票、背书、承兑、保证4种，其中承兑为汇票所独有，其他3种票据行为是3种票据所共有的。

(二) 票据行为的特征

1. 票据行为的独立性

票据行为是独立的法律行为，在同一张票据之上，可以有出票、保证、承兑、背书等多个票据行为的存在。就一般的民事法律行为而言，如果前提行为无效，那么其后的行为也会无效。但票据行为，完全不适用上述原则。票据上记载的内容，既是出票人的意思表示，也是后来的保证人、背书人等的独立的意思表示，这种表示并无主观上的共同性和关联性，而是各自分离，互为独立的。因此，每一个票据行为，都有其自身的法律效力，每一个票据行为的主体，都对自己的行为独立地承担票据上的责任。如果多个票据行为之中，有一个或数个票据行为因某种原因无效或被撤销，其他票据行为的效力并不因此而受到影响。这就是我们所说的独立行为原则。

2. 票据行为的无因性

票据行为的产生一般是基于一定票据行为的发生，而当事人为票据行为，又是基于一定的事实原因，如买卖、借贷或其他民事法律行为，这些事实原因是各种票据行为的基础，也是整个票据关系产生的基础。这些事实原因相对于抽象的票据关系而言，反映的是票据行为的实质内容，也就是说在每一个票据关系的后面，在票据关系产生之前就存在着一种民事法律关系，这就是所谓的票据的基础关系，也叫票据的实质关系，如我国《票据法》第十条规定，票据的签发、取得和转让，应当遵守诚实信用的原则，具有真实的交易关系和债权债务关系。

票据行为的发生虽然有赖于票据的基础关系，但票据行为一旦成立，所形成的票据关系即与基础关系或实质关系相脱离，该实质关系有效与否都不会影响票据行为的效力。也就是说，票据行为只需具备其抽象的形式要件即可生效，而不必问其实质如何。这就是当代票据法中贯彻的最基本的原则，票据行为的无因性。所谓无因性不是说票据行为的产生没有原因，而是说在票据的流转过程中，作为第三人，接受票据时，无须去过问和注重票据产生的原因，即票据持有人行使票据权利，并不需要证明票据产生的原因，票据债务人也不得以票据原因是违法的，或非法律义务，或存在其他瑕疵为由，来对抗正当持票人。

3. 票据行为的文义性

票据行为的文义性，使之与一般民事行为相区别，因此在确定票据行为的效力时，不能依其他事实或证据来探求行为人的真实意思，也不得任意变更或补充行为人的意思。票据是文义证券，又是不因证券、行为人的意思表示是否真实、合法不易查知，加上票据的流通性使之常常辗转流通在许多不特定的人之间，为了保护善意第三人的合法权益，促进票据的流通，对票据行为人的意思表示多采取表示主义，即以行为的外观来确定行为的效力。原则上讲，一个票据行为只要在形式上符合票据法的要求，就属有效行为，行为人即应承担相应的票据义务，而不去查问行为时意思表示是否真实。只有在直接当事人或非善意持票人主张权利的情况下，票据行为人才能以意思表示不真实为由行使抗辩权。

(三) 票据行为的种类

1. 出票

出票，是指出票人签发票据并将其交付给收款人的票据行为。出票包括两个行为，一是出票人按照《票据法》的规定做成票据，即在原始票据上记载法定事项并签章；二是交付票据，即将做成的票据交付给他人占有。两者缺一不可。

2. 背书

背书，是指在票据背面或者粘单上记载有关事项并签章的票据行为。背书由背书人签章并记载背书日期。背书未记载日期的，视为汇票到期日前背书。以背书转让或者以背书将一定的汇票权利授予他人行使时，必须记载被背书人名称。背书人未记载被背书人名称即将票据交付他人的，持票人在票据被背书人栏内记载自己的名称与背书人记载有同等法律效力。

以背书转让的票据，背书应当连续。背书连续，是指在票据转让中，转让票据的背书人与受让票据的被背书人在票据上的签章依次前后衔接，即第一次背书的背书人为票据的收款人；第二次背书的背书人为第一次背书的被背书人，以此类推。持票人以背书的连续，证明其票据权利。

3. 承兑

承兑这一票据行为仅适用于商业汇票，是指汇票付款人承诺在汇票到期日支付汇票金额并签章的行为。付款人承兑汇票后，应当承担到期付款的责任。

4. 保证

保证，是指票据债务人以外的人，为担保特定债务人履行票据债务而在票据上记载有关事项并签章的行为。保证人对合法取得票据的持票人所享有的票据权利承担保证责任。被保证的票据，保证人应当与被保证人对持票人承担连带责任。票据到期后得不到付款的，持票人有权向保证人请求付款，保证人应当足额付款。保证人为两人以上的，保证人之间承担连带责任。

【例 7-1】根据票据法律制度的规定，下列行为中不属于票据行为的是(　　)。

A. 出票　　B. 背书　　C. 承兑　　D. 付款

【解析】答案为 D。本题考核票据行为。票据法上的票据行为包括出票、背书、承兑、保证 4 种。

二、票据当事人

票据当事人，也称票据法律关系主体，是指在票据法律关系中，享有票据权利、承担票据义务的主体，也就是票据行为的参与者。票据当事人分为基本当事人和非基本当事人。

(一) 基本当事人

基本当事人，是指在票据做成和交付时就已经存在的当事人，是构成票据法律关系的必要主体，包括出票人、付款人和收款人 3 种。汇票和支票的基本当事人有出票人、付款人和收款人；本票的基本当事人只有出票人和收款人，没有付款人。因为本票的出票人和付款人都是同一银行。基本当事人不存在或不完全，票据上的法律关系就不能成立，票据无效。

1. 出票人

出票人，是指依法定方式签发票据并将票据交付给收款人的人。根据票据种类的不同，出票人的法律地位也有所不同。银行汇票的出票人为银行；商业汇票的出票人为除银行以外的企业和其他组织；银行本票的出票人为出票银行；支票的出票人为在银行开立支票存款账户的企业、其他组织和个人。

2. 收款人

收款人，是指票据正面记载的到期后有权收取票据所载金额的人，又称票据第一手权利人。

3. 付款人

付款人，是指出票人委托付款或自行承担付款责任的人。付款人付款后，票据上的一切债务责任解除。商业承兑汇票的付款人是合同中应给付款项的一方当事人，也是该汇票的承兑人；银行承兑汇票的付款人是承兑银行，但是其款项来源还是与该票据有关的合同中应付款方的存款；支票的付款人是出票人的开户银行；本票的付款人是出票人。

(二) 非基本当事人

非基本当事人，是指在票据做成并交付后，通过一定的票据行为加入票据关系而享有一定权利、承担一定义务的当事人，包括承兑人、背书人、被背书人、保证人等。票据上的非基本当事人在各种票据行为中都有自己特定的名称，所以，同一当事人可以有两个名称，即双重身份，如汇票中的付款人在承兑汇票后称为承兑人，第一次背书中的被背书人就是第二次背书中的背书人等。

1. 承兑人

承兑人，是指接受汇票出票人的付款委托、同意承担支付票款义务的人，它是汇票的主债务人。

2. 背书人

背书人，是指在转让票据时，在票据的背面或粘单上签字或者盖章，并将该票据交付给受让人的票据收款人或持有人(称为前手)。

3. 被背书人

被背书人，是指被记名受让票据或接受票据转让的人。背书后，被背书人成为票据新的持有人(称为后手)，享有票据的所有权利。

4. 保证人

保证人，是指为票据债务提供担保的人，由票据债务人以外的第三人担当。保证人在被保证人不能履行票据付款责任时，以自己的金钱履行票据付款义务，然后取得持票人权利，再向票据债务人追索。

并非所有的票据当事人一定同时出现在某一票据上，除基本当事人外，非基本当事人是否存在完全取决于相应的票据行为是否发生。不同票据上可能出现的票据当事人也有所不同。

票据行为关系如图 7-1 所示。

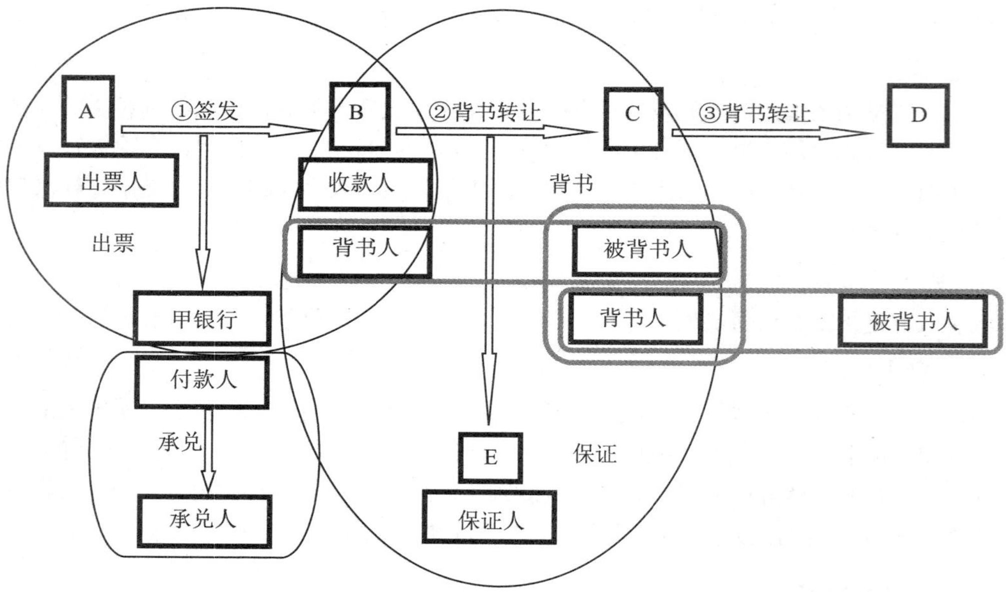

图7-1　票据行为关系

【例 7-2】根据票据法律制度的规定，下列票据行为人中，其签章不符合票据法规定可导致票据无效的是(　　)。

A. 出票人　　B. 保证人

C. 背书人　　D. 承兑人

【解析】答案为 A。本题考核票据的签章。出票人在票据上的签章不符合票据法、票据管理实施办法规定的，票据无效。背书人、承兑人、保证人在票据上的签章不符合票据法、票据管理实施办法规定的，其签章无效，但是不影响票据上其他签章的效力。

三、票据权利

(一) 票据权利的概念

票据权利是指持票人向票据债务人请求支付票据金额的权利。票据权利是一种证券权利，是体现票据上的权利。票据权利就是金钱债权，即请求支付一定数额货币的权利。汇票、本票、支票上的权利都是一种支付金钱的请求权。我国《票据法》第四条规定，本法所称票据权利，是指持票人向票据债务人请求支付票据金额的权利，包括付款请求权和追索权。

(二) 票据权利的法律特征

票据权利的法律特征如下。

1. 票据权利是为直接得到票据金额而设立的权利

票据权利是为直接得到票据金额而设立的权利，包括付款请求权和追索权两种。付款请求权是持票人向汇票的承兑人、本票的出票人及支票的付款人提示票据请求支付票据金额的权利。追索权又称偿还请求权，指当持票人行使票据权利遭到拒付票款或拒绝承兑，或者在到期日届满时，票款有落空之虞的情形发生时，持票人向偿还义务人请求偿还票款的权利。付款请求权又称票据的第一次请求权，而追索权一般是在行使付款请求权遭到拒绝后才行使的权利，故称为票据的第二次请求权。

2. 票据权利必须是依票据才能行使的权利

由于票据行为的无因性、要式性和独立性，由此产生的票据权利比一般债权效力更强。这种权利一经产生，就同作为证券的票据本身合二为一，不可分离。只有取得票据，才能行使票据权利。

3. 票据权利是一种只对票据行为的关系人行使的权利

票据权利可以随着票据的转移而转移，但是票据权利只能对票据行为的关系人行使，如对出票人、背书人、承兑人、保证人、付款人等行使。这一特点有利于保护票据权利人，使取得票据的人有安全感，以便利票据的流通，巩固票据制度。

(三) 票据权利的种类

1. 付款请求权

付款请求权，是持票人向汇票的承兑人、本票的出票人及支票的付款人提示票据请求支付票据金额的权利，是第一顺序权利(主票据权利)。行使付款请求权的持票人可以是票据记载的收款人或最后的被背书人；担负付款请求权付款义务的主要是主债务人。

2. 追索权

追索权，是指票据当事人行使付款请求权遭到拒绝或有其他法定原因存在时，向其前手请求偿还票据金额及其他法定费用的权利，是第二顺序权利(偿还请求权利)。行使追索权的当事人除票据记载的收款人和最后被背书人外，还可能是代为清偿票据债务的保证人、背书人。

持票人行使追索权的时机是有明确规定的，一般情况下，权利主体在下列情况下可以行使追索权。①当票据签发后，在法定时限内，持票人向付款人作提示承兑，付款人拒绝承兑时，持票人可依法向其前手行使追索权。②票据已经到期，在法定时限内，持票人向票据付款人或承兑人做付款提示，遭其拒绝时，持票人可依法行使追索权。③票据虽未到期，但持票人得知票据的付款人或承兑人已经被宣告破产，或因其他原因实质上已无款可付，持票人在向法院提出诉讼保全后，可依法向所有票据债务人行使追索权。④当承兑人或付款人死亡、逃匿时，持票人也可以向票据的其他债务人行使追索权。

(四) 票据权利的善意取得

1. 票据权利善意取得的含义

在票据受让人善意且无重大过失的情况下，取得了背书连续的票据时，即使该票据的转让人并非真实票据权利人，票据受让人亦取得该票据权利，而无向真实票据权利人返还票据的义务，这就是票据权利的善意取得。

根据一般的原则，从无权利者那里取得票据，当然不能取得票据上的权利。如果在票据上也贯彻这一原则，票据受让人在没有确切知道自己面前并没有无权利者以前是不安的，因此就不能指望票据交易的顺利进行。实行票据权利善意取得这一制度的目的，在于确保票据的流通性和安全性，充分发挥票据的功能。现代票据法律制度，是建立在票据流通的基础之上的。

《票据法》第十二条规定，以欺诈、偷盗或者胁迫等手段取得票据的，或者明知有前列情形，出于恶意取得票据的，不得享有票据权利。持票人因重大过失取得不符合本法规定的票据的，也不得享有票据权利。该条虽然没有从正面直接规定票据权利的善意取得，但是从第一款分析，以欺诈等手段取得票据的，不享有票据权利；进而，以上述手段取得票据后，又向他人转让票据权利的，实际上就是非票据权利人在处分他人之票据权利。该款规定，如果受让人明知转让人取得票据权利乃是基于上述原因，也就是明知转让人并非真正的票据权利人，没有处分权，却仍然受让票据，则不能取得票据权利。基于第二款的规定，如果受让人因为重大过失而不知上述原因，也不能取得票据权利。从上述分析反推可知，假如受让人不知道转让人没有处分权，并且是因为轻微过失甚至无过失而不知情，则可以取得票据权利。

2. 票据权利善意取得的要件

(1) 转让人是形式上的票据权利人，享有处分权。票据权利的受让人，须以一定的方式审查转让人是否享有处分权。通常情形下，票据权利乃是基于票据行为而取得，具体而言，须票据所记载的收款人或者最后的被背书人才享有的票据权利。因此，转让人须为票据记载的最后持票人(收款人或者最后的被背书人) ，受让人才有理由相信其有处分权。

(2) 转让人没有处分权。虽然票据记载了特定的人是票据权利人，此人却可能因为各种原因在实质上并不享有票据权利。例如，下列情形中转让人是没有处分权的。

情形之一：转让人从其前手取得票据权利时，其前手没有完全民事行为能力。例如，A 对 B 签发转账支票，B 取得票据后患精神病而丧失民事行为能力，但仍将支票背书转让给 C，C 又将支票背书转让给 D。根据《票据法》第六条的规定，无民事行为能力人或者限制民事行为能力人在票据上签章的，其签章无效，但是不影响其他签章的效力。也就是说 B 对 C 的背书行为无效，C 不能取得票据权利，因此 B 仍为票据权利人。C 对 D 背书转让时，C 没有处分权，其实质是在处分 B 的票据权利。

情形之二：转让人从其前手取得票据权利时，其前手的意思表示不真实。例如，A 公司以 B 公司为收款人而签发汇票，B 公司受 C 公司的欺诈而背书转让，C 公司又背书转让给 D 公司。根据《票据法》第十二条第一款的规定，以欺诈、偷盗或者胁迫等手段取得票据的，或者明知有前列情形，出于恶意取得票据的，不得享有票据权利。故 C 公司未从 B 公司处取得票据权利。因此，C 公司对 D 公司背书转让时，C 公司没有处分权，其实质是在处分 B 公司的票据权利。

情形之三：转让人并非票据所记载的权利人，但是冒充权利人并伪造其签章而转让票据权利。例如，A 公司对 B 签发转账支票，B 的票据遗失(或被盗) ，被 C 拾得(或盗取)。C 对 D 声称自己就是 B，并签下 B 的名字背书转让。C 对 D 背书转让时，C 没有处分权，其实质是在处分 B 的票据权利。

情形之四：转让人从其前手取得票据权利时，其前手的签章乃是被伪造的，且转让人并未善意取得该票据权利。同上例，C 对 D 声称自己就是 B 时，D 因重大过失而不知 C 的说法是假的，或者 D 明知 C 不是 B(甚至是 C 与 D 串通所为) ，那么 D 不能基于 C 的背书而取得票据权利。这样，当 D 再对 E 进行背书时，D 并无处分权，其实质是在处分 B 的票据权利。

(3) 受让人依照票据法规定的转让方式取得票据。这主要是指，受让人乃是基于背书转让的方式取得的票据。这一背书须符合一般背书行为的形式和实质要件。

(4) 受让人善意且无重大过失。即受让人并不知道转让人没有处分权，并且非因重大过失而不知情。在上述情形之四中，D 应审查 C 的身份证，以确定其是否是 B。如果 D 未提出这一要求即轻信，或者 C 提供的身份证显然是伪造的，而 D 竟然未能识别，则 D 有重大过失。但是，如果 C 伪造了带有自己照片的“B”的身份证，十分逼真，普通人难以识别，则应认为 D 并无过失，或仅有轻微过失。

(5) 受让人须给付对价。《票据法》第十二条虽然没有明确规定票据的善意受让人须付出相当的对价，但是《票据法》第十一条第一款规定，因税收、继承、赠与可以依法无偿取得票据的，不受给付对价的限制。但是，所享有的票据权利不得优于其前手的权利。可见，无偿取得票据的受让人所能够取得的权利不能优于其前手。在无权处分的前提下，前手并不享有票据权利，因此，无偿的善意受让人也不能取得票据权利。

【例 7-3】甲受乙胁迫开出一张以甲为付款人，以乙为收款人的汇票，之后乙通过背书将该汇票赠与丙，丙又将该汇票背书转让给丁，以支付货款。丙、丁对乙胁迫甲取得票据一事毫不知情。下列说法中，正确的有(　　)。

A. 甲有权请求丁返还汇票　　B. 乙不享有该汇票的票据权利

C. 丙不享有该汇票的票据权利　　D. 丁不享有该汇票的票据权利

【解析】答案为 BC。本题考核票据权利的善意取得。①行为人合法取得票据，即取得了票据权利，甲无权请求丁返还票据，所以 A 选项错误，D 选项错误。②因欺诈、偷盗、胁迫、恶意或重大过失而取得票据的，不得享有票据权利，所以B选项正确。③因税收、继承、赠与可以依法无偿取得票据的，不受给付对价的限制。但是，所享有的票据权利不得优于其前手的权利。丙的前手乙没有票据权利，丙也不享有票据权利，所以C选项正确。

(五) 票据权利的行使和消灭

1. 票据权利的行使

票据权利的行使，是指票据债权人请求票据债务人履行其债务的行为。票据权利的行使，应当在票据当事人的营业场所和营业时间内进行。票据当事人无营业场所的应当在其住所进行。《票据法》第十七条规定，票据权利在下列期限内不行使而消灭：①持票人对票据的出票人和承兑人的权利，自票据到期日起二年。见票即付的汇票、本票，自出票日起二年；②持票人对支票出票人的权利，自出票日起六个月；③持票人对前手的追索权，自被拒绝承兑或者被拒绝付款之日起六个月；④持票人对前手的再追索权，自清偿日或者被提起诉讼之日起三个月。

票据权利的时效要从对出票人行使权利的时效和对除了出票人以外的其他票据当事人行使权利的时效两个角度来看，《票据法》规定，持票人对前手的再追索权，自清偿日或者被提起诉讼之日起三个月。若持票人行使再追索权追索到出票人处，时效就不是自清偿日或者被提起诉讼之日起三个月了，而是要按照前述规定执行。

2. 票据权利的消灭

(1) 票据权利的一般消灭原因——付款。

票据权利人向票据债务人主张权利，票据债务人向其付款的，其债务消灭。具体而言，如果汇票的付款人或者承兑人、支票的付款人、本票的出票人向票据权利人支付了票据金额，票据权利全部消灭；如果票据权利人向其他票据债务人主张追索权，被追索人向其履行债务后，其自身的票据债务消灭，但因此而享有再追索权。

(2) 因为没有进行票据权利的保全而导致追索权消灭。

如果票据权利人没有按照规定期限提示承兑或者提示付款，或者在受到拒绝时没有依法取证，其追索权消灭。

(3) 消灭时效期间的经过。

票据权利人没有在法定的消灭时效期间内行使权利的，其票据权利因此而消灭。

(六) 票据的伪造和变造

《票据法》第十四条第一款规定，票据上的记载事项应当真实，不得伪造、变造。伪造、变造票据上的签章和其他记载事项的，应当承担法律责任。票据伪造，包括伪造票据本身和伪造票据上的签名。伪造的签名或伪造的票据都是无效的。票据的伪造者由于未在票据上以自己的名义签章，因此无须承担票据责任，但是应依法承担相应的民事责任；构成犯罪的，还应当承担刑事责任。票据的被伪造者因为未从事票据行为，因此也无须承担票据责任。

所谓票据的变造，是指无权而擅自变更票据文义的行为，即改变签名以外的票据上的其他记载事项的行为。票据变造的前提是该票据在变造前须为形式上有效的票据，而在变造后仍须为形式上有效的票据。根据《票据法》第十四条第三款规定，票据上其他记载事项被变造的，在变造之前签章的人，对原记载事项负责；在变造之后签章的人，对变造之后的记载事项负责；不能辨别是在票据被变造之前或者之后签章的，视同在变造之前签章。

由于票据行为具有独立性，某一行为无效，并不影响其他行为的效力。所以，我国《票据法》第十四条第二款规定，票据上有伪造、变造的签章的，不影响票据上其他真实签章的效力。

【例 7-4】下列关于票据伪造及责任承担的表述中，符合票据法律制度规定的是(　　)。

A. 票据被伪造人应向持票人承担票据责任

B. 持票人行使追索权时，在票据上的真实签章人可以票据伪造为由进行抗辩

C. 出票人假冒他人名义签发票据的行为属于票据伪造

D. 票据伪造人应向持票人承担票据责任

【解析】答案为 C。本题考核票据伪造。选项 ABD：票据伪造中，伪造人与被伪造人均不承担票据责任，票据上的真实签章人应当对持票人承担票据责任。

(七) 票据的丧失、补救及抗辩

1. 票据的丧失

票据丧失，是指持票人丧失对票据的占有。丧失了票据的票据权利人，称为失票人。票据丧失的具体情形，可以是票据的物质形态的根本变化，比如被烧毁、撕毁、泡成纸泥等，也可以虽然存在，但是脱离了持票人的占有，比如被遗失、被盗、被抢等。后种情形下，失票人可能知道谁占有票据，也可能不知道谁占有票据。

2. 票据的补救

由于票据权利的行使须提示票据，因此失票人无法证明和行使其权利，甚至可能被他人所利用。因此法律上设置了几种制度对失票人提供法律救济：挂失止付、公示催告、提起诉讼。

1) 挂失止付

挂失止付，是指失票人将票据丧失的情形通知付款人，付款人接到通知后决定暂停支付，以防止他人取得票据金额的临时性救济措施。挂失止付是一种临时性的措施。付款人在收到挂失通知时，并不知道可能也来不及审查其是不是真正的票据权利人，只是在接到挂失通知后，在法定的短期之内，不向任何持票请求付款的人支付票据金额。这样，丧失票据的票据权利人就可以赢得宝贵的时间，通过公示催告或者诉讼程序来确认票据权利，并最终证明和行使其票据权利。

2) 公示催告

公示催告，是指在票据丧失后由失票人向人民法院提出申请，请求人民法院以公告方式通知不确定的利害关系人限期申报权利，逾期未申报者，则由法院通过除权判决宣告所丧失的票据无效的一种制度或程序。失票人应当在通知挂失止付后的 3 日内，也可以在票据丧失后，依法向人民法院申请公示催告。

3) 提起诉讼

票据权利人丧失票据后，除了以公示催告程序证明自己的票据权利外，还可以提起普通民事诉讼来实现其权利。普通诉讼，是指以失票人为原告，承兑人或出票人为被告，请求法院判决其向失票人付款的诉讼活动。票据作为一种有价证券，应认为票据权利与票据所有权原则上的一致性，票据权利人通常就是票据所有权人。因此，当票据被他人占有时，票据权利人可以

基于其所有权，请求返还票据。其具体情形，不仅包括票据因遗失、被盗等原因而被他人占有，还包括这类情形：票据行为因为票据行为人欠缺行为能力等原因而无效，票据权利并未转移，占有票据的人并未依法取得票据权利，因此，票据权利人可以基于其所有权而请求占有票据的人返还票据。

3. 票据的抗辩

票据抗辩，是指票据债务人根据票据法的规定对票据债权人拒绝履行义务的行为。票据法赋予债务人行使抗辩的权利，一方面是为了保护真正的债权人的利益；另一方面也是为了保证债务人能够确实、合法地履行义务。所以，各国票据法都对票据抗辩作出了相应的规定。

1) 票据抗辩的种类

根据抗辩的事由及其效力的不同，票据抗辩可以分为物的抗辩和人的抗辩两类。

物的抗辩也称绝对抗辩或客观抗辩，是指基于票据本身所存在的事由而发生的抗辩。因抗辩事由是基于票据本身的原因而发生，因此称为物的抗辩；又因该抗辩事由可以对一切持票人提出，因而又称绝对抗辩，如票据无效的抗辩、票据行为无效的抗辩、票据失效的抗辩、票据权利因已过时效而无效的抗辩等。

人的抗辩又称相对抗辩或主观抗辩，是指票据债务人仅可以对特定的票据债权人提出的抗辩。这类抗辩是基于票据当事人之间的特定关系而产生的，只能对特定的票据债权人行使。当债权人(持票人)发生变更时，这种抗辩便被切断，债务人不可以原来的抗辩事由对抗新的持票人。

《票据法》第十三条第二款规定，票据债务人可以对不履行约定义务的与自己有直接债权债务关系的持票人，进行抗辩。这里所称“直接债权债务关系”，实际上就是当事人之间的原因关系。人的抗辩中抗辩事由往往来自当事人的基础关系，因而这种抗辩只能对抗特定的债权人。

(2) 票据抗辩的限制。

由于物的抗辩可以对抗一切持票人，因而票据抗辩的限制仅存在于人的抗辩中。票据抗辩的限制，是指票据流转给直接当事人以外的其他人后，直接当事人之间的抗辩原则上被切断，亦即不得以直接当事人之间的抗辩事由对抗非直接当事人。可见，对票据抗辩作出限制，是为了保障票据的流通性和安全性，保护善意持票人的利益。这也是票据无因性的一个表现。《票据法》规定，票据债务人不得以自己与出票人或者与持票人的前手之间的抗辩事由，对抗持票人。当然，持票人明确知道存在抗辩事由而取得票据的情况除外。

【例 7-5】根据《票据法》的规定，汇票的持票人没有在规定期限内提示付款的，其法律后果是(　　)。

A. 持票人丧失全部票据权利

B. 持票人在作出说明后，承兑人仍然应当承担票据责任

C. 持票人在作出说明后，背书人仍然应当承担票据责任

D. 持票人在作出说明后，可以行使全部票据权利

【解析】答案为 B。本题考核票据保全。持票人未按照规定期限提示付款的，在作出说明后，承兑人或者付款人仍应当继续对持票人承担付款责任。

【例 7-6】根据票据法律制度的规定，票据的对物抗辩是指基于票据本身的内容而发生的事由所进行的抗辩。下列情形中，属于对物抗辩的理由有(　　)。

A. 票据债务人无行为能力

B. 票据因时效届满而消灭

C. 票据上有伪造、变造情形，被伪造人提出拒付

D. 有直接债权债务关系的持票人交付的货物不符合质量要求

【解析】答案为 ABC。本题考核票据抗辩。选项 D 属于对人抗辩。

第三节 汇　票

一、汇票的概念和种类

(一) 汇票的概念

根据我国《票据法》第十九条的规定，票据是出票人签发的，委托付款人在见票时或者在指定日期无条件支付确定的金额给收款人或者持票人的票据。

(二) 汇票的种类

根据不同标准，可以将汇票分为不同种类。在我国实际业务中最重要的一种分类是，根据出票人的不同，将汇票分为商业汇票和银行汇票。

1. 商业汇票

商业汇票是出票人签发的，委托付款人在指定日期无条件支付确定的金额给收款人或者持票人的票据。商业汇票的出票人为银行以外的企业或其他组织，其付款人可以是银行，也可以是银行以外的企业或者其他组织。凡由银行承兑的，称为银行承兑汇票；凡由银行以外的付款人承兑的，称为商业承兑汇票。

2. 银行汇票

银行汇票是出票银行签发的，由其在见票时按照实际结算金额无条件支付给收款人或者持票人的票据。银行汇票的出票银行为银行汇票的付款人。银行汇票一般由汇款人将款项交存当地银行，由银行签发给汇款人持往异地办理转账结算或支取现金。单位、个人经济户和个人需要使用各种款项，均可使用银行汇票。银行汇票的提示付款期限为自出票日起 1 个月。

二、商业汇票

(一) 商业汇票的概念、种类和适用范围

商业汇票是出票人签发的，委托付款人在指定日期无条件支付确定的金额给收款人或者持票人的票据。商业汇票按照承兑人的不同分为商业承兑汇票和银行承兑汇票。商业承兑汇票由

银行以外的付款人承兑，银行承兑汇票由银行承兑。电子商业汇票是指出票人依托人民银行电子商业汇票系统，以数据电文形式制作的，委托付款人在指定日期无条件支付确定的金额给收款人或者持票人的票据。电子商业汇票分为电子银行承兑汇票和电子商业承兑汇票。商业汇票的付款人为承兑人。在银行开立存款账户的法人以及其他组织之间，必须具有真实的交易关系或债权债务关系，才能使用商业汇票。

(二) 商业汇票的出票

1. 出票人的资格条件

商业承兑汇票的出票人，为在银行开立存款账户的法人以及其他组织，并与付款人具有真实的委托付款关系，具有支付汇票金额的可靠资金来源。在银行开立存款账户的法人以及其他组织之间，必须具有真实的交易关系或债权债务关系，才能使用商业汇票。出票人不得签发无对价的商业汇票用以骗取银行或者其他票据当事人的资金。商业承兑汇票到期，付款人不能支付票款的，按票面金额对其处以5%但不低于1000元的罚款。

银行承兑汇票的出票人，必须是在承兑银行开立存款账户的法人以及其他组织，并与承兑银行具有真实的委托付款关系，资信状况良好，具有支付汇票金额的可靠资金来源。银行承兑汇票到期，承兑申请人未能足额交存票款的，承兑银行对尚未扣回的承兑金额按每天 0.5‰计收罚息。

出票人办理电子商业汇票业务，还应同时具备签约开办对公业务的企业网银等电子服务渠道、与银行签订《电子商业汇票业务服务协议》。办理电子商业汇票业务的银行机构应开办对公业务、拥有大额支付系统行号、具有组织机构代码及中国人民银行等规定的其他条件。

2. 出票人的确定

商业承兑汇票可以由付款人签发并承兑，也可以由收款人签发交由付款人承兑。银行承兑汇票应由在承兑银行开立存款账户的存款人签发。

3. 商业汇票的绝对记载事项

签发商业汇票必须记载下列事项，欠缺下列事项之一者，商业汇票无效。

(1) 表明“商业承兑汇票”或“银行承兑汇票”的字样。这是指在票据上必须记载足以表明该票据是汇票的文字。

(2) 无条件支付的委托。这是指汇票的支付文句，即须表明出票人委托付款人支付汇票金额是不附带任何条件的。

(3) 确定的金额。这是指汇票上记载的金额必须是固定的数额。如果汇票上记载的金额是不确定的，如10万元以下、5万元以上等，汇票将无效。

(4) 付款人名称。付款人是指出票人在汇票上的委托支付汇票金额的人。付款人是汇票的主债务人，如果汇票上未记载付款人的名称，收款人或者持票人将不知道向谁提示承兑或者提示付款。因此，汇票上未记载付款人，汇票便为无效。

(5) 收款人名称。收款人是指出票人在汇票上记载的受领汇票的最初票据权利人。

(6) 出票日期。这是指出票人在汇票上记载的签发汇票的日期。

(7) 出票人签章。“出票人签章”为该单位的财务专用章或者公章，加其法定代表人或者授权代理人的签名或盖章。

4. 商业汇票的相对记载事项

相对记载事项亦属商业汇票的组成内容。如果未在汇票上记载相对记载事项，并不会影响汇票本身的效力，汇票依然有效。《票据法》规定，汇票上记载付款日期、付款地、出票地等事项的，应当清楚、明确。

(1) 付款日期。这是指支付汇票金额的日期。汇票除见票即付外，其金额一般是在签发汇票后一段时间才支付。因此，汇票应记载一个付款日期以作为票据权利人行使票据权利的依据。但是，如果汇票上未记载付款日期的，并不必然导致票据无效，根据《票据法》第二十三条第二款的规定，汇票上未记载付款日期的，为见票即付。

(2) 付款地。这是指汇票金额的支付地点。此内容应在票据上加以明确记载，以便收款人或者持票人知道在何地提示付款。但是，如果汇票上未记载付款地的，也不必然导致票据无效。根据《票据法》第二十三条第三款的规定，汇票上未记载付款地的，付款人的营业场所、住所或者经常居住地为付款地。

(3) 出票地。这是指出票人签发票据的地点，此内容亦应在票据上加以明确记载。如果汇票上未记载出票地的，依照《票据法》第二十三条第四款的规定，汇票上未记载出票地的，出票人的营业场所、住所或者经常居住地为出票地。

此外，汇票上可以记载非法定事项以外的其他出票事项，但是该记载事项不具有汇票上的效力。

【例 7-7】根据票据法律制度的规定，某公司签发汇票时出现的下列情形中，导致该汇票无效的是(　　)。

A. 汇票上未记载付款日期

B. 汇票上金额记载为“不超过 50 万元”

C. 汇票上记载了该票据项下交易的合同号码

D. 签章时加盖了本公司公章，公司负责人仅签名而未盖章

【解析】答案为 B。本题考核汇票的出票。根据规定，确定的金额是汇票的绝对应记载事项，如果汇票上记载的金额是不确定的，汇票将无效。

(三) 商业汇票的承兑

承兑是指汇票付款人承诺在汇票到期日支付汇票金额的票据行为。承兑时汇票特有的制度。汇票是一种出票人委托他人付款的委托证券，但是出票人的出票行为完成之后，由于其是一种单方法律行为，故对付款人并不当然产生约束力，只有在付款人表示愿意向收款人或者持票人支付汇票金额后，持票人才可于汇票到期日向付款人行使付款请求权，承兑就是这样一种明确付款人的付款责任，确定持票人票据权利的制度。商业承兑汇票可以由付款人签发并承兑，也可由收款人签发交由付款人承兑。银行承兑汇票是由在承兑银行开立存款账户的存款人出票，向开户银行申请并经银行审查同意承兑。

1. 承兑的程序

1) 提示承兑

提示承兑是指持票人向付款人出示汇票，并要求付款人承诺付款的行为。根据我国《票据法》的有关规定，因汇票付款日期形式的不同，提示承兑的期限亦不一样。汇票未按规定期限

提示承兑的，持票人丧失对其前手的追索权。

(1) 定日付款和出票后定期付款汇票的提示承兑期限。《票据法》第三十九条规定，定日付款或者出票后定期付款的汇票，持票人应当在汇票到期日前向付款人提示承兑。在票据法理论上，定日付款汇票和出票后定期付款的汇票，属于可以提示承兑汇票。也就是说，持票人既可以在到期日前提示承兑，待付款人承兑后而于到期日行使付款请求权。

(2) 见票后定期付款汇票的提示承兑期限。见票后定期付款的汇票，持票人应当自出票日起 1 个月内向付款人提示承兑。见票后定期付款汇票的付款日期，是以见票日为起算日期来确定，汇票不经提示承兑，就无法确定见票日，从而持票人便无法行使票据权利。因此，该种汇票属于必须提示承兑汇票。根据《票据法》第四十条规定，见票后定期付款的汇票，持票人应当自出票日起一个月内向付款人提示承兑。汇票未按照规定期限提示承兑的，持票人丧失对其前手的追索权。

2) 承兑成立

(1) 承兑时间。持票人向付款人提示承兑后，付款人应即决定是否承兑。为此，法律一般都规定一个让付款人考虑的时间。付款人对向其提示承兑的汇票，应当自收到提示承兑的汇票之日起 3 日内承兑或者拒绝承兑。一般来说，如果付款人在 3 日内不作承兑与否表示的，则应视为拒绝承兑，持票人可以请求其作出拒绝承兑证明，向其前手行使追索权。

(2) 接受承兑。这是指持票人向付款人提示承兑时，付款人需要向持票人办理的收取汇票的手续。付款人收到持票人提示承兑的汇票时，应当向持票人签发收到汇票的回单。回单上应当载明汇票提示承兑日期并签章。这里所指的回单实际是指持票人收到的付款人向其出具的已收到请求承兑汇票的证明。这一手续办理完毕，即意味着接受承兑。

(3) 承兑的格式。这是指付款人办理承兑手续时需要在汇票上记载的事项和如何记载该等事项。《票据法》第四十二条规定，付款人承兑汇票的，应当在汇票正面记载“承兑”字样和承兑日期并签章；见票后定期付款的汇票，应当在承兑时记载付款日期。汇票上未记载承兑日期的，以前条第一款规定期限的最后一日为承兑日期。

(4) 退回已承兑的汇票。付款人依承兑格式填写完毕应记载事项后，并不意味着承兑生效，只有在其将已承兑的汇票退回持票人时才产生承兑的效力。

2. 承兑的效力

承兑生效后，即对付款人产生相应的效力。《票据法》第四十四条规定，付款人承兑汇票后，应当承担到期付款的责任。这就是有关承兑效力的规定。该等到期付款的责任是一种绝对责任。其表现在：①承兑人于汇票到期日必须向持票人无条件地支付汇票上的金额，否则其必须承担延迟付款责任；②承兑人必须对汇票上的一切权利人承担责任，该等权利人包括付款请求权人和追索权人；③承兑人不得以其与出票人之间资金关系来对抗持票人，拒绝支付汇票金额；④承兑人的票据责任不因持票人未在法定期限提示付款而解除。

3. 承兑不得附有条件

付款人承兑汇票不得附有条件；承兑附有条件的，视为拒绝承兑。这里所指的附有条件的承兑即指不单纯承兑。在票据法理论上，部分承兑、变更票据记载事项的承兑都属于不单纯承兑的范畴，如果付款人作出该等承兑，其效力与前相同。银行承兑汇票的承兑银行，应当按照票面金额向出票人收取万分之五的手续费。

【例 7-8】根据票据法律制度的规定，下列关于承兑的表述正确的是(　　)。

A. 汇票和支票均需承兑

B. 承兑附有条件的，条件无效，承兑有效，承兑人应当承担付款义务

C. 承兑后，付款人改为承兑人，成为汇票上的主债务人，持票人即使未按期提示付款或未依法取证，也不丧失对承兑人的追索权

D. 承兑行为的绝对必要记载事项包括承兑文句(“承兑”字样)、签章以及承兑日期

【解析】答案为 C。本题考核票据承兑行为。选项 A：承兑为汇票专有的票据行为。选项 B：承兑附有条件的，视为拒绝承兑，即承兑行为因此无效。选项 D：承兑行为的绝对必要记载事项包括承兑文句(“承兑”字样)以及签章；承兑日期是相对必要记载事项，如果承兑人未记载承兑日期，则以收到提示承兑的汇票之日起的第 3 日为承兑日期。

(四) 商业汇票的付款

1. 提示付款

提示付款是持票人或承兑人出示票据，请求付款的行为。持票人只有在法定期限内为付款提示的，才产生法律效力。关于这种法律效力，主要体现在两个方面：一是付款人一经持票人提示，即应付款；二是持票人得以保全对其前手的追索权，即在付款人拒绝付款的情况下，持票人可以请求付款人做成拒绝证明，向其前手行使追索权。

根据《票据法》第五十三条第一款规定，持票人应当按照下列期限提示付款：①见票即付的汇票，自出票日起一个月内向付款人提示付款；②定日付款、出票后定期付款或者见票后定期付款的汇票，自到期日起十日内向承兑人提示付款。如果持票人未在法定期限内为付款提示的，则丧失对其前手的追索权。《票据法》第五十三条第二款规定，持票人未按照前款规定期限提示付款的，在作出说明后，承兑人或者付款人仍应当继续对持票人承担付款责任。这是一种例外性规定。在实践中，持票人可能会因不可抗力的原因等而不能在法定提示付款期间提示付款，如果持票人由此丧失对其前手的追索权，有些不尽合理，因此，法律便要求持票人作出说明，承兑人或付款人仍应继续对持票人承担付款责任。

2. 办理付款或拒绝付款

1) 商业承兑汇票的付款

商业承兑汇票的付款人开户银行收到通过委托收款寄来的商业承兑汇票，将商业承兑汇票留存，并及时通知付款人。付款人收到开户银行的付款通知，应在当日通知银行付款。付款人在接到通知日的次日起 3 日内(遇法定休假日顺延，下同) 未通知银行付款的，视同付款人承诺付款。付款人提前收到由其承兑的商业汇票，应通知银行于汇票到期日付款。银行应于汇票到期日将票款划给持票人。电子商业汇票的拒绝付款日是指驳回提示付款申请的指令进入人民银行电子商业汇票系统的日期。电子商业汇票的追索行为的发生日是指追索通知的指令进入人民银行电子商业汇票系统的日期。电子商业汇票的承兑、背书、保证、质押解除、付款和追索清偿行为的发生日是指相应的签收指令进入人民银行电子商业汇票系统的日期。付款人存在合法抗辩事由拒绝支付的，应自接到通知的次日起 3 日内，做成拒绝付款证明送交开户银行，银行将拒绝付款证明和商业承兑汇票邮寄持票人开户银行转交持票人。商业承兑汇票流转程序如图 7-2 所示。

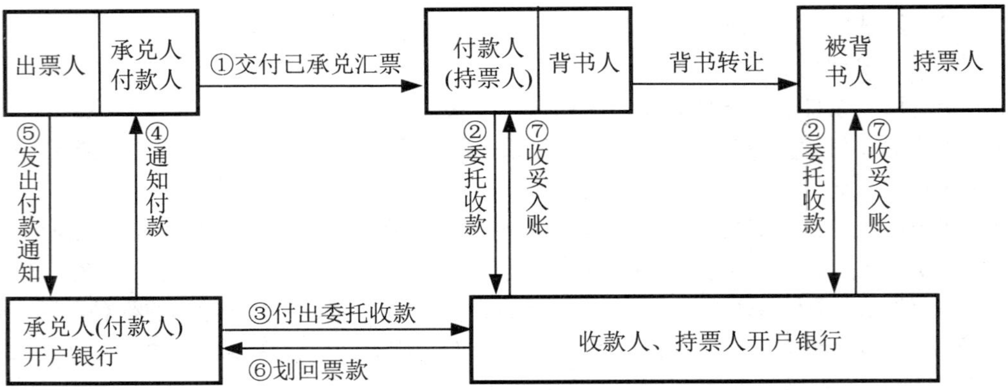

图7-2　商业承兑汇票流转程序

2) 银行承兑汇票的付款

银行承兑汇票的出票人应于汇票到期前将票款足额交存其开户银行。承兑银行应在汇票到期日或到期日后的见票当日支付票款。银行承兑汇票的票样如图 7-3 所示。承兑银行存在合法抗辩事由拒绝支付的，应自接到商业汇票的次日起 3 日内，做成拒绝付款证明，连同银行承兑汇票邮寄持票人开户银行转交持票人。银行承兑汇票的出票人于汇票到期日未能足额交存票款时，承兑银行除凭票向持票人无条件付款外，对出票人尚未支付的汇票金额按照每天万分之五计收利息。银行承兑汇票的付款人存在合法抗辩事由拒绝支付的，应自接到汇票的次日起 3 日内，做成拒绝付款证明，连同银行承兑汇票邮寄持票人开户银行转交持票人。电子银行承兑汇票承兑后，出票人可以通过渠道发出提示收票申请，在票据提示付款期截止前将票据交付收款人。银行承兑汇票流转程序如图 7-4 所示。

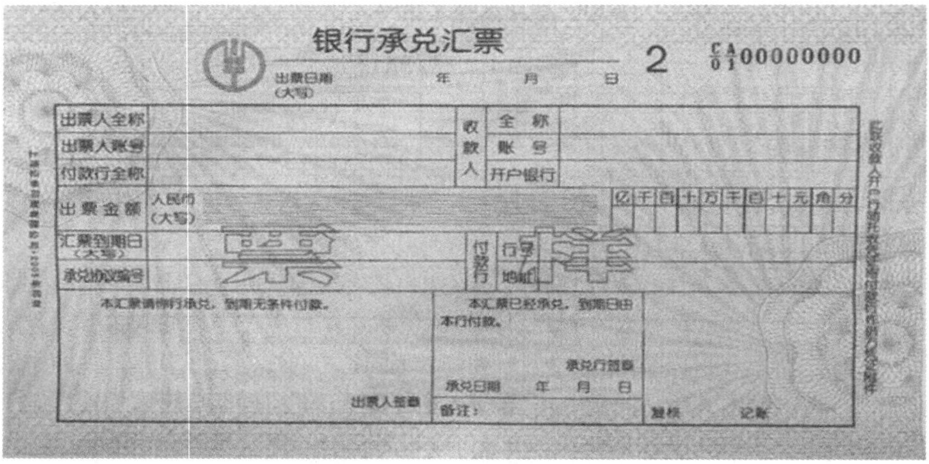
银行承兑汇票　2　CA 01 00000000
出票日期(大写)　年　月　日
出票人全称
出票人账号
付款行全称
收款人　全称　账号　开户银行
出票金额　人民币(大写)　亿千百十万千百十元角分
汇票到期日(大写)
付款行　行号　地址
承兑协议编号
本汇票请你行承兑，到期无条件付款。
本汇票已经承兑，到期日由本行付款。
承兑行签章
承兑日期　年　月　日
出票人签章
备注：
复核　记账
票样

图7-3　银行承兑汇票的票样

(五) 商业汇票的背书

商业汇票的背书是指以转让商业汇票权利或者将一定的商业汇票权利授予他人行使为目的，按照法定的事项和方式在商业汇票的背面或者粘单上记载有关事项并签章的票据行为。

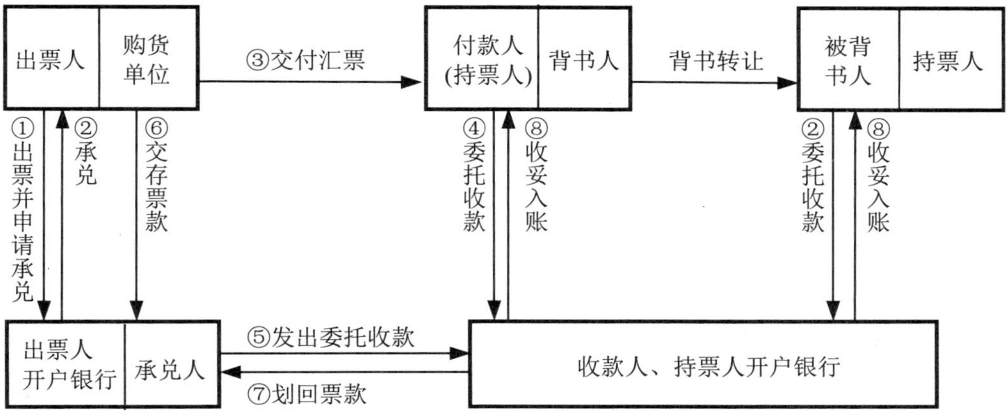

图7-4 银行承兑汇票流转程序

1. 背书的形式

背书是一种要式行为，故其必须符合法定的形式，即其必须做成背书并交付，才能有效成立。对背书的记载事项而言，其应与出票一样，符合有关出票时应记载的事项内容。

(1) 背书签章和背书日期的记载。背书由背书人签章并记载背书日期。背书未记载日期的，视为汇票到期日前背书。背书人背书时，必须在票据上签章，背书才能成立，否则，背书无效。

(2) 被背书人名称的记载。汇票以背书转让将一定的汇票权利授予他人行使，必须记载被背书人名称。我国票据法不承认不记名背书。如果背书人不做成记名背书，即不记载被背书人名称，汇票转让将不能成立，背书行为无效。

(3) 禁止背书的记载。背书人的禁止背书是背书行为的一项任意记载事项。如果背书人不愿意对其后手以后的当事人承担票据责任，即可在背书时记载禁止背书。背书人在汇票上记载“不得转让”字样，其后手再背书转让的，原背书人对后手的被背书人不承担保证责任。

(4) 背书时粘单的使用。票据凭证不能满足背书人记载事项的需要，可以加附粘单，粘附于票据凭证上。粘单上的第一记载人应当在汇票和粘单的粘接处签章。为了保证粘单的有效性和真实性，第一位使用粘单的背书人必须将粘单粘接在票据上，并且在粘接处签章，否则该粘单记载的内容视为无效。

(5) 关于背书不得记载的内容。背书不得记载的内容有两项。一是附有条件的背书。若背书附有条件，所附条件不具汇票上的法律效力。二是部分背书。背书人在背书时，将汇票金额的一部分或者将汇票金额分别转让给两人以上的背书无效。

2. 背书连续

背书连续是指在票据转让中，转让汇票的背书人与受让汇票的被背书人在汇票上的签章依次前后衔接。例如，第一次背书的被背书人是第二次背书的背书人，第二次背书的被背书人是第三次背书的背书人，以此类推，在形式上该等背书形成连续。

背书连续主要是指形式上的连续，如果背书实质上不连续，如有伪造签章等，付款人仍应对持票人付款。但是如果付款人明知持票人不是真正的票据权利人，则不得向持票人付款，否则应自行承担责任。

【例 7-9】根据票据法律制度的规定，下列关于票据转让背书无效情形的表述中，正确的是(　　)。

A. 背书人未记载被背书人名称的，背书无效

B. 背书时附有条件的，背书无效

C. 背书人将票据全额分别转让给二人以上的，背书无效

D. 背书人在票据上记载“不得转让”字样的，其后手的转让背书无效

【解析】答案为 C。本题考核票据背书。背书人未记载被背书人名称即将票据交付他人的，持票人在票据被背书人栏内记载自己的名称与背书人记载具有同等法律效力，选项 A 错误。背书附条件的，条件无效，背书有效，选项 B 错误。选项 D 错误，背书人在汇票上记载“不得转让”字样，其后手再背书转让的，原背书人对后手的被背书人不承担票据责任。

(六) 商业汇票的保证

票据的保证，即为票据债务人以外的第三人，以担保特定债务人履行票据债务为目的，而在票据上所为的一种附属票据行为。保证的作用在于加强持票人票据权利的实现，确保票据付款义务的履行，促进票据流通。

1. 保证的记载事项

保证人必须在票据或者粘单上记载下列事项：表明“保证”的字样；保证人名称和住所；被保证人的名称；保证日期；保证人签章。保证人在票据或者粘单上未记载“被保证人名称”的，已承兑的票据，承兑人为被保证人；未承兑的票据，出票人为被保证人。保证人在票据或者粘单上未记载“保证日期”的，出票日期为保证日期。保证人未在票据或者粘单上记载“保证”字样而另行签订保证合同或者保证条款的，不属于票据保证。

2. 保证责任的承担

被保证的票据，保证人应当与被保证人对持票人承担连带责任。票据到期后得不到付款的，持票人有权向保证人请求付款，保证人应当足额付款。保证人为两人以上的，保证人之间承担连带责任。

3. 保证效力

保证人对合法取得票据的持票人所享有的票据权利，承担保证责任。但是，被保证人的债务因票据记载事项欠缺而无效的除外。保证不得附有条件；附有条件的，不影响对票据的保证责任。保证人清偿票据债务后，可以行使持票人对被保证人及其前手的追索权。

专栏7-1

中国电子商业汇票系统的建成与应用

近年来，中国商业汇票市场呈快速增长态势。2001—2009年，商业汇票年累计承兑量由1.20万亿元增加到10.30万亿元，贴现量由1.40万亿元增加到23.20万亿元，贴现年均增幅远高于同期贷款增幅。以商业汇票为主要品种的票据市场，作为中国货币市场的重要组成部分之一，在满足企业资金支付、短期融资需要和提高商业银行金融服务水平、调整资产负债结构、增强盈利能力等方面都发挥了积极作用。2009年10月28日，人民银行建成电子商业汇票系统(Electronic

Commercial Draft System，ECDS)并投产运行，中国票据市场迈入电子化时代；2010年6月28日，人民银行组织ECDS在中国推广应用。ECDS的建成运行使得中国电子商业汇票发展越过了影像截留的半电子化阶段，直接达到了国际金融市场发达国家电子票据发展水平。截至2010年11月，ECDS运行已届满一周年，其运行平稳并实现全流程业务处理，电子票据业务开展模式已确立，商业银行加大了电子票据业务市场开拓的力度。自ECDS投产运行以来，电子票据业务逐月平稳较快增长，主要金融机构电子票据业务开展良好，部分经济发达地区电子票据业务开展呈现良性发展趋势。但中国电子票据业务在起步发展中还存在着相关法律制度不健全、电子票据流通性不足以及业务发展不均等问题。电子商业汇票是指出票人以数据电文形式制作的，委托付款人或承诺自己在见票时或指定日期无条件支付确定的金额给收款人或者持票人的票据。与纸质票据相比，电子票据具有以数据电文代替纸质凭证、以计算机设备录入代替手工书写、以电子签名代替实体签章、以网络传输代替人工传递4个突出特点。电子票据的发展，能够有效提高商业汇票业务的透明度和时效性，极大地克服了纸质票据操作风险大的缺点，节省各方交易成本，促进统一票据市场的形成。中国电子票据的发展先后经历了票据电子化和ECDS投产应用两个阶段。

票据电子化是票据在产生、流通、结算过程中的某一阶段以电子形式存在，其间夹杂着电子数据信息与实物票据之间的相互转换，其实质是实物票据处理方式的电子化。在人民银行ECDS投产运行之前，少数商业银行就开始了票据电子化的创新及尝试，相继推出了基于行内系统网上银行业务的电子票据产品(电子票据)。2005年，招商银行创新推出了“票据通”——网上票据业务，并在2005年年底与TCL合作开立了国内第一张电子银行承兑汇票。民生银行和中信银行也分别于2006年和2007年推出了基于各自行内网上银行系统的电子票据业务，并均取得了初步的发展。工商银行参照传统银行承兑汇票业务流程，利用电子化手段，基于网上银行系统，设计开发了“易保付”电子化信用票据。上述银行票据电子化尝试均取得了一定成效并初步获得市场认同，但是几家银行的行内电子票据创新均存在一个跨行流通根本性制约问题：各行的电子票据只能在各自的行业内客户间流转，无法背书转让给其他行客户，因而极大地限制了其适用范围。

为进一步推动国内票据业务和票据市场发展，便利企业支付和融资，支持商业银行票据业务创新，人民银行开始着手牵头建设统一的电子票据市场。2008年1月，人民银行作出建立ECDS、推广电子商业汇票业务的决策。在充分调研论证的基础上，人民银行于6月正式立项，召集招商银行、民生银行、中信银行、工商银行等商业银行多次讨论系统需求和业务需求，集中力量，加紧立项开发。2009年10月28日，ECDS顺利建成并上线运行。为规范和促进电子商业汇票业务健康发展以及ECDS的推广应用，人民银行采取了“积极稳妥、分步实施”的原则，组织金融机构分批实施。2009年10月28日，ECDS投产当日，20家金融机构成为首批用户，其中包括11家全国性银行、两家地方性商业银行、3家农村金融机构和4家财务公司，ECDS正式投产并进入试运行阶段。2010年6月28日，人民银行集中组织了296家机构第二批上线，两批接入ECDS的机构共计316家，网点合计达到64681个，316家机构全部开通纸质商业汇票登记查询业务，其中232家开通电子商业汇票业务，占比为73%。ECDS在全国推广上线首日共处理电子商业汇票业务1509笔，金额35.21亿元。其中，出票登记421笔，金额7.84亿元；承兑386笔，金额7.52亿元；背书292笔，金额2.54亿元；贴现122笔，金额3.7亿元；转贴现72笔，金额7.31亿元；再贴现31笔，金额2.81亿元；质押1笔，金额8.60万元；提示付款184笔，金额3.49亿元。ECDS

的投产和推广，标志着中国商业票据业务进入电子化时代，对降低票据业务风险和成本、促进全国统一的票据市场的形成，丰富支付结算工具、便利中小企业融资完善利率生成机制，促进经济发展具有重要意义。

(资料来源：2011年第5期金融论坛)

三、银行汇票

(一) 银行汇票的概念和适用范围

银行汇票是出票银行签发的，由其在见票时按照实际结算金额无条件支付给收款人或者持票人的票据。出票银行为银行汇票的付款人。银行汇票可以用于转账，填明“现金”字样的银行汇票也可以用于支取现金。单位和个人各种款项结算，均可使用银行汇票。

(二) 银行汇票的出票

1. 申请

申请人使用银行汇票，应向出票银行填写“银行汇票申请书”，填明收款人名称、汇票金额、申请人名称、申请日期等事项并签章，签章为其预留银行的签章。申请人和收款人均为个人，需要使用银行汇票向代理付款人支取现金的，申请人须在“银行汇票申请书”上填明代理付款人名称，在“出票金额”栏先填写“现金”字样，后填写汇票金额。申请人或者收款人为单位的，不得在“银行汇票申请书”上填明“现金”字样。

2. 签发并交付

出票银行受理银行汇票申请书，收妥款项后签发银行汇票，并将银行汇票和解讫通知一并交给申请人。签发银行汇票必须记载下列事项：表明“银行汇票”的字样；无条件支付的承诺；出票金额；付款人名称；收款人名称；出票日期；出票人签章。欠缺记载上列事项之一的，银行汇票无效。签发现金银行汇票，申请人和收款人必须均为个人，收妥申请人交存的现金后，在银行汇票“出票金额”栏先填写“现金”字样，后填写出票金额，并填写代理付款人名称。申请人或者收款人为单位的，银行不得为其签发现金银行汇票。申请人应将银行汇票和解讫通知一并交付给汇票上记明的收款人。收款人受理银行汇票时，应审查下列事项：①银行汇票和解讫通知是否齐全、汇票号码和记载的内容是否一致；②收款人是否确为本单位或本人；③银行汇票是否在提示付款期限内；④必须记载的事项是否齐全；⑤出票人签章是否符合规定，大小写出票金额是否一致；⑥出票金额、出票日期、收款人名称是否更改，更改的其他记载事项是否由原记载人签章证明。

(三) 填写实际结算金额

收款人受理申请人交付的银行汇票时，应在出票金额以内，根据实际需要的款项办理结算，并将实际结算金额和多余金额准确、清晰地填入银行汇票和解讫通知的有关栏内。银行汇票的实际结算金额低于出票金额的，其多余金额由出票银行退交申请人。未填明实际结算金额和多余金额或实际结算金额超过出票金额的，银行不予受理。银行汇票的实际结算金额一经填写不得更改，更改实际结算金额的银行汇票无效。

(四) 银行汇票背书

被背书人受理银行汇票时，除按照收款人接受银行汇票进行相应的审查外，还应审查下列事项：①银行汇票是否记载实际结算金额，有无更改，其金额是否超过出票金额；②背书是否连续，背书人签章是否符合规定，背书使用粘单的是否按规定签章；③背书人为个人的身份证件。银行汇票的背书转让以不超过出票金额的实际结算金额为准。未填写实际结算金额或实际结算金额超过出票金额的银行汇票不得背书转让。

(五) 银行汇票提示付款

银行汇票的提示付款期限为自出票日起 1 个月。持票人超过付款期限提示付款的，代理付款人不予受理。持票人向银行提示付款时，须同时提交银行汇票和解讫通知，缺少任何一联，银行不予受理。持票人超过期限向代理付款银行提示付款不获付款的，须在票据权利时效内向出票银行作出说明，并提供本人身份证件或单位证明，持银行汇票和解讫通知向出票银行请求付款。

在银行开立存款账户的持票人向开户银行提示付款时，应在汇票背面“持票人向银行提示付款签章”处签章，签章须与预留银行签章相同，并将银行汇票和解讫通知、进账单送交开户银行。未在银行开立存款账户的个人持票人，可以向任何一家银行机构提示付款。提示付款时，应在汇票背面“持票人向银行提示付款签章”处签章，并填明本人身份证件名称、号码及发证机关，由其本人向银行提交身份证件及其复印件。

(六) 银行汇票退款和丧失

申请人因银行汇票超过付款提示期限或其他原因要求退款时，应将银行汇票和解讫通知同时提交到出票银行。申请人为单位的，应出具该单位的证明；申请人为个人的，应出具该本人的身份证件。对于代理付款银行查询的要求退款的银行汇票，应在汇票提示付款期满后方能办理退款。出票银行对于转账银行汇票的退款，只能转入原申请人账户；对于符合规定填明“现金”字样银行汇票的退款，才能退付现金。申请人缺少解讫通知要求退款的，出票银行应于银行汇票提示付款期满 1 个月后办理。银行汇票丧失，失票人可以凭人民法院出具的其享有票据权利的证明，向出票银行请求付款或退款。

第四节 支票与本票

一、支票

(一) 支票的概念、种类和适用范围

1. 概念

支票是指出票人签发的、委托办理支票存款业务的银行在见票时无条件支付确定的金额给收款人或者持票人的票据。支票的基本当事人包括出票人、付款人和收款人。出票人即存款人，

是在批准办理支票业务的银行机构开立可以使用支票的存款账户的单位和个人；付款人是出票人的开户银行；持票人是票面上填明的收款人，也可以是经背书转让的被背书人。

2. 种类

支票分为现金支票、转账支票和普通支票3种。支票上印有“现金”字样的为现金支票，现金支票只能用于支取现金。支票上印有“转账”字样的为转账支票，转账支票只能用于转账。支票上未印有“现金”或“转账”字样的为普通支票，普通支票可以用于支取现金，也可以用于转账。在普通支票左上角划两条平行线的，为划线支票，划线支票只能用于转账，不得支取现金。支票的种类、特点及适用范围见表7-1。

表7-1 支票种类、特点及适用范围

种　类	特　点	适用范围	备　注
现金支票	印有“现金”字样	只能用于支取现金	
转账支票	印有“转账”字样	只能用于转账	
普通支票	未印“现金”“转账”字样	既可以用于支取现金，也可以用于转账	左上角划两条平行线的，为划线支票，划线支票只能用于转账，不能支取现金

3. 适用范围

单位和个人在同一票据交换区域的各种款项结算，均可以使用支票。2007年7月8日，中国人民银行宣布，支票可以实现全国范围内互通使用，而且在同一票据交换区内可以进行背书转让。

(二) 支票的出票

出票人签发支票并交付的行为即为出票。出票人签发支票必须具备一定的条件，即为在经中国人民银行当地分支行批准办理支票业务的银行机构开立可以使用支票的存款账户的单位和个人。根据《票据法》第八十二条规定，开立支票存款账户，申请人必须使用其本名，并提交证明其身份的合法证件。开立支票存款账户和领用支票，应当有可靠的资信，并存入一定的资金。开立支票存款账户，申请人应当预留其本名的签名式样和印鉴。这些规定主要在于保证支付支票票款的安全，保护支票权利义务各方当事人的合法权益。

与汇票一样，支票出票人做成有效的支票，必须按法定要求记载有关事项。该等事项亦可分为绝对记载事项和相对记载事项。

1. 绝对记载事项

(1) 表明“支票”的字样。这是指在票据上必须记载足以表明该票据是支票的文字。

(2) 无条件支付的委托。这是支票有关支付文句的记载事项。我国现行使用的支票记载支付文句，一般是支票上已印好的“上列款项请从我账户内支付”的字样。

(3) 确定的金额。这是指支票上记载的金额必须是固定的数额。如果支票上记载的金额是不确定的，如10万元以下、5万元以上等，支票将无效。

(4) 付款人名称。

(5) 出票日期。这是指出票人在支票上记载的签发汇票的日期。

(6) 出票人签章。“出票人签章”为该单位的财务专用章或者公章，加其法定代表人或者授权代理人的签名或盖章。

其中，支票的金额和收款人名称可以由出票人授权补记，未补记前不得背书转让和提示付款。

2. 相对记载事项

(1) 付款地。根据《票据法》第八十六条第二款规定，支票上未记载付款地的，付款人的营业场所为付款地。

(2) 出票人。根据《票据法》第八十六条第三款规定，支票上未记载出票地的，出票人的营业场所、住所或者经常居住地为出票地。

支票的出票行为取得法律上的效力，必须依法进行，除须按法定格式签发票据外，还须符合其他法定条件。根据《票据法》第八十七条规定，支票的出票人所签发的支票金额不得超过其付款时在付款人处实有的存款金额。出票人签发的支票金额超过其付款时在付款人处实有的存款金额的，为空头支票。禁止签发空头支票。根据《票据法》第八十八条规定，支票的出票人不得签发与其预留本名的签名式样或者印鉴不符的支票。使用支付密码的，出票人不得签发支付密码错误的支票。出票人签发空头支票、签发与预留银行签章不符的支票，使用支付密码地区支付密码错误的支票，银行应予“退票”，其中，签发空头支票、签发与预留银行签章不符的支票并按票面金额处以 5%但不低于 1000 元的罚款；持票人有权要求出票人赔偿支票金额“2%”的赔偿金；对“屡次签发”的，银行应停止其签发支票。

(三) 支票的付款

支票限于见票即付，不得另行记载付款日期的，另行记载付款日期的，该记载无效。因此，出票人在付款处的存款足以支付支票金额时，付款人应当在见票当日足额付款。

1. 提示付款期限

支票的提示付款期限为自出票日起 10 日。持票人可以委托开户银行收款或直接向付款人提示付款。用于支取现金的支票仅限于收款人向付款人提示付款。持票人委托开户银行收款时，应作委托收款背书，在支票背面背书人签章栏签章、记载“委托收款”字样、背书日期，在被背书人栏记载开户银行名称，并将支票和填制的进账单送交开户银行。持票人持用于转账的支票向付款人提示付款时，应在支票背面背书人签章栏签章，并将支票和填制的进账单送交出票人开户银行。收款人持用于支取现金的支票向付款人提示付款时，应在支票背面“收款人签章”处签章，持票人为个人的，还需交验本人身份证件，并在支票背面注明证件名称、号码及发证机关。

2. 付款

出票人必须按照签发的支票金额承担保证向该持票人付款的责任。出票人在付款人处的存款足以支付支票金额时，付款人应当在见票当日足额付款。付款人依法支付支票金额的，对出票人不再承担受委托付款的责任，对持票人不再承担付款的责任，但付款人以恶意或者有重大过失付款的除外。支票流转程序如图 7-5 所示。

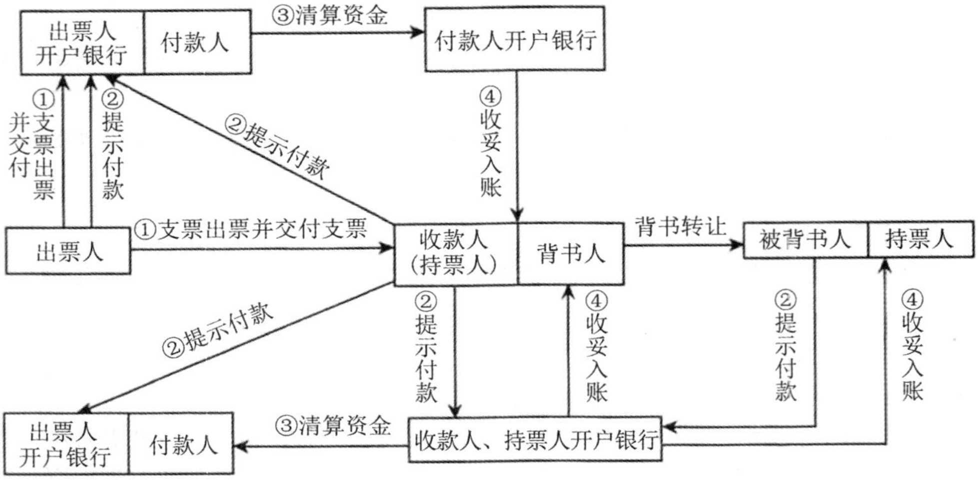

图7-5 支票流转程序

【例 7-10】甲公司为了支付货款，签发了一张以本市的乙银行为付款人、以丙公司为收款人的转账支票。丙公司在出票日之后的第 14 天向乙银行提示付款。根据票据法律制度的规定，下列表述中，正确的有(　　)。

A. 如果甲公司在乙银行的存款足以支付支票金额，乙银行应当足额付款

B. 乙银行可以拒绝付款

C. 乙银行应当无条件付款

D. 如果乙银行拒绝付款，甲公司仍应承担票据责任

【解析】答案为 BD。本题考核支票的付款。根据规定，支票的持票人应当自出票日起十日内提示付款。超过提示付款期限的，付款人可以不予付款；付款人不予付款的，出票人仍应当对持票人承担票据责任。

二、银行本票

(一) 本票的概念和适用范围

本票是指出票人签发的，承诺自己在见票时无条件支付确定的金额给收款人或者持票人的票据。在我国，本票仅限于银行本票，即银行出票、银行付款。银行本票可以用于转账，注明“现金”字样的银行本票可以用于支取现金。单位和个人在同一票据交换区域需要支付各种款项，均可以使用银行本票。

(二) 银行本票的出票

1. 申请

申请人使用银行本票，应向银行填写“银行本票申请书”，填明收款人名称、申请人名称、支付金额、申请日期等事项并签章。申请人和收款人均为个人，需要支取现金的，应在“金额”栏先填写“现金”字样，后填写支付金额。申请人或收款人为单位的，不得申请签发现金银行本票。

2. 受理

出票银行受理“银行本票申请书”，收妥款项，签发银行本票。签发银行本票必须记载下列事项：表明“银行本票”的字样；无条件支付的承诺；确定的金额；收款人名称；出票日期；出票人签章。欠缺记载上列事项之一的，银行本票无效。

用于转账的，在银行本票上划去“现金”字样；申请人和收款人均为个人需要支取现金的，在银行本票上划去“转账”字样。出票银行在银行本票上签章后交给申请人。申请人或收款人为单位的，银行不得为其签发现金银行本票。出票银行必须具有支付本票金额的可靠资金来源，并保证支付。

3. 交付

申请人应将银行本票交付给本票上记明的收款人。收款人受理银行本票时，应审查下列事项：①收款人是否确为本单位或本人；②银行本票是否在提示付款期限内；③必须记载的事项是否齐全；④出票人签章是否符合规定，大小写出票金额是否一致；⑤出票金额、出票日期、收款人名称是否更改，更改的其他记载事项是否由原记载人签章证明。

收款人可以将银行本票背书转让给被背书人。被背书人受理银行本票时，除进行上述审查外，还应审查下列事项：①背书是否连续，背书人签章是否符合规定，背书使用粘单的是否按规定签章；②背书人个人的身份证件。

(三) 银行本票的付款

银行本票见票即付。银行本票的提示付款期限自出票日起最长不得超过两个月。本票的出票人在持票人提示见票时，必须承担付款的责任。持票人超过提示付款期限不获付款的，在票据权利时效内向出票银行作出说明，并提供本人身份证件或单位证明，可持银行本票向出票银行请求付款。

在银行开立存款账户的持票人向开户银行提示付款时，应在银行本票背面“持票人向银行提示付款签章”处签章，签章须与预留银行签章相同，并将银行本票、进账单送交开户银行。银行审查无误后办理转账。

未在银行开立存款账户的个人持票人，凭注明“现金”字样的银行本票向出票银行支取现金的，应在银行本票背面签章，记载本人身份证件名称、号码及发证机关，并交验本人身份证件及其复印件。

(四) 银行本票的退款和丧失

申请人因银行本票超过提示付款期限或其他原因要求退款时，应将银行本票提交到出票银行。申请人为单位的，应出具该单位的证明；申请人为个人的，应出具该本人的身份证件。出票银行对于在本行开立存款账户的申请人，只能将款项转入原申请人账户；对于现金银行本票和未在本行开立存款账户的申请人，才能退付现金。

银行本票丧失，失票人可以凭人民法院出具的其享有票据权利的证明，向出票银行请求付款或退款。

本章小结

1. 票据法是规定票据的种类、形式和内容，明确票据当事人之间的权利义务，调整因票据而发生的各种社会关系的法律规范。

2. 票据行为，是指票据当事人以发生票据债务为目的、以在票据上签名或盖章为权利义务成立要件的法律行为。我国票据法上的票据行为包括出票、背书、承兑、保证4种，其中承兑为汇票所独有，其他3种票据行为是3种票据所共有的。

3. 票据权利是指持票人向票据债务人请求支付票据金额的权利。票据权利是一种证券权利，是体现票据上的权利。票据权利就是金钱债权，即请求支付一定数额货币的权利。

4. 汇票是指出票人签发的，委托付款人在见票时或者在指定日期无条件支付确定的金额给收款人或者持票人的票据。汇票根据出票人的不同，将汇票分为银行汇票和商业汇票。

5. 商业汇票是出票人签发的，委托付款人在指定日期无条件支付确定的金额给收款人或者持票人的票据。商业汇票按照承兑人的不同，分为商业承兑汇票和银行承兑汇票。

6. 支票是指出票人签发的、委托办理支票存款业务的银行在见票时无条件支付确定的金额给收款人或者持票人的票据。

习　题

一、单项选择题

1. 根据《票据法》的规定，支票的下列记载事项中，出票人可以授权补记的是(　　)。

A. 出票日期　　B. 出票人签章

C. 付款人名称　　D. 收款人名称

2. 见票即付的汇票，对出票人的票据时效的起算日是(　　)。

A. 到期日　　B. 出票日

C. 承兑日　　D. 付款日

3. 票据权利义务主要以票据上记载文字予以认定，票据因此为(　　)。

A. 文义证券　　B. 债权证券

C. 要式证券　　D. 设权证券

4. 甲私刻乙公司的财务专用章，假冒乙公司名义签发一张转账支票交给收款人丙，丙将该支票背书转让给丁，丁又背书转让给戊。当戊主张票据权利时，下列表述中正确的是(　　)。

A. 甲不承担票据责任　　B. 乙公司承担票据责任

C. 丙不承担票据责任　　D. 丁不承担票据责任

5. 持票人对前手的追索权，在被拒绝承兑或者被拒绝付款之日起的期限是(　　)。

A. 1个月　　B. 2个月

C. 3个月　　D. 6个月

二、多项选择题

1. 甲受乙胁迫开出一张以甲为付款人，以乙为收款人的汇票，之后乙通过背书将该汇票赠与丙，丙又将该汇票背书转让与丁，以支付货款。丙、丁对乙胁迫甲取得票据一事毫不知情。下列说法中，正确的有(　　)。

A. 甲有权请求丁返还汇票　　B. 乙不享有该汇票的票据权利
C. 丙不享有该汇票的票据权利　　D. 丁不享有该汇票的票据权利
E. 该票据无效

2. 根据票据法律制度的规定，下列关于票据行为中说法正确的有(　　)。

A. 票据行为可以分为主票据行为和从票据行为
B. 主票据行为仅指出票行为
C. 出票行为即签发票据的行为
D. 背书、承兑、保证都属于从票据行为
E. 承兑是指票据的持有人向承兑人提示票据，要求其付款的行为

3. 甲将自己所持有的一张超过付款提示期限的汇票背书转让给乙。翌日，乙持该汇票向付款银行提示付款，银行以超过付款提示期限为由拒绝。根据票据法律制度的规定，下列各项中，正确的有(　　)。

A. 甲不得将该汇票背书转让
B. 甲可以将该汇票背书转让
C. 汇票已转让故应由乙独立承担汇票责任
D. 甲应当向持票人乙承担汇票责任
E. 乙可以向甲追索票据金额，但不可以向甲要求支付由追索而发生的费用

4. 甲向 A 银行申请，由 A 银行出具一张本票给乙，乙将该本票背书转让给丙，丁作为乙的保证人在票据上签章。丙又将该本票背书转让给戊，戊作为持票人未按规定期限向出票人提示本票。根据票据法律制度的规定，下列选项中，戊不得行使追索权的有(　　)。

A. 甲　　B. 乙
C. 丙　　D. 丁
E. A银行

三、名词解释

1. 商业汇票　2. 银行汇票　3. 银行本票　4. 支票　5. 承兑　6. 背书　7. 付款请求权　8. 追索权

四、简答题

1. 简述票据的法律特征。
2. 简述票据的功能。
3. 简述 4 种票据行为和 7 种票据当事人以及它们之间的关系。
4. 简述票据权利善意取得的要件。

案 例 分 析

2018 年 3 月 1 日，甲公司向开户的 A 银行申请开具银行承兑汇票，用于支付向乙公司购买中央空调的货款。A 银行审核同意后，甲公司存入 A 银行 500 万元保证金，并签发了以自己为出票人、乙公司为收款人、A 银行为付款人、金额为 1200 万元、到期日为 2018 年 4 月 1 日的银行承兑汇票，A 银行在该汇票上作为承兑人记载了有关承兑事项。甲公司将该汇票交付给乙公司后，乙公司依约交付了空调。之后，乙公司又将该汇票背书转让给供应商丙公司。

甲公司收到空调后，经检测发现空调噪音超出国家标准，与乙公司协调解除合同并退了货。乙公司承诺返还货款，但未履行。甲公司立即通知 A 银行，要求不得对其开出的汇票付款。直到该汇票到期日，甲公司也未将剩余汇票金额存入 A 银行。

丙公司在该汇票到期时，持票请求 A 银行付款，A 银行以甲公司已与乙公司解除合同，以及甲公司未将剩余金额存入账户为由，拒绝了丙公司的付款请求。

问题：

1. A 银行拒绝向乙公司付款的理由是否成立？说明理由。
2. A 银行承兑汇票时，应记载哪些法定事项？
3. 根据《票据法》的规定，汇票到期日前，持票人在哪些情形下可以行使追索权？
4. 遭到拒付后，丙公司可以向哪些主体行使追索权？行使追索权时追索金额包括哪些？

第八章

竞　争　法

【导读】

竞争是市场经济的灵魂，是推动经济发展的根本动力。市场经济是有控制的竞争型经济。不正当的竞争可能引起经济不稳定、不平衡，甚至可能破坏市场。竞争和垄断又是相伴而生的，竞争发展到一定程度，也会产生集中，从而形成垄断，排除、限制竞争。因此，世界各国都十分重视通过法律手段来限制和禁止危害正当竞争的行为。竞争法包括反不正当竞争法和反垄断法两大部分。通过本章的学习，要求学生了解不正当竞争和垄断的具体行为，掌握各自的法律责任。

【学习重点】

不正当竞争行为的种类，垄断行为的种类。

【学习难点】

不正当竞争行为的法律责任，垄断行为的法律责任。

【教学建议】

以课堂讲授为主，适当结合案例教学和理论与实践相结合的方法，引导学生分析具体的现实问题。

第一节　竞争法概述

一、竞争与竞争法的概念

竞争法上所称竞争即为市场竞争，是指具有不同经济利益的两个以上的经营者，为争取自身利益最大化，以其他利益关系人为对手，采用各种商业策略，争取交易机会的行为。竞争是市场的核心要素，在市场资源配置过程中发挥着关键作用。市场竞争的自由发展必然导致不正当竞争以及垄断或限制竞争现象的出现。不正当竞争、垄断或限制竞争会扭曲竞争，严重侵蚀市场机制的基础，损害中小企业和消费者的利益。由此，为了保护竞争，维护市场秩序和市场主体的合法权益，竞争法由此而产生。

竞争法是指调整在反对垄断和反对不正当竞争过程中发生的社会关系的法律规范的总称。一般认为，竞争法是反不正当竞争法和反垄断法的总称。

二、竞争法立法模式

竞争法的立法模式，是指各国如何处理反垄断法与反不正当竞争法之间关系所采用的立法技术。当今世界上，竞争法的立法模式可分为以下 3 种。

(一) 分立式

分立式，即将反垄断或限制竞争和反不正当竞争区别开来，分别立法，规范垄断或限制竞争行为的法律称为反垄断法或限制竞争法，规范不正当竞争行为的法律称为反不正当竞争法。德国是分立式的典型代表，其于 1896 年制定了《反不正当竞争法》，是世界上最早的反不正当竞争法，并于 1957 年制定了《反对限制竞争法》。分立式的优势在于法律的内容界限清晰，针对性强；不足在于两部法律之间需要相互配合和协调，可能导致执法成本的提高。

(二) 合立式

合立式，即将反垄断或限制竞争行为和反不正当竞争行为合并立法，制定统一的竞争法或公平交易法。合立式照顾到垄断与不正当竞争行为的共性，便于执法机关统一理解、综合适用；不足之处在于立法难度较大，技术不善可能导致规制乏力。

(三) 综合式

综合式，即对垄断或限制竞争行为与不正当竞争行为在立法上不作明确区分，也不制定以“竞争”或“公平交易”直接命名的法律，但相关法律的实质内容却是调整竞争秩序规制关系。美国是综合式的代表。美国的竞争法体系由以《谢尔曼法》《克莱顿法》和《联邦贸易委员会法》为核心的单行法和有关判例构成，轻法典，重单行法和判例法，该体系的优点是实用性和灵活性突出，缺点是缺乏严整逻辑。

三、反不正当竞争法与反垄断法的关系

反不正当竞争法与反垄断法同属于竞争法的范畴，两者相互配合、相互补充，共同规范经营者的竞争行为，维护市场秩序。两法常常相互交织，共享执法机构。但是，反不正当竞争法与反垄断法之间也存在明显差异，它们分别从不同的角度来保障和促进公平、有效竞争。反不正当竞争法通过制止不正当竞争行为，避免有失诚信、有损良俗的竞争行为对合法经营者和消费者造成损害。而反垄断法则通过防止市场出现寡占和独占，抑制具有强大市场地位的经营者限制竞争的行为，保障自由、有效的市场竞争。具体来说，两者有以下不同。

(一) 主体不同

不正当竞争行为主体是一般经营者，而垄断行为的主体却不是一般的经营者，而是垄断企业。能实施不正当竞争行为的主体众多，而能实施垄断行为的主体却较少。

(二) 行为方式不同

不正当竞争行为所采用的是欺骗、胁迫、利诱及其他违反诚实信用原则的方式，而垄断行为是垄断企业利用其垄断地位限制竞争的行为。不正当竞争行为方式多样，而垄断行为方式却有一定的规律性。

(三) 目的不同

不正当竞争无论采用哪种方式，最终的目的还是为了竞争，以获取不当利益；而垄断行为本质上就是独占，是限制竞争，为了获取垄断利润。

(四) 法律否定程度不同

由于能实施垄断行为的企业一般来说都具有相当的市场优势，因此，垄断行为不会被一概否定，一般都规定有适用除外制度；而不正当竞争行为却为法律所绝对禁止。

第二节 反不正当竞争法

一、反不正当竞争法的概念

反不正当竞争法，是指在维护公平竞争，制止不正当竞争过程中发生的社会关系的法律规范的总称。在市场经济活动中，竞争是最基本的运行机制之一，竞争的结果表现为优胜劣汰。面对日趋激烈的市场竞争，有的经营者为了争取竞争优势，采取与商业道德相悖的不正当竞争行为。不正当竞争行为必然会破坏公平的竞争秩序，阻碍市场经济的健康、有序地运行。因此，世界各国都十分重视通过法律手段来限制和禁止危害正当竞争的行为。在我国的现实经济生活中，不正当竞争行为也已经大量存在，有些不正当竞争行为已经成为社会公害，迫切需要完善的法律制度对各种不正当竞争行为予以禁止和制裁。

为保障社会主义市场经济健康发展，鼓励和保护公平竞争，反对不正当竞争，保护经营者和消费者的合法权益，1993 年 9 月 2 日，第八届全国人大常委会第三次会议通过《中华人民共和国反不正当竞争法》(以下简称《反不正当竞争法》)，自 1993 年 12 月 1 日起施行。2017 年 11 月 4 日，其通过第十二届全国人民代表大会常务委员会第三十次会议修订，并自 2018 年 1 月 1 日起施行。其根据 2019 年 4 月 23 日第十三届全国人民代表大会常务委员会第十次会议《关于修改〈中华人民共和国建筑法〉等八部法律的决定》修正。

二、不正当竞争行为的概念及其特征

不正当竞争(unfair competition)有广义和狭义之分，广义的不正当竞争，泛指一切违反商业道德和善良风俗，特别是违反有关法律而从事商品生产、经营的行为，包括垄断、限制竞争和以不正当手段从事竞争 3 种行为。狭义的不正当竞争一般指除垄断和限制竞争以外的以不正当手段从事竞争的行为。

一般认为，不正当竞争行为是指经营者在生产经营活动中，违反《反不正当竞争法》的规定，扰乱市场竞争秩序，损害其他经营者或者消费者的合法权益的行为。基于此，不正当竞争行为具有以下法律特征。

(1) 主体的特定性。不正当竞争的行为人应为经营者，即从事商品生产、经营或者提供服务(以下所称商品包括服务)的自然人、法人和非法人组织；非经营者不构成不正当竞争的行为主体。

(2) 领域的限定性。不正当竞争是经营者在从事商品生产、经营或者提供服务中实施的；在其他领域实施的同类行为，也不构成不正当竞争。

(3) 性质的违法性。不正当竞争的行为直接违反《反不正当竞争法》的禁止性规定，或者违背了自愿、平等、公平、诚信的原则及相关法律和商业道德。

(4) 结果的有害性。不正当竞争行为的实施客观上扰乱了市场竞争秩序，损害其他经营者或者消费者的合法权益。

不正当竞争不同于正当竞争、不平等竞争、垄断。

三、不正当竞争行为的表现形式

根据《反不正当竞争法》的规定，不正当竞争行为主要有以下 7 种。

(一) 仿冒混淆行为

仿冒混淆行为指经营者冒用他人商品的标识或名称等用于自己的商品，足以引人误认为是他人的商品或者与他人存在特定联系，以牟取非法利益的行为。仿冒混淆行为即典型的“搭便车”，旨在诱使消费者误认、误购，牟取非法利益，既剥夺了被冒用的经营者的市场份额、损害其利益，也蒙骗消费者，损害其合法权益，破坏市场公平竞争秩序。

《反不正当竞争法》第六条规定，经营者不得实施下列混淆行为，引人误认为是他人商品或者与他人存在特定联系：

(1) 擅自使用与他人有一定影响的商品名称、包装、装潢等相同或者近似的标识；

(2) 擅自使用他人有一定影响的企业名称(包括简称、字号等)、社会组织名称(包括简称等)、姓名(包括笔名、艺名、译名等)；

(3) 擅自使用他人有一定影响的域名主体部分、网站名称、网页等；

(4) 其他足以引人误认为是他人商品或者与他人存在特定联系的混淆行为。

【例 8-1】根据《反不正当竞争法》的规定，下列属于不正当竞争行为中混淆行为的是(　　)。

A. 甲厂在其产品说明书中作夸大其词的不实说明

B. 乙厂的矿泉水使用“清凉”商标，而“清凉矿泉水厂”是本地一知名矿泉水厂的企业名称

C. 丙商场在有奖销售中把所有的奖券刮奖区都印上“未中奖”字样

D. 丁酒厂将其在当地评奖会上的获奖证书复印在所有的产品包装上

【解析】根据《反不正当竞争法》第六条的规定，正确答案是B。

(二) 商业贿赂行为

商业贿赂行为是指经营者采用财物或者其他手段贿赂相关单位或者个人，以谋取交易机会或者竞争优势的行为。

实践中，商业贿赂行为的构成要件包括以下几个方面。

(1) 交易中附加给付，包括给付财物或通过其他手段输送利益。财物是指现金和实物，其他手段是指提供国内外各种名义的旅游、考察等给付财物以外的其他利益。

(2) 给付主体为经营者或其工作人员。商业贿赂是以谋取交易机会或者竞争优势为目的而做附加给付，一般是作为交易方的经营者所为，但若是“经营者的工作人员进行贿赂的，应当认定为经营者的行为”，除非经营者有证据证明该工作人员的行为与经营者谋取交易机会或者竞争优势无关。

(3) 给付对象为与交易相关的单位或者个人，包括：①交易相对方的工作人员；②受交易相对方委托办理相关事务的单位或者个人；③利用职权或者影响力影响交易的单位或者个人。

(4) 给付方式为在账外暗中进行。经营者在交易活动中，可以以明示方式向交易相对方支付折扣，或者向中间人支付佣金。经营者向交易相对方支付折扣、向中间人支付佣金的，应当如实入账。接受折扣、佣金的经营者也应当如实入账。折扣和佣金在账外暗中给付的，涉嫌不正当竞争，而以明示方式，给付方与接受方均如实入账的，则属正当商业手段。

(三) 虚假宣传行为

虚假宣传行为，是指经营者对其商品或帮助其他经营者做虚假或者引人误解的商业宣传，欺骗、误导消费者的行为。

《反不正当竞争法》第八条规定，经营者不得对其商品的性能、功能、质量、销售状况、用户评价、曾获荣誉等作虚假或者引人误解的商业宣传，欺骗、误导消费者。经营者不得通过组织虚假交易等方式，帮助其他经营者进行虚假或者引人误解的商业宣传。据此，虚假宣传行为可以分为以下3类。

(1) 欺骗型虚假宣传，即虚假的商业宣传，是指在商业宣传中无中生有、虚构根本不存在的事实或观点欺骗消费者。欺骗型虚假宣传的内容本身就是虚假的，其行为形式可以分为以下4种：①所宣传的商品或者服务不存在，即虚构了商品或服务本身的；②对商品的有关信息(包括商品的性能、功能、质量、销售状况、用户评价、曾获荣誉等)作虚假宣传的；③宣传中使用虚构、伪造或者无法验证的信息(如科研成果、统计资料、调查结果、文摘、引用语等)作证明材料的；④虚构使用商品或者接受服务的效果的。

(2) 误导型虚假宣传，即引人误解的商业宣传，指对商品或服务的情况作使购买者容易产生错误理解的宣传，诱使购买者对商品或服务产生不切实际的错误理解，从而影响消费者选择的虚假宣传。误导型虚假宣传的内容也许是真实的，或者部分内容是真实的，但是由于巧妙的

措辞、隐瞒的暗示、投机的省略、断章取义的引用以及采用刁钻的表现角度等，使宣传内容表达不确切、不明白而藏有陷阱，具有极大的迷惑性和误导性。该行为形式又可分为以下 3 种：①对商品作片面的宣传或者对比的；②将科学上未定论的观点、现象等当作定论的事实用于商品宣传的；③以歧义性语言或者其他引人误解的方式进行商品宣传的。但是，以明显的夸张方式宣传商品，不足以造成相关公众误解的，不构成误导型的虚假宣传。

(3) 帮他人虚假宣传，即经营者通过组织虚假交易等方式，帮助其他经营者进行虚假或者引人误解的商业宣传，如电商利用网络平台，聘请工作人员从事网络刷单，在未收到货物的情况下，给商品好评，替商家虚构交易记录，为商家进行虚假宣传提供便利，欺骗误导消费者。

(四) 侵犯商业秘密

所谓商业秘密，根据《反不正当竞争法》第九条的规定，是指不为公众所知悉、具有商业价值并经权利人采取相应保密措施的技术信息、经营信息等商业信息。商业秘密不仅包括那些凭技能或经验产生的，在实际中尤其是工业中适用的技术信息，如工艺流程、技术秘诀、设计图纸等，而且包括那些具有秘密性质的经营管理方法以及与经营管理方法密切相关的经营信息，如管理方法、货源情报、客户名单等。

能够成为商业秘密的技术信息和经营信息，必须具备以下 3 项基本条件。①秘密性，即技术信息和经营信息不为公众所知悉。只要有关信息不为其所属领域的相关人员普遍知悉和容易获得，就应当认定为不为公众所知悉，秘密性是商业秘密的本质特征。具有下列情形之一的，可以认定有关信息不构成不为公众所知悉：该信息为其所属技术或者经济领域的人的一般常识或者行业惯例；该信息仅涉及产品的尺寸、结构、材料、部件的简单组合等内容，进入市场后相关公众通过观察产品可直接获得；该信息已经在公开出版物或者其他媒体上公开披露；该信息已通过公开的报告会、展览等方式公开；该信息从其他公开渠道可以获得；该信息无须付出一定的代价而容易获得。②实用性，即技术信息、经营信息具有现实的或者潜在的商业价值，能为权利人带来竞争优势的。实用性是商业秘密的价值所在。③保密性，即权利人为防止信息泄漏所采取的与其商业价值等具体情况相适应的合理保护措施，权利人是否采取保密措施不仅是技术信息或经营信息能否成为商业秘密的条件，也是寻求法律保护的前提。

根据《反不正当竞争法》第九条的规定，经营者不得实施下列侵犯商业秘密的行为。

(1) 以盗窃、贿赂、欺诈、胁迫、电子侵入或者其他不正当手段获取权利人的商业秘密。盗窃商业秘密既包括内部知情人员也包括外部人员盗窃权利人的商业秘密。以其他不正当手段获取商业秘密，是指用盗窃、贿赂、欺诈、胁迫等之外的手段，如通过虚假陈述而从权利人处骗取商业秘密，通过所谓“洽谈业务”“合作开发”“学习取经”等活动套取权利人的商业秘密。

(2) 披露、使用或者允许他人使用以前项手段获取的权利人的商业秘密。以盗窃、贿赂、欺诈、胁迫、电子侵入或其他不正当手段获取权利人的商业秘密是不正当竞争行为，因此，商业秘密非法获取者向第三人披露、自己使用或允许第三人使用以上述不正当手段获取的商业秘密同样应予以禁止。

(3) 违反保密义务或者违反权利人有关保守商业秘密的要求，披露、使用或者允许他人使用其所掌握的商业秘密。这种情况，是指在与权利人签订有保密协议或权利人对其商业秘密有保密要求的情况下，掌握或了解权利人商业秘密的人，应当遵守有关保密的约定或权利人提出的保密要求。否则，如果违反约定或要求，擅自向他人披露、自己使用或允许他人使用其所了解或掌握的商业秘密，同样是侵犯他人商业秘密的不正当竞争行为。需要指出的是，如果权利人与通过合法手段掌握、了解权利人的商业秘密的人之间没有保守商业秘密的约定，或者权利人也没有向他们提出保守商业秘密的要求，商业秘密的合法获取人披露、使用或允许他人使用其掌握的商业秘密，不构成侵犯商业秘密的不正当竞争行为。

(4) 教唆、引诱、帮助他人违反保密义务或者违反权利人有关保守商业秘密的要求，获取、披露、使用或者允许他人使用权利人的商业秘密。

此外，第三人明知或者应知商业秘密权利人的员工、前员工或者其他单位、个人实施前款所列违法行为，仍获取、披露、使用或者允许他人使用该商业秘密的，视为侵犯商业秘密。

实践中，通过自行开发研制或者反向工程等方式获得的商业秘密，不认定为《反不正当竞争法》规定的侵犯商业秘密行为。所谓反向工程是指通过技术手段对从公开渠道取得的产品进行拆卸、测绘、分析等而获得该产品的有关技术信息。

【例 8-2】甲、乙公司均为网络公司，都在从事反病毒软件的开发和推广。甲公司向法院起诉，指控乙公司挖走了其研发主管及技术人员十余名，乙公司发布的 2018 版反病毒软件与甲公司 2017 版反病毒软件实质相似，甲公司的老客户已有 1/3 成为乙公司的新客户，甲公司请求法院认定乙公司侵犯了甲公司的商业秘密，构成不正当竞争，责令其停止侵权并赔偿损失。关于乙公司如何证明自己不侵权，下列选项错误的是(　　)。

A. 证明从甲公司过来的研发主管及技术人员都是合同到期后或辞职后正常流动过来的，没有竞业禁止义务或对甲公司不再承担保密义务

B. 证明其2018版反病毒软件与甲公司的2017版反病毒软件不构成实质相似

C. 证明甲公司的2017版反病毒软件不是商业秘密

D. 证明甲公司是以诉讼手段恶意打压竞争对手

【解析】根据《反不正当竞争法》第九条的规定，正确答案是 CD。

(五) 违反规定的有奖销售

有奖销售是指经营者以提供奖品或奖金的手段推销的行为。有奖销售在日趋激烈的市场竞争中已经成为企业的主要促销手段之一。符合公认的商业道德的有奖销售可以起到活跃市场、促进公平竞争的积极作用，但考虑到有奖销售带有较大的偶然性和引诱性，如果违背公认的商业道德，采取不正当竞争手段的有奖销售，不仅会伤害其他经营者的合法权益，损害消费者的利益，而且会扰乱社会经济秩序。因此，我国《反不正当竞争法》并没有简单地肯定或否定有奖销售，而是通过禁止以下 3 种形式的有奖销售而对这一促销手段进行调整。

(1) 所设奖的种类、兑奖条件、奖金金额或者奖品等有奖销售信息不明确，影响兑奖。

(2) 采用谎称有奖或者故意让内定人员中奖的欺骗方式进行有奖销售。

(3) 抽奖式的有奖销售，最高奖的金额超过五万元。

根据《反不正当竞争法》的规定，前两种有奖销售被《反不正当竞争法》绝对禁止，但对抽奖式的有奖销售则是有条件的禁止。其标准就是最高金额是否超过五万元，超过者即被禁止。我国《反不正当竞争法》之所以对抽奖式有奖销售的最高奖的金额作出限制，是因为巨奖销售会引发消费者的暴利心理，传递错误的思想信息，妨碍市场机制的正常发挥，破坏正常的市场竞争秩序。

(六) 商业诽谤

《反不正当竞争法》第十一条规定，经营者不得编造、传播虚假信息或者误导性信息，损害竞争对手的商业信誉、商品声誉。经营者编造、传播虚假信息或者误导性信息，损害竞争对手的商业信誉、商品声誉，即商业诽谤，也称诋毁商誉，是侵害公民或法人名誉权和荣誉权行为的一种商业化表现形式。商业诽谤是一种典型的不正当竞争行为。商业信誉和商品声誉是经营者在市场竞争中赢得优势地位的资本和支柱。损害竞争对手的商业信誉、商品声誉，会给竞争对手正常经营活动造成不利影响，损害其应有的市场竞争优势地位，甚至导致严重的经济损失。

(七) 妨碍、破坏网络产品或服务正常运行的行为

妨碍、破坏网络产品或服务正常运行的行为也称网络恶意竞争行为，是指经营者利用技术手段，通过影响用户选择或者其他方式，实施妨碍、破坏其他经营者合法提供的网络产品或者服务运行的行为。

根据《反不正当竞争法》第十二条的规定，该行为表现为：

(1) 未经其他经营者同意，在其合法提供的网络产品或者服务中，插入链接、强制进行目标跳转；

(2) 误导、欺骗、强迫用户修改、关闭、卸载其他经营者合法提供的网络产品或者服务；

(3) 恶意对其他经营者合法提供的网络产品或者服务实施不兼容；

(4) 其他妨碍、破坏其他经营者合法提供的网络产品或者服务正常运行的行为。

【例 8-3】根据《反不正当竞争法》的规定，下列行为属于不正当竞争行为的是(　　)。

A. 丙企业规定，销售一台计算机给中间人5%的佣金，可不入账

B. 甲灯具厂捏造乙灯具厂偷工减料的事实，但只告诉了乙厂的几家客户

C. 通过某网络电商平台进行生产经营活动的甲公司通过水军“刷单”“刷钻”，误导消费者

D. 乙企业举办抽奖式有奖销售，最高奖为5200元购物券，并规定用购物券购物满1000元的可再获一次抽奖机会

【解析】根据《反不正当竞争法》第七条、第八条、第十条、第十一条的规定，正确答案为ABC。

四、对涉嫌不正当竞争行为的调查

监督检查部门调查涉嫌不正当竞争行为，可以采取下列措施：

(1) 进入涉嫌不正当竞争行为的经营场所进行检查；

(2) 询问被调查的经营者、利害关系人及其他有关单位、个人，要求其说明有关情况或者提供与被调查行为有关的其他资料；

(3) 查询、复制与涉嫌不正当竞争行为有关的协议、账簿、单据、文件、记录、业务函电和其他资料；

(4) 查封、扣押与涉嫌不正当竞争行为有关的财物；

(5) 查询涉嫌不正当竞争行为的经营者的银行账户。

采取前款规定的措施，应当向监督检查部门主要负责人书面报告，并经批准。采取前款第(4)项、第(5)项规定的措施，应当向设区的市级以上人民政府监督检查部门主要负责人书面报告，并经批准。监督检查部门调查涉嫌不正当竞争行为，应当遵守《中华人民共和国行政强制法》和其他有关法律、行政法规的规定，并应当将查处结果及时向社会公开。

监督检查部门调查涉嫌不正当竞争行为，被调查的经营者、利害关系人及其他有关单位、个人应当如实提供有关资料或者情况。监督检查部门及其工作人员对调查过程中知悉的商业秘密负有保密义务。

同时，国家鼓励、支持和保护一切组织和个人对不正当竞争行为进行社会监督。对涉嫌不正当竞争行为，任何单位和个人有权向监督检查部门举报，监督检查部门接到举报后应当依法及时处理。监督检查部门应当向社会公开受理举报的电话、信箱或者电子邮件地址，并为举报人保密。对实名举报并提供相关事实和证据的，监督检查部门应当将处理结果告知举报人。国家机关及其工作人员不得支持、包庇不正当竞争行为。行业组织应当加强行业自律，引导、规范会员依法竞争，维护市场竞争秩序。

五、不正当竞争行为的法律责任

不正当竞争行为是经营者违反《反不正当竞争法》的规定，损害其他经营者的合法权益，扰乱社会经济秩序的违法行为。只要实施了各种不正当竞争行为以及与不正当竞争有关的违法行为，就要承担相应的法律责任。经营者违反《反不正当竞争法》规定，应当承担民事责任、行政责任和刑事责任，其财产不足以支付的，优先用于承担民事责任。

(一) 民事责任

经营者实施不正当竞争行为，给他人造成损害的，应当依法承担民事责任。经营者的合法权益受到不正当竞争行为损害的，可以向人民法院提起诉讼。因不正当竞争行为受到损害的经营者的赔偿数额，按照其因被侵权所受到的实际损失确定；实际损失难以计算的，按照侵权人因侵权所获得的利益确定。赔偿数额还应当包括经营者为制止侵权行为所支付的合理开支。权利人因经营者实施仿冒混淆行为、侵犯商业秘密行为被侵权所受到的实际损失、侵权人因侵权所获得的利益难以确定的，由人民法院根据侵权行为的情节判决给予权利人五百万元以下的赔偿。

(二) 行政责任

经营者实施混淆行为的，由监督检查部门责令停止违法行为，没收违法商品。违法经营额五万元以上的，可以并处违法经营额五倍以下的罚款；没有违法经营额或者违法经营额不足五万元的，可以并处二十五万元以下的罚款。情节严重的，吊销营业执照。经营者登记的企业名称违反规定的，应当及时办理名称变更登记；名称变更前，由原企业登记机关以统一社会信用代码代替其名称。

经营者实施商业贿赂行为，由监督检查部门没收违法所得，处十万元以上三百万元以下的罚款。情节严重的，吊销营业执照。

经营者实施虚假宣传行为，对其商品作虚假或者引人误解的商业宣传，或者通过组织虚假交易等方式帮助其他经营者进行虚假或者引人误解的商业宣传的，由监督检查部门责令停止违法行为，处二十万元以上一百万元以下的罚款；情节严重的，处一百万元以上二百万元以下的罚款，可以吊销营业执照。经营者实施虚假宣传行为，属于发布虚假广告的，依照《中华人民共和国广告法》的规定处罚。

经营者实施侵犯商业秘密行为，由监督检查部门责令停止违法行为，处十万元以上一百万元以下的罚款；情节严重的，处五十万元以上五百万元以下的罚款。

经营者进行违反规定的有奖销售的，由监督检查部门责令停止违法行为，处五万元以上五十万元以下的罚款。

经营者实施商业诽谤行为，由监督检查部门责令停止违法行为、消除影响，处十万元以上五十万元以下的罚款；情节严重的，处五十万元以上三百万元以下的罚款。

经营者实施妨碍、破坏其他经营者合法提供的网络产品或者服务正常运行行为，由监督检查部门责令停止违法行为，处十万元以上五十万元以下的罚款；情节严重的，处五十万元以上三百万元以下的罚款。

经营者违反相关规定从事不正当竞争，有主动消除或者减轻违法行为危害后果等法定情形的，依法从轻或者减轻行政处罚；违法行为轻微并及时纠正，没有造成危害后果的，不予行政处罚。经营者违反相关规定从事不正当竞争，受到行政处罚的，由监督检查部门记入信用记录，并依照有关法律、行政法规的规定予以公示。

妨害监督检查部门依照法律履行职责，拒绝、阻碍调查的，由监督检查部门责令改正，对个人可以处五千元以下的罚款，对单位可以处五万元以下的罚款，并可以由公安机关依法给予治安管理处罚。

当事人对监督检查部门作出的决定不服的，可以依法申请行政复议或者提起行政诉讼。

(三) 刑事责任

经营者及其他主体违反《反不正当竞争法》规定，构成犯罪的，依法追究刑事责任。在我国，能够构成犯罪的不正当竞争行为主要是仿冒混淆行为、商业贿赂行为等不正当竞争行为。

第三节 反垄断法

一、反垄断法概念及其立法目的

垄断是指市场主体在市场运行过程中通过排他性控制或对市场竞争进行实质性限制，而妨碍公平竞争秩序的行为或状态。法律意义上的垄断通常具有两个显著的特征：危害性和违法性。法律意义上的垄断是指违反法律规定，对市场竞争构成实质性损害或损害威胁的行为或状态。

《中华人民共和国反垄断法》(以下简称《反垄断法》)由中华人民共和国第十届全国人大常委会第二十九次会议于 2007 年 8 月 30 日通过，自 2008 年 8 月 1 日起施行。该法是规定垄断行为的法律规范的总称，规定的垄断行为主要包括：经营者达成垄断协议；经营者滥用市场支配地位；具有或者可能具有排除、限制竞争效果的经营者集中。2012 年 5 月 8 日，最高人民法院出台《关于审理因垄断行为引发的民事纠纷案件应用法律若干问题的规定》，该规定自 2012 年 6 月 1 日起实行。

我国反垄断法的立法目的是预防和制止垄断行为，保护市场公平竞争，提高经济运行效率，维护消费者利益和社会公共利益，促进社会主义市场经济健康发展。

二、反垄断法的主要制度

各国反垄断法的立法体例及其形式有较大的差异，但基本内容一般较为相似，我国法律规定的垄断行为包括以下 4 种：经营者达成垄断协议；经营者滥用市场支配地位；具有或者可能具有排除、限制竞争效果的经营者集中及行政垄断。

(一) 垄断协议

垄断协议，是指排除、限制竞争的协议、决定或者其他协同行为。垄断协议一般分为横向垄断协议、纵向垄断协议和行业协会组织的垄断协议，它是经济生活中最常见、最典型的垄断行为，往往造成固定价格以及阻碍、限制其他经营者进入市场等排除、限制竞争的后果，对市场危害很大，为各国法律所禁止。

横向垄断协议是指具有竞争关系的两个或两个以上的经营者以协议、决定或者其他协同行为方式实施的排除、限制竞争的行为。参加横向垄断协议的主体是“具有竞争关系的经营者”，即在生产或者销售环节处于相同市场地位的经营者。

纵向垄断协议是指市场上处于不同生产经营环节企业间达成的排除、限制竞争的协议。参加纵向协议的主体是“经营者和相对人”，即经营者和与其发生交易关系的其他经营者之间的协议，由此决定了纵向垄断协议发生在生产或者销售过程中处于不同阶段或者不同环节的经营者之间。纵向垄断协议的行为主体具有明显的互补性，即这些经营者之间并不存在真正意义上的竞争，只是存在交易关系。

此外，《反垄断法》第十六条规定，行业协会不得组织本行业的经营者从事法律禁止的垄断行为。

【例 8-4】根据《反垄断法》的规定，下列选项不构成垄断协议的是(　　)。

A. 某行业协会组织本行业的企业就防止进口原料时的恶性竞争达成保护性协议

B. 三家大型房地产公司的代表聚会，就商品房价格达成共识，随后一致采取涨价行动

C. 某品牌的奶粉含有毒物质的事实被公布后，数家大型零售公司联合声明拒绝销售该产品

D. 数家大型煤炭企业就采用一种新型矿山安全生产技术达成一致意见

【解析】根据《反垄断法》的相关规定，正确答案是 ACD。

(二) 滥用市场支配地位

市场支配地位是指经营者在相关市场内具有能够控制商品价格、数量或者其他交易条件，或者能够阻碍、影响其他经营者进入相关市场能力的市场地位。其中的相关市场是指经营者在

一定时期内就特定商品或者服务(统称商品)进行竞争的商品范围和地域范围。反垄断法并不禁止经营者具有市场支配地位，而是禁止具有市场支配地位的经营者滥用市场支配地位，从事排除、限制竞争的行为。

滥用市场支配行为，是指支配企业为维持或者增强其市场支配地位而实施的反竞争的行为，对禁止滥用市场支配地位行为的规范，采取两种方式。一是概括式，即只做原则性禁止，不具体规定所禁止的滥用行为，美国等国家采取这种方式；二是概括加列举式，即在作出原则性禁止规定的同时，列举一些典型的予以禁止的滥用行为，欧盟等采取这种方式。我国反垄断法对此采取的是列举具体滥用行为的方式。根据《反垄断法》第十七条规定，禁止具有市场支配地位的经营者从事下列滥用市场支配地位的行为：

(1) 以不公平的高价销售商品或者以不公平的低价购买商品；

(2) 没有正当理由，以低于成本的价格销售商品；

(3) 没有正当理由，拒绝与交易相对人进行交易；

(4) 没有正当理由，限定交易相对人只能与其进行交易或者只能与其指定的经营者进行交易；

(5) 没有正当理由搭售商品，或者在交易时附加其他不合理的交易条件；

(6) 没有正当理由，对条件相同的交易相对人在交易价格等交易条件上实行差别待遇；

(7) 国务院反垄断执法机构认定的其他滥用市场支配地位的行为。

(三) 经营者集中

经营者集中是指经营者通过合并、兼并及购买竞争对手股权或资产等方式进行的企业行为。经营者集中是优化产业结构和企业组织结构的重要手段，也是企业迅速扩张、提高规模经济效益和市场竞争力的有效手段。经营者集中会对竞争产生一定影响，由于经济力量的集中和市场结构的改变，容易导致市场中的竞争者数量减少，相关市场竞争程度降低，也使数量减少了的竞争者之间容易作出协调一致的行为，并且产生和加强市场支配力量，有可能排除和限制竞争，损害消费者利益，因此，按照社会效益和国家适度干预原则，只有那些大型合并，即那些最可能给竞争带来威胁的合并，才应当列入反垄断法的调整范围。我国《反垄断法》第二十一条规定,经营者集中达到国务院规定的申报标准的，经营者应当事先向国务院反垄断执法机构申报，未申报的不得实施集中。在审查时，原则上将具有或者可能具有排除、限制竞争效果作为禁止经营者集中的判断标准。

(四) 行政垄断

行政垄断是指行政机关或者法律、法规授权的具有管理公共事务职能的组织，滥用行政权力，排斥、限制或阻碍市场竞争的行为。我国《反垄断法》规定的行政垄断行为主要包括以下类型。

1. 行政强制交易行为

该行为是指行政机关和法律、法规授权的具有管理公共事务职能的组织滥用行政权力，限定或者变相限定单位或者个人经营、购买、使用其指定的经营者提供的商品。

2. 妨碍商品在地区之间的自由流通

该行为是指行政机关和法律、法规授权的具有管理公共事务职能的组织滥用行政权力，实施下列行为，妨碍商品在地区之间的自由流通的行为：对外地商品设定歧视性收费项目、实行歧视性收费标准，或者规定歧视性价格；对外地商品规定与本地同类商品不同的技术要求、检验标准，或者对外地商品采取重复检验、重复认证等歧视性技术措施，限制外地商品进入本地市场；采取专门针对外地商品的行政许可，限制外地商品进入本地市场；设置关卡或者采取其他手段，阻碍外地商品进入或者本地商品运出；妨碍商品在地区之间自由流通的其他行为。

3. 排斥或者限制外地经营者参加本地的招标投标行为

该行为是指行政机关和法律、法规授权的具有管理公共事务职能的组织滥用行政权力，以设定歧视性资质要求、评审标准或者不依法发布信息等方式，排斥或者限制外地经营者参加本地的招标投标活动。

4. 限制经营者跨地区投资经营

该行为是指行政机关和法律、法规授权的具有管理公共事务职能的组织滥用行政权力，采取与本地经营者不平等待遇等方式，排斥或者限制外地经营者在本地投资或者设立分支机构。

5. 行政强制限制竞争

该行为是指行政机关和法律、法规授权的具有管理公共事务职能的组织滥用行政权力，强制经营者从事本法规定的垄断行为。

6. 抽象行政行为

该行为是指行政机关滥用行政权力，制定含有排除、限制竞争内容的规定。

三、反垄断执法机构

关于反垄断执法机构的设置，从国外的经验看，多数国家是由一个独立的机构负责反垄断执法工作的，如德国的联邦卡特尔局；也有的国家是由两个机构共同执行反垄断法，如美国是由司法部和联邦贸易委员会共同负责反垄断执法工作。我国反垄断法关于反垄断行政执法机构设置的规定，要根据我国的实际情况，既要考虑现实的可行性，保证反垄断法的顺利实施；又要有一定的前瞻性，为今后的机构改革留有余地。

我国《反垄断法》规定，国务院规定的承担反垄断执法职责的机构，依照法律规定，负责反垄断执法工作。国务院根据反垄断行政执法工作的需要，可以决定由一个部门或机构统一负责反垄断执法工作，也可以决定由几个部门或机构分别负责不同领域的反垄断行政执法工作。

反垄断执法工作的专业性很强，为便于严格统一执法，同时考虑到建立全国统一、开放、竞争、有序的市场体系的需要，《反垄断法》将反垄断执法工作原则上应由国务院规定的承担反垄断执法职责的部门依据法律行使反垄断执法的职权，地方政府及其部门不行使反垄断法的执法权。同时，考虑到我国的实际情况，如果所有的垄断案件都由国务院反垄断执法机构亲自处理，可能工作量太大，负担太重，为此，《反垄断法》第十条第二款规定，国务院反垄断执法机构可以根据工作需要，授权省、自治区、直辖市人民政府相应的机构，依照本法规定负责有关反垄断执法工作。依据该款规定，省级政府相关机构可以在国务院反垄断执法机构授权的范围内，负责有关的反垄断执法工作。

四、法律责任

我国《反垄断法》对于行为人违反该法的行为应当承担的法律责任作出明确的规定，其责任主要包括民事责任、行政责任和刑事责任。

垄断行为往往给他人造成经济损失，所以对此，我国《反垄断法》第五十条规定，经营者实施垄断行为，给他人造成损失的，依法承担民事责任。

经营者违反《反垄断法》规定，达成并实施垄断协议的，由反垄断执法机构责令停止违法行为，没收违法所得，并处上一年度销售额 1%以上 10%以下的罚款；尚未实施所达成的垄断协议的，可以处 50 万元以下的罚款。经营者主动向反垄断执法机构报告达成垄断协议的有关情况并提供重要证据的，反垄断执法机构可以酌情减轻或者免除对该经营者的处罚。

行业协会违反本法规定，组织本行业的经营者达成垄断协议的，反垄断执法机构可以处 50 万元以下的罚款；情节严重的，社会团体登记管理机关可以依法撤销登记。

经营者违法滥用市场支配地位的，由反垄断执法机构责令停止违法行为，没收违法所得，并处上一年度销售额 1%以上 10%以下的罚款。

经营者违反法律规定实施集中的，由国务院反垄断执法机构责令停止实施集中、限期处分股份或者资产、限期转让营业以及采取其他必要措施恢复到集中前的状态，可以处 50 万元以下的罚款。

行政机关和法律、法规授权的具有管理公共事务职能的组织滥用行政权力，实施排除、限制竞争行为的，由上级机关责令改正；对直接负责的主管人员和其他直接责任人员依法给予处分。反垄断执法机构可以向有关上级机关提出依法处理的建议。

法律、行政法规对行政机关和法律、法规授权的具有管理公共事务职能的组织滥用行政权力实施排除、限制竞争行为的处理另有规定的，依照其规定。

对反垄断执法机构依法实施的审查和调查，拒绝提供有关材料、信息，或者提供虚假材料、信息，或者隐匿、销毁、转移证据，或者有其他拒绝、阻碍调查行为的，由反垄断执法机构责令改正，对个人可以处 2 万元以下的罚款，对单位可以处 20 万元以下的罚款：情节严重的，对个人处 2 万元以上 10 万元以下的罚款，对单位处 20 万元以上 100 万元以下的罚款；构成犯罪的，依法追究刑事责任。

反垄断执法机构工作人员滥用职权、玩忽职守、徇私舞弊或者泄露执法过程中知悉的商业秘密，构成犯罪的，依法追究刑事责任；尚不构成犯罪的，依法给予处分。

本章小结

1. 竞争法是指调整在反对垄断和反对不正当竞争过程中发生的社会关系的法律规范的总称。一般认为，竞争法是反不正当竞争法和反垄断法的总称。

2. 不正当竞争行为主要有混淆行为，商业贿赂行为，虚假宣传行为，侵犯商业秘密，违反规定的有奖销售，商业诽谤，妨碍、破坏网络产品或服务正常运行的行为。

3. 垄断行为包括以下4种：经营者达成垄断协议；经营者滥用市场支配地位；具有或者可能具有排除、限制竞争效果的经营者集中及行政垄断。

习 题

一、单项选择题

1. 抽奖式有奖销售，最高奖项的金额不得超过法律规定的(　　)。

A. 3000元　　B. 5 0000元
C. 8000元　　D. 10000元

2. 某自来水公司规定，所有申请接通自来水的单位和个人必须购买其指定商店销售的自来水设备，否则不予接通。该行为是(　　)。

A. 滥用市场支配地位行为　　B. 联合限制竞争行为
C. 经营者集中行为　　D. 行政性垄断行为

3. 根据我国《反不正当竞争法》，下列选项中关于诋毁商誉行为的表述正确的是(　　)

A. 新闻单位被经营者唆使对其他经营者从事诋毁商誉行为的，可与经营者构成共同的不正当竞争行为
B. 经营者通过新闻发布会的形式发布影响其他同业经营者商誉的信息，只要该信息是真实的，就不构成诋毁行为
C. 诋毁行为只能是针对市场上某一特定竞争对手实施的
D. 经营者对其他竞争者进行诋毁，其主观心态既可以是故意，也可以是过失

4. 我国对不正当竞争行为进行监督检查的部门是(　　)。

A. 税务部门　　B. 技术监督部门
C. 工商部门　　D. 县级以上工商部门

5. 某葡萄酒厂在其产品标签上印有“获得2002年法国国际葡萄酒博览会金奖”字样和一个带外文的徽章，但此奖项和徽章实际均不存在。对这一行为应当认定为(　　)。

A. 根据《反不正当竞争法》，该行为不属于不正当竞争行为
B. 根据《反不正当竞争法》，该行为构成虚假表示行为
C. 根据《反不正当竞争法》，该行为构成虚假宣传行为
D. 该行为违反商业道德，但不违反法律

二、名词解释

1. 竞争　2. 反不正当竞争法　3. 商业贿赂　4. 不正当倾销　5. 垄断　6. 垄断协议　7. 行政垄断

三、简答题

1. 不正当竞争行为有哪些表现形式？

2. 我国垄断法规定的垄断行为有哪些?

案 例 分 析

甲、乙两厂均为某市生产饮料的企业,使用在饮料上的商标分别注册为A和B,其中,甲厂是老牌企业,乙厂是后起之秀。由于乙厂的饮料质优价廉,销路很好,导致甲厂的经济效益下降。甲厂为了在竞争中取胜,在该市电视台加大广告宣传力度称,目前本市有一些厂家生产的同类产品,与本厂生产的保健饮料在质量上有根本的差别,系本厂产品的仿制品,唯有本厂生产的A牌饮料不含化学成分,才是正宗,提醒广大消费者谨防上当受骗。甲厂的广告播出后,很多经营乙厂保健饮料的客户纷纷找乙厂退货,称其为仿制产品,导致乙厂生产严重滑坡,造成近10万元的经济损失。于是,乙厂向工商行政管理机关反映,要求处理。

问题:

1. 甲厂行为的性质是什么?
2. 乙厂是否有权要求赔偿损失?损失额应当如何计算?

第九章

知识产权法

【导读】

与物权、债权等民事权利相比，知识产权作为智力成果的创始人对所创造的智力成果和工商活动的行为人对所拥有的标记所享有的权利，具有无形性、法定性、专有性、地域性和时间性等特征。我国已加入世界知识产权组织和WTO，知识产权保护日益重要。知识产权法的综合性和技术性特征十分明显，在知识产权法中，既有私法规范，也有公法规范；既有实体法规范，也有程序法规范。但从法律部门的归属上讲，知识产权法仍属于民法，是民法的特别法。民法的基本原则、制度和法律规范大多适用于知识产权，并且知识产权法中的公法规范和程序法规范都是为确认和保护知识产权这一私权服务的，不占主导地位。

【学习重点】

知识产权的概念和法律特征，专利法的主体和客体，专利权的保护，商标注册，注册商标专用权的保护，著作权的主体和客体，著作权的保护。

【学习难点】

对专利、商标权和著作权的主客体进行分析，结合具体知识产权的保护，熟知知识产权法律制度的。

【教学建议】

第一节以课堂讲授为主，第二节、第三节和第四节建议结合案例进行教学，加深学生对知识的理解，并布置课后作业。

第一节　知识产权概述

一、知识产权的概念

知识产权是人们对智力成果依法享有的权利。智力成果是人们运用知识、经验、灵感等智力资源，经过加工创作而形成的物质或者精神的劳动成果。我们今天继承的传统文明，就是祖先创造的、代代传承的劳动成果。为了保护智力成果，促进科学技术转化为生产力，各国都颁布有相关立法，规定智力成果的权属、利用和管理等内容，这样，以智力成果为客体的权利——知识产权得以产生。

知识产权有广义和狭义之分。广义的知识产权泛指一切工业、科学或文学艺术领域的智力创作者对其劳动成果所拥有的权利；狭义的知识产权包括工业产权和著作权(版权)两部分。工业产权是人们对运用于生产、流通中的发明创造和商业标记等成果享有的专有权利。根据《保护工业产权巴黎公约》的规定，工业产权包括发明、实用新型、外观设计、商标、服务标记、厂商名称、货源标记、原产地名称以及制止不正当竞争等方面的权利。在我国，工业产权主要指专利权和商标权，此外还应当包括《反不正当竞争法》中规定的“商业秘密”。著作权，也称版权，是文学艺术或者科学作品的创作者对其智力成果拥有的权利。本章所指的知识产权是狭义上的知识产权。

二、知识产权的法律特征

(一) 无形性

无形性，是指知识产权的客体缺少物理特性，需要借助有形介质才能被人们所感知、获取。知识产权是以智力成果为客体的民事权利，它不同于传统民法理论中所指的“财产所有权”。一般认为，财产所有权的客体是具有物理特性、能够为人们直接感知的有形物体，包括动产(如汽车、电视、书本)和不动产(如土地、房屋)。知识产权的客体是智力成果，它需要借助于有形物体才能被人们所感知(比如借助于书本的文字记录了解文学作品的内容、借助于电脑设备了解软件产品的功能)，或者需要通过有形物体的实际功能来体会其内涵的智力价值(如通过冰箱制冷效果、电视图像效果感知其内涵的技术价值)，因此，智力成果也称为“无形财产”。

(二) 专有性

专有性，是指法律规定智力成果的财产权、人身权专属于创造者或者其他合法主体(统称专有权人)，排除他人非法享有同样的权利。与有形财产权不同，知识产权的客体可以通过载体在短时间内大范围扩散，可以同时在不同地域为不特定的公众使用，如软件拷贝、影视播放，这给他人侵犯专有权人的权利提供了便利，软件盗版、图书盗版就是例证。因此，立法赋予智力成果创造人或者其他合法主体以排他性的专有权，未经专有权人许可，任何组织和个人均不得对知识产权行使占有、使用、收益和处分的权利，否则构成侵权行为。

(三) 地域性

地域性，是指知识产权的法律保护限定在特定的地域范围内。未经国际公约或双边、多边协定的认可，一国的知识产权在他国不受保护。

(四) 时间性

时间性，是指知识产权的法律保护是有期限的，专有权人在法定期限内享有专有权，保护期限届满时，智力成果就成为社会的共同财富。对知识产权的时间限制，有利于促进社会和科技的迅速进步。

第二节　专　利　法

一、专利与专利法概述

专利通常有两种含义：①专利是指专利法保护的发明创造，即专利权的客体；②专利是指专利法保护的对发明创造享有的专有权，即专利权。

专利法是调整专利关系的法律规范的总称。专利关系包括专利管理关系、专利权属关系、专利许可使用关系、专利转让关系等。《中华人民共和国专利法》(以下简称《专利法》)第一条规定，为了保护专利权人的合法权益，鼓励发明创造，推动发明创造的应用，提高创新能力，促进科学技术进步和经济社会发展，制定本法。该条概括了我国《专利法》的立法宗旨。全国人民代表大会常务委员会关于修改《中华人民共和国专利法》的决定于 2020 年 10 月 17 日第十三届全国人民代表大会常务委员会第二十二次会议通过，自 2021 年 6 月 1 日起施行。

按照《专利法》的规定，国务院专利行政部门(即国家知识产权局)负责管理全国的专利工作；统一受理和审查专利申请，依法授予专利权。

二、专利权的主体和客体

(一) 专利权的主体

专利权的主体，是指有权提出专利申请并依法取得专利权的单位和个人，以及其他依法取得专利权的单位和个人。根据《专利法》的规定，专利权的主体有以下几种。

1. 职务发明创造的单位

职务发明创造，是指执行本单位的任务或者主要是利用本单位的物质技术条件(如资金、设备、零部件、原材料、不向外公开的技术资料等)所完成的发明创造，主要包括：①在本职工作中做出的发明创造；②履行本单位交付的本职责之外的任务所完成的发明创造；③退休、调离原单位后或者劳动、人事关系终止后 1 年内完成的，与在原单位承担的本职工作或者分配的任务有关的发明创造。

职务发明创造申请专利的权利属于该单位，申请被批准后，该单位为专利权人。该单位可以依法处置其职务发明创造申请专利的权利和专利权，促进相关发明创造的实施和运用。利用本单位的物质技术条件所完成的发明创造，单位与发明人或者设计人订有合同，对申请专利的权利和专利权的归属做出约定的，从其约定。

2. 发明人或设计人

非职务发明创造申请专利的权利属于发明人或者设计人，他们是对发明创造的实质性特点作出创造性贡献的人。在完成发明创造过程中，只负责组织工作的人、为物质技术条件的利用提供方便的人或者从事其他辅助工作的人，不是发明人或者设计人。专利申请被批准后，该发明人或者设计人为专利权人。

3. 共同完成人或委托完成人

两个以上单位或者个人合作完成的发明创造是共同发明创造，一个单位或者个人接受其他单位或者个人委托所完成的发明创造是委托发明创造。除当事人另有协议外，这两种发明创造的专利申请权利属于完成或者共同完成的单位或者个人，申请被批准后，申请的单位或者个人为专利权人。

4. 外国的单位或者个人

在中国没有经常居所或者营业场所的外国人、外国企业或者外国其他组织在中国申请专利的，依照其所属国同中国签订的协议或者共同参加的国际条约，或者依照互惠原则，根据《专利法》办理。在中国没有经常居所或者营业所的外国人、外国企业或者外国其他组织在中国申请专利或者办理其他专利事务时，应当委托依法设立的专利代理机构办理。

两个以上的申请人分别就同样的发明创造申请专利的，专利权授予最先申请的人。专利权人有权在其专利产品或者该产品的包装上标明专利标识。发明人或者设计人有权在专利文件中写明自己是发明人或者设计人。

【例 9-1】下列选项中，不属于职务发明创造的是(　　)。

A. 在本职工作中作出的发明创造

B. 履行本单位交给的本职工作之外的任务所作出的发明创造

C. 调动工作后1年后作出的，与在原单位承担的本职工作或者分配的任务有关的发明创造

D. 退职、退休后1年内作出的，与在原单位承担的本职工作或者分配的任务有关的发明创造

【解析】答案为 C。本题考核专利权的主体。退休或者调动工作之后的 1 年内作出的，与其在原单位承担的本职工作或者分配的任务有关的发明创造，属于职务发明创造，申请专利的权利属于该单位，所以本题选 C 选项。

(二) 专利权的客体

专利权的客体，是指专利权指向的智力成果，即专利权的载体。我国专利权的客体包括 3 种：发明、实用新型、外观设计。

1. 发明

发明是指对产品、方法或者其改进所提出的新的技术方案。发明必须是前所未有的技术方案，有一定的进步或者难度。发明分为产品发明(如新机器、新设备)和技术发明(如新工艺、新方法)。

2. 实用新型

实用新型是指对产品的形状、构造或者其结合所提出的适于实用的新的技术方案。实用新型仅适于产品，其创新要求比发明低，俗称“小发明”。

3. 外观设计

外观设计是指对产品的形状、图案或者其结合以及色彩与形状、图案的结合所做的富有美

感并适于工业应用的新设计。外观设计必须以产品为依托，以追求美感为目的，如汽车外形、地毯花样等。

同样的发明创造只能授予一项专利权。但是，同一申请人同日对同样的发明创造既申请实用新型又申请发明专利，先获得的实用新型专利权尚未终止，且申请人声明放弃该实用新型专利权的，可以授予发明专利权。

三、授予专利权的条件

（一）授予发明和实用新型专利权的实质条件

授予专利权的发明和实用新型，应当具备新颖性、创造性和实用性。

1. 新颖性

新颖性是指该发明或者实用新型不属于现有技术，也没有任何单位或者个人就同样的发明或者实用新型在申请日以前向国务院专利行政部门提出过申请，并记载在申请日以后公布的专利申请文件或者公告的专利文件中。所谓“现有技术”，是指申请日以前在国内外为公众所知的技术。申请专利的发明创造在申请日以前 6 个月内，有下列情形之一的，不丧失新颖性：①在中国政府主办或者承认的国际展览会上首次展出的；②在规定的学术会议或者技术会议上首次发表的；③他人未经申请人同意而泄露其内容的。

2. 创造性

创造性是指与现有技术相比，该发明具有突出的实质性特点和显著的进步，该实用新型具有实质性特点和进步。

3. 实用性

实用性是指该发明或者实用新型能够制造或者使用，并且能够产生积极效果。

（二）授予外观设计专利权的实质条件

授予专利权的外观设计，应当不属于现有设计，也没有任何单位或者个人就同样的外观设计在申请日以前向国务院专利行政部门提出过申请，并记载在申请日以后公告的专利文件中。授予专利权的外观设计不得与他人在申请日以前已经取得的合法权利相冲突。所谓“现有设计”，是指申请日以前在国内外为公众所知的设计。

（三）不授予专利权的情形

下列各项，不授予专利权：①科学发现；②智力活动的规则和方法；③疾病的诊断和治疗方法；④动物和植物品种；⑤用原子核变换方法获得的物质；⑥对平面印刷品的图案、色彩或者二者的结合作出的主要起标识作用的设计；⑦违反国家法律、社会公德或者妨害公共利益的发明创造；⑧违反法律、行政法规的规定获取或者利用遗传资源，并依赖该遗传资源完成的发明创造。动物和植物品种的生产方法，依法可以授予专利权。

【例 9-2】下列各项中，不可以授予专利权的有(　　)。

A. 甲发明的仿真伪钞机

B. 乙发现一颗行星

C. 丙对服装包装袋的彩色图案作出的主要起标识作用的设计

D. 丁发明了某植物新品种的生产方法

E. 戊发明了一种游戏规则

【解析】答案为ABCE。本题考核不授予专利权的情形。选项A属于违反国家法律、社会公德或者妨害公共利益的发明创造；选项C属于对平面印刷品的图案、色彩或者二者的结合作出的主要起标识作用的设计；选项E属于智力活动的规则和方法。所以本题选ABCE选项。

【例9-3】甲于2018年8月1日向国家知识产权局提出一个关于吸尘器的发明专利申请。在甲申请专利之前发生的下列事实中，会影响甲专利申请新颖性的是(　　)。

A. 2018年3月15日，甲在中国政府主办的一个国际展览会上首次展出了这种吸尘器

B. 2018年4月10日，应当承担保密义务的工作人员乙，未经甲同意擅自在一个学术会议上公布了该发明

C. 2018年5月12日，甲在国家商务部组织召开的一个技术会议上首次发表了介绍该发明的演讲

D. 2018年6月18日，甲在某国际性学术刊物上首次刊登了介绍该发明的学术论文

【解析】答案为D。本题考核专利权新颖性。申请专利的发明创造在申请日以前6个月内，有下列情形之一的，不丧失新颖性：①在中国政府主办或者承认的国际展览会上首次展出的，如选项A；②在规定的学术会议或者技术会议上首次发表的，如选项C；③他人未经申请人同意泄露其内容的，如选项B。所以本题选D选项。

四、专利权的期限、终止和无效

(一) 专利权的期限

专利权在有效期限内受法律保护。发明专利权的期限为20年，实用新型专利权的期限为10年，外观设计专利权的期限为15年，均自申请日起计算，期满不能续展。专利权人应当自被授予专利权的当年开始缴纳年费。

(二) 专利权的终止

有下列情形之一的，专利权在期限届满前终止：①没有按照规定缴纳年费的；②专利权人以书面声明放弃其专利权的。专利权在期限届满前终止的，由国务院专利行政部门登记和公告。

(三) 专利权的无效

自国务院专利行政部门公告授予专利权之日起，任何单位或者个人认为该专利权的授予不符合《专利法》有关规定的，可以请求专利复审委员会宣告该专利权无效。专利复审委员会对宣告专利权无效的请求应当及时审查和作出决定，并通知请求人和专利权人。宣告专利权无效的决定，由国务院专利行政部门登记和公告。宣告无效的专利权视为自始即不存在。

对专利复审委员会宣告专利权无效或者维持专利权的决定不服的，可以自收到通知之日起3个月内向人民法院起诉。人民法院应当通知无效宣告请求程序的对方当事人作为第三人参加诉讼。

宣告专利权无效的决定，对在宣告专利权无效前人民法院作出并已执行的专利侵权的判决、调解书，已经履行或者强制执行的专利侵权纠纷处理决定，以及已经履行的专利实施许可合同和专利权转让合同，不具有追溯力，但是因专利权人的恶意给他人造成的损失，应当给予赔偿。

五、专利权的保护

(一) 专利权的保护范围

发明或者实用新型专利权的保护范围以其权利要求的内容为准，说明书及附图可以用于解释权利要求的内容。外观设计专利权的保护范围以表示在图片或者照片中的该产品的外观设计为准。

(二) 专利侵权行为

1. 非法实施专利的行为

发明和实用新型专利权被授予后，除法律另有规定的以外，任何单位或者个人未经专利权人许可，都不得为生产经营目的制造、使用、许诺销售、销售、进口其专利产品，或者使用其专利方法以及使用、许诺销售、销售、进口依照该专利方法直接获得的产品。外观设计专利权被授予后，任何单位或者个人未经专利权人许可，都不得实施其专利，即不得为生产经营目的制造、许诺销售、销售、进口其外观设计专利产品。

根据最高院司法解释，将侵犯发明或者实用新型专利权的产品作为零部件，制造另一产品的，应当认定为非法使用；销售该另一产品的，应当认定为非法销售。将侵犯外观设计专利权的产品作为零部件，制造另一产品并销售的，应当认定为非法销售行为，但侵犯外观设计专利权的产品在该另一产品中仅具有技术功能的除外。对于使用专利方法获得的原始产品，应当认定为“依照专利方法直接获得的产品”；对于将该原始产品进一步加工、处理而获得后续产品的行为，应当认定为“使用依照该专利方法直接获得的产品”。

2. 假冒专利的行为

下列行为属于假冒专利的行为。

(1) 在未被授予专利权的产品或者其包装上标注专利标识，专利权被宣告无效后或者终止后继续在产品或者其包装上标注专利标识，或者未经许可在产品或者产品包装上标注他人的专利号；

(2) 销售第(1)项所述产品；

(3) 在产品说明书等材料中将未被授予专利权的技术或者设计称为专利技术或者专利设计，将专利申请称为专利，或者未经许可使用他人的专利号，使公众将所涉及的技术或者设计误认为是专利技术或者专利设计；

(4) 伪造或者变造专利证书、专利文件或者专利申请文件；

(5) 其他使公众混淆，将未被授予专利权的技术或者设计误认为是专利技术或者专利设计的行为。

专利权终止前依法在专利产品、依照专利方法直接获得的产品或者其包装上标注专利标识，在专利权终止后许诺销售、销售该产品的，不属于假冒专利行为。销售不知道是假冒专利的产品，并且能够证明该产品合法来源的，由管理专利工作的部门责令停止销售，但免除罚款的处罚。

3. 不视为侵犯专利权的行为

有下列情形之一的，不视为侵犯专利权。

(1) 专利产品或者依照专利方法直接获得的产品，由专利权人或者经其许可的单位、个人售出后，使用、许诺销售、销售、进口该产品的；

(2) 在专利申请日前已经制造相同产品、使用相同方法或者已经做好制造、使用的必要准备，并且仅在原有范围内继续制造、使用的；

(3) 临时通过中国领陆、领水、领空的外国运输工具，依照其所属国同中国签订的协议或者共同参加的国际条约，或者依照互惠原则，为运输工具自身需要而在其装置和设备中使用有关专利的；

(4) 专为科学研究和实验而使用有关专利的；

(5) 为提供行政审批所需要的信息，制造、使用、进口专利药品或者专利医疗器械的，以及专门为其制造、进口专利药品或者专利医疗器械的。

此外，为生产经营目的使用、许诺销售、销售不知道是未经专利权人许可而制造并售出的专利侵权产品，能证明该产品合法来源的，不承担赔偿责任。

(三) 专利侵权的处理

因侵犯他人专利权引起纠纷的，由当事人协商解决；不愿协商或者协商不成的，专利权人或者利害关系人可以向人民法院起诉，也可以请求管理专利工作的部门处理。侵犯专利权的诉讼时效为两年，自专利权人或者利害关系人得知或者应当得知侵权行为之日起计算。

【例 9-4】根据《专利法》，发明专利权的期限是自申请日起(　　)年。

A. 10　　B. 15　　C. 30　　D. 20

【解析】答案为 D。本题考核发明专利权期限。发明专利权的期限为 20 年，实用新型专利权和外观设计专利权的期限为 10 年，均自申请日起计算。

第三节　商　标　法

一、商标和商标法

(一) 商标的概念

商标是商品和服务的标记，一般用文字、图形或者文字和图形的组合来表示。商标是商品生产商、销售商和服务提供商为自己的商品、服务所起的“名字”。除区别作用外，商标还能够起到广告宣传、质量保证等作用。商标是商标专有权人的一项重要无形资产，权利人依法可以将其商标权投资入股、质押、转让或者许可他人使用。

(二) 商标的种类

商标按结构可以划分为文字商标、图形商标、字母商标、数字商标、三维商标、颜色商标、声音商标以及组合商标。《中华人民共和国商标法》(以下简称《商标法》)第八条规定，任何能够将自然人、法人或者其他组织的商品与他人的商品区别开的标志，包括文字、图形、字母、数字、三维标志、颜色组合和声音等，以及上述要素的组合，均可以作为商标申请注册。

商标按使用对象和功能可以划分为商品商标、服务商标、集体商标和证明商标。《商标法》第三条规定，经商标局核准注册的商标为注册商标，包括商品商标、服务商标和集体商标、证明商标。其中，商品商标是标记、区别某种商品的商标；服务商标是标记、区别某种服务的商标；集体商标是以团体、协会或者其他组织名义注册，供该组织成员在商事活动中使用，以表明使用者在该组织中的成员资格的标志，如某地农民蔬菜协会申报的无公害蔬菜集体商标；证明商标是由对某种商品或者服务具有监督能力的组织所控制，而由该组织以外的单位或者个人使用于其商品或者服务，用以证明该商品或者服务的原产地、原料、制造方法、质量或者其他特定品质的标志，如“绿色食品”标志。

(三) 商标法

商标法是调整在确认、保护商标专用权和商标使用过程中发生的各类社会关系的法律规范的总称。

《商标法》第一条规定，为了加强商标管理，保护商标专用权，促使生产、经营者保证商品和服务质量，维护商标信誉，以保障消费者和生产、经营者的利益，促进社会主义市场经济的发展，特制定本法。

二、商标注册

(一) 商标注册的概念

商标注册是指自然人、法人或者其他组织对其生产、制造、加工、拣选、经销的商品，或者提供的服务，为取得商标专用权，依照法定程序向国家商标局提出申请，经过审核予以注册的法律活动。经商标局核准注册的商标为注册商标，商标注册人享有商标专用权，受法律保护。商标注册人有权标明“注册商标”或者注册标记。国家商标局全称为“国家工商行政管理总局商标局”，主管全国商标注册和管理工作。国家工商行政管理总局设立商标评审委员会，负责处理商标争议事宜。

(二) 商标注册原则

商标注册需要遵循下列原则。

1. 自愿注册和强制注册相结合原则

我国大部分商标采取自愿注册原则。国家法律、行政法规规定必须使用注册商标的商品(主要指卷烟、雪茄烟、有包装的烟丝)的生产经营者，必须申请商标注册，未经核准注册的，其商品不得在市场销售。

2. 显著原则

申请注册的商标，应当具有显著特征，便于识别，并不得与他人先取得的合法权利(如外观设计专利权、姓名权、著作权)相冲突。

3. 商标标志合法原则

申请注册的商标不得使用法律禁止的标志。县级以上行政区划的地名或者公众知晓的外国地名，不得作为商标。但是，地名具有其他含义或者作为集体商标、证明商标组成部分的除外；已经注册的使用地名的商标继续有效。商标中有商品的地理标志，而该商标并非来源于该标志所标示的地区，误导公众的，不予注册并禁止使用；但是，已经善意取得注册的继续有效。

4. 保护驰名商标原则

驰名商标是在特定时空中为相关公众所熟知的商标。认定驰名商标应当考虑下列因素：①相关公众对该商标的知晓程度；②该商标使用的持续时间；③该商标的任何宣传工作的持续时间、程度和地理范围；④该商标作为驰名商标受保护的记录；⑤该商标驰名的其他因素。生产、经营者不得将“驰名商标”字样用于商品、商品包装或者容器上，也不得用于广告宣传、展览以及其他商业活动中。

5. 禁止抢注商标原则

申请商标注册不得以不正当手段抢先注册他人已经使用并有一定影响的商标。

(三) 商标注册申请

申请商标注册时，申请人应当按规定的商品分类表填报使用商标的商品类别和商品名称，提出注册申请。商标注册申请人可以通过一份申请就多个类别的商品申请注册同一商标。注册商标需要改变其标志的，应当重新提出注册申请。注册商标需要变更注册人的名称、地址或者其他注册事项的，应当提出变更申请。

两个以上的自然人、法人或者其他组织可以共同向商标局申请注册同一商标，共同享有和行使该商标专用权。外国人或者外国企业在中国申请商标注册和办理其他商标事宜的，应当委托依法设立的商标代理机构代理。

商标注册申请人自其商标在外国第一次提出商标注册申请之日起 6 个月内，又在中国就相同商品以同一商标提出商标注册申请的，依照该外国同中国签订的协议或者共同参加的国际条约，或者按照相互承认优先权的原则，可以享有优先权。商标在中国政府主办的或者承认的国际博览会展出的商品上首次使用的，自该商品展出之日起 6 个月内，该商标的注册申请人可以享有优先权。

(四) 商标注册的审核

对申请注册的商标，商标局应当自收到商标注册申请文件之日起 9 个月内审查完毕，符合法律规定的，予以初步审定公告；不符合规定的，由商标局驳回申请，不予公告。两个或者两个以上的商标注册申请人，在同一种商品或者类似商品上，以相同或者近似的商标申请注册的，初步审定并公告申请在先的商标；同一天申请的，初步审定并公告使用在先的商标，驳回其他人的申请，不予公告。

对初步审定的商标，自公告之日起 3 个月内，任何人均可以提出异议。公告期满无异议的，予以核准注册，发给商标注册证，并予以公告。对初步审定公告的商标提出异议的，商标局应当听取异议人和被异议人的陈述事实和理由，经调查核实后，自公告期满之日起 12 个月内作出是否准予注册的决定；有特殊情况需要延长的，经国务院工商行政管理部门批准，可以延长 6 个月。

三、注册商标的有效期、续展、转让和使用许可

(一) 注册商标的有效期和续展

注册商标的有效期为 10 年，自核准注册之日起计算。注册商标有效期满，需要继续使用的，商标注册人应当在期满前 12 个月内按照规定办理续展手续；在此期间未能办理的，可以给予 6 个月的宽展期。宽展期满未办理续展手续的，注销其注册商标。每次续展注册的有效期为 10 年，自该商标上一届有效期满次日起计算。

(二) 注册商标的转让

商标注册人有权向他人转让其拥有的注册商标。转让注册商标时，转让人和受让人应当签订转让协议，并共同向商标局提出申请。受让人应当保证使用该注册商标的商品质量。转让注册商标的，商标注册人对其在同一种商品上注册的近似的商标，或者在类似商品上注册的相同或者近似的商标，应当一并转让。转让注册商标经核准后，予以公告。受让人自公告之日起享有商标专用权。

(三) 注册商标的使用许可

商标注册人可以通过签订商标使用许可合同，许可他人使用其注册商标。许可人应当监督被许可人使用其注册商标的商品质量。被许可人应当保证使用该注册商标的商品质量。经许可使用他人注册商标的，必须在使用该注册商标的商品上标明被许可人的名称和商品产地。许可他人使用其注册商标的，许可人应当将其商标使用许可报商标局备案，由商标局公告。

根据最高院司法解释，商标使用许可包括独占使用许可、排他使用许可以及普通使用许可 3 类。独占使用许可，是指商标注册人在约定的期间、地域和以约定的方式，将该注册商标仅许可一个被许可人使用，商标注册人依约定不得使用该注册商标；排他使用许可，是指商标注册人在约定的期间、地域和以约定的方式，将该注册商标仅许可一个被许可人使用，商标注册人依约定可以使用该注册商标但不得另行许可他人使用该注册商标；普通使用许可，是指商标注册人在约定的期间、地域和以约定的方式，许可他人使用其注册商标，并可自行使用该注册商标和许可他人使用其注册商标。在发生注册商标专用权被侵害时，独占使用许可合同的被许可人可以向人民法院提起诉讼；排他使用许可合同的被许可人可以和商标注册人共同起诉，也可以在商标注册人不起诉的情况下，自行提起诉讼；普通使用许可合同的被许可人经商标注册人明确授权，可以提起诉讼。

【例 9-5】甲公司在 2003 年 10 月 18 日申请注册商标。2004 年 5 月 10 日该商标被核准注册。根据《商标法》的规定，该公司第一次申请商标续展的最后截止期限是(　　)。

A. 2013年10月18日　　　　B. 2014年4月18日

C. 2014年5月10日　　　　D. 2014年11月10日

【解析】答案为 D。本题考核注册商标有效期和续展。①注册商标的有效期为 10 年，自核准注册之日起计算，因此该商标的有效期满日为 2014 年 5 月 10 日。②注册商标有效期满，需要继续使用的，应当在期满前 12 个月内申请续展注册；在此期间未能提出申请的，可以给予 6 个月的宽展期。宽展期满(2014 年 11 月 10 日)仍未提出申请的，注销其注册商标。所以本题选 D 选项。

【例 9-6】甲公司将本公司注册商标转让给乙公司，双方签订了转让合同。根据商标法的规定，乙公司开始享有该注册商标专用权的时间是(　　)。

A. 甲、乙双方签订注册商标转让合同之日

B. 商标局收到注册商标转让申请之日

C. 商标局核准注册商标转让之日

D. 商标局核准注册商标转让后，予以公告之日

【解析】答案为 D。本题考核注册商标的转让。根据《商标法》的规定，注册商标转让应经商标局核准并公告，受让人自公告之日起享有商标权。所以本题选 D 选项。

四、注册商标的无效宣告

注册商标的无效宣告，是指注册商标不具备法定条件但取得注册后，商标管理机构依照法定程序宣布该注册商标无效。

(一) 因注册商标违反禁止性规定或者以不正当手段取得注册的无效宣告

已经注册的商标，违反《商标法》第十条、第十一条、第十二条规定的，或者是以欺骗手段或者其他不正当手段取得注册的，由商标局宣告该注册商标无效；其他单位或者个人可以请求商标评审委员会宣告该注册商标无效。

1. 禁止作为商标使用的标志

《商标法》第十条规定，下列标志不得作为商标使用：

(1) 同中华人民共和国的国家名称、国旗、国徽、国歌、军旗、军徽、军歌、勋章等相同或者近似的，以及同中央国家机关的名称、标志、所在地特定地点的名称或者标志性建筑物的名称、图形相同的；

(2) 同外国的国家名称、国旗、国徽、军旗等相同或者近似的，但经该国政府同意的除外；

(3) 同政府间国际组织的名称、旗帜、徽记等相同或者近似的，但经该组织同意或者不易误导公众的除外；

(4) 与表明实施控制、予以保证的官方标志、检验印记相同或者近似的，但经授权的除外；

(5) 同“红十字”“红新月”的名称、标志相同或者近似的；

(6) 带有民族歧视性的；

(7) 带有欺骗性，容易使公众对商品的质量等特点或者产地产生误认的；

(8)有害于社会主义道德风尚或者有其他不良影响的。县级以上行政区划的地名或者公众知晓的外国地名，不得作为商标。但是，地名具有其他含义或者作为集体商标、证明商标组成部分的除外；已经注册的使用地名的商标继续有效。

2. 禁止作为商标注册的标志

《商标法》第十一条规定，下列标志不得作为商标注册：

(1) 仅有本商品的通用名称、图形、型号的；

(2) 仅直接表示商品的质量、主要原料、功能、用途、重量、数量及其他特点的；

(3) 其他缺乏显著特征的。前述标志经过使用取得显著特征，并便于识别的，可以作为商标注册。

3. 不得注册的三维标志

《商标法》第十二条规定，以三维标志申请注册商标的，仅由商品自身的性质产生的形状、为获得技术效果而具有的商品形状或者使商品具有实质性价值的形状，不得注册。

商标局作出宣告注册商标无效的决定，应当书面通知当事人。当事人对商标局的决定不服的，可以自收到通知之日起 15 日内向商标评审委员会申请复审。商标评审委员会应当自收到申请之日起 9 个月内作出决定，并书面通知当事人。有特殊情况需要延长的，经国务院工商行政管理部门批准，可以延长 3 个月。当事人对商标评审委员会的决定不服的，可以自收到通知之日起 30 日内向人民法院起诉。

(二) 因注册商标涉嫌侵犯他人合法权益的无效宣告

已经注册的商标，违反《商标法》第十三条第二款和第三款、第十五条、第十六条第一款、第三十条、第三十一条、第三十二条规定的，自商标注册之日起 5 年内，在先权利人或者利害关系人可以请求商标评审委员会宣告该注册商标无效。对恶意注册的，驰名商标所有人不受 5 年的时间限制。

1. 不予注册并禁止使用容易混淆的驰名商标

《商标法》第十三条第二款规定，就相同或者类似商品申请注册的商标是复制、摹仿或者翻译他人未在中国注册的驰名商标，容易导致混淆的，不予注册并禁止使用；第三款规定，就不相同或者不相类似商品申请注册的商标是复制、摹仿或者翻译他人已经在中国注册的驰名商标，误导公众，致使该驰名商标注册人的利益可能受到损害的，不予注册并禁止使用。

2. 不予注册并禁止使用未经授权的商标

《商标法》第十五条规定，未经授权，代理人或者代表人以自己的名义将被代理人或者被代表人的商标进行注册，被代理人或者被代表人提出异议的，不予注册并禁止使用。就同一种商品或者类似商品申请注册的商标与他人在先使用的未注册商标相同或者近似，申请人与该他人具有前述规定以外的合同、业务往来关系或者其他关系而明知该他人商标存在，该他人提出异议的，不予注册。

3. 不予注册并禁止使用的地理标志

《商标法》第十六条第一款规定，商标中有商品的地理标志，而该商品并非来源于该标志所标示的地区，误导公众的，不予注册并禁止使用；但是，已经善意取得注册的继续有效。

4. 应当驳回申请、不予公告的商标

《商标法》第三十条规定，申请注册的商标，凡不符合《商标法》有关规定或者同他人在同一种商品或者类似商品上已经注册的或者初步审定的商标相同或者近似的，由商标局驳回申请，不予公告。

5. 应当初步审定并公告申请在先或者使用在先的商标

《商标法》第三十一条规定，两个或者两个以上的商标注册申请人，在同一种商品或者类似商品上，以相同或者近似的商标申请注册的，初步审定并公告申请在先的商标；同一天申请的，初步审定并公告使用在先的商标，驳回其他人的申请，不予公告。

6. 禁止损害他人在先权利或者抢注他人商标

《商标法》第三十二条规定，申请商标注册不得损害他人现有的在先权利，也不得以不正当手段抢先注册他人已经使用并有一定影响的商标。商标评审委员会收到宣告注册商标无效的申请后，应当书面通知有关当事人，并限期提出答辩。商标评审委员会应当自收到申请之日起12个月内作出维持注册商标或者宣告注册商标无效的裁定，并书面通知当事人。有特殊情况需要延长的，经国务院工商行政管理部门批准，可以延长6个月。当事人对商标评审委员会的裁定不服的，可以自收到通知之日起 30 日内向人民法院起诉。人民法院应当通知商标裁定程序的对方当事人作为第三人参加诉讼。

(三) 宣告注册商标无效的法律后果

依照《商标法》规定宣告无效的注册商标，由商标局予以公告，该注册商标专用权视为自始即不存在。

宣告注册商标无效的决定或者裁定，对宣告无效前人民法院作出并已执行的商标侵权案件的判决、裁定、调解书和工商行政管理部门作出并已执行的商标侵权案件的处理决定以及已经履行的商标转让或者使用许可合同不具有追溯力。但是，因商标注册人的恶意给他人造成的损失，应当给予赔偿。依照前述规定不返还商标侵权赔偿金、商标转让费、商标使用费，明显违反公平原则的，应当全部或者部分返还。

【例 9-7】下列标志可以用作商标使用的是(　　)。

A. 中国人民解放军军旗

B. 天安门

C. “红新月”标志

D. 大熊猫图案

【解析】答案为 D。本题考核禁止作为商标使用的情形。根据《商标法》第十条的规定，本题选 D 选项。

五、商标使用的管理

商标注册人在使用注册商标过程中，自行改变注册商标、注册人名义、地址或者其他注册

事项的，由地方工商行政管理部门责令限期改正；期满不改正的，由商标局撤销其注册商标。注册商标成为其核定使用的商品的通用名称或者没有正当理由连续3年不使用的，任何单位或者个人可以向商标局申请撤销该注册商标。

注册商标被撤销、被宣告无效或者期满不再续展的，自撤销、宣告无效或者注销之日起1年内，商标局对与该商标相同或者近似的商标注册申请，不予核准。

六、注册商标专用权的保护

注册商标专用权，是指商标注册人对其拥有的注册商标享有的独占权，包括使用权、处分权、受益权、标记权等。注册商标的专用权，以核准注册的商标和核定使用的商品为限。

有下列行为之一的，均属侵犯注册商标专用权。

(1) 未经商标注册人的许可，在同一种商品上使用与其注册商标相同的商标的。

(2) 未经商标注册人的许可，在同一种商品上使用与其注册商标近似的商标，或者在类似商品上使用与其注册商标相同或者近似的商标，容易导致混淆的。

(3) 销售侵犯注册商标专用权的商品的。

(4) 伪造、擅自制造他人注册商标标识或者销售伪造、擅自制造的注册商标标识的。

(5) 未经商标注册人同意，更换其注册商标并将该更换商标的商品又投入市场的。

(6) 故意为侵犯他人注册商标专用权行为提供便利条件，帮助他人实施侵犯商标专用权行为的。

(7) 给他人的注册商标专用权造成其他损害的。

因侵犯注册商标专用权行为引起纠纷的，由当事人协商解决；不愿协商或者协商不成的，商标注册人或者利害关系人可以向人民法院起诉，也可以请求工商行政管理部门处理。工商行政管理部门处理时，认定侵权行为成立的，责令立即停止侵权行为，没收、销毁侵权商品和专门用于制造侵权商品、伪造注册商标标识的工具，并可处以罚款。

【例9-8】根据商标法律制度的规定，下列情形中，不构成侵犯注册商标专用权的是(　　)。

A. 甲复制乙注册的驰名商标，在不相同商品上作为商标使用，误导公众、致使乙的利益受到损害

B. 丙销售不知道是侵犯乙的注册商标权的商品，且丙证明了该商品是自己合法取得的并说明了商品的提供者

C. 未经商标注册人乙同意，丁更换了乙商品上的注册商标并将该更换商标的商品用于个人消费

D. 戊擅自制造乙的注册商标标识，并将其卖给第三人

【解析】答案为C。本题考核侵犯注册商标专用权的情形。根据规定，有下列行为之一的，均属侵犯注册商标专用权：①未经商标注册人的许可，在同一种商品或者类似商品上使用与其注册商标相同或者近似的商标的；②销售侵犯注册商标专用权的商品的；③伪造、擅自制造他人注册商标标识或者销售伪造、擅自制造的注册商标标识的；④未经商标注册人同意，更换其注册商标并将该更换商标的商品又投入市场的；⑤给他人的注册商标专用权造成其他损害的。因此选项C是“用于个人消费”而非“又投入市场”，不构成侵权。所以本题选C选项。

专栏9-1

“老干妈”商标侵权及不正当竞争纠纷案

北京欧尚公司销售了贵州永红公司生产的牛肉棒商品(以下简称涉案商品)，该商品包装正面上部标有贵州永红公司所拥有的“牛头牌及图案”商标，中部印有“老干妈味”字样，包装背面标有涉案商品品名“老干妈味牛肉棒”。贵阳老干妈公司主张该公司注册在第30类豆豉、辣椒酱(调味)、炸辣椒油等商品上的第2021191号“老干妈”商标(以下简称涉案商标)为驰名商标，贵州永红公司在涉案商品上使用涉案商标的行为损害了贵阳老干妈公司的注册商标专用权并构成不正当竞争，北京欧尚公司的销售行为亦构成侵权。

一审法院认为，根据贵阳老干妈公司在本案中提供的证据，涉案商标应当被认定为驰名商标。贵州永红公司将涉案商标作为涉案商品的系列名称，会使消费者误以为涉案商品与贵阳老干妈公司具有某种联系，进而减弱涉案商标的显著性。贵阳老干妈公司和贵州永红公司不具有市场竞争关系，不能适用《反不正当竞争法》的相关规定，贵州永红公司的涉案行为未构成不正当竞争行为。一审法院判决贵州永红公司立即停止在其生产、销售的牛肉棒商品上使用“老干妈味”字样，北京欧尚公司停止销售上述印有“老干妈味”字样的牛肉棒；贵州永红公司赔偿贵阳老干妈公司经济损失及合理支出共计四十二万六千五百元。贵州永红公司提起上诉。

二审法院认为，贵州永红公司将“老干妈”作为涉案商品的口味名称，并标注于涉案商品包装正面，属于对涉案商标的复制、摹仿，其能够起到识别商品来源的作用，属于商标法意义上的使用。虽然涉案商品确实添加有“老干妈”牌豆豉，但“老干妈”牌豆豉并非食品行业的常用原料，“老干妈味”也不是日用食品行业对商品口味的常见表述方式，涉案商品对“老干妈”字样的使用不属于合理使用的范畴。贵州永红公司在涉案商品包装正面使用“老干妈”字样，并将“老干妈味”作为与“原味”“麻辣”等并列的口味名称的行为，足以使相关公众在看到涉案商品时直接联想到涉案商标，进而破坏该商标与贵阳老干妈公司所生产的豆豉、辣椒酱(调味)、炸辣椒油商品之间的密切联系和对应关系，减弱该商标作为驰名商标的显著性，并不正当利用了驰名商标的市场声誉，构成《中华人民共和国商标法》第十三条第三款所指“误导公众，致使该驰名商标注册人的利益可能受到损害的”的情形。贵州永红公司的相关上诉理由缺乏事实及法律依据，判决驳回上诉，维持原判。

(资料来源：光明网)

第四节 著作权法

一、著作权和著作权法概述

《中华人民共和国著作权法》(以下简称《著作权法》)第六十二条规定，本法所称的著作权即版权。《著作权法》于1990年9月7日第七届全国人民代表大会常务委员会第十五次会议通过，分别在2001年10月23日和2010年2月26日进行第一次和第二次修正，第三次修正通过2020年11月11日第十三届全国人民代表大会常务委员会第二十三次会议《关于修改〈中华人民共和国著作权法〉的决定》进行，并于2021年6月1日起实施。

著作权法，是指一个国家用于确认作者对其创作作品享有的著作权，并调整作者与传播者、社会公众之间的社会关系的法律规范的总称。《著作权法》第一条规定，为保护文学、艺术和科学作品作者的著作权，以及与著作权有关的权益，鼓励有益于社会主义精神文明、物质文明建设的作品的创作和传播，促进社会主义文化和科学事业的发展与繁荣，根据宪法制定本法。该条为本法的立法宗旨。

二、作品

(一) 作品的概念和种类

作品，是指文学、艺术以及自然、社会、工程科学等领域内，具有独创性并且能够以有形形式复制的智力成果。作者对其作品依法享有著作权。

《著作权法》所称的作品，是指文学、艺术和科学领域内具有独创性并能以一定形式表现的智力成果，包括：①文字作品；②口述作品；③音乐、戏剧、曲艺、舞蹈、杂技艺术作品；④美术、建筑作品；⑤摄影作品；⑥视听作品；⑦工程设计图、产品设计图、地图、示意图等图形作品和模型作品；⑧计算机软件；⑨符合作品特征的其他智力成果。

(二) 不适用《著作权法》的作品

《著作权法》第五条规定，本法不适用于：①法律、法规，国家机关的决议、决定、命令和其他具有立法、行政、司法性质的文件，及其官方正式译文；②单纯事实消息；③历法、通用数表、通用表格和公式。

【例 9-9】 适用《著作权法》保护的作品有(　　)。

A. 口述作品

B. 地图作品

C. 计算机软件

D. 时事新闻

E. 立法文件的官方正式译文

【解析】 答案为 ABC。本题考核作品的种类。法律、法规，国家机关的决议、决定、命令和其他具有立法、行政、司法性质的文件，及其官方正式译文；单纯事实消息；历法、通用数表、通用表格和公式不适用《著作权法》的作品，排除 DE。

三、著作权人及其权利

(一) 著作权人

著作权人是依法享有著作权的公民或组织。著作权人包括如下两类。

(1) 作者。创作作品的公民是作者。著作权法所称的创作，是指直接产生文学、艺术和科学作品的智力活动。为他人创作进行组织工作，提供咨询意见、物质条件，或者其他辅助工作，均不视为创作。

(2) 其他依法享有著作权的自然人、法人或者非法人组织，如因继承、企业变更或终止、委托合同等取得著作权的公民或者组织。

(二) 著作权的种类

中国公民、法人或者其他组织的作品，不论是否发表，均依法享有著作权。著作权自作品创作完成之日起产生。另外，依照国家版权局发布的《作品自愿登记试行办法》，作品实行自愿登记。作品不论是否登记，作者或其他著作权人依法取得的著作权不受影响。著作权人享有的著作权包括下列人身权和财产权。

(1) 发表权，即决定作品是否公之于众的权利。

(2) 署名权，即表明作者身份，在作品上署名的权利。

(3) 修改权，即修改或者授权他人修改作品的权利。

(4) 保护作品完整权，即保护作品不受歪曲、篡改的权利。

(5) 复制权，即以印刷、复印、拓印、录音、录像、翻录、翻拍、数字化等方式将作品制作一份或者多份的权利。

(6) 发行权，即以出售或者赠与方式向公众提供作品的原件或者复制件的权利。

(7) 出租权，即有偿许可他人临时使用视听作品、计算机软件的原件或者复制件的权利，计算机软件不是出租的主要标的的除外。

(8) 展览权，即公开陈列美术作品、摄影作品的原件或者复制件的权利。

(9) 表演权，即公开表演作品，以及用各种手段公开播送作品的表演的权利。

(10) 放映权，即通过放映机、幻灯机等技术设备公开再现美术、摄影、视听作品等的权利。

(11) 广播权，即以有线或者无线方式公开传播或者转播作品，以及通过扩音器或者其他传送符号、声音、图像的类似工具向公众传播广播的作品的权利，但不包括下面第(12)项规定的权利。

(12) 信息网络传播权，即以有线或者无线方式向公众提供，使公众可以在其选定的时间和地点获得作品的权利。

(13) 摄制权，即以摄制视听作品的方法将作品固定在载体上的权利。

(14) 改编权，即改变作品，创作出具有独创性的新作品的权利。

(15) 翻译权，即将作品从一种语言文字转换成另一种语言文字的权利。

(16) 汇编权，即将作品或者作品的片段通过选择或者编排，汇集成新作品的权利。

(17) 应当由著作权人享有的其他权利。

上述著作权中，(1)~(4)项为人身权，(5)~(17)项为财产权。著作权人可以许可他人行使前述第(5)~(17)项规定的权利，并依照约定或《著作权法》有关规定获得报酬。著作权人可以全部或者部分转让前述第(5)~(17)项规定的权利，并依照约定或者《著作权法》有关规定获得报酬。出版者、表演者、录音录像制作者、广播电台、电视台等依法使用他人作品的，不得侵犯作者的署名权、修改权、保护作品完整权和获得报酬的权利。

【例 9-10】根据《著作权法》，著作权人以出售方式向公众提供作品复制件的权利称为(　　)。

A. 发表权　　B. 复制权　　C. 发行权　　D. 信息网络传播权

【解析】答案为C。本题考核著作权的种类。根据《著作权法》，著作权人以出售方式向公众提供作品复制件的权利称为发行权。

四、著作权的归属与保护期

(一) 著作权的归属

(1) 除法律另有规定外，著作权属于作者。由法人或者非法人组织主持，代表法人或者非法人组织意志创作，并由法人或者非法人组织承担责任的作品，法人或者非法人组织视为作者。如无相反证明，在作品上署名的自然人、法人或者非法人组织为作者，且该作品上存在相应权利。

(2) 改编、翻译、注释、整理已有作品而产生的作品，其著作权由改编、翻译、注释、整理人享有，但行使著作权时不得侵犯原作品的著作权。

(3) 两人以上合作创作的作品，著作权由合作作者共同享有。没有参加创作的人，不能成为合作作者。合作作品可以分割使用的，作者对各自创作的部分可以单独享有著作权，但行使著作权时不得侵犯合作作品整体的著作权。合作作品不可以分割使用的，其著作权由各合作作者共同享有，通过协商一致行使；不能协商一致，又无正当理由的，任何一方不得阻止他方行使除转让、许可他人专有使用、出质以外的其他权利，但是所得收益应当合理分配给所有合作作者。

(4) 汇编若干作品、作品的片段或者不构成作品的数据或者其他材料，对其内容的选择或者编排体现独创性的作品，为汇编作品，其著作权由汇编人享有，但行使著作权时，不得侵犯原作品的著作权。

(5) 使用改编、翻译、注释、整理、汇编已有作品而产生的作品进行出版、演出和制作录音录像制品，应当取得该作品的著作权人和原作品的著作权人许可，并支付报酬。

(6) 视听作品中的电影作品、电视剧作品的著作权由制作者享有，但编剧、导演、摄影、作词、作曲等作者享有署名权，并有权按照与制作者签订的合同获得报酬。视听作品中的剧本、音乐等可以单独使用的作品的作者有权单独行使其著作权。

(7) 自然人为完成法人或者非法人组织工作任务所创作的作品是职务作品，除法律另有规定外，著作权由作者享有，但法人或者非法人组织有权在其业务范围内优先使用。作品完成两年内，未经单位同意，作者不得许可第三人以与单位使用的相同方式使用该作品。有下列情形之一的职务作品，作者享有署名权，著作权的其他权利由法人或者非法人组织享有，法人或者非法人组织可以给予作者奖励：①主要是利用法人或者非法人组织的物质技术条件创作，并由法人或者非法人组织承担责任的工程设计图、产品设计图、地图、示意图、计算机软件等职务作品；②报社、期刊社、通讯社、广播电台、电视台的工作人员创作的职务作品；③法律、行政法规规定或者合同约定著作权由法人或者非法人组织享有的职务作品。

(8) 受委托创作的作品，著作权的归属由委托人和受托人通过合同约定。合同未作明确约定或者没有订立合同的，著作权属于受托人。

(9) 作品原件所有权的转移，不改变作品著作权的归属，但美术、摄影作品原件的展览权由原件所有人享有。作者将未发表的美术、摄影作品的原件所有权转让给他人，受让人展览该原件不构成对作者发表权的侵犯。

(10) 著作权属于自然人的，自然人死亡后，除发表权、署名权、修改权和保护作品完整权之外，其他著作权在《著作权法》规定的保护期内，依法转移。著作权属于法人或者非法人组织的，法人或者非法人组织变更、终止后，除发表权、署名权、修改权和保护作品完整权之外，其他著作权在《著作权法》规定的保护期内，由承受其权利义务的法人或者非法人组织享有；没有承受其权利义务的法人或者非法人组织的，由国家享有。

(二) 著作权的保护期

作者的署名权、修改权、保护作品完整权的保护期不受限制。

自然人的作品，除署名权、修改权和保护作品完整权之外，其他著作权的保护期为作者终生及其死亡后50年，截止于作者死亡后第50年的12月31日；如果是合作作品，截止于最后死亡的作者死亡后第50年的12月31日。

法人或者其他组织的作品、著作权(署名权除外)由法人或者其他组织享有的职务作品，除署名权、修改权和保护作品完整权之外，其他著作权的保护期为50年，截止于作品首次发表后第50年的12月31日，但作品自创作完成后50年内未发表的，法律不再保护。

【例9-11】下列行为中，不属于侵犯著作权的行为有(　　)。

A. 某电视台为了报道相声大赛情况，在新闻报道中播放了某相声的片断

B. 出版社将蒙文发表的作品翻译成汉文在国内出版发行

C. 法院为了查证将张某发表的文章复制了两份

D. 某报纸上刊登了其他报纸中已经发表的关于经济的时事性文章，作者未声明不许刊登

E. 为募捐而义演已经发表的作品，向表演者支付报酬，但没有向公众收费

【解析】答案为ACD。本题考核侵犯著作权的行为。将中国公民、法人或者其他组织已经发表的汉语言文字创作的作品翻译成少数民族语言文字作品在国内出版发行的，属于合理使用，因此，B项的将少数民族作品翻译成汉语发行的行为不属于合理使用，应该构成侵权；免费表演已经发表的作品，该表演未向公众收取费用，也未向表演者支付报酬，只有这种情况才属于不侵犯著作权的行为，所以E选项错误。故正确答案选择ACD。

五、著作权使用许可、转让和限制

(一) 著作权的使用许可

著作权人有权将自己的作品许可他人使用。除法律规定可以不经许可的情形外，使用他人作品应当同著作权人订立许可使用合同。许可使用合同包括下列主要内容：①许可使用的权利种类；②许可使用的权利是专有使用权或者非专有使用权；③许可使用的地域范围、期间；④付酬标准和办法；⑤违约责任；⑥双方认为需要约定的其他内容。使用他人作品，应当指明作者姓名、作品名称；但是，当事人另有约定或者由于作品使用方式的特征无法指明的除外。

(二) 著作权的转让

著作权人可以将法律规定的著作权转让给他人。转让法律规定的著作权时，应当订立书面合同。权利转让合同包括下列主要内容：①作品的名称；②转让的权利种类、地域范围；③转让价金；④交付转让价金的日期和方式；⑤违约责任；⑥双方认为需要约定的其他内容。

许可使用合同和转让合同中著作权人未明确许可、转让的权利，未经著作权人同意，另一方当事人不得行使。

(三) 著作权的出质

《著作权法》规定的著作权中的财产权，以及与著作权有关的权利中的财产权，可以出质。当事人依照法律规定以著作权出质的,由出质人和质权人向国务院著作权行政管理部门(即国家版权局)办理出质登记。经审查符合要求的，登记机构应当自受理之日起10日内予以登记，并向出质人和质权人发放《著作权质权登记证书》。著作权质权自登记之日起设立。

(四) 著作权使用的限制

下列情况下使用作品，可以不经著作权人许可，不向其支付报酬，但应当指明作者姓名、作品名称，并且不得侵犯著作权人依照《著作权法》享有的其他权利，列举如下。

(1) 为个人学习、研究或者欣赏，使用他人已经发表的作品。

(2) 为介绍、评论某一作品或者说明某一问题，在作品中适当引用他人已经发表的作品。

(3) 为报道新闻，在报纸、期刊、广播电台、电视台等媒体中不可避免地再现或者引用已经发表的作品。

(4) 报纸、期刊、广播电台、电视台等媒体刊登或者播放其他报纸、期刊、广播电台、电视台等媒体已经发表的关于政治、经济、宗教问题的时事性文章，但作者声明不许刊登、播放的除外。

(5) 报纸、期刊、广播电台、电视台等媒体刊登或者播放在公众集会上发表的讲话，但作者声明不许刊登、播放的除外。

(6) 为学校课堂教学或者科学研究，翻译、改编、汇编、播放或者少量复制已经发表的作品，供教学或者科研人员使用，但不得出版发行。

(7) 国家机关为执行公务在合理范围内使用已经发表的作品。

(8) 图书馆、档案馆、纪念馆、博物馆、美术馆、文化馆等为陈列或者保存版本的需要，复制本馆收藏的作品。

(9) 免费表演已经发表的作品，该表演未向公众收取费用，也未向表演者支付报酬，且不以营利为目的。

(10) 对设置或者陈列在公共场所的艺术作品进行临摹、绘画、摄影、录像。

(11) 将中国公民、法人或者非法人组织已经发表的以国家通用语言文字创作的作品翻译成少数民族语言文字作品在国内出版发行。

(12) 以阅读障碍者能够感知的无障碍方式向其提供已经发表的作品。

(13) 法律、行政法规规定的其他情形。

前款规定适用于对与著作权有关的权利的限制。

【例 9-12】张某在其出版的研究著作中合理使用了刘某已经发表的研究成果，张某应当(　　)。

A. 经过刘某的许可

B. 指明作者姓名

C. 指明作品名称

D. 向刘某支付报酬

E. 需经过刘某的许可，但不许支付报酬

【解析】答案为BC。本题考核著作权使用的限制。在研究著作中合理使用他人的研究成果，可以不经得著作权人的许可也不用支付报酬，但应指明作者姓名并指明作品名称。

六、著作权的保护

(一) 侵犯著作权的行为及其承担的民事责任

有下列侵权行为的，应当根据情况，承担停止侵害、消除影响、赔礼道歉、赔偿损失等民事责任。

(1) 未经著作权人许可，发表其作品的。

(2) 未经合作作者许可，将与他人合作创作的作品当作自己单独创作的作品发表的。

(3) 没有参加创作，为谋取个人名利，在他人作品上署名的。

(4) 歪曲、篡改他人作品的。

(5) 剽窃他人作品的。

(6) 未经著作权人许可，以展览、摄制视听作品的方法使用作品，或者以改编、翻译、注释等方式使用作品的，法律另有规定的除外。

(7) 使用他人作品，应当支付报酬而未支付的。

(8) 未经视听作品、计算机软件、录音录像制品的著作权人、表演者或者录音录像制造者许可，出租其作品或者录音录像制品的原件或者复制件的，法律另有规定的除外。

(9) 未经出版者许可，使用其出版的图书、期刊的版式设计的。

(10) 未经表演者许可，从现场直播或者公开传送其现场表演，或者录制其表演的。

(11) 其他侵犯著作权以及与著作权有关的权利的行为。

(二) 侵犯著作权的损失赔偿额的确定

侵犯著作权或者与著作权有关的权利的，侵权人应当按照权利人因此受到的实际损失或者侵权人的违法所得给予赔偿；权利人的实际损失或者侵权人的违法所得难以计算的，可以参照该权利使用费给予赔偿。对故意侵犯著作权或者与著作权有关的权利，情节严重的，可以在按照上述方法确定数额的一倍以上五倍以下给予赔偿。

权利人的实际损失、侵权人的违法所得、权利使用费难以计算的，由人民法院根据侵权行为的情节，判决给予五百元以上五百万元以下的赔偿。

赔偿数额还应当包括权利人为制止侵权行为所支付的合理开支。

人民法院为确定赔偿数额，在权利人已经尽了必要举证责任，而与侵权行为相关的账簿、资料等主要由侵权人掌握的，可以责令侵权人提供与侵权行为相关的账簿、资料等；侵权人不提供，或者提供虚假的账簿、资料等的，人民法院可以参考权利人的主张和提供的证据确定赔偿数额。

人民法院审理著作权纠纷案件，应权利人请求，对侵权复制品，除特殊情况外，责令销毁；对主要用于制造侵权复制品的材料、工具、设备等，责令销毁，且不予补偿；或者在特殊情况下，责令禁止前述材料、工具、设备等进入商业渠道，且不予补偿。

(三) 复制品经营者的法律责任

复制品的出版者、制作者不能证明其出版、制作有合法授权的，复制品的发行者或者视听作品、计算机软件、录音录像制品的复制品的出租者不能证明其发行、出租的复制品有合法来源的，应当承担法律责任。

(四) 著作权纠纷的解决途径

著作权纠纷可以调解，也可以根据当事人达成的书面仲裁协议或者著作权合同中的仲裁条款，向仲裁机构申请仲裁。当事人没有书面仲裁协议，也没有在著作权合同中订立仲裁条款的，可以直接向人民法院起诉。

当事人对行政处罚不服的，可以自收到行政处罚决定书之日起 3 个月内向人民法院起诉，期满不起诉又不履行的，著作权行政管理部门可以申请人民法院执行。

本 章 小 结

1. 知识产权是民事主体基于创造性劳动成果依法享有的民事权利的总称。知识产权的特征是对象的无形性、知识产权支配力上的法定专有性、知识产权在空间效力上的地域性、知识产权在时间效力上的法定期限性。

2. 专利法是调整专利关系的法律规范的总称。专利关系包括专利管理关系、专利权属关系、专利许可使用关系、专利转让关系等。

3. 商标法是调整在确认、保护商标专用权和商标使用过程中发生的各类社会关系的法律规范的总称。

4. 著作权法，是指一个国家用于确认作者对其创作作品享有的著作权，并调整作者与传播者、社会公众之间的社会关系的法律规范的总称。

习　　题

一、单项选择题

1. 歌星华某在某赈灾演出中进行表演，根据《著作权法》的规定，下列哪一行为无须经过华某的同意(　　)。

A. 天水公司发行录有该赈灾演出的CD

B. 风行网站将该赈灾演出上传到其网站上

C. 华苑录音公司出售其表演录音带

D. 甲电视台为新闻报道播放了华某的演出片段

2. (　　)负责管理全国的专利工作，统一受理和审查专利申请，依法授予专利权。

A. 国务院专利行政部门　　B. 国务院工商行政管理总局

C. 国务院　　D. 国务院财政部

3. 下列有关发明和实用新型的说法正确的是(　　)。
   A. 发明既可以是产品，也可以是方法，而实用新型仅限于方法
   B. 发明所要求的创造性并不高于实用新型
   C. 发明专利申请和实用新型申请都仅进行形式审查
   D. 发明专利权的保护期限为20年，而实用新型的保护期限为10年
4. 根据《商标法》的规定，下列行为中，不属于侵犯注册商标专用权的是(　　)。
   A. 未经商标注册人的许可，在同一种商品或者类似商品上使用与其注册商标相同或者近似的商标的
   B. 销售侵犯注册商标专用权的商品的
   C. 伪造、擅自制造他人注册商标标识或者销售伪造、擅自制造的注册商标标识
   D. 经商标注册人同意，更换其注册商标并将该更换商标的商品又投入市场的
5. 对于商标注册的申请，下列选项的叙述正确的是(　　)。
   A. 申请注册商标的，应当按照规定的商品和服务分类表按类申请，并且填报使用商标的商品类别和商品名称
   B. 商标注册申请人在不同类别的商品上申请注册同一商标的，应当按商品分类表提出注册申请
   C. 注册商标需要变更注册人的名称，不需要提出变更申请
   D. 注册商标需要改变其标志的，应当重新提出注册申请

二、多项选择题

1. 下列著作权中，著作权人可以许可他人行使的权利有(　　)。
   A. 修改权　　B. 保护作品完整权
   C. 复制权　　D. 发行权
   E. 表演权
2. 根据《商标法》的规定，下列选项中，不得作为注册商标的有(　　)。
   A. 三维标志　　B. 气味标志
   C. 植物名称　　D. 与“红十字”标志近似的标志
   E. 仅有本商品的通用名称
3. 下列选项中，关于发明人或者设计人的说法，不正确的有(　　)。
   A. 发明人或设计人可以是自然人，也可以是法人或者其他组织
   B. 专利申请人可以是发明人、设计人，也可以不是发明人、设计人
   C. 在完成发明创造过程中，只从事其他辅助工作的人，也应当认定为共同发明人或者设计人
   D. 在完成发明创造过程中，只为物质技术条件的利用提供方便的人，不是发明人或设计人
   E. 发明人或设计人是对发明创造的实质性特点作出创造性贡献的人
4. 根据专利法的有关规定，下列情形中，可以导致专利权终止的有(　　)。
   A. 专利权人没有按照规定缴纳年费
   B. 专利权人以书面声明放弃其专利专利权人

C. 有严重侵犯他人的专利权的行为
D. 专利权人拒绝执行已经生效的专利实施强制许可决定
E. 专利权人失踪

5. 根据我国《专利法》规定，对下列各项不授予专利权的是(　　)。
A. 宇宙新星的发现
B. 快速算术方法
C. 疾病诊断和治疗方法
D. 动物和植物品种的生产方法
E. 用原子核变换方法获得的物质

6. 甲在空调上使用“兰花”注册商标。根据商标的分类，甲的“兰花”商标能够被归入的商标类型有(　　)。
A. 文字商标
B. 商品商标
C. 图形商标
D. 服务商标
E. 集体商标

三、名词解释

1. 知识产权　2. 专利权　3. 商标权　4. 著作权

四、简答题

1. 什么是作品？符合哪些条件的作品可以受到我国著作权法的保护？
2. 简述著作权中的人身权及其含义。
3. 简述我国法律对注册商标的管理。

案例分析

2017 年 5 月，甲机电科技公司(简称“甲公司”)的张工程师在执行公司任务过程中，完成了 A 产品的研究开发。2018 年 2 月，张工程师在办理退休手续后接受乙科技开发公司(简称“乙公司”)的委托单独研制 B 产品，双方没有约定 B 产品专利申请权归属。2018 年 8 月，B 产品研制成功。2018 年 11 月，甲、乙两公司分别就 A 产品、B 产品向专利局提出专利申请。甲公司在申请时发现，丙公司于 2018 年 10 月提出专利申请的 C 产品和 A 产品属于同样的发明，因此向专利局主张，自己对 A 产品专利申请享有优先权。

问题：

1. 张工程师对 A 产品是否拥有专利申请权？说明理由。
2. 张工程师对 B 产品是否拥有专利申请权？说明理由。
3. 甲公司在什么情况下对 A 产品的专利申请享有优先权？甲公司向专利局要求优先权时，应当提供哪些文件资料？
4. 甲公司如果认为 B 产品属于甲公司的职务发明创造，需要提供什么证明材料？

第十章

环境与资源保护法

【导读】

环境与资源保护法系统地概述了环境与资源保护法基本理论和基本知识，涵盖了环境与资源保护法整个学科领域各主要门类或分支学科的主要内容。我国环境与资源保护法的基本制度主要有环境影响评价制度、“三同时”制度、排污收费制度、限期治理制度、现场检查制度和污染事故报告制度等。环境与资源保护法的基本制度是一个整体，它们之间相互联系、相互配合与补充。自然资源保护法属于环境与资源保护法的一个组成部分，一般包括土地管理法、矿产资源法、水法、森林法、草原法、野生动植物保护法等。为了更有效地保护环境与资源，法律规定了违反环境与资源保护法的相应责任。国家制定这些法律旨在保护环境与资源，快速发展经济的同时还注重人类与自然的和谐发展。

【学习重点】

掌握环境与资源保护法的概念、特点和基本原则，了解我国自然资源保护法的内容，提高对环境保护重要性的认识。

【学习难点】

理解我国环境与资源保护法基本制度的内容和相关法律规定，培养运用环境与资源保护法的基本理论并结合环境法律规定分析和解决环境法律问题的能力。

【教学建议】

第一节以课堂讲授和多媒体展示为主，第二节、第三节和第四节建议结合案例教学和引导学生查阅课外相关资料进行分析。

第一节　环境与资源保护法概述

一、环境与资源

(一) 环境的概念与分类

环境的一般定义为围绕特定中心事物的外部各种因素的总体。从法律角度来讲，“环境”一词因各国经济社会发展阶段的不同有不同的含义。根据我国环境保护法的规定，环境是指影响人类生存和发展的各种天然的和经过人工改造的自然因素的总体，包括大气、水、海洋、土地、矿藏、森林、草原、湿地、野生动物、自然遗迹、人文遗迹、自然保护区、风景名胜区、城市和乡村等。

根据环境是否经过人类加工改造，可分为自然环境与人为环境；根据人类活动所及的空间范围，可分为居住环境、生活环境、大气环境、水环境等；根据环境功能不同，可分为生态环境与生活环境。

(二) 资源的概念与分类

资源是指对人有使用价值的某种东西，分为广义的资源和狭义的资源。自然资源是客观存在于自然界可供人类利用的一切物质和能量的总称，包括土地资源、矿藏资源、森林资源、草原资源、水资源、海洋资源和野生生物资源等。

根据资源的分布空间，可分为地下资源和地表资源。地下资源是指埋藏在地下需要人工开采的资源，如石油、矿藏。地表资源是指露天的资源，如地面上的土，湖泊里的水。

二、环境与资源保护法的概念和特点

(一) 环境与资源保护法的概念

环境与资源保护法是调整人们在开发利用、保护改善环境的活动中所产生的环境社会关系的法律规范的总称。“环境”是同人类活动密切相关的物质环境，其调整对象是以环境为中介而发生的人与人之间的环境社会关系，其调整目标是建立和维护环境与资源保护法律次序，实现人与环境的和谐发展。现行《中华人民共和国环境保护法》(以下简称《环境保护法》)于2014年4月24日中华人民共和国第十二届全国人民代表大会常务委员会第八次会议修订通过，2015年1月1日起正式施行。

(二) 环境与资源保护法的特点

1. 技术性

环境与资源保护法是环境科技与法的结合，采取了大量的技术规范、操作规程、环境标准、控制污染的各种工艺技术要求等，包括在法律体系之中，具有很强的技术性。立法中经常对一些环境科学的技术名词和术语赋予法律定义，并将环境技术规范作为环境法律的附件，使其具有法律效力。环境与资源保护法的技术性是由科学技术在环境保护中的重要地位决定的，主要体现在 3 个方面：①环境与资源保护法的制定必须遵循生态平衡等自然规律；②环境与资源保护法的内容以环境科学、生态科学为基础；③环境与资源保护法的实施必须依靠环境标准、环境监测等技术手段。

2. 社会性

环境与资源保护法的社会性也称公益性，明显地体现了法的社会职能的一面，是环境与资源保护法区别于其他法律部门的最主要特征。环境与资源保护法的社会性特征是由两个因素决定的，一是环境要素具有公共产品属性。大多数环境要素属于公共所有，例如水、森林、海洋、野生生物；有些要素不属于任何人所有，例如大气、阳光。二是破坏与维护环境的受害或者获益群体具有广泛性。环境污染也被称为“公害”，意即公众受害，反之，环境保护的受益群体也是公众，不仅包括当代人，而且包括后代人。环境与资源保护法的社会性特征并不能成为否认其阶级性和民族性的理由。

3. 综合性

综合性是指环境与资源保护法所采用的保护手段具有多样性。保护对象的广泛性和保护方法的多样性，决定了环境与资源保护法是一个极其综合化的法律部门。环境保护的范围、对象、调整的社会关系更加广泛，所采取的法律措施也更具有综合性。环境与资源保护法的综合性主要体现在 3 个方面：①环境与资源保护法是公法与私法的融合；②环境与资源保护法是程序法与实体法的融合；③环境与资源保护法是国内法与国际法的融合。

4. 政策性

环境与资源保护法的政策性根源于国家和政府对环境公共产品和环境公共利益的自觉保护，主要体现在 3 个方面：①政策的法律化与法律的政策化。政策的法律化是指环境与资源保护法往往是政策先行的结果，当环境政策长期实行变成稳定的制度时，再经过国家的立法程序上升为法律。法律的政策化是指环境与资源保护法的内容有明显的政策性色彩，其实施通常主要通过政府制定政策加以落实。②环境与资源保护法需要根据环境质量的变化频繁修改。环境质量的变化往往比社会基本关系的变化快得多，人类治理环境的手段和措施特别是技术日新月异，因而环境政策必须根据环境质量的变化适时调整，环境与资源保护法也因此需要不断修改。③环境与资源保护法的执行受国家宏观经济形势和经济政策的影响。

【例 10-1】2014 年 4 月 24 日，十二届全国人大常委会第(　　)次会议以 151 票赞成、3 票反对、6 票弃权表决通过了新修订的《环境保护法》。新修订的《环境保护法》将于(　　)起施行。

A. 七；2014 年 9 月 1 日

B. 八；2015 年 1 月 1 日

C. 九；2016 年 1 月 1 日

D. 十；2014 年 10 月 1 日

【解析】本题涉及新修订《环境保护法》的制定实施，答案为 B 项，B 项为新环保法通过的会议及施行时间。

三、环境与资源保护法的基本原则

环境与资源保护法的基本原则是指在环境与资源保护法中规定或体现的对环境保护实行法律调整的基本指导方针，是调整因保护和改善环境而产生的社会关系的基本准则。环境与资源保护法的基本原则适用于所有的环境保护法律、法规，贯穿在整个环境与资源保护法中，它们彼此相联系而又相互制约，是认识环境与资源保护法的性质、准确理解和执行环境与资源保护法的关键所在。

(一) 可持续发展原则

可持续发展是指在满足现代人的需要和欲望，而不危害后代人满足其需要和欲望的能力的发展，是环境与资源保护法中首要的基本原则。可持续发展包括以下几方面的内容：①人类需求和欲望的满足是发展的主要目标；②人们的消费标准和生活水平必须限制在生态承载能力的范围内；③可持续发展要求每个人都有平等的机会，不应危害后代人满足其基本需要的能力；④人口增长会给自然资源增加压力，因此应保持人口的稳定；⑤在发展过程中，人类对自然系统的干扰不应当威胁生命支持系统；⑥可持续发展要求公平地分配有限的自然资源，特别是对于不可更新资源的利用，应考虑将自然资源耗竭减少至最小限度，其耗竭的速率应尽可能较少地妨碍未来世代的选择机会；⑦可持续发展要求保护生物的多样性。

(二) 预防为主原则

预防为主原则是预防为主、防治结合、综合治理原则的简称，这是针对环境问题的特点和国内外环境管理的主要经验和教训提出的。该原则的基本含义是，在生态环境保护工作中要把防止产生生态问题放在首位，事先采取防范措施，防止在生产、生活等人类活动中对生态环境、自然资源造成污染、破坏，防止生态失衡，做到防患于未然。对不可避免的或已经发生的环境污染和生态破坏，应积极采取措施进行治理。预防为主原则在各部环境法律中均有体现。例如，《中华人民共和国固体废物污染环境防治法》第四条规定，固体废物污染环境防治坚持减量化、资源化和无害化的原则。这里提到的“减量化”“资源化”和“无害化”就是预防为主原则的具体体现。此外，我国环境立法中确立的“环境影响评价”“三同时”等环境管理制度，就是为了落实预防为主的原则。

(三) 公众参与原则

公众参与原则又称环境保护的民主原则，是指生态环境的保护和自然资源的开发利用必须依靠社会公众的广泛参与，公众有权参与解决生态问题的决策过程，参与环境管理并对环境管理部门以及单位、个人与生态环境保护有关的行为进行监督。该原则是要把环境保护事业建立在更加广泛的民主基础上，把政府、企业的环境管理活动和法律的执行建立在人民群众广泛支持、参与、监督的基础上。

公众参与原则主要体现在公民有对污染破坏环境的行为进行监督、检举和控告的权利。该原则包括以下几方面的内容：①加强宣传教育，提高公众的环境意识；②保证公众的环境知情权；③召开各种形式的环境论证会、听证会，保护公众对有关环境保护活动的参与权；④大力发展各种民间环境保护团体和组织。

(四) 污染者负担原则

污染者负担原则是指一切开发利用自然资源的单位和个人必须承担保护自然资源和自然环境的义务。自然资源的利用人或受益人应当对自然资源的权利人或生态服务提供人给予补偿。实行该原则的目的是更好地保护自然环境和自然资源，使人类自然环境和自然资源的利用更合理有效，从而为资源的永续利用、维持生态平衡和经济的持续发展创造有利条件。

污染者负担原则内容包括污染者付费、利用者补偿、开发者保护、破坏者恢复。例如，环境保护法规定，产生环境污染和其他公害的单位，必须把环境保护工作纳入计划，建立环境保护责任制度；采取有效措施，防治在生产建设或者其他活动中产生的废气、废水、废渣、粉尘、恶臭气体、放射性物质以及噪声、振动、电磁波辐射等对环境的污染和危害。排放污染物超过国家或者地方规定的污染物排放标准的企业、事业单位，依照国家规定缴纳超标排污费，并负责处理。

第二节　环境与资源保护法基本制度

一、环境与资源保护法基本制度概述

环境与资源保护法的基本制度是环境与资源保护法基本原则的规范化，是为保证实现环境保护法的目的制定的，起环境保护管理作用的重要法律制度，它是我国实践经验的总结。我国环境与资源保护法的基本制度主要有：环境影响评价制度、“三同时”制度、排污收费制度、限期治理制度、现场检查制度和污染事故报告制度等。

环境与资源保护法的基本制度是一个整体，是指基本制度之间是相互联系、配合与补充而结合成一整体。有的是防和治的关系，如侧重预防的有环境影响评价制度、“三同时”制度；侧重于治理的有排污收费制度、限期治理制度等，它们相互配合又相互补充，联系非常紧密。

二、环境影响评价制度

(一) 环境影响评价制度的概念

环境影响评价是指对规划和建设项目实施后可能造成的环境影响进行分析、预测和评估，提出预防或者减轻不良环境影响的对策和措施，进行跟踪监测的方法与制度。环境影响评价制度是指将环境影响评价、编制和环境影响报告书的内容和程序依法进行审批的制度。《中华人民共和国环境保护法》第十九条对环境影响评价作出原则性的规定，编制有关开发利用规划，建设对环境有影响的项目，应当依法进行环境影响评价。未依法进行环境影响评价的开发利用规划，不得组织实施；未依法进行环境影响评价的建设项目，不得开工建设。环境影响评价与环境质量评价两者都要对环境作出评价，就这一点来说是相同的。但是它们的主要依据和目的有所不同，环境影响评价的依据是拟建的开发项目，将会对环境造成什么影响，是预测性的。而环境质量评价是指对当时当地的环境质量进行评价，其依据是已产生污染影响的污染源，不是预测性的而是实际情况的反映。前者的目的是为拟建项目决策提供科学分析的依据，重点在防止。后者的目的是了解现状，提出解决措施，重点在治理。

(二) 环境影响评价制度的适用

环境影响评价制度的适用是指这个制度的适用范围。根据《中华人民共和国环境影响评价法》第八条规定，国务院有关部门、设区的市级以上地方人民政府及其有关部门，对其组织编制的工业、农业、畜牧业、林业、能源、水利、交通、城市建设、旅游、自然资源开发的有关专项规划，应当在该专项规划草案上报审批前，组织进行环境影响评价，并向审批该专项规划的机关提出环境影响报告书。环境影响评价在报批中需编写环境影响报告书或环境影响报告表，这是环境影响评价的书面表现形式，是开发建设项目的重要文件。

(三) 环境影响报告书(表)的基本内容

1. 建设项目概况

建设项目的概况包括：名称、性质；地点；规模(扩建项目应说明原有规模)；产品方案和主要工艺方法；主要原料、燃料、水的用量和来源；废水、废气、废渣、粉尘、放射性废物等的种类、排放量和排放方式；废弃物回收利用、综合利用和污染物处理方案、设施和主要工艺原则；职工人数和生活区布局；占地面积和土地利用情况；发展规划。

2. 建设项目周围地区的环境状况

建设项目周围地区的环境状况包括：项目所在地地理位置；周围地区地形地貌和地质情况，江河湖海和水文情况，气象情况；矿藏、森林、草原、水产和野生动物、野生植物等自然资源情况；自然保护区、风景游览区、名胜古迹、温泉、疗养区以及重要政治文化设施情况；现有工矿企业分布情况；生活居住区分布情况；人口密度、地方病等情况；大气、水的环境质量状况。

3. 建设项目对周围地区的环境影响

建设项目对周围地区的环境影响包括：对地质、水文、气象、自然资源、自然保护区等可能产生的影响，防范和减少这种影响的措施，最终不可避免的影响；各种污染物最终排放量，对周围大气、水、土壤的环境质量的影响范围和程度；噪声、震动等对周围生活居住区的影响范围和程度；绿化措施，包括防护地带的防护林和建设区域的绿化；专项环境保护措施的投资估算。

4. 建设项目环境保护可行性技术经济论证意见

建设项目环境保护可行性技术经济论证意见包括：对环境质量的影响，选址是否合理，防治措施是否可行，经济上是否可行，是否需要进一步评价以及建设等。

除此之外，环境影响报告书(表)的基本内容还应当包含建设项目对环境影响的经济损益分析、对建设项目实施环境监测的建议和环境影响评价的结论。

(四) 环境影响报告书(表)的编制和审批

1. 编制

由建设单位或主管部门委托具备评价条件、取得“建设项目环境影响评价资格证书”的从事环境影响评价的单位，进行评价工作。在正式开展评价之前，编制的评价方案、提要或编写的评价大纲需经环境保护部门同意。承担环境影响评价工作的单位根据建设单位的要求，按照项目的规模、建设地点的环境质量状况以及对环境危害程度等因素开展评价工作。在项目可行性研究阶段完成环境影响报告书(表)，并对评价结论负责。

2. 预审

大中型基本建设项目和限额以上环境影响报告书(表)，须经省级以上(含省级)的项目主管部门预审。

3. 批准和备案

环境影响报告书(表)经主管部门签署意见，报项目所在地的省级环境保护部门审批，同时报国家环境保护局备案。但如符合以下情况之一的基本建设项目，其环境影响报告书必须报国务院生态环境主管部门审批：①核设施、绝密工程等特殊性质的建设项目；②跨省、自治区、直辖市行政区域的建设项目；③由国务院审批的或者由国务院授权有关部门审批的建设项目。对环境问题有争议的建设项目，其环境影响报告书或环境影响报告表可提交上一级环境保护部门审批。小型基建项目和限额以下技改项目的环境影响报告书(表)按各地区规定的审批权限办理。根据《环境保护法》第六十一条规定，建设单位未依法提交建设项目环境影响评价文件或者环境影响评价文件未经批准，擅自开工建设的，由负有环境保护监督管理职责的部门责令停止建设，处以罚款，并可以责令恢复原状。

【例 10-2】某市政府接到省环境保护主管部门的通知：暂停审批该市新增重点污染物排放总量的建设项目环境影响评价文件。下列哪些情况可导致此次暂停审批？(　　)

A. 未完成国家确定的环境质量目标

B. 超过国家重点污染物排放总量控制指标

C. 当地环境保护主管部门对重点污染物监管不力

D. 当地重点排污单位未按照国家有关规定和监测规范安装使用监测设备

【解析】本题涉及环境保护审批制度，答案为 AB 项，CD 项不是暂停审批的情况。

三、“三同时”制度

(一) “三同时”制度的概念

“三同时”制度是指建设项目中防治污染的设施，必须与主体工程同时设计、同时施工、同时投产使用，是国家为了贯彻“防治结合”的原则确立的制度。根据《中华人民共和国环境保护法》第四十一条规定，建设项目中防治污染的设施，应当与主体工程同时设计、同时施工、同时投产使用。防治污染的设施应当符合经批准的环境影响评价文件的要求，不得擅自拆除或者闲置。建设项目是指新建、改建、扩建的使用对环境有影响的一切基本建设项目、技术改造项目。基本建设项目是利用基本建设资金进行的建设项目。技术改造项目是利用更新改造资金进行挖潜、革新、改造的工程项目。

(二) “三同时”制度的意义

实行“三同时”制度是防止环境质量恶化的重要保证，又是环境管理法制化的重要组成部分。“三同时”制度也是防止新污染源产生的根本保证，它与环境影响评价制度相互配合，使环境保护措施落到实处，这样既发展了生产，又防止了危害环境，正体现了预防为主和协调发展的原则。在管理方面，“三同时”制度与设计、施工、竣工验收都有完整的规定，这 3 个阶段的规范化确保了环境管理严格操作的可行性。

(三) “三同时”制度的内容

1. 同时设计

同时设计是指建设单位在委托设计时，要将防治污染和生态破坏的设施与主体工程一起委托设计。不同的设计阶段有不同的要求，在提出建设项目建议书时，应根据拟建项目的性质、规模、厂址、环境现状等有关资料，对建设项目建成后可能造成的环境影响进行简要说明。在进行可行性研究阶段时，可行性研究报告书中应有环境保护的专门篇章，主要应包括建设地区的环境状况、主要污染源、可能引起的生态变化、设计的标准、控制污染和生态变化的初步办法、环境影响评价结论等。其内容应当包括环境保护措施的设计依据、环境影响报告书(表)及审批规定的各项要求和措施、防治污染的处理工艺流程、预期效果、对资源开发引起的生态变化所采取的防范措施、绿化设计、监测手段、环境保护投资的概预算等。

2. 同时施工

同时施工是指在施工时，施工单位应注意保护施工所在地区的环境，防止对自然环境造成不应有的破坏，防止和减轻粉尘、噪声、震动等对周围生活居住区的污染和危害。如果有环境影响报告书(表)未经批准的建设项目，其他有关部门都不能给予办理征地、贷款、施工执照，以确保“三同时”制度的贯彻。

3. 同时投产

同时投产使用是指防治污染和生态破坏的设施经验收合格后，与主体工程同时投入运行，不得闲置或不维持正常运行。其程序是建设项目在正式投产或使用前，建设单位向负责审批的环境保护部门提交“环境保护设施竣工验收报告”，说明环境保护设施运行的情况、治理的效果以及达到的标准。经验收合格并发给“环境保护设施验收合格证”后，方正式投入生产或使用。

(四) “三同时”制度的执行

“三同时”制度的执行是指各有关单位按《建设项目环境保护管理办法》规定的职责执行，从而保证了“三同时”制度的顺利实施。建设单位负责提出并落实初步设计中的环境保护措施，负责项目竣工后防治污染设施的正常运转。建设项目的主管部门负责建设项目的环境影响报告书(表)、初步设计中的环境保护篇章、环境保护设施竣工验收的预审，监督建设项目设计与施工中的环境保护措施的落实，监督项目竣工后环境保护设施的正常运转。其他有关部门，各级计划、土地管理、基建、技改、银行、物资、工商行政管理部门，都应结合相关规定将建设项目的环境保护管理纳入工作计划。环境保护部门对建设项目的环境保护实施统一的监督管理：负责设计任务书(可行性研究报告)和经济合同中有关环境保护内容的审查；负责环境影响报告书(表)的审批；负责初步设计中环境保护篇章的审查及建设施工的检查；负责环境保护设施的竣工验收；负责环境保护设施运转和使用情况的检查和监督。

【例 10-3】建设项目中防治污染的设施，应当与主体工程（　　）。

A. 同时设计　　B. 同时施工

C. 同时监督　　D. 同时投产使用

【解析】本题涉及“三同时”制度的概念，答案为 ABD 项，此三项属于“三同时”制度的内容。

四、排污收费制度

(一) 排污收费制度的概念

排污收费制度又称征收排污费制度，是指向环境中排放污染物或超过规定的标准排放污染物的排污者，依法缴纳一定数额的费用，用于防治污染的制度。

(二) 排污收费的目的

排污收费是为了促进企业、事业单位加强经营管理，节约和综合利用资源，治理污染并改善环境。缴纳排污费并不免除其应承担的治理任务、赔偿损害等法律规定的责任。

(三) 排污收费的意义

1. 影响企业决策

当企业存在减少产量、交纳排污费、消减污染等选择的时候，收取排污费可以促使企业减少产量，消减污染。

2. 促进污染减排技术的采用和创新

由于根据企业的排污量来征收排污费，企业必须考虑减少排污量，这将促使企业不断开发新技术，提高污染减排的能力，减少污染物的排放。

3. 筹集环保资金

排污收费作为环境保护部门的资金来源，可为公共环境保护设计提供部分资金，以及返还污染企业作为治理污染的专项基金。

(四) 征收排污费的原则

征收排污费的原则是指制定排污费征收标准的原则。从征收排污费的目的来看，征收标准应略高于防治污染设施的运转费用。这样才有利于调动排污单位的积极性，使之愿意采取措施防治污染，加强经营管理。我国幅员辽阔，征收排污费的标准可因地制宜。根据《中华人民共和国环境保护法》第四十三条规定，排放污染物的企业事业单位和其他生产经营者，应当按照国家有关规定缴纳排污费。排污费应当全部专项用于环境污染防治，任何单位和个人不得截留、挤占或者挪作他用。依照法律规定征收环境保护税的，不再征收排污费。

(五) 排污费的管理、使用和监督

排污费的管理是将征收的排污费纳入预算内，作为环境保护补助资金，按专项资金管理，不参与体制分成。故排污费的管理应坚持专款专用，由环境保护部门会同财政部门统筹安排，

先收后用，量入为出，不能超支、挪用。排污费的使用包括：①用于补助重点排污单位治理污染源，当交费单位确有不足，可向环境保护部门和财政部门申请补助，一般不得超过所缴排污费的 80%；②用于区域性综合污染防治；③用于补助环境保护部门监测仪器设备的购置、污染源监测、调查、监测方法与技术的研究、环境保护宣传教育等。在排污费的监督方面，是通过财政部门、建设银行和环境保护部门对拨款和使用进行监督的。

五、限期治理制度

(一) 限期治理制度的概念

限期治理制度是指由人民政府决定，治理污染责任者在一定期限内完成达到规定的治理任务的制度。《中华人民共和国环境保护法》第六十条规定，企业事业单位和其他生产经营者超过污染物排放标准或者超过重点污染物排放总量控制指标排放污染物的，县级以上人民政府环境保护主管部门可以责令其采取限制生产、停产整治等措施；情节严重的，报经有批准权的人民政府批准，责令停业、关闭。

(二) 限期治理的对象

限期治理的对象广义的理解可以包括造成环境严重污染的企业事业单位和被严重污染的环境。这是将严重的污染源和被污染而应加以保护的重点区域，都看成是限期治理的对象。狭义的理解则将前者或后者看成治理的对象。总体说来，两者都是需要限期治理的，其重点应是那些严重危及人类生存环境、引起极大不安的环境污染。《大气污染防治法》在实施细则第十八条中规定，禁止在居民区新建排放含有毒物质的废气和粉尘的项目，已建成投入生产或者使用的超过排放标准的项目，应当进行净化处理；对造成大气严重污染的企业事业单位，由人民政府按照管理权限责令其限期治理。《水污染防治法》除作了原则性规定之外，还对生活饮用水地表水源作了特殊保护，规定“在生活饮用水地表水源一级保护区内已设置的排污口，由县级以上人民政府按照国务院规定的权限责令限期拆除或者限期治理”。

(三) 限期治理的决定与处罚

限期治理的意见是由环境保护部门提出，报同级人民政府来决定的。省、自治区、直辖市人民政府有权决定中央或省、自治区、直辖市人民政府直接管辖的企业、事业单位的限期治理。市、县人民政府有权决定市、县或市县以下人民政府管辖的企业事业单位的限期治理。

在处罚方面，对逾期完不成限期治理的企业事业单位的罚款，由环境保护行政主管部门决定；责令停业、关闭，由作出限期治理决定的人民政府决定；责令中央直接管辖的企业事业单位停业、关闭，须报国务院批准。

六、现场检查制度

(一) 现场检查制度的概念

现场检查制度是指环境保护部门和其他有关部门，依法对管辖范围内排污单位的排污和治理等情况，进入现场进行检查的环境监督管理制度。

(二) 检察机关及其权限和义务

检察机关是指县及县级以上地方各级环境保护行政主管部门或者其他依法行使环境监督管理部门。后者包括县级以上人民政府的土地、矿产、林业、农业、水利行政主管部门和各级公安、交通、铁道、民航管理部门，还有军队环境保护部门、海洋行政主管部门、渔政渔港监督、港务监督等。

检察机关的权限内容如下：在本管辖范围内依法进行现场检查；检查时有权要求被检查单位提供真实的资料和情况，如污染物排放、污染治理设施、限期治理的执行和事故等情况；有权收集所采用的分析方法、监测记录、事故记录、与污染有关的生产工艺以及其他有关的资料。检察机关的义务是指检察机关有义务为被检查单位保守技术和业务秘密。

(三) 被检查单位的权利和义务及法律责任

被检查单位的权利和义务是指被检查单位有要求检查单位保守技术、业务秘密的权利以及如实反映情况，提供所需的资料。被检查单位如拒绝现场检查或者在被检查时弄虚作假的，可以根据不同情节，给予警告或者处以罚款。

七、污染事故报告制度

(一) 污染事故报告制度的概念

污染事故是指由于违反环境保护法律法规的行为，或因意外因素，或因不可抗力等原因，致使环境污染、健康受到危害、财产受损的突然性事件。污染事故报告制度是指因发生事故，致使环境受到或可能受到严重污染，危及居民生命财产安全，依法进行通报和报告的制度。通报与报告因发生事故或者其他突然性事件，造成或可能造成污染事故的单位，必须立即采取措施处理，及时通报可能受到污染危害的单位和居民，并向当地环境保护行政主管部门和有关部门报告，接受调查处理。

(二) 污染事故报告的时间和内容

造成污染事故的单位，必须在事故发生的48小时内，向当地环境保护部门作出事故发生的时间、地点、类型和排放污染物的数量、经济损失和人员受害等情况的初步报告。事故查清后应当作出事故发生的原因、过程、危害、采取的措施、处理结果以及遗留问题和防范措施等情况的详细的书面报告，并附有关证明文件。

污染事故发生后，环境保护部门应及时赶赴现场对事故作出认定。若是重大污染事故，应报省级环境保护部门；对待大污染事故，应报国家环境保护局；对重大、特大污染事故，要连续报告。在事故发生后 48 小时内，应对污染的初步情况作出简要报告；在查清基本情况后再作出报告；在事故处理完毕以后作出详尽报告。

(三) 污染事故紧急情况的措施

污染事故紧急情况是指环境中的污染物含量在不利于扩散、稀释、净化的自然条件下聚集，达到严重危害人体健康，威胁生命财产安全时的情况。这时极易发生大的污染事故。环境保护行政主管部门在环境受到严重污染，威胁居民生命财产安全时，必须立即向当地人民政府报告，由人民政府采取有效措施，解除或者减轻危害。当地人民政府必须采取强制性应急措施，包括责令有关排污单位停止排放污染物。

第三节 自然资源保护法

一、自然资源保护法的概念

自然资源保护法是为实现保护自然资源的目的而创制的用以调整因开发、利用和保护自然资源而发生的社会关系的法律规范。自然资源保护法一般包括土地管理法、水法、森林法、草原法、矿产资源法、野生动植物保护法、渔业法、水产资源法、海洋法、风景名胜区法等。

自然资源保护法调整的社会关系主要包括资源权属关系、资源流转关系、资源管理关系和涉及自然资源的其他经济关系。

二、土地管理法

(一) 土地管理法的概念

土地管理法是为了保护土地资源而建立的法律体系。土地资源是指当前和可预见的未来对人类有用的土地。土地资源保护是“三农”问题解决的核心与关键。土地资源的配置是社会稳定、农民生活水平提高和农业发展与繁荣的前提和基础。

我国土地资源保护的法律经过 50 年的发展，基本上形成了完整的体系。目前我国关于土地资源保护的立法主要有《中华人民共和国土地管理法》及其实施条例、《中华人民共和国水土保持法》及其实施条例、《土地复垦条例》、《基本农田保护条例》等。另外在《中华人民共和国农业法》《中华人民共和国矿产资源法》《中华人民共和国环境保护法》等法律中也有一些保护土地资源的规定。同时还有一些关于土地资源保护的地方性立法。

(二) 土地管理法的主要内容

1. 土地权属制度

我国宪法等法律规定，中华人民共和国实行土地的社会主义公有制，即全民所有制和劳动群众集体所有制。全民所有，即国家所有土地的所有权由国务院代表国家行使。我国土地所有权分为国家土地所有权和集体土地所有权，我国土地所有权人仅限于国家或者农村集体经济组织。土地所有权与土地使用权一般应分离，且此分离要受国家的计划管理和行政监督。我国严禁土地所有权的买卖和商品性流转。

2. 土地规划及用途管制制度

土地规划是指在一定区域内根据国民经济和社会发展对土地的需求以及当地的自然、经济和社会条件，对该地区范围内全部土地的利用所做的长期的、战略性的总体布局和安排，是各项专业规划、各相关规划编制和事实的基础和依据。《中华人民共和国土地管理法》(以下简称《土地管理法》)规定，各级人民政府应当根据国民经济和社会发展规划、国土整治和资源环境保护的要求、土地供给能力以及各项建设对土地的需求，组织编制土地利用总体规划。下级土地利用总体规划应当依据上一级土地利用总体规划编制。

土地用途管制制度是指国家为保护土地资源的合理利用，经济、社会和环境的协调发展，通过编制土地利用规划划定土地利用区，确定土地使用限制条件，土地的所有者、使用者必须严格按照国家确定的土地用途利用土地，违者将受到严厉处罚的制度。《土地管理法》第四条将土地分为农用地、建设用地和未利用地 3 类，严格限制农用地转为建设用地，控制建设用地总量。

3. 对耕地实施的特殊保护制度

1) 耕地占用补偿制度

耕地占用补偿制度是指非农业建设占用耕地后，应补偿开垦新的耕地，以控制耕地总量的减少，落实耕地总量动态平衡的制度。《土地管理法》规定国家保护耕地，严格控制耕地转为非耕地。

2) 基本农田保护制度

基本农田保护制度是指根据一定时期内人口和国民经济对农产品的需求，以及对建设用地占用情况的预测而确定的，长期不得占用和基本农田保护区规划期内不得占用耕地的制度。因国家水利、交通、能源等重点建设项目选址而不能避开基本农田保护区，需要占用基本农田保护区耕地的必须依法定程序报批。保护基本农田对我国城乡人民农产品需求的满足和国民经济的持续发展有着重要意义。

4. 建设用地管理制度中有关土地保护的规定

1) 征用土地补偿制度

对于征用的土地，使用权人应当按照被征用土地的原用途按照规定给予补偿。

2) 申请使用土地制度

任何单位和个人进行建设，需要使用土地的，应当依法申请使用国有土地，包括国家所有的土地和国家征用的原属于农民集体所有的土地。对于征用基本农田、基本农田以外的耕地超过 35 公顷的，以及其他土地超过 70 公顷的，须由国务院批准。

三、矿产资源法

(一) 矿产资源法的概念

矿产资源法是调整人们在勘探、开采、利用和保护矿产资源的活动中所形成的各种经济关系的法律规范的总称。矿产资源包括呈固体、液体、气体状态的各种金属、非金属矿产、燃料和地下水。这是自然资源体系的重要组成部分，是人类社会生产和生活的物质基础。人类需要的很大一部分工业原料、建筑材料、能源等都来源于矿产资源。

我国矿产资源所有权的主体是国家，其他任何组织或者个人都不能成为矿产资源所有权的主体，只能依法取得矿产资源的勘探权和采矿权。《中华人民共和国宪法》和《中华人民共和国矿产资源法》中规定，我国领域及管辖海域的矿产资源属于国家所有，地表或者地下的矿产资源的国家所有权，不因其所依附的土地所有权或使用权的不同而改变。

(二) 矿产资源法的主要内容

1. 探矿权、采矿权

探矿权是指按法定程序取得勘查许可证，在批准的勘查区内和有效期限内，对批准的矿种及其伴生、共生矿产进行勘察的权利。其权利内容主要包括：探矿权人对一定区域内的一定勘查对象进行勘查行为的权利；任何单位和个人不得妨害探矿权人进行正常作业的活动；探矿权人依据勘查行为所获得的勘探资料等。

采矿权是指按法定程序取得采矿许可证，在批准的矿区范围和有效期限内开采被许可的矿产及其伴生、共生矿产的权利。其权利内容主要为：采矿权人有对一定区域内的一定种类的矿产进行采掘的权利；任何单位和各人不得妨害采矿权人进行正常作业的活动；采矿权人对其享有的采矿权可以依法转让的权利等。

2. 矿产资源勘查统一登记制度

国家对矿产资源勘查实行统一登记，矿产勘查单位持普查勘探计划、工作地区(矿区)范围和研究程度图等向国务院地质矿产主管部门和由其授权的各省、自治区、直辖市地质矿产主管部门办理勘查登记，经审核批准，发放勘查许可证。另外，国务院可以授权有关主管部门负责特定矿种的矿产资源勘查登记工作。

3. 采矿许可证制度

开办国营矿山企业，必须依法申请采矿许可证。根据矿产资源法律、法规的规定，国务院和国务院有关主管部门批准开办的矿山企业及跨省、自治区、直辖市开办的矿山企业，由国务院地质矿产主管部门办理采矿登记手续，颁发采矿许可证；省级及省级以下人民政府批准开办的矿山企业，由省级地质矿产部门办理登记手续，颁发采矿许可证。获得采矿许可证的矿山企业的采矿权受法律保护。采矿权不得买卖、出租，不可以用作抵押。

4. 矿产资源有偿使用制度

根据国务院相关规定，从事矿产资源开发的单位和个人须缴纳矿产资源补偿费。

四、水资源法

(一) 水资源法的概念

水资源法是指调整在水资源的开发、利用、管理、保护和治理过程中产生的经济与管理关系的法律规范的总称。它所调整的经济关系主要为在水的开发利用和管理过程中，中央政府与地方政府，水利企事业单位和其他社会组织或公民之间所发生的各种关系。我国水资源法的调整范围既包括水资源，也包括经过开发利用的商品水和经过工程调节的供水。

(二) 水资源法的主要内容

1. 水的所有权和使用权

根据《中华人民共和国宪法》和《中华人民共和国水法》规定，水资源属于国家所有，即全民所有。水资源的国家所有权主要包括国家对水资源统一调度和分配的权利，水资源开发利用和保护中的国家管理等。农业集体经济组织所有的水塘、水库中的水，属于集体所有。水资源的集体所有权主要包括对水占有、使用、收益和处分的权利。任何单位和个人根据法律规定可以取得水的使用权，国家保护单位和个人的水的使用权。

2. 水资源规划制度

根据法律规定，水资源规划分为流域规划、区域规划、专业规划 3 类。流域规划是指江河流域规划。区域规划是指省、自治区、直辖市范围内的江河流域规划。专业规划是指单项治理或开发利用的规划，如供水、水运、水电、防洪、防涝等规划。

3. 取水许可证制度

根据《中华人民共和国水法》规定，国家对直接从地下或者江河、湖泊取水的，实行取水许可证制度。为家庭生活、畜禽饮用取水和其他少量取水的，不需要申请取水许可证。此外，对新建、改建、扩建的建设项目，需要申请取水许可证的，建设单位在报送设计任务书时，应当附有审批取水申请机关的书面意见，即建设项目的事先审查。

4. 有偿使用制度

使用供水工程供应的水，用水单位和个人必须按照规定向供水单位缴纳水费。其中用水单位如从地下取水还要缴纳水资源费，其他从江河、湖泊取水的，根据省、自治区、直辖市人民政府的决定征收水资源费。

5. 综合开发利用制度

在开发利用水资源时，要兼顾生态环境的保护和其他相关资源的保护。国家鼓励开发利用水能资源、水运资源和发展灌溉、排水及水土保持事业，从而在合理利用水资源的同时，又可促进农业、交通业和能源事业的发展。另外，根据《中华人民共和国水法》规定，在河流上兴建水工程，必须遵守国家规定的基本建设程序和其他规定，不得影响航运、渔业，造成不良影响或损失的，要采取补救措施，补偿损失。国家兴建水工程需要移民的，由地方人民政府负责妥善安排移民的生活和生产。

6. 水资源保护制度

根据《中华人民共和国水法》和《中华人民共和国水污染防治法》的规定，在河道内采石、挖土须经主管部门批准；保护地下水资源，防止水污染；企事业单位向水体排放污染物，要征收排污费；污染严重的企业要限期治理；禁止向水体排放油类、酸液、碱液、剧毒废液或倾倒工业、城市垃圾、剧毒或含放射性物质的废渣等；禁止围湖造田，围垦河流；任何单位和个人不得侵占、破坏水工程及堤防、护岸等有关设施；在水工程保护范围内，禁止进行爆破、打井、采石、取土等危害水工程安全的活动。

五、森林法

(一) 森林法的概念

森林法是调整人们在森林保护、营造、合理利用和林业经济活动中所发生的各种经济关系的法律规范的总称。森林法是保护森林资源、保障森林权益、维护林业经济秩序的主要社会工具。一般包括森林权属制度、林业长远规划制度、采伐许可证制度、森林资源保护制度以及植树造林和绿化制度等内容。

(二) 森林法的主要内容

1. 森林权属制度

《中华人民共和国森林法》第十四条规定，森林资源属于国家所有，由法律规定属于集体所有的除外。国家所有的森林资源的所有权由国务院代表国家行使。国务院可以授权国务院自然资源主管部门统一履行国有森林资源所有者职责。第十五条规定，林地和林地上的森林、林木的所有权、使用权，由不动产登记机构统一登记造册，核发证书。国务院确定的国家重点林区(以下简称重点林区)的森林、林木和林地，由国务院自然资源主管部门负责登记。

《中华人民共和国森林法》修订后明确国务院代表国家行使国有森林资源所有权，国务院可授权有关部门行使或由有关部门委托省、自治区、直辖市人民政府代理行使所有者职责。《中华人民共和国森林法》还规定国家所有的森林、林木和林地可以依法确定给多种所有制的林业经营主体使用；林业经营主体依法取得的国有森林、林木和林地的使用权，经批准可以转让、出租、作价出资等，具体办法由国务院制定。

集体所有和国家所有由农民集体使用的林地依法实行承包经营，承包方享有林地承包经营权和承包林地上的林木所有权，合同另有约定的从其约定，承包方可以自主决定依法采取出租(转包)、入股、抵押、转让等方式流转林地经营权、林木所有权和使用权。未承包的集体林地以及林地上的林木，由农村集体经济组织统一经营；集体经济组织统一经营的林地、林木，经民主程序可以依法流转林地经营权、林木所有权和使用权。

国家鼓励、支持和引导多种所有制的林业经营主体在依法取得的国有或者集体林地上发展多种形式的林业产业，保护非公有制林业经营主体享有的林地经营权和林木所有权等合法权益。

2. 林业长远规划制度

根据林业生产的特点，以林业生产发展的总体要求和奋斗目标为依据而制定的林业长期发展的规划，目的是维护和改善生态环境，避免林业生产的盲目性。《中华人民共和国森林法》第六条规定，国家以培育稳定、健康、优质、高效的森林生态系统为目标，对公益林和商品林实行分类经营管理，突出主导功能，发挥多种功能，实现森林资源永续利用。

3. 采伐许可证制度

采伐许可证制度是指采伐林木者必须取得采伐许可证后才能进行林木采伐的制度。根据法律规定，采伐林木必须申请采伐许可证，按许可证的规定进行采伐，农村居民采伐自留地和房前屋后个人所有的零星林木除外。

4. 森林资源保护制度

《中华人民共和国森林法》第二十八条规定，国家加强森林资源保护，发挥森林蓄水保土、调节气候、改善环境、维护生物多样性和提供林产品等多种功能。

中央和地方财政分别安排资金，用于公益林的营造、抚育、保护、管理和非国有公益林权利人的经济补偿等，实行专款专用，不得挪作他用，具体办法由国务院财政部门会同林业主管部门制定。

5. 植树造林制度

植树造林、保护森林，是公民应尽的义务。各级人民政府应当组织全民义务植树，开展植树造林活动。《中华人民共和国森林法》第三十七条第三款规定，县级以上人民政府林业主管部门应当按照规定安排植树造林，恢复森林植被，植树造林面积不得少于因占用林地而减少的森林植被面积。上级林业主管部门应当定期督促下级林业主管部门组织植树造林、恢复森林植被，并进行检查。

6. 森林资源保护发展目标责任制和考核评价制度

2020 年实施的新修订的《中华人民共和国森林法》明确实行森林资源保护目标责任制和考核制，建立林长制。该法第四条规定，国家实行森林资源保护发展目标责任制和考核评价制度。上级人民政府对下级人民政府完成森林资源保护发展目标和森林防火、重大林业有害生物防治工作的情况进行考核，并公开考核结果。地方人民政府可以根据本行政区域森林资源保护发展的需要，建立林长制。

六、草原法

(一) 草原法的概念

草原法是调整人们在草原开发利用、保护和牧业活动中所发生的各种经济关系的法律规范的总称，一般包括草原权益、草原保护、草原建设、牧业管理等内容。草原资源是一种自然综合体，是由草和其着生的土地构成的，是一种可更新资源，是发展畜牧业的基础。草原法规范了草原作为一种自然资源的权属、行政管理关系，也规范了牧业作为一项产业的各项活动。

(二) 草原法的主要内容

1. 草原权属制度

草原所有权是指一定社会主体对草原享有占有、使用、收益、处分的权利。草原属于国家所有，由法律规定属于集体所有的除外。国家所有的草原，由国务院代表国家行使所有权。任何单位或者个人不得侵占、买卖或者以其他形式非法转让草原。国家所有的草原，可以依法确定给全民所有制单位、集体经济组织等使用。使用草原的单位，应当履行保护、建设和合理利用草原的义务。

2. 草原保护监督管理制度

《中华人民共和国草原法》第三条规定，国家对草原实行科学规划、全面保护、重点建设、合理利用的方针，促进草原的可持续利用和生态、经济、社会的协调发展。《中华人民共和国草原法》第八条规定，国务院草原行政主管部门主管全国草原监督管理工作。县级以上地方人民政府草原行政主管部门主管本行政区域内草原监督管理工作。乡(镇)人民政府应当加强对本行政区域内草原保护、建设和利用情况的监督检查，根据需要可以设专职或者兼职人员负责具体监督检查工作。

3. 草原规划制度

草原规划制度是指将草原建设、发展和畜牧业发展相结合的社会经济发展规划制度，是国民经济和社会发展计划体系中的一项重要的资源和资源产业规划。制定草原发展规划是草原行政的重要职责。

《中华人民共和国草原法》第十八条规定了编制草原保护、建设、利用规划，应当遵循以下原则：①改善生态环境，维护生物多样性，促进草原的可持续利用；②以现有草原为基础，因地制宜，统筹规划，分类指导；③保护为主、加强建设、分批改良、合理利用；④生态效益、经济效益、社会效益相结合。

七、野生动植物保护法

(一) 野生动植物保护法的概念

野生动植物保护法是指调整在开发、利用、管理和保护野生动植物资源过程中发生的经济与管理关系的法律规范的总称。

野生动物是指在自然状态下生长且未被驯化的动物。野生植物是指在自然状态下生长的非人工栽培的各种植物。野生动植物是生物圈的重要组成部分，又是具有很高经济价值和生态价值的再生资源。它们能为人类提供各类食品、药材、皮毛等生活和生产的原材料，尤其是珍稀野生动植物，还可以作重要的科学研究。

(二) 野生动物保护的法律规定

根据《中华人民共和国野生动物保护法》的规定，主要采取以下措施保护野生动物。

(1) 国家对珍贵、濒危的野生动物实行重点保护。国家重点保护的野生动物分为一级保护野生动物和二级保护野生动物两类，其名录由国务院制定。地方重点保护野生动物名录由省、自治区、直辖市政府制定。

(2) 划定自然保护区，加强重点野生动物及其生存环境的保护，加强监视、监测环境对野生动物的影响。

(3) 建设项目对国家或地方重点野生动物的生存环境产生不利影响时，建设单位应提交环境影响报告书，报环境保护主管部门审批。

(4) 国家和地方重点保护野生动物受到自然灾害威胁时，当地政府应当及时采取措施。

(5) 加强动物检疫，以免病菌、病毒的侵害和扩散。

(三) 野生植物保护的法律规定

1. 保护珍贵、稀有、濒危的野生植物

根据《珍稀濒危植物名录》，被保护的重点植物分为二级，一级保护植物严禁采摘和砍伐，

二级保护植物一般不予利用。未经有关部门批准，对这两类植物都不准作为商品出售或出口。

2. 对进出口动植物实行检疫制度

根据《动植物检疫条例》和《植物检疫条例》规定，进出口植物须进行检疫，以防止危害植物的危险性病、虫、杂草传播。

3. 对野生药材资源实施管理和保护

根据《野生药材资源保护管理条例》，国家对野生药材实行保护和采伐相结合的原则。国家重点保护的野生药材物种分为三级，一级保护的是濒临灭绝状态的稀有珍贵野生药材物种，二级保护的是分布区域缩小、资源处于衰竭状态的重要野生药材物种，三级保护的是资源严重减少的主要常用野生药材物种。禁止采伐一级保护野生药材物种，采伐、收购二、三级保护野生药材物种的，须持有采药证。

第四节　环境保护法律责任

一、环境保护法律责任的概念

环境保护法律责任是造成或可能造成环境污染和破坏的当事人依法所应承担的法律后果。我国目前虽然没有对违反环境保护的违法者进行处分的专门法律规定，但在有关环保法的法律渊源中，已有宪法、环保基本法、环保专门法规和其他一些法律对违法者应承担法律责任作了具体规定。其他与环境保护有关的行政法、民法、刑法、经济法也规定有关违反环境保护的违法行为处理条款。重视和追究违法者的法律责任，健全环境保护法的法律责任制度，对保障环境法的有效实施有重要意义。

与其他法律责任相比，环境保护法律责任具有以下特点：①责任的承担不以违法为必要前提；②实行无过错责任原则；③民事责任与行政责任竞合；④环保违法实行两罚或多罚制度。

二、环境保护行政责任

(一) 环境保护行政责任的概念

环境保护行政责任是指环境保护行政法律关系的主体违反环境保护行政法律规范或不履行环境保护行政法律义务而应承担的否定性的法律后果。追究行政责任要由国家司法机关或有关的行政管理机关依法来进行。

(二) 违反环境保护法或行政法规的行为

违反环境保护法或行政法规的行为一般有：违反选址规定，把污染工地建在禁建地区；违反“三同时”的规定，新建、扩建企业未建立污染防治设施而超标排放污染物；违反操作规程，造成事故性污染事件；有环境保护设施无故闲置不用或拆除而超标排放污染物；有条件治理或令其限期治理而不治理继续超标排污；违反森林、渔业、文物保护、自然保护区等法规，但尚未构成犯罪的行为；违反治安处罚条例损坏环境的行为等。

(三) 环境保护行政责任的方式

环境保护行政责任的方式包括：警告、罚款、责令停产使用、责令重新安装使用、责令停业关闭、责令缴纳排污费、支付消除污染费用、责令停止违法行为，限期改正；限期拆除或没收建筑物，补种树木；责令停止开荒，恢复植被；没收矿产品或违法所得，吊销采矿许可证，限期恢复原状等。

【例 10-4】下列不属于环境保护行政责任形式的是(　　)。

A. 环境行政处分　　　　B. 环境行政处罚

C. 环境行政赔偿　　　　D. 环境行政强制

【解析】本题涉及环境保护行政责任，答案为 D 项，D 项不属于环境保护行政责任形式。

三、环境保护刑事责任

(一) 环境保护刑事责任的概念

环境保护刑事责任是指行为人违反国家的法律造成或可能造成环境严重污染或破坏，构成犯罪时，依法所应承担的以刑罚为处罚方式的法律后果。这是对环境违法行为最为严厉的制裁方式。根据《中华人民共和国环境保护法》第六十九条的规定，违反本法规定，构成犯罪的，依法追究刑事责任。

(二) 《刑法》中破坏环境资源罪的规定

破坏环境资源保护罪主要包括污染环境罪、非法处置进口的固体废物罪、非法捕捞水产品罪、非法狩猎罪、非法采矿罪等罪名。污染环境罪规定了违反国家规定，排放、倾倒或者处置有放射性的废物、含传染病病原体的废物、有毒物质或者其他有害物质，严重污染环境的，处三年以下有期徒刑或者拘役，并处或者单处罚金；情节严重的，处三年以上七年以下有期徒刑，并处罚金。另外刑法中还有对单位犯破坏环境资源罪的处罚规定，单位犯破坏环境资源保护罪的，对单位判处罚金，并对其直接负责的主管人员和其他直接责任人员进行处罚。

四、环境保护民事责任

(一) 环境保护民事责任的概念

环境保护民事责任是指个人或单位因违反环境保护法规污染、破坏环境，侵害公共财产或者他人的合法权益所应承担的民事法律后果。违反环境保护相关法规的民事责任，属于特殊侵权责任。

(二) 环境保护民事责任的方式

1. 停止侵害、排除妨碍、清除危险

这是侵权人的民事不法行为已经或者有发生、导致侵害危险时应承担的民事责任，如新建房屋影响其他房屋的采光，工厂排放大量废物影响危及周围环境等，可请求停止、改正、防止

损害发生或清除继续危害。这是一种带防范性的积极民事措施，是环境保护纠纷中经常采用的民事责任。

2. 返还财产、恢复原状

这是违法者以非法手段获取他人财物或被其损害，应返还原物或恢复原状的民事责任。这两种民事责任在环境保护中主要用于对自然环境、文物、非法捕捉国家稀有的动植物等方面，原物存在的必须返还。对水质污染、侵害森林、草原等，应恢复原状，还应采用经济赔偿，这样才能起到保护环境的积极作用。

3. 赔偿损失

这是违法者从事民事不法行为对他人造成损害事实应承担的赔偿责任。赔偿损失包括人身损害和财产损失。赔偿损失是对已经造成危害事实而采取的补救措施，是一种消极的对财产损失的赔偿，其金额应是实际损失和可见损失之和，即被污染物质的排污应缴纳的费用加上可得的利润收入等。人身损害的赔偿金有医疗费、误工费、生活补助费、丧葬费等。执行赔偿损失费后，违法者仍有义务采取必要措施排除污染、防止继续危害、切实保持好环境。

4. 民事罚款

这是由司法机关对犯有民事不法行为者处罚的金额。民事罚款与赔偿金不同，是带有惩罚性质的，主要是惩戒违法者。赔偿金是对受害者的补偿，其损失与赔偿是相等的，而罚款如果超过损失，须将超过部分上缴国库。

5. 没收违法所得

没收进行违法活动所得的财产，主要是指违反民法、环境保护法，从事违法行为而谋取私利，如采矿、捕鱼、非法狩猎等，司法机关可以没收所得的财物和使用的工具，上缴国库。

6. 取消某种权利

这是依法取消违法者的某种权利的民事责任措施，如吊销许可证、营业执照、责令停产、停业、搬迁。

另外还有《民法典》中规定的其他法律责任形式如赔礼道歉，这只适用于违反环境保护法的轻微事件。

【例 10-5】某水泥厂将用于生产的放射性物质钴封存于山洞，但该厂疏于管理，而且并未作出具体警告以告知其危害性等，致使该物质被附近一村民甲误以为贵重物品偷走并藏于该村一旧屋中。钴源造成核污染，致使该村民甲及附近的十户村民健康出现问题，乃至生病住院治疗。

【解析】本案例涉及环境保护民事法律责任。水泥厂和甲对受害村民负连带赔偿责任。

本 章 小 结

1. 环境是指影响人类生存和发展的各种天然的和经过人工改造的自然因素的总体，包括大气、水、海洋、土地、矿藏、森林、草原、湿地、野生动物、自然遗迹、人文遗迹、自然保护区、风景名胜区、城市和乡村等。环境与资源保护法是调整人们在开发利用、保护改善环境的活动中所产生的环境社会关系的法律规范的总称。对环境与资源保护法的研究可以促进人类与自然和谐发展。

2. 环境与资源保护法有技术性、社会性、综合性、政策性4个特点。

3. 环境与资源保护法的基本原则是对环境保护实行法律调整的基本指导方针，是调整因保护和改善环境而产生的社会关系的基本准则，包括可持续发展原则、预防为主原则、公众参与原则、污染者负担原则。

4. 环境保护法的基本制度，是环境保护法基本原则的规范化。我国环境与资源保护法的基本制度主要有：环境影响评价制度、“三同时”制度、排污收费制度、限期治理制度、现场检查制度和污染事故报告制度等。

5. 自然资源保护法是为实现保护自然资源的目的而创制的用以调整因开发、利用和保护自然资源而发生的社会关系的法律规范。自然资源保护法一般包括土地管理法、矿产资源法、水法、森林法、草原法、野生动植物保护法等。

6. 环境保护法律责任是造成或可能造成环境污染和破坏的当事人依法所应承担的法律后果。环境保护法律责任具有责任的承担不以违法为必要前提、实行无过错责任原则、民事责任与行政责任竞合、环保违法实行两罚或多罚制度的特点。

7. 环境保护法律责任主要包括环境保护行政责任、环境保护刑事责任和环境保护民事责任。

习　题

一、单项选择题

1. 为了对水资源进行合理开发及充分利用，发挥其综合效益，兼顾各部门各地区的利益，并将开发利用同保护结合起来，开发利用水资源必须(　　)。

A. 分级规划　　B. 统一规划

C. 分区规划　　D. 合理规划

2. 为保护土地的所有权，法律规定任何单位和个人不得侵占、买卖或者以其他形式(　　)转让土地。

A. 任意　　B. 非法

C. 随意　　D. 依法

3. 下列各项中不属于森林资源保护制度的有(　　)。

A. 建立自然保护区

B. 建立护林组织，实行群众护林

C. 开源与节流相结合的制度

D. 合理采伐森林，防止森林和林地被破坏

4. 下列关于矿产资源的说法正确的是(　　)。

A. 个人不能成为开采国有矿产资源的主体

B. 关系国计民生的矿产资源归国家所有，一般矿产资源可以归集体所有

C. 任何矿产资源一律属于国家所有

D. 除依法由集体所有的以外，矿产资源一律属于国家所有

5. 目前我国实施现场检查制度主要是由(　　)设立的环境监理机关负责进行的。

A. 各级环境保护行政主管部门会同其他行政部门共同

B. 县及县级以上地方各级环境保护行政主管部门

C. 县及县级以上地方各级政府

D. 县级以上地方各级环境保护行政主管部门

6. 为了贯彻“防治结合”的原则，我国确立了(　　)。

A. 环境影响评价制度　　B. “三同时”制度

C. 排污许可制度　　D. 排污收费制度

二、名词解释

1. 环境与资源保护法　2. 环境影响评价制度　3. “三同时”制度　4. 限期治理制度　5. 环境保护法律责任

三、简答题

1. 环境与资源保护法的特点是什么？

2. 简述环境与资源保护法的基本原则。

3. 环境与资源保护法的基本制度有哪些？

案例分析

某化工厂是一家生产化学添加剂的企业。2017年，该厂通过了区环保局环境影响评估审批。在废水处理设施验收合格后，正式投入生产。2020年，该化工厂为了扩大生产规模、增加企业利润，在未向环保局申报的情况下扩建了加工精制3-硝基、4-氨基苯酚(NAP)工艺和设备，但是污染防治设施没有相应改造，在投入生产使用前也未履行相应的审批手续。扩建的设备投入使用后，因原废水处理设施无法处理大量的新增废水，造成处理池废水外溢和直接排放，污染了附近的河道。区环保局接到举报后对化工厂进行了现场检查。但化工厂以保守技术秘密为由，阻拦环保人员进入生产车间，并拒绝提供扩建工程的任何资料。经环保局对排污口污水排放进行监测，表明污染物排放严重超过规定的排放标准。

问题：

请说明该化工厂的行为违反了我国哪些环境保护基本法律制度。

第十一章

产品质量与消费者权益保护法

【导读】

产品质量法律制度与市场竞争密切相关，激烈的市场竞争在某些情况下可能导致消费者权益的损害，而通过完备的产品质量立法，对消费者进行实质性的全面保护，能有效制止通过虚假质量进行的不正当竞争行为。消费者保护法是通过赋予消费者权利、对经营者设定义务而对处于弱势地位的消费者给予倾斜保护的法律制度，它在市场秩序的维护中发挥着重要的作用。

【学习重点】

产品质量和产品质量法的含义，产品质量的监督，产品责任制度和产品损害赔偿责任，消费者保护法的含义，消费者权利，经营者义务和消费者权益的保护。

【学习难点】

结合产品质量的监督和产品责任制度、消费者权利和经营者义务以及消费者权益的保护分析具体问题，熟知产品质量法和消费者权益保护法。

【教学建议】

第一节和第二节建议结合案例进行教学，加深学生对知识的理解，并布置课后作业。

第一节　产品质量法

一、产品质量法概述

(一) 产品质量的含义

产品质量是指产品性能在正常使用的条件下，能够满足合理使用用途要求所必须具备的特征和特性的总和。根据国际标准化组织颁布的 ISO8402—86 标准，产品质量的含义为：“产品或服务满足规定或潜在需要的能力特征的总和。”该定义中所称的“需要”往往随时间、空间的变化而变化，与科学技术的不断进步有着密不可分的关系，“需要”可以转化为具有具体指标的特征和特性。《中华人民共和国产品质量法》(以下简称《产品质量法》)对产品质量的界定是通过是否符合以下 3 项要求进行的。

1. 产品的安全性

这是指产品应当不存在危及人身、财产安全的不合理的危险，该产品具有在保障人体健康、人身、财产安全方面的国家标准或者行业标准的，应当符合该标准。

2. 产品的适用性

这是指产品必须具备其应当具备的使用性能，比如保温瓶作为一种产品必须具有保温的性能，一旦失去该性能，就是不符合产品质量要求的。但是，如果事先对产品存在使用性能方面的瑕疵作出说明的除外。

3. 担保性

产品应当符合生产者在产品或者其包装上注明采用的产品标准，符合以产品说明、实物样品等方式表明的质量状况。生产者的说明或者实物都是生产者对产品质量的明示或者默示的担保，产品如果不符合其担保，就被认为是不符合质量要求的。

(二) 产品质量法的含义及特点

1. 产品质量法的含义

产品质量法是调整在生产、流通和消费过程中因产品质量所发生的社会关系的法律规范的总称。产品质量法律制度包括产品监督管理制度和产品责任制度。在市场经济较为发达的工业国家，大多以产品责任立法为主，而我国则表现为全面的产品质量管理立法，既包括生产者或销售者对其生产或销售的产品应当承担的责任，也包括生产者和销售者如何管理产品质量、国家各级管理部门如何监督产品质量以及衡量产品质量的基准、质量保证等一系列制度。我国产品质量法不仅重视事后的处罚和产品责任的承担，而且更注重事前的监督管理和防范。

2. 产品质量法的特点

一般来说，《产品质量法》调整的社会关系分为两大类：即在产品质量监督管理过程中产生的监督与被监督、管理与被管理的社会关系和在产品交换过程中产生的具有等价交换性质的社会关系。由产品质量法所调整的社会关系决定，产品质量法具有以下 3 个主要特征。

(1) 产品质量法的法律规范具有多样性。因《产品质量法》既调整产品质量监督管理关系，也调整产品质量关系，所以，《产品质量法》中既有行政法律规范，也有经济、民事法律规范，还有刑事法律规范。

(2) 技术性法律规范在产品质量法律规范中占有重要地位。产品质量问题集经济性、社会性和技术性于一身。其中，技术性法律规范在产品质量法中占据重要地位。

(3) 行政规章在产品质量法的贯彻实施中具有重要意义。大量的产品质量法律规范要由行政规章进一步加以明确，并依靠行政规章协助实施。这主要体现在有关产品质量监督管理的法律规范上。

二、产品质量的监督

(一) 产品质量监督的形式

根据国家标准 GB 6583.1—86 对质量监督的定义，质量监督是指为保证质量要求，由用户或第三方对程序、方法、条件、产品、过程和服务进行连续评价，并按照规定标准或合同要求对记录进行分析。我国的产品质量监督主要有以下 3 种形式。

1. 国家监督

这是指由代表国家的政府专职机构进行监督，可以分为抽查型质量监督和评价型质量监督。抽查型监督是国家质量监督机构在市场上通过定期或不定期抽取样品进行监督检验，对照标准检验其是否合格，从而责成企业采取改进措施，直到达到技术标准的要求；评价型质量监督是指国家质量监督部门通过对企业的生产条件、产品质量考核合格后，颁发某种证书，确认和证明这一产品已经达到要求的质量水平。我国《产品质量法》中的“产品认证”制度和国家颁发“许可证”制度，属于国家监督的具体形式。

2. 自律监督

自律监督包括企业在生产经营中的自我监督和同行业企业之间对同类产品质量的相互监督。自律监督的主要任务是按照一定的技术标准和订货合同对产品质量进行严格检验，包括原辅材料、外购零配件、半成制品、最终成品以及主要工序工艺检验，对新产品能否正式投产提出意见，签发成品合格证书等。行业自律监督还包括行业组织的相互监督。

3. 社会监督

所谓社会监督，就是广泛动员和组织全社会各方力量，对产品质量进行关注、监督和评议，促进企业提高产品质量，维护国家和消费者的利益。社会监督的具体形式有消费者投诉、群众评议、舆论监督等。

(二) 产品质量监督管理体制

现行《产品质量法》根据我国管理实际，在总结过去立法经验的基础上，确立了统一管理、分工负责的产品质量管理体制。根据国家对行政机关的不同授权，可以分为级别管理和职能管理。级别管理体制分为中央一级国家产品质量监督管理部门和县级以上地方各级人民政府质量监督管理部门。职能管理体制分为政府产品质量监督管理部门和政府有关行政主管部门。国家根据这些行政机关的各自职能，授予其不同的产品质量监督管理权限。

1. 国务院产品质量监督管理部门的职能和分工

国务院产品质量监督管理部门负责全国产品质量监督管理工作。目前，国务院产品质量监督管理部门是指国家质量监督检验检疫总局。它负责对全国产品质量工作进行统一管理，组织协调，对产品质量管理工作进行宏观指导。

2. 国务院有关部门的职能与分工

国务院有关部门在各自的职责范围内负责产品质量的监督管理工作，但范围限定在本行业内部关于产品质量方面的行业监督管理和生产经营性管理工作，如国家药品监督管理局负责西药、中药的质量监督管理工作，行业认证委员会负责认证工作的具体实施。

3. 县级以上地方产品质量监督管理部门的职能与分工

地方级管理部门主管本行业行政区域内的产品质量监督工作。省级产品质量监督管理部门的职责是按照国家法律、法规的规定和省级人民政府赋予的职权，负责组织、协调省级范围内的产品质量监督管理工作；市(州、盟)、县(区)级管理产品质量监督工作的部门，则在省级产品质量监督管理部门的垂直统一领导下，按照职能分工，做好本级产品质量监督管理工作。

4. 县级以上地方人民政府有关部门的职责和分工

这些部门在各自的职责范围内，负责本行政区域内、本部门内有关产品质量方面的生产经营性的监督管理工作。产品质量监督管理部门和各级政府的相关部门应当在各自的职责范围内引导、督促生产者、销售者，加强产品质量管理，提高产品质量，并依法采取措施制止产品生产、销售中违反法律规定的行为。

(三) 产品质量监督管理制度

产品质量监督管理制度是指由产品质量法确认的互相联系、互相依存、自成体系的管理规定，包括企业质量体系认证制度、产品质量认证制度、产品质量检验制度和产品质量监督检查制度等。

1. 产品质量体系认证制度

企业质量体系认证，是指依据一定的标准和要求，由认证机构对企业质量体系进行审核、评定，确认符合标准要求时，由认证机构向企业颁发认证证书，以证明企业质量体系符合相应要求的活动过程。企业质量体系认证，是目前国际上通行的一种产品质量监督管理制度。为了促进企业建立、健全质量体系，以便企业具备生产稳定质量产品的条件，从而提高企业的市场竞争能力，《产品质量法》规定，国家根据国际通用质量管理标准，推选企业质量体系认证制度。企业根据自愿原则可以向国务院产品质量监督部门认可的或者国务院产品质量监督部门授权的部门认可的认证机构申请企业质量体系认证。经认证合格的，由认证机构颁发企业质量体系认证证书。

2. 产品质量认证制度

产品质量认证制度是指认证机构依据产品标准和相应的技术要求，对申请认证的产品进行检验，对符合相应标准和相应技术要求的产品颁发认证证书和标志予以证明的制度。产品质量认证的对象是实物产品，即经过工业加工、手工制作等生产方式所获得的具有特定物理、化学性能的物品。产品质量认证的依据是具有国际水平的国家标准和行业标准以及其他技术性要求。

按照《产品质量法》规定，企业根据自愿原则可以向国务院产品质量监督管理部门或者国务院产品质量监督管理部门授权的部门认可的认证机构申请产品质量认证。同时，产品质量认证实行第三方认证制度，即由独立于生产方和购买方的专门认证机构进行认证。我国的产品质量认证工作由专门的认证委员会承担。每一类开展质量认证的产品都应有相应的认证委员会。目前，我国的产品质量认证主要包括安全认证和合格认证。安全认证是指以安全标准为依据进行的认证或只对产品中有关安全的项目进行的认证。合格认证是指对产品的全部性能、要求，依据标准或相应技术要求进行的认证。认证机构经审查，对符合标准或要求的申请，颁发产品质量认证证书，准许企业在其获准认证的产品上使用规定的产品质量认证标志。

3. 产品质量检验制度

产品质量检验是指检验机构根据特定标准对产品品质进行检测，并判断其合格与否的活动。根据检验主体不同，可分为第三方检验和生产经营者的自我检验；根据检验性质，可分为国家检验和民间检验；根据被检查产品的销售范围，可分为国内产品检验和进口产品检验；根据检验程序，可分为出厂检验和入库检验；根据检验方式，可分为抽样检验和全数检验。

产品质量检验制度是指由产品质量检验法所确认的关于产品质量检验的方法、程序、要求和法律性质的各项内容的总称。《中华人民共和国产品质量法》第十二条规定，产品质量应当检验合格，不得以不合格产品冒充合格产品。

4. 产品质量监督检查制度

产品质量监督检查是一项强制性的行政措施。它以监督抽查为主要方式，目的在于加强对生产、流通领域的产品质量实施监督，以督促企业提高产品质量，从而保护国家和广大消费者的利益、维护社会经济秩序。监督检查的重点有 3 类产品：第一类是可能危及人体健康和人身、财产安全的产品，如药物、食品等；第二类是影响国计民生的重要工业产品，如钢铁、石油制品等；第三类是消费者反映有质量问题的产品。

三、产品责任制度

(一) 产品责任制度概述

产品责任是指产品的生产者、销售者或中间商因其产品给消费者、使用者或其他人造成人身、财产损害而应承担的一种补偿责任。它与产品质量责任虽联系密切但并不相同。产品质量责任是指生产者、销售者以及对产品质量负有直接责任的人员违反产品质量法规定的产品质量义务，应当承担的法律责任，包括民事责任、行政责任和刑事责任。它既是事前责任，也是事后责任。而产品责任属于产品质量责任中的民事责任，是一种在产品造成实际损害后的消极责任。

(二) 产品责任的构成要件

1. 产品存在缺陷

产品缺陷是指产品存在不合理的危险，且这种危险在产品离开生产者或者销售者之前就已经存在。

一般认为，产品缺陷可以分为制造缺陷、设计缺陷和警示缺陷 3 种。

(1) 制造缺陷，是指在生产工艺中因工艺、质量管理不善等原因而产生的不合理危险性。它是以现有产品的实际质量状况为衡量标准的一种结果标准。例如，生产的幼儿玩具制品，未按照设计要求采用安全的软性材料，而是使用了金属材料并带有锐角，危及幼儿人身安全。该产品即存在制造上的缺陷。在我国目前的产品质量案件中，大部分属于制造缺陷。

(2) 设计缺陷，是指产品设计未能充分考虑未来产品的安全性致使其存在不合理的危险。

例如，使用瓦斯炉的火锅，因结构或安全系数设计上的不合理，有可能导致在正常使用中爆炸，该产品即未存在设计缺陷的产品。实践中，设计缺陷的判断远比制造缺陷的判断要难。

(3) 警示缺陷，是指生产者疏于以适当方式向消费者说明产品的使用方法及危险预防方面应注意的事项，导致产品产生不合理的危险性。例如，尤其具有易燃性，生产者应附警示标志，提醒使用者存在的危险性，并告知如何避免。如果未履行上述义务，就属警示上的缺陷。警示缺陷主要表现为以下几种情况：①警示时间不当。生产者将产品投入流通领域时，就应当对产品可能发生的危险及其预防方法予以警告和说明。同时，还应对产品投入流通后发现的危险负担持续性警示义务。②警示内容不当。生产者应当对产品所具有的性质和特殊使用方法以及可预见的使用危险，包括可预见的误用导致的危险及预防方法等予以指示。③警示方法不当，生产者应当在产品的合适位置，以醒目的字体或者标志展示产品的特殊使用方法、特殊危险及其预防方法。

实践中，应当注意区分产品缺陷与产品瑕疵，一般认为，产品缺陷与产品瑕疵都是指产品不符合质量要求，产品缺陷是指针对较大的质量问题而言的，产品瑕疵则是指一般性的质量问题。二者存在较大差异。

(1) 产品缺陷是指产品存在危及人身与财产安全的不合理危险；而产品瑕疵则是指产品不具备良好的特性，不符合明示的产品标准，或者不符合产品说明、实物样品等方式表明的质量状况，但不存在危及人身、财产安全的不合理危险。

(2) 缺陷产品疏于禁止流通产品，不得交易；瑕疵产品，因其尚未丧失产品原有的使用价值，消费者可在知悉瑕疵实情的前提下自行决定是否接受。

(3) 产品缺陷责任是一种特殊的侵权责任，有权主张产品缺陷责任的主体是因产品缺陷遭受人身和财产损害的受害人，包括产品的购买者、使用者和其他因此受到损害的第三人。受害者既可向缺陷产品的生产者也可向销售者要求赔偿；产品瑕疵责任是一种合同责任，主张该责任必须以当事人之间存在合同关系为前提。因此，有权主张产品瑕疵责任的权利主体只能是产品的购买人，且只能向销售者提出权利主张。

(4) 产品缺陷责任以损害赔偿为主要责任；产品瑕疵责任则由销售者依照法律规定或者合同约定，负责修理、更换、退货以及赔偿损失。

产品瑕疵责任与产品缺陷责任对比如表 11-1 所示。

表11-1　产品瑕疵责任与产品缺陷责任对比

区别项	产品瑕疵责任	产品缺陷责任
原因	不合格，有瑕疵，无须现实损害	缺陷，有危害结果
性质	违约	侵权(竞合违约)
求偿权主体	合同当事人	扩大到受害人
责任形式	违约责任，要求销售者承担三包	侵权责任，要求损害赔偿，可附带精神损害赔偿
诉讼时效	3 年	3 年，最长保护期限 10 年，未超过明示的安全使用期的除外

事实上，依《民法典》规定，属于瑕疵产品的并不一定具有对人身财产的危险性，因而不一定是基于《产品质量法》规定的缺陷产品；依《产品质量法》规定属于有缺陷的产品，基于

《民法典》规定，可能并无瑕疵。

2. 有损害事实存在

这是指产品因缺陷造成了人身、缺陷产品以外的其他财产损害。如果产品有缺陷，但并未造成人身或财产损害，或者仅造成缺陷产品本身的损害，均不构成产品责任；在这种情况下，生产者或销售者仅按法律关于产品瑕疵担保责任的有关规定，承担修理、更换、退货或者赔偿损失的责任。

3. 产品缺陷与损害后果之间有因果关系

因果关系是客观事物之间的前因后果的关联性。产品缺陷与损害后果之间有因果关系是指产品缺陷是导致损害发生的直接原因。在产品责任事故中，损害后果的发生往往是由多种原因导致的，因此，必须确定产品缺陷是引起损害后果的唯一原因或直接原因，产品责任才能成立，生产者才承担责任。

适用疏忽原则确定和追究产品责任时，除具备上述三项要件外，还须具备一个要件，即生产者或销售者主观上有过错，但为了更好地保护消费者利益，受害者并不承担过错的证明责任，一般采用“举证责任倒置”或“事实自证规则”来确定生产者或销售者是否存在过错。

产品责任的承担者一般包括产品的生产者和销售者，作为产品责任的主要承担者，他们之间存在连带关系。此外，若造成产品缺陷的是产品的设计者、装配者、修理者、零部件的生产者、仓储者或其他人，那么这些人最终也要承担产品责任。

(三) 生产者的产品质量责任和义务

生产者应当对其生产产品的质量负责。产品质量应当符合下列要求。

(1) 不存在危及人体健康和人身、财产安全的不合理的危险，有保障人体健康和人身、财产安全的国家标准、行业标准的，应当符合该标准。

(2) 具备产品应当具备的使用性能，但是，对产品存在使用性能的瑕疵作出说明的除外。

(3) 符合在产品或者其包装上注明采用的产品标准，符合以产品说明、实物样品等方式表明的质量状况。生产者生产的产品或者其包装上的标识必须真实，并符合下列要求：①有产品质量检验合格证明；②有中文标明的产品名称、生产厂厂名和厂址；③根据产品的特点和使用要求，需要标明产品规格、等级、所含主要成分的名称和含量的，用中文相应予以标明；④需要事先让消费者知晓的，应当在外包装上标明，或者预先向消费者提供有关资料；⑤限期使用的产品，应当在显著位置清晰地标明生产日期和安全使用期或者失效日期；⑥使用不当，容易造成产品本身损坏或者可能危及人身、财产安全的产品，应当有警示标志或者中文警示说明。

裸装的食品和其他根据产品的特点难以附加标识的裸装产品，可以不附加产品标识。易碎、易燃、易爆、有毒、有腐蚀性、有放射性等危险物品以及储运中不能倒置和其他有特殊要求的产品，其包装质量必须符合相应要求，依照国家有关规定作出警示标志或者中文警示说明，标明储运注意事项。生产者不得生产国家明令淘汰的产品；不得伪造产地，不得伪造或者冒用他人的厂名、厂址；生产者不得伪造或者冒用认证标志等质量标志；不得掺杂、掺假，不得以假充真、以次充好，不得以不合格产品冒充合格产品。

(四) 销售者的产品质量责任和义务

销售者应尽以下产品质量责任和义务。

(1) 销售者应当建立并执行进货检查验收制度，验明产品合格证明和其他标识。

(2) 销售者应当采取措施，保证销售产品的质量。

(3) 销售者不得销售国家明令淘汰并停止销售的产品和失效、变质的产品。

(4) 销售者销售的产品的标识应当符合《产品质量法》的规定。

(5) 销售者不得伪造产地，不得伪造或者冒用他人的厂名、厂址。

(6) 销售者不得伪造或者冒用认证标志等质量标志。

(7) 销售者销售产品，不得掺杂、掺假，不得以假充真、以次充好，不得以不合格产品冒充合格产品。

四、产品损害赔偿责任

(一) 生产者和销售者的损害赔偿责任

1. 生产者的责任

《产品质量法》第二十六条规定，生产者应当对其生产的产品质量负责。同时，第四十一条规定，因产品存在缺陷造成人身、缺陷产品以外的其他财产(以下简称他人财产)损害的，生产者应当承担赔偿责任。形成生产者责任的条件是：①产品存在缺陷；②造成人身、缺陷产品以外的其他财产损害；③产品缺陷与损害之间存在因果关系。生产者因其产品承担损害赔偿不需要过失或者过错证明，所以其所承担的是严格责任或称为无过错责任。

2. 销售者的责任

《产品质量法》第四十二条规定，由于销售者的过错使产品存在缺陷，造成人身、他人财产损害的，销售者应当承担赔偿责任。销售者不能指明缺陷产品的生产者也不能指明缺陷产品的供货者的，销售者应当承担赔偿责任。形成销售者责任的条件是：①销售者有过错；②产品有缺陷；③造成人身、他人财产损害；④产品缺陷与损害之间有因果关系。销售者承担产品责任需要过错证明，因此销售者的责任属于过错责任，但是当销售者无法证明缺陷产品的生产者和供货商时，应当承担严格责任。

【例 11-1】下列产品中存在《产品质量法》所称的“缺陷”的是(　　)。

A. 致人中毒的假酒

B. 口感不佳的烈酒

C. 易醉人的高度酒

D. 突然爆炸炸坏家具的汽酒(爆炸原因是气压过高)

【解析】答案为 AD。本题考核产品缺陷。根据《产品质量法》第四十六条，本法所称缺陷，是指产品存在危及人身、他人财产安全的不合理的危险；产品有保障人体健康和人身、财产安全的国家标准、行业标准的，是指不符合该标准。

(二) 损害赔偿的范围

1. 实际损失补偿原则

我国在确定产品损害赔偿数额上采取的是实际损失补偿原则，即按照有缺陷产品对使用者或他人造成的实际损害加以赔偿，以挽回损失。这一原则与惩罚性赔偿原则的区别主要在于：受害者得不到除实际损失补偿以外的其他好处。精神损害赔偿部分虽然难以确定统一标准，但也不属于惩罚性损害赔偿的范畴。

2. 损害赔偿的范围

1) 人身损害赔偿

因产品存在缺陷造成受害人人身伤害的，侵害人应当赔偿医疗费、因误工减少的收入、残废者生活补助费等费用；造成受害人死亡的，应当支付丧葬费、抚恤费、死者生前抚养人必要的生活费用。

2) 财产损害赔偿

因产品存在缺陷造成受害人财产损失的，侵害人应当恢复原状或者折价赔偿。受害人因此遭受其他重大损失的，侵害人应当赔偿损失。对于损失，受害者应当在法定期间内主张权利，因产品存在缺陷造成损害要求赔偿的诉讼时效期间为两年，自当事人知道或者应当知道其权益受到损害时起计算。因产品存在缺陷造成损害要求赔偿的请求权，在造成损害的缺陷产品交付最初消费者满 10 年丧失；但是，尚未超过明示的安全使用期的除外。

(三) 罚则

《产品质量法》以专章规定了“损害赔偿”民事责任，又以“罚则”专章规定了经营者的行政责任，即产品的生产者和销售者违反国家有关产品质量、安全和管理方面的强制法规的规定，生产、销售有缺陷的产品，而由质量监督部门和其他有关部门予以追究的法律责任。

政府各级质量监督部门和其他有关部门在其职责范围内，有权对不合格或不安全产品的生产者、销售者进行处罚，例如责令停止生产、销售，没收违法所得，罚款，吊销营业执照等。

第二节　消费者权益保护法

一、消费者权益保护法概述

(一) 消费者的概念

根据《中华人民共和国消费者权益保护法》(以下简称《消费者权益保护法》)的规定，消费者是指为生活消费需要而购买、使用经营者所提供的商品或接受经营者所提供的服务的市场主体。因此，《消费者权益保护法》所指的消费者具有以下法律特征。

(1) 消费者的消费活动属于生活消费。消费者权益保护法保护的消费限于生活消费，同时为了给予农民在农业生产中更多的保护，《消费者权益保护法》第六十二条规定，农民购买、使用直接用于农业生产的生产资料，参照本法执行。

(2) 消费者消费的客体既包括商品也包括服务。这里所称的服务，是指与生活消费有关的服务，包括交通运输、旅游服务、饮食服务、美容美发、旅馆业等。

(3) 消费者的消费活动表现为购买、使用商品和接受服务。

(4) 消费者主要包括个人消费者，但也不排除单位消费者。

(二) 消费者权益保护法的概念及特征

通常所说的消费者保护法有广义与狭义之分，狭义上的消费者保护法仅指消费者保护基本法，即1993年10月31日第八届全国人大常委会第四次会议通过，并于1994年1月1日起施行的《消费者权益保护法》(2013年10月25日修订)；广义上的消费者保护法是指由国家制定、颁布的具有保护消费者功能的各种法律规范的总称。现代消费者保护法具有以下基本特征。

(1) 现代消费者保护法是商品经济发展到一定阶段的产物，是国家通过法律干预经济生活的重要体现。

(2) 现代消费者权益保护立法是在充分认识到消费者的弱者地位的基础上对消费者利益的特殊保护。

(3) 消费者保护法是具有预防、救治功能的法律。

二、消费者权利

消费者的权利，是指在消费活动中，消费者依法享有的各项权利的总和。根据《消费者权益保护法》的规定，我国消费者享有以下9项基本权利。

(一) 安全权

安全权是指消费者在购买、使用商品或接受服务时，享有人身、财产安全不受损害的权利。因此，《消费者权益保护法》规定，消费者在购买、使用商品和接受服务时享有人身、财产安全不受损害的权利。消费者有权要求经营者提供的商品和服务符合保障人身、财产安全的要求。

(二) 知情权

知情权又称了解权，是指消费者享有知悉其购买、使用的商品或者接受的服务的真实情况的权利。因此，《消费者权益保护法》规定，消费者享有知悉其购买、使用的商品或者接受的服务的真实情况的权利。消费者有权根据商品或者服务的不同情况，要求经营者提供商品的价格、产地、生产者、用途、性能、规格、等级、主要成分、生产日期、有效期限、检验合格证明、使用方法说明书、售后服务或者服务的内容、规格、费用等有关情况。

(三) 自主选择权

自主选择权，即消费者享有自主地选择商品或服务的权利。因此，《消费者权益保护法》规定，消费者享有自主选择商品或者服务的权利。消费者有权自主选择提供商品或服务的经营者，自主选择商品品种或者服务方式，自主决定购买或者不购买任何一种商品、接受或者不接受任何一项服务。消费者在自主选择商品或者服务时，有权进行比较、鉴别和挑选。

(四) 公平交易权

公平交易权，即消费者在与经营者交易中享有获得公平待遇的权利。因此，《消费者权益保护法》规定，消费者享有公平交易的权利。消费者在购买商品或者接受服务时，有权获得质量保障、价格合理、计量正确等公平交易条件，有权拒绝经营者的强制交易行为。

(五) 受偿权

受偿权，即消费者在受到损害的时候有权要求经营者予以赔偿的权利。因此，《消费者权益保护法》规定，消费者因购买、使用商品或者接受服务受到人身、财产损害的，享有依法获得赔偿的权利。

(六) 结社权

结社权，即消费者享有成立维护自身权益的组织的权利。因此，《消费者权益保护法》规定，消费者享有依法成立维护自身合法权益的社会团体的权利。

(七) 获得知识权

获得知识权，即消费者享有获得有关知识的权利。因此，《消费者权益保护法》规定，消费者享有获得有关消费和消费者保护方面的知识的权利。消费者应当努力掌握所需商品或者服务的知识和使用技能。正确使用商品，提高自我保护意识。

(八) 受尊重及个人信息受保护权

《消费者权益保护法》规定，消费者在购买、使用商品和接受服务时，享有人格尊严、民族风俗习惯得到尊重的权利，享有个人信息依法得到保护的权利。

(九) 监督权

监督权，即消费者享有对商品和服务以及保护消费者权益工作进行监督的权利。为此，《消费者权益保护法》规定，消费者享有对商品和服务以及保护消费者权益工作进行监督的权利。消费者有权检举、控告侵害消费者权益的行为和国家机关及其工作人员在保护消费者权益工作中的违法、失职行为，有权对保护消费者权益工作提出批评、建议。

三、经营者义务

一般意义而言，经营者是指以营利为目的而从事商品生产和提供服务的人。消费者保护法中的经营者则与这种一般意义上的经营者不同。在消费者保护法中，经营者是与消费者相对应的主体，他是指通过市场为消费者提供消费资料和消费服务的人。根据《消费者权益保护法》规定，经营者的义务包括以下 10 个方面。

(一) 依法定或者约定履行义务

依法定或者约定履行义务，是指经营者应当按照法律的规定或者合同的约定履行义务，包括以下方面。

(1) 经营者向消费者提供商品或者服务，应当依照《消费者权益保护法》和其他有关法律、法规的规定履行义务。

(2) 经营者和消费者有约定的，应当按照约定履行义务，但双方的约定不得违背法律、法规的规定。

(3) 经营者向消费者提供商品或者服务，应当恪守社会公德，诚信经营，保障消费者的合法权益；不得设定不公平、不合理的交易条件，不得强制交易。

(二) 听取意见和接受监督的义务

《消费者权益保护法》规定，经营者应当听取消费者对其提供的商品或者服务的意见，接受消费者的监督。

(三) 保证商品和服务安全的义务

《消费者权益保护法》规定，经营者应当保证提供的商品和服务的安全，包括以下方面。

(1) 经营者应当保证其提供的商品或者服务符合保障人身、财产安全的要求。对可能危及人身、财产安全的商品和服务，应当向消费者作出真实的说明和明确的警示，并说明和标明正确使用商品或者接受服务的方法以及防止危害发生的方法。

(2) 宾馆、商场、餐馆、银行、机场、车站、港口、影剧院等经营场所的经营者，应当对消费者尽到安全保障义务。

(3) 经营者发现其提供的商品或者服务存在缺陷，有危及人身、财产安全危险的，应当立即向有关行政部门报告和告知消费者，并采取停止销售、警示、召回、无害化处理、销毁、停止生产或者服务等措施。采取召回措施的，经营者应当承担消费者因商品被召回支出的必要费用。

【例 11-2】某品牌的电器在市场流通一个月后发现该电器存在一定的安全隐患，故经理发出召回商品的通知，召回途中哪些行为是正确的？(　　)

A. 召回商品的额外费用由消费者承担

B. 该公司承担消费者因商品被召回的必要费用

C. 私下召回该电器

D. 该电器召回后不做任何处理

【解析】答案为B。本题考核经营者义务。根据2013年新修订的《消费者权益保护法》第十九条规定，经营者发现其提供的商品或者服务存在缺陷，有危及人身、财产安全危险的，应当立即向有关行政部门报告和告知消费者，并采取停止销售、警示、召回、无害化处理、销毁、停止生产或服务等措施。采取召回措施的，经营者应当承担消费者因商品被召回支出的必要费用。

(四) 提供真实信息的义务

《消费者权益保护法》规定，经营者向消费者提供有关商品或者服务的质量、性能、用途、有效期限等信息，应当真实、全面，不得作虚假或者引人误解的宣传。经营者对消费者就其提供的商品或者服务的质量和使用方法等问题提出的询问，应当作出真实、明确的答复。经营者提供商品或者服务应当明码标价。另外为了防止挂羊头卖狗肉等侵害消费者利益的情况，《消费者权益保护法》还规定，经营者应当标明其真实名称和标记。租赁他人柜台或者场地的经营者，应当标明其真实名称和标记。

(五) 出具发票等凭证或者单据的义务

《消费者权益保护法》规定，经营者提供商品或者服务，应当按照国家有关规定或者商业惯例向消费者出具发票等购货凭证或者服务单据；消费者索要发票等购货凭证或者服务单据的，经营者必须出具。

(六) 保证质量的义务

商品质量对消费者至关重要，《消费者权益保护法》规定，经营者应当保证在正常使用商品或者接受服务的情况下，其提供的商品或者服务应当具有的质量、性能、用途和有效期限；但消费者在购买该商品或者接受该服务前已经知道其存在瑕疵，且存在该瑕疵不违反法律强制性规定的除外。经营者以广告、产品说明、实物样品或者其他方式表明商品或者服务的质量状况的，应当保证其提供的商品或者服务的实际质量与表明的质量状况相符。

(七) 接受网购等无理由退货义务

随着网购、电视购物等的增多，在该领域方面的纠纷也越来越多，为此《消费者权益保护法》第二十五条规定，经营者采用网络、电视、电话、邮购等方式销售商品，消费者有权自收到商品之日起七日内退货，且无须说明理由，但下列商品除外：由消费者定作的、鲜活易腐的、在线下载或者消费者拆封的音像制品、计算机软件等数字化商品、交付的报纸、期刊。除上述所列商品外，其他根据商品性质并经消费者在购买时确认不宜退货的商品，不适用无理由退货。

修订后的《消费者权益保护法》同时对退货运费进行了规定，在运费方面，退回商品的运费由消费者承担；网络商品经营者和消费者另有约定的，按照约定；如果消费者网购的商品本身存在质量问题，则应由经营者承担。

(八) 合法使用格式条款等的义务

根据《消费者权益保护法》的规定，经营者在经营活动中，必须合法使用格式条款，不得从事不公平、不合理的交易。具体是指以下内容。

(1) 经营者在经营活动中使用格式条款的，应当以显著方式提请消费者注意商品或者服务的数量和质量、价款或者费用、履行期限和方式、安全注意事项和风险警示、售后服务、民事责任等与消费者有重大利害关系的内容，并按照消费者的要求予以说明。

(2) 经营者不得以格式条款、通知、声明、店堂告示等方式，作出排除或者限制消费者权利、减轻或者免除经营者责任、加重消费者责任等对消费者不公平、不合理的规定，不得利用格式条款并借助技术手段强制交易。

(3) 格式条款、通知、声明、店堂告示等含有前款所列内容的，其内容无效。

(九) 不得侵犯消费者的人身权

为保证消费者受尊重权的实现，《消费者权益保护法》规定了经营者不得对消费者进行侮辱、诽谤，不得搜查消费者的身体及其携带的物品，不得侵犯消费者的人身自由。

(十) 保护消费者信息资料的义务

个人信息保护已成为目前普遍困扰消费者的一个难题。实践中有的经营者非法收集、使用消费者个人信息、擅自泄露或非法向他人提供消费者个人信息，严重影响了消费者正常生活，侵害了消费者合法权益。为此，《消费者权益保护法》在这次修改中特别对此作出规定，对于经营者使用消费者信息等作出明确的规定，包括以下内容。

(1) 经营者收集、使用消费者个人信息，应当遵循合法、正当、必要的原则，明示收集、使用信息的目的、方式和范围，并经消费者同意。经营者收集、使用消费者个人信息，应当公开其收集、使用规则，不得违反法律、法规的规定和双方的约定收集、使用信息。

(2) 经营者及其工作人员对收集的消费者个人信息必须严格保密，不得泄露、出售或者非法向他人提供。经营者应当采取技术措施和其他必要措施，确保信息安全，防止消费者个人信息泄露、丢失。在发生或者可能发生信息泄露，丢失的情况时，应当立即采取补救措施。

经营者未经消费者同意或者请求，或者消费者明确表示拒绝的，不得向其发送商业性信息。

四、消费者权益的保护

(一) 消费者权益的国家保护

1. 国家对消费者合法权益的保护职责

根据《消费者权益保护法》的规定，国家对消费者合法权益的保护职责要体现在以下方面。

(1) 国家制定有关消费者权益的法律、法规、规章和强制性标准，应当听取消费者和消费者协会等组织的意见。

(2) 各级人民政府应当加强领导，组织、协调、督促有关行政部门做好保护消费者合法权益的工作，落实保护消费者合法权益的职责。各级人民政府应当加强监督，预防危害消费者人身、财产安全行为的发生，及时制止危害消费者人身、财产安全的行为。

(3) 各级人民政府工商行政管理部门和其他有关行政部门应当依照法律、法规的规定，在各自的职责范围内，采取措施，保护消费者的合法权益。有关行政部门应当听取消费者和消费者协会等组织对经营者交易行为、商品和服务质量问题的意见，及时调查处理。

(4) 有关行政部门在各自的职责范围内，应当定期或者不定期对经营者提供的商品和服务进行抽样检验，并及时向社会公布抽样检验结果。有关行政部门发现并认定经营者提供的商品或者服务存在缺陷，有危及人身、财产安全危险的，应当立即责令经营者采取停止销售、警示、召回、无害化处理、销毁、停止生产或者服务等措施。

(5) 有关国家机关应当依照法律、法规的规定，惩处经营者在提供商品和服务中侵害消费者合法权益的违法犯罪行为。

(6) 人民法院应当采取措施，方便消费者提起诉讼。对符合《中华人民共和国民事诉讼法》起诉条件的消费者权益争议，必须受理，及时审理。

2. 消费者协会对消费者权益的保护职责

除了国家对消费者权益进行保护，作为保护消费者权益的组织，消费者协会在保护消费者权益方面也起着重要的作用，根据《消费者权益保护法》的规定，消费者协会和其他消费者组织是依法成立的对商品和服务进行社会监督的保护消费者合法权益的社会组织。消费者协会履行下列公益性职责。

(1) 向消费者提供消费信息和咨询服务，提高消费者维护自身合法权益的能力，引导文明、健康、节约资源和保护环境的消费方式。

(2) 参与制定有关消费者权益的法律、法规、规章和强制性标准。

(3) 参与有关行政部门对商品和服务的监督、检查。

(4) 就有关消费者合法权益的问题，向有关部门反映、查询，提出建议。

(5) 受理消费者的投诉，并对投诉事项进行调查、调解。

(6) 投诉事项涉及商品和服务质量问题的，可以委托具备资格的鉴定人鉴定，鉴定人应当告知鉴定意见。

(7) 就损害消费者合法权益的行为，支持受损害的消费者提起诉讼或者依照《消费者权益保护法》提起诉讼。

(8) 对损害消费者合法权益的行为、通过大众传播媒介予以揭露、批评。

为了让消费者协会更好地履行职责，要求各级人民政府对消费者协会履行职责应当予以必要的经费等支持。消费者协会应当认真履行保护消费者合法权益的职责，听取消费者的意见和建议，接受社会监督。

(二) 消费者权益争议的解决

消费者和经营者发生消费者权益争议时，可以通过下列途径解决：①与经营者协商和解；②请求消费者协会或者依法成立的其他调解组织调解；③向有关行政部门投诉；④根据与经营者达成的仲裁协议提请仲裁机构仲裁；⑤向人民法院提起诉讼。

另外，依据《消费者权益保护法》，对侵害消费者合法权益责任主体的确定，可以根据以下规定。

(1) 消费者购买、使用商品时，其合法权益受到损害的，可以向销售者要求赔偿。销售者赔偿后，属于生产者的责任或者属于销售者提供商品的其他销售者的责任的，销售者有权向生产者或者其他销售者追偿。

(2) 消费者在购买、使用商品或者接受服务时，其合法权益受到损害，因原企业分立、合并的，可以向变更后承受其权利义务的企业要求赔偿。

(3) 使用他人营业执照的违法经营者提供商品或者服务，其合法权益受到损害的，消费者可以向其要求赔偿，也可以向营业执照的持有人要求赔偿。

(4) 消费者在展销会、租赁柜台购买商品或者接受服务，其合法权益受到损害的，可以向销售者或者服务者要求赔偿。展销会结束或者柜台租赁期满后，也可以向展销会的举办者、柜台的出租者要求赔偿。展销会的举办者、柜台的出租者赔偿后，有权向销售者或者服务者追偿。

(5) 消费者通过网络交易平台购买商品或者接受服务，其合法权益受到损害的，可以向销售者或者服务者要求赔偿。网络交易平台提供者不能提供销售者或者服务者的真实名称、地址和有效联系方式的，消费者也可以向网络交易平台提供者要求赔偿；网络交易平台提供者作出更有利于消费者的承诺的，应当履行承诺。网络交易平台提供者赔偿后，有权向销售者或服务者追偿。

(6) 消费者因经营者利用虚假广告或者其他虚假宣传方式提供的商品或者服务，其合法权益受到损害的，可以向经营者要求赔偿。广告经营者、发布者发布虚假广告的，消费者可以请求行政主管部门予以惩处。广告经营者、发布者不能提供经营者的真实名称、地址和有效联系方式的，应当承担赔偿责任。

广告经营者、发布者设计、制作、发布关系消费者生命健康商品或者服务的虚假广告，造成消费者损害的，应当与提供该商品或者服务的经营者承担连带责任。

【例 11-3】甲为其 3 岁儿子购买某品牌的奶粉，小孩喝后上吐下泻，住院 7 天才恢复健康。经鉴定，该品牌奶粉属劣质品，甲打算为此采取维权行动。下列是甲的一些维权措施，其中属于不当措施的是(　　)。

A. 请媒体曝光，并要求工商管理机关严肃查处

B. 向出售该奶粉的商场索赔，或向生产该奶粉的厂家索赔

C. 直接提起诉讼，要求商场赔偿医疗费、护理费、误工费、交通费等

D. 直接提起仲裁，要求商场和厂家连带赔偿甲全家所受的精神损害

【解析】答案为 D。本题考核消费者权益争议途径。根据《消费者权益保护法》关于消费者和经营者发生消费者权益争议的解决途径的规定，只有与经营者达成仲裁协议的前提下才能够提起仲裁，仲裁只适用于平等主体的公民、法人和其他组织之间发生的合同纠纷和其他财产权益纠纷，在仲裁中不能提起精神损害赔偿请求。

(三) 侵害消费者权益的法律责任

1. 经营者侵犯消费者权益的民事责任

(1) 经营者提供商品或者服务有下列情形之一的，除《消费者权益保护法》另有规定外，应当依照其他有关法律、法规的规定，承担民事责任：①商品或者服务存在缺陷的；②不具备商品应当具备的使用性能而出售时未作说明的；③不符合在商品或者其包装上注明采用的商品标准的；④不符合商品说明、实物样品等方式表明的质量状况的；⑤生产国家明令淘汰的商品或者销售失效、变质的商品的；⑥销售的商品数量不足的；⑦服务的内容和费用违反约定的；⑧对消费者提出的修理、重做、更换、退货、补足商品数量、退还货款和服务费用或者赔偿损失的要求故意拖延或者无理拒绝的；⑨法律、法规规定的其他损害消费者权益的情形。

(2) 经营者对消费者未尽到安全保障义务，造成消费者损害的，应当承担侵权责任。

经营者提供商品或者服务，造成消费者或者其他受害人人身伤害的，应当赔偿医疗费、护理费、交通费等为治疗和康复支出的合理费用，以及因误工减少的收入。造成残疾的，还应当赔偿残疾生活辅助器具费和残疾赔偿金。造成死亡的，还应当赔偿丧葬费和死亡赔偿金。

(3) 经营者侵害消费者人格尊严、侵犯消费者人身自由或者侵害消费者个人信息依法得到保护的权利的，应当停止侵害、恢复名誉、消除影响、赔礼道歉，并赔偿损失。

(4) 经营者有侮辱诽谤、搜查身体、侵犯人身自由等侵害消费者或者其他受害人人身权益的行为，造成严重精神损害的，受害人可以要求精神损害赔偿。

(5) 经营者提供商品或者服务，造成消费者财产损害的，应当依照法律规定或者当事人约定承担修理、重做、更换、退货、补足商品数量、退还货款和服务费用或者赔偿损失等民事责任。

(6) 经营者以预收款方式提供商品或者服务的，应当按照约定提供。未按照约定提供的，

应当按照消费者的要求履行约定或者退回预付款，并应当承担预付款的利息、消费者必须支付的合理费用。

(7) 依法经有关行政部门认定不合格的商品，消费者要求退货的，经营者应当负责退货。

(8) 经营者提供商品或服务有欺诈行为的，应当按照消费者的要求增加赔偿其受到的损失，增加赔偿的金额为消费者购买商品的价款或者接受服务的费用的 3 倍；增加赔偿的金额不足 500 元的，为 500 元。法律另有规定的，依照其规定。

【例 11-4】经营者提供商品或者服务有欺诈行为的，应当按照消费者的要求增加赔偿其受到的损失，增加赔偿的金额为消费者购买商品的价款或者接受服务费用的(　　)。

A. 一倍　　B. 二倍　　C .三倍　　D. 四倍

【解析】答案为 C。本题考核赔偿金。根据《消费者权益保护法》第五十五条，经营者提供商品或者服务有欺诈行为的，应当按照消费者的要求增加赔偿其受到的损失，增加赔偿的金额为消费者购买商品的价款或者接受服务的费用的三倍；增加赔偿的金额不足五百元的，为五百元。法律另有规定的，依照其规定。

2. 经营者侵犯消费者权益的行政责任

经营者有下列情形之一，除承担相应的民事责任外，其他有关法律、法规对处罚机关和处罚方式有规定的，依照法律、法规的规定执行；法律、法规未作规定的，由工商行政管理部门或者其他有关行政部门责令改正，可以根据情节单处或者并处警告、没收违法所得、处以违法所得 1 倍以上，10 倍以下的罚款，没有违法所得的，处以 50 万元以下的罚款；情节严重的，责令停业整顿、吊销营业执照。

(1) 提供的商品或者服务不符合保障人身、财产安全要求的。

(2) 在商品中掺杂、掺假，以假充真，以次充好，或者以不合格商品冒充合格商品的。

(3) 生产国家明令淘汰的商品或者销售失效、变质的商品的。

(4) 伪造商品的产地，伪造或者冒用他人的厂名、厂址，篡改生产日期，伪造或者冒用认证标志等质量标志的。

(5) 销售的商品应当检验、检疫而未检验、检疫或者伪造检验、检疫结果的。

(6) 对商品或者服务作虚假或者引人误解的宣传的。

(7) 拒绝或者拖延有关行政部门责令对缺陷商品或者服务采取停止销售、警示、召回、无害化处理、销毁、停止生产或者服务等措施的。

(8) 对消费者提出的修理、重做、更换、退货、补足商品数量、退还货款和服务费用或者赔偿损失的要求，故意拖延或者无理拒绝的。

(9) 侵害消费者人格尊严、侵犯消费者人身自由或者侵害消费者个人信息依法得到保护的权利的。

(10) 法律、法规规定的对损害消费者权益应当予以处罚的其他情形。

经营者有前款规定情形的，除依照法律、法规规定予以处罚外，处罚机关应当记入信用档案，向社会公布。

3. 经营者侵犯消费者权益的刑事责任

根据我国《消费者权益保护法》，追究刑事责任的情况主要包括以下 3 种。

(1) 经营者违反《消费者权益保护法》规定提供商品或者服务，侵害消费者合法权益，构成犯罪的，依法追究刑事责任。另外，我国《刑法》第一百四十条至一百五十条对生产、销售伪劣商品罪作出了具体的规定。

(2) 以暴力、威胁等方法阻碍有关行政部门工作人员依法执行职务的，依法追究刑事责任；拒绝、阻碍有关行政部门工作人员依法执行职务，未使用暴力、威胁方法的，由公安机关依照《中华人民共和国治安管理处罚法》的规定处罚。

(3) 国家机关工作人员玩忽职守或者包庇经营者侵害消费者合法权益的行为的，由其所在单位或者上级机关给予行政处分；情节严重，构成犯罪的，依法追究刑事责任。

本章小结

1. 产品质量法是调整在生产、流通和消费过程中因产品质量所发生的社会关系的法律规范的总称。产品质量法律制度包括产品监督管理制度和产品责任制度。

2. 产品质量监督管理制度是指由产品质量法确认的互相联系、互相依存、自成体系的管理规定，包括企业质量体系认证制度、产品质量认证制度、产品质量检验制度和产品质量监督检查制度等。

3. 产品责任是指产品的生产者、销售者或中间商因其产品给消费者、使用者或其他人造成人身、财产损害而应承担的一种补偿责任。

4. 消费者权利包括安全权、知情权、自主选择权、公平交易权、受偿权、结社权、获得知识权、受尊重及个人信息受保护权、监督权。

5. 经营者义务包括依法定或者约定履行义务、听取意见和接受监督的义务、保证商品和服务安全的义务、提供真实信息的义务、出具发票等凭证或者单据的义务、保证质量的义务、接受网购等无理由退货义务、合法使用格式条款等的义务、不得侵犯消费者的人身权、保护消费者信息资料的义务。

习　题

一、单项选择题

1. 消费者因经营者利用虚假广告提供商品或服务，其合法权益受到损害的，可以向(　　)要求赔偿。

A. 广告经营者　　B. 广告制造者

C. 经营者　　D. 发布广告的媒体

2. 经营者应当保证其提供的商品或服务符合保障人身、财产安全的要求，对(　　)的商品，应当向消费者作出真实的说明和明确的警示，并说明和标明正确使用商品的方法以及防止危害的方法。

A. 不合格　　B. 未经检验

C. 数量不足　　D. 可能危及人身财产安全

3. 某美容店向王某推荐一种“雅兰牌”护肤产品。王某对该品牌产品如此便宜表示疑惑，店家解释为店庆优惠。王某买回使用后，面部出现红肿、瘙痒，苦不堪言。质检部门认定系假冒劣质产品。王某遂向美容店索赔。对此，下列选项正确的是(　　)。

A. 美容店不知道该产品为假名牌，不应承担责任

B. 美容店不是假名牌的生产者，不应承担责任

C. 王某对该产品有怀疑仍接受了服务，应承担部分责任

D. 美容店违反了保证商品和服务安全的义务，应当承担全部责任

4. 承担产品质量责任的主体是(　　)。

A. 生产者和销售者　　B. 生产者和使用者

C. 生产者、销售者和使用者　　D. 使用者

5. 《产品质量法》规定，拒绝接受依法进行的产品质量监督检查的行为，给予警告，(　　)。

A. 吊销营业执照　　B. 责令停止生产、销售

C. 责令停止整顿　　D. 责令改正

二、多项选择题

1. 经营者提供商品或者服务，造成消费者或者其他受害人伤亡的，应当支付(　　)。

A. 丧葬费

B. 死亡赔偿金

C. 由死亡者生前抚养的人所必需的生活费

D. 医疗费

2. 经营者提供商品或者服务，造成消费者财产损害的，应当按照消费者的要求承担(　　)民事责任。

A. 修理、重作、更换、退货、补足数量

B. 退还货款

C. 支付服务费

D. 赔偿损失

3. 《产品质量法》规定合格产品应具备的条件包括(　　)。

A. 不存在危及人身财产安全的不合理危险

B. 具备产品应当具备的使用性能

C. 符合产品或其包装上注明采用的标准

D. 有保障人体健康、人身财产安全的国家标准、行业标准的，应该符合该标准

4. 生产者不得生产(　　)。

A. 国家明令淘汰的产品　　B. 以假充真的产品

C. 伪造产地的产品　　D. 不合格产品

三、名词解释

1. 产品质量　2. 产品质量法　3. 消费者　4. 消费者权益　5. 消费者权益保护法

四、简答题

1. 什么是产品质量认证？什么是企业质量体系认证？
2. 生产者与销售者的产品质量责任与义务分别是什么？
3. 消费者权利有哪些？
4. 经营者义务有哪些？

案 例 分 析

2018 年 5 月 6 日上午，某县某镇居民刘某家中新建房子，中午有多人要在家吃饭，刘某从镇上农贸市场个体食品商陆某处购买卤牛肉 5 斤。当时，刘某发现牛肉有些粘，并有异味，问陆某牛肉坏了没有？陆说："这些卤牛肉质量没有问题。"刘某将卤牛肉拿回家，交给妻子做成凉菜，当天中午，帮他家修房子的人和自己一家人都吃了这牛肉。当日下午 5 点到次日清晨，就餐的 21 人当中，有 15 人发生腹部疼痛、腹泻等食物中毒症状，其中 10 人病情较重住进医院治疗，共花费医疗费两千多元。

县卫生防疫站接到举报，经过调查得知，个体工商户陆某卖给刘某的牛肉，是陆某 5 月 3 日从邻村张某处买的死牛肉，张某的牛是 5 月 2 日死亡的。陆某共买回 50 斤，在对牛肉加工、贮存、销售过程中，没有采取防腐、防蝇、防鼠等措施。由于以上原因，造成食用卤牛肉的人食物中毒。刘某在病愈后知道卫生防疫站的调查结论后，找到陆某，要求他按《消费者权益保护法》有关规定给予赔偿。

问题：

本案中，陆某的行为侵犯了消费者的何种权益，应承担何种责任？

第十二章

劳动与社会保险法

【导读】

劳动与社会保险法是我国法律的重要组成部分，是社会主义市场经济建立和完善的必要法律制度，也是保持社会公平的重要保障。在实践中，对劳动与社会保险法的分析和理解为一国基本劳动保障运行提供了强有力的支持。产生劳动纠纷的主要有原因有很多，如何解决劳动纠纷以及劳动者最基本的社会保险应该成为关注问题。因此，我国十分重视劳动与社会保险法的建设与完善工作。

【学习重点】

掌握劳动合同的概念、社会保障法的基本内容、劳动争议的解决方式，系统完整地分析劳动纠纷的相关问题。

【学习难点】

违反劳动合同的法律责任，包括用人单位违法的法律责任、用人单位违反劳动合同的经济赔偿责任、劳动者违反劳动合同承担的经济赔偿责任。理解劳动合同的内容并能进行相关分析。

【教学建议】

第一节以课堂讲授为主，第二节、第三节、第四节建议结合案例教学和引导学生查阅课外相关资料进行分析。

第一节　劳动法概述

一、劳动法的起源及概念

(一) 劳动法的起源和发展

专门调整劳动关系的法律起源于资本主义社会。在资本主义发展初期，资本势力还不够强大，单凭经济的强制还不能满足资本家获取最大限度的剩余劳动，因而需要凭借国家权力来给予保护，于是出现了历史上最早的“劳工法规”。现代意义的劳动法起源于 19 世纪初期，是在劳资关系日趋紧张、工人运动不断高涨的条件下产生的。它是以限制资本家对劳动者剥削程度为内容的法规。然而，继续在民法范畴内解决劳动关系的调整问题已经非常困难，因此，大量以最高工时、最低工资、职业安全等为内容的劳动立法出现了。

(二) 劳动法的概念

劳动立法概念可作狭义和广义理解。劳动法一般是从广义上理解和使用的。它包括一个国家的劳动法典与劳动法典实施相配套的一系列劳动法规和规章。

1. 狭义的劳动法

狭义上的劳动法是指由国家最高立法机关颁布的关于调整劳动关系以及与劳动关系有密切联系的其他社会关系的全国性、综合性的法律，即全国人大常委会第八次会议于 1994 年 7 月 5 日通过、自 1995 年 1 月 1 日起施行的《中华人民共和国劳动法》(以下简称《劳动法》)。根据 2009 年 8 月 27 日第十一届全国人民代表大会常务委员会第十次会议通过的《全国人民代表大会常务委员会关于修改部分法律的决定》第一次修正、根据 2018 年 12 月 29 日第十三届全国人民代表大会常务委员会第七次会议通过的《全国人民代表大会常务委员会关于修改＜中华人民共和国劳动法＞等七部法律的决定》第二次修正。

2. 广义的劳动法

广义上的劳动法是指调整劳动关系以及与劳动关系有密切联系的其他社会关系的法律规范总称。广义的劳动法不只是指一部法典式的法律，它还包括宪法中的相关规定、国务院颁布的行政法规、劳动和社会保障部颁布的部门规章等。

二、劳动法的特征

(一) 劳动法的基本价值取向是侧重保护劳动者

劳动关系是一种不平等的关系，资本的巨大支配力很容易把劳动者变成它的附属。要保护劳动者，使其获得有尊严的劳动，就必须通过法律的强制来弥补劳动者的弱势地位，因此，侧重保护劳动者是劳动法与生俱来的使命。但这并不意味着不保护资本者或经营者的利益，一方面，劳动法的制度设计也是为了建立稳定和谐的劳动关系，为了保护用人单位的利益，劳动法也规定了劳动者的许多义务；另一方面，资本者或经营者的利益可以通过其他的法律得到保护，如公司法、知识产权法等。

(二) 强制性规范与任意性规范相结合，以强制性规范为主

劳动法大多属于强制性规范，尤其是劳动基准法，它是国家对用人单位设定的义务，用人单位必须严格遵守，不能降低标准，只能在最低标准之上给予劳动者更好的劳动条件和工资福利待遇。即使是调整劳动合同关系的任意性规范，也与调整一般民事合同关系的任意性规范不同。例如，在劳动合同关系中，合同自由原则既要受法定劳动基准的限制，还要受集体合同的限制，凡是与法律相冲突或低于集体合同标准的条款都无效。从这一特征也可看出，劳动法不属于以意思自治为核心理念的私法，而是典型的社会法。

(三) 实体法和程序法统一

一般而言，实体法和程序法是一种互为依存的关系，有一定的实体法，就有与之对应的程序法，例如民法与民事诉讼法、刑法与刑事诉讼法。劳动法则不然，其本身既有实体性法律规范，也有程序性法律规范，这是由劳动法的特殊性所决定的。由于劳动争议具有复杂性和特殊性，劳动争议的解决程序也有不同于普通民事纠纷和商事仲裁的特点，因此必须专门作出规定，这就使得劳动法既有实体法的内容又有程序法的内容。

三、劳动法的适用范围

(一) 劳动法的空间适用范围

劳动法的空间范围即劳动法的地域范围。一般来讲，根据立法权限的不同，地域适用范围不同。全国人民代表大会及其常委会颁布的法律适用于全国；国务院及其各部委颁发的行政法规、规章除有特别规定外，适用于全国；各地域、地方性法规只适用于各地区管辖范围内；民族自治地区的法规只适用于该民族自治区域内。

(二) 劳动法对人的适用范围

劳动法对人的适用范围是指劳动法对哪些人发生效力。

《劳动法》适用于：

(1) 各类企业和与之形成劳动关系的劳动者；

(2) 个体经济组织和与之形成劳动关系的劳动者；

(3) 国家机关、事业组织、社会团体实行劳动合同制度的以及按规定应实行劳动合同制度的工勤人员；

(4) 实行企业化管理的事业组织的人员；

(5) 其他通过劳动合同与国家机关、事业组织、社会团体建立劳动关系的劳动者。

排除了公务员和比照实行公务员制度的事业组织和社会团体的工作人员，以及农村劳动者(乡镇企业职工和进城务工、经商的农民除外)、现役军人和家庭保姆等。按照当时的设计，就是将劳动者分为两部分，一部分是公务员和参照公务员管理的人员，按照公务员进行管理；一部分按照劳动法进行管理。随着市场经济的发展，劳动关系呈现多样化，劳动法的调整范围已不适用劳动关系客观发展的需要。因此，劳动合同法在劳动法的基础上，扩大了适用范围，即增加了民办非企业单位等组织作为用人单位，并且将事业单位聘用制工作人员也纳入劳动法调整。此外，劳动法还根据征求意见的情况和现实劳动关系的需要，对非全日制用工作了专门规定。

(三) 劳动法的时间适用范围

劳动法的时间适用范围是指劳动法的生效时间和失效时间，即劳动法的时间效力。

劳动法生效时间有两种情况：

(1) 自公布之日起生效；

(2) 公布后并不立即生效，而是规定一个实施的时间。

劳动法失效时间也有两种情况：

(1) 法律本身规定终止生效或某些特定条件出现时自然生效；

(2) 颁布新的法规后而原有法规失效。

第二节　劳动合同

一、劳动合同的概念和特征

(一) 劳动合同的概念

劳动合同是劳动者与用人单位确立劳动关系、明确双方权利和义务的协议。所谓确立劳动关系是指在劳动者为用人单位提供劳动，用人单位支付劳动者报酬的基础上形成的一种相对稳定的社会关系。

(二) 劳动合同的特征

劳动合同是合同的一种，它具有合同的一般特征，即合同是双方的法律行为，而不是单方的法律行为；合同是当事人之间的协议，只有当事人在平等自愿、协商一致的基础上达成一致时，合同才成立；合同是合法行为，不能是违法行为，合同一经签订，就具有法律约束力。劳动合同除具有上述一般特征外，还有其自身的基本特征。

1. 劳动合同主体的特定性

劳动合同的主体必须一方是具有法人资格的用人单位或能独立承担民事责任的经济组织和个人，另一方是具有劳动权力能力和劳动行为能力的劳动者。

2. 劳动合同过程的双务性

劳动者和用人单位在履行劳动合同的过程中，存在着管理关系，即劳动者一方必须加入到用人单位一方中去，成为该单位的一名职工，接受用人单位的管理并依法取得劳动报酬。

3. 劳动合同内容的法定性

劳动合同的性质决定了劳动合同的内容以法定为多，以商定为少，即劳动合同的许多内容必须遵守国家的法律规定，如工资、保险、保护、安全生产等，而当事人之间对合同内容的协商余地较小。

4. 在特定条件下，劳动合同往往涉及第三人的物质利益

劳动合同内容往往不仅限于当事人的权利和义务，有时还需涉及劳动者的直系亲属在一定条件下享受的物质帮助权。如果职工因年老、疾病、工伤、残疾、死亡等原因，暂时或永久丧失劳动能力，中断劳动可能不能获得劳动报酬时，用人单位不仅要负担职工本人的社会保险待遇，而且要对职工所供养的直系亲属给予一定的物质帮助。这些物质利益关系主要体现在社会保险活动、社会福利等法律关系中。

【例 12-1】关于劳动合同的特征，下列不正确的有(　　)。

A. 劳动合同的主体一方是劳动者，另一方是用人单位

B. 对于劳动合同，法律规定了较多的强制性规范

C. 劳动者与用人单位在签订劳动合同过程时，遵循平等、自愿、协商一致的原则

D. 在履行劳动合同的过程中，双方的地位是平等的

【解析】答案为 D。本题考核劳动合同特征。在履行劳动合同的过程中，用人单位和劳动者就具有了支配与被支配、管理与服从的从属关系。

(三) 劳动合同法

劳动合同法是规范劳动关系的一部重要法律，在中国特色社会主义法律体系中属于社会法。劳动合同在明确劳动合同双方当事人的权利和义务的前提下，重在对劳动者合法权益的保护，为构建与发展和谐稳定的劳动关系提供法律保障。

二、劳动合同的订立

(一) 劳动合同订立的概念及原则

1. 劳动合同订立的概念

劳动合同的订立是指劳动者和用人单位经过相互选择和平等协商，就劳动合同条款达成协议，从而确立劳动关系和明确相互权利义务的法律行为。

2. 订立劳动合同应遵循的原则

订立劳动合同，应当遵循合法、公平、平等自愿、协商一致、诚实信用的原则。

(二) 劳动合同订立的主体

劳动合同是调整劳动者和用人单位之间的权利和义务的法律关系。法律关系的主体，就是依法享有权利与承担义务的法律关系的参加者。劳动法律关系的主体，一方是劳动者，另一方是用人单位。

1. 劳动者

劳动者的劳动权利能力与劳动行为能力，是劳动者(即自然人)参与劳动法律关系必须具备的基本资格或者一般资格，不具备这一资格的劳动者则不允许参加劳动法律关系成为合法主体。

劳动权利能力是指劳动者依法享受劳动权利和承担劳动义务的资格，它是劳动者参与劳动法律关系成为主体的前提条件。

劳动行为能力是指劳动者能以自己的行为参与劳动法律关系，实际享受权利和履行义务的能力。它是劳动者作为劳动法律关系主体的基本条件。不具备劳动行为能力的劳动者，就不能够实际参与劳动法律关系享受权利和承担义务。

2. 用人单位

用人单位作为劳动法律关系的一方当事人，也必须具备一定的条件，并取得行为能力和权利能力。

用人单位的雇用权利能力是指用人单位依法享有用人权利和承担用人义务的资格。它是用人单位参与劳动关系成为合法主体的前提条件。

用人单位的雇用行为能力是指用人单位依法能用以自己的行为实际行使用人权利和履行用人义务的资格。它是用人单位参与劳动法律关系、享受权利和履行义务的基本条件。

【例 12-2】关于劳动合同订立主体的义务，下列表述正确的是(　　)。

A. 用人单位应当如实告知劳动者工作内容、工作条件、职业危害、劳动报酬等情况

B. 用人单位有权了解劳动者工作与生活的各种情况，劳动者应当如实说明

C. 用人单位招用劳动者，不得扣押劳动者的居民身份证，但是可以扣押其他证件

D. 用人单位在招用劳动者时，可以要求劳动者适当提供押金

【解析】答案为 A。本题考核劳动合同订立主体的义务。用人单位有权了解劳动者与劳动合同直接相关的基本情况，劳动者应当如实说明，选项 B 不正确。用人单位招用劳动者，不得扣押劳动者的居民身份证和其他证件，不得要求劳动者提供担保或者以其他名义向劳动者收取财物，选项 CD 不对。

三、劳动合同的种类

(一) 按照劳动合同期限分类

按照合同期限的不同，劳动合同分为有固定期限的劳动合同、无固定期限的劳动合同和以完成一定的工作为期限的劳动合同。

1. 有固定期限的劳动合同

固定期限劳动合同，是指用人单位与劳动者约定合同终止时间的劳动合同。用人单位与劳动者协商一致，可以订立固定期限劳动合同。

2. 无固定期限的劳动合同

无固定期限劳动合同，是指用人单位与劳动者约定无确定终止时间的劳动合同。用人单位与劳动者协商一致，可以订立无固定期限劳动合同。有下列情形之一，劳动者提出或者同意续订、订立劳动合同的，除劳动者提出订立固定期限劳动合同外，应当订立无固定期限劳动合同：①劳动者在该用人单位连续工作满十年的；②用人单位初次实行劳动合同制度或者国有企业改制重新订立劳动合同时，劳动者在该用人单位连续工作满十年且距法定退休年龄不足十年的；③连续订立二次固定期限劳动合同，且劳动者没有《中华人民共和国劳动合同法》第三十九条和第四十条第一项、第二项规定的情形，续订劳动合同的。用人单位自用工之日起满一年不与劳动者订立书面劳动合同的，视为用人单位与劳动者已订立无固定期限劳动合同。

3. 以完成一定工作为期限的劳动合同

以完成一定工作任务为期限的劳动合同，是指用人单位与劳动者约定以某项工作的完成为合同期限的劳动合同。用人单位与劳动者协商一致，可以订立以完成一定工作任务为期限的劳动合同。

(二) 按照用工形式分类

按用工形式的不同，劳动合同可分为全日制用工合同、非全日制用工合同和劳务派遣合同。

1. 全日制用工合同

全日制用工合同是传统的用工合同，即劳动者与用人单位订立的以日为工作时间单位，实行标准工作时间而确立劳动关系的协议。这是劳动合同的常态，除非特别规定，我国劳动法律法规均是按照全日制用工来加以规定。

2. 非全日制用工合同

非全日制劳动合同是劳动者与用人单位约定的以小时作为工作时间单位确立劳动关系的协议。非全日制用工是随着市场经济的就业形式多样化而发展起来的用工形式。与全日制用工相比，非全日制用工更为便捷、灵活，既有利于用人单位灵活用工，也有利于创造更多的就业机会，促进劳动者就业。

3. 劳动派遣合同

劳务派遣合同是指劳动者与劳务派遣公司签订的合同和用人单位与派遣公司签订的合同，派遣至用人单位工作，它的关系涉及劳动者、派出公司、服务单位三方。

四、劳动合同的内容及履行

(一) 劳动合同的内容

1. 劳动合同必备条款

根据《劳动合同法》的规定，劳动合同应当以书面形式订立，并具备以下条款：①劳动合同期限；②工作内容；③劳动保护和劳动条件；④劳动报酬；⑤劳动纪律；⑥劳动合同终止的条件；⑦违反劳动合同的责任。劳动合同除前款规定的必备条款外，当事人可以协商约定其他内容。

2. 劳动合同约定条款

对于某些事项，法律不作强制性规定，由当事人根据意愿选择是否在合同中约定，劳动合同缺乏这种条款不影响其效力。这种条款就是约定条款。劳动合同的约定条款主要包括：试用期、服务期、保守商业秘密和竞业限制等其他事项。

(二) 劳动合同的履行

1. 劳动合同履行的含义

劳动合同的履行是指当事人双方按照劳动合同规定的条件，履行自己所应承担义务的行为。

2. 劳动合同履行应当遵循的原则

1) 实际履行的原则

双方当事人要按照合同规定的标准履行自己的义务和实现自己的权利，不得以其他标的或方式来代替。这主要表现在两方面：一是一方当事人即使违约，也不能以罚金或赔偿损失来代替合同标的的履行，除非违约方对合同标的的履行对另一方当事人已无实际意义；二是一方当事人不履行合同时，另一方当事人有权请求法院或仲裁机构强制或敦促其履行。

2) 亲自履行原则

双方当事人要以自己的行为履行合同规定的义务和实现合同规定的权利，不得由他人代为履行。

3) 协作履行的原则

双方当事人在合同的履行过程中发扬协作精神，要互相帮助，共同完成合同规定的义务，共同实现合同规定的权利。

4) 全面履行原则

双方当事人除按照劳动合同规定的义务履行外，还要按照劳动合同规定的时间、地点、方式、按质、按量地履行全部义务。

3. 劳动合同的中止履行

劳动合同中止是指劳动合同存续期间，由于某些因素导致劳动关系主体双方主要权利义务在一定时期内暂时停止行使和履行，待中止期限届满后，又恢复到以前的正常状态。

(三) 劳动合同的变更、解除和终止

1. 劳动合同的变更

劳动合同的变更是指劳动者与用人单位对依法成立的劳动合同条款所做的修改或增删。

劳动合同变更主要可以分为两类：法定的变更和约定的变更。法定的变更是指基于法律法规的规定而作出的变更；约定的变更是指基于劳动合同一方的提议，双方在协商一致的基础上变更原来的合同条款。

2. 劳动合同的解除

劳动合同的解除，是指当事人双方提前终止劳动合同的法律效力，解除双方的权利义务关系。劳动合同的解除按照解除主体不同，可分为劳动者解除劳动合同和用人单位解除劳动合同；按照解除方式的不同，可分为法定解除和协商解除。

1) 双方协商解除

双方协商解除必须满足以下条件：①解除劳动合同的行为必须是在被解除的劳动合同依法订立生效之后、尚未全部履行之前进行；②双方自愿、平等协商；③一方不得损害另一方利益。

2) 用人单位单方解除

用人单位单方解除的情况包括以下 3 类：过错性解除、无过错解除、经济性裁员。

(1) 过错性解除。劳动者有下列情形之一的，用人单位可以解除劳动合同：①在试用期间被证明不符合录用条件的；②严重违反用人单位的规章制度的；③严重失职，营私舞弊，给用人单位造成重大损害的；④劳动者同时与其他用人单位建立劳动关系，对完成本单位的工作任务造成严重影响，或者经用人单位提出，拒不改正的；⑤因劳动者以欺诈、胁迫的手段或者乘人之危，使对方在违背真实意思的情况下订立或者变更劳动合同致使劳动合同无效的；⑥被依法追究刑事责任的。

(2) 无过错解除。有下列情形之一的，用人单位提前 30 日以书面形式通知劳动者本人或者额外支付劳动者一个月工资后，可以解除劳动合同： ①劳动者患病或者非因工负伤，在规定

的医疗期满后不能从事原工作，也不能从事由用人单位另行安排的工作的；②劳动者不能胜任工作，经过培训或者调整工作岗位，仍不能胜任工作的；③劳动合同订立时所依据的客观情况发生重大变化，致使劳动合同无法履行，经用人单位与劳动者协商，未能就变更劳动合同内容达成协议的。

(3) 经济性裁员。用人单位濒临破产进行法定整顿期间或者生产经营状况发生严重困难，确需裁员的，应当提前 30 日向工会或者全体职工说明情况，听取工会或者职工意见，经劳动行政部门报告后，可以裁减人员。但是，用人单位依据上述规定裁减人员，在 6 个月内录用人员的，应当优先录用被裁减的人员。

用人单位不得单方解除劳动合同的情形。劳动者有下列情形之一，用人单位不得依据无过错解除和经济性裁员解除劳动合同：①从事接触职业病危害作业的劳动者未进行离岗前职业健康检查，或者疑似职业病病人在诊断或者医学观察期间的；②在本单位患职业病或者因工负伤并被确认丧失或者部分丧失劳动能力的；③患病或者非因工负伤，在规定的医疗期内的；④女职工在孕期、产期、哺乳期的；⑤在本单位连续工作满 15 年，且距法定退休年龄不足 5 年的；⑥法律、行政法规规定的其他情形。

【例 12-3】下列情形中，用人单位不得终止劳务合同的是(　　)。

A. 在本单位连续工作满 10 年

B. 在本单位连续工作满 10 年，且距法定退休年龄不足 5 年

C. 在本单位连续工作满 15 年

D. 在本单位连续工作满 15 年，且距法定退休年龄不足 5 年

【解析】答案为 D。本题考核劳动合同终止的限制性规定。本单位连续工作满 15 年，且距法定退休年龄不足 5 年的，用人单位既不得解除劳动合同，也不得终止劳动合同。

3) 劳动者单方解除

用人单位有下列情形之一的，劳动者可以解除劳动合同：①未按照劳动合同约定提供劳动保护或者劳动条件的；②未及时足额支付劳动报酬的；③未依法为劳动者缴纳社会保险费的；④用人单位的规章制度违反法律、法规的规定，损害劳动者权益的；⑤因《劳动合同法》第二十六条第一款规定的情形致使劳动合同无效的；⑥法律、行政法规规定劳动者可以解除劳动合同的其他情形。用人单位以暴力、威胁或者非法限制人身自由的手段强迫劳动者劳动的，或者用人单位违章指挥、强令冒险作业危及劳动者人身安全的，劳动者可以立即解除劳动合同，不需事先告知用人单位。

3. 劳动合同的终止

劳动合同的终止是指劳动合同因期满或出现法律规定的其他劳动合同终止的条件而导致其法律效力的消失。

劳动合同终止的法定情形：①劳动合同期满的；②劳动者开始依法享受基本养老保险待遇的；③劳动者死亡，或者被人民法院宣告死亡或者宣告失踪的；④用人单位被依法宣告破产的；⑤用人单位被吊销营业执照、责令关闭、撤销或者用人单位决定提前解散的；⑥法律、行政法规规定的其他情形。

劳动合同期满，有下列情形之一的，劳动合同应当延续至相应的情形消失时终止：①从事接触职业病危害作业的劳动者未进行离岗前职业健康检查，或者疑似职业病病人在诊断或者医

学观察期间的；②在本单位患职业病或者因工负伤并被确认丧失或者部分丧失劳动能力的；③患病或者非因工负伤，在规定的医疗期内的；④女职工在孕期、产期、哺乳期的；⑤在本单位连续工作满 15 年，且距法定退休年龄不足 5 年的；⑥法律、行政法规规定的其他情形。

五、劳动争议的处理

(一) 劳动争议的概念

劳动争议又称劳动纠纷，是指劳动者与用人单位因订立、履行、变更、解除或者终止劳动合同而发生的纠纷。它包括劳动关系双方当事人之间的争议，也包括与劳动关系密切联系的其他当事人所发生的争议，具体包括：因确认劳动关系发生的争议；因订立、履行、变更、解除和终止劳动合同发生的争议；因除名、辞退和辞职、离职发生的争议；因工作时间、休息休假、社会保险、福利、培训以及劳动保护发生的争议；因劳动报酬、工伤医疗费、经济补偿或者赔偿金等发生的争议；法律、法规规定的其他劳动争议。

(二) 劳动争议的解决方式

解决劳动争议，应当根据事实，遵循合法、公正、及时、着重调解的原则，依法保护当事人的合法权益。我国《劳动法》第七十七条规定，用人单位与劳动者发生劳动争议，当事人可以依法申请调解、仲裁、提起诉讼，也可以协商解决。

1. 劳动争议协商

劳动争议协商是指劳动者与用人单位发生劳动争议之后，首先要由双方当事人直接进行协商，如协商不一致才会由其他方式解决。但是，协商不是处理劳动争议的必经程序。

2. 劳动争议调解

劳动争议调解，是指劳动争议调解委员会对劳动者与用人单位发生劳动争议后自愿申请调解的劳动争议，在查明原因、分清是非的前提下，通过说服教育和协商解决，促使当事人双方在相互谅解的基础上自愿达成解决劳动争议的协议。

3. 劳动争议仲裁

劳动争议仲裁的法律依据是 2007 年 12 月 29 日第十届全国人大常委会第三十一次会议通过、自 2008 年 5 月 1 日起实施的《劳动争议调解仲裁法》，以及 2017 年 4 月 24 日人力资源和社会保障部第 123 次部务会议审议通过、自 2017 年 7 月 1 日起施行的《劳动人事争议仲裁办案规则》。

劳动仲裁是指劳动争议仲裁委员会对当事人请求解决的劳动争议，依法居中公断与裁决的执法行为。在我国，劳动仲裁是劳动争议当事人向人民法院提起诉讼的必经程序，是处理劳动争议的一种主要方式。劳动争议仲裁不收取任何费用，劳动争议仲裁委员会的各项开支由财政予以保障。

4. 劳动争议诉讼

劳动争议诉讼是指劳动争议当事人对仲裁裁决不服的，人民法院根据劳动法规审理劳动争议案件的活动，是人民法院通过司法程序来解决劳动争议的一种手段。

【例 12-4】下列纠纷适用《劳动合同法》的是(　　)。

A. 用人单位与劳动者因劳动关系发生的争议

B. 用人单位与劳动者因社会保险而发生的争议

C. 用人单位与劳动者因加班费而发生的争议

D. 劳动者与单位进行交易而发生的争议

【解析】答案为 ABC。本题考核劳动争议。选项 D 是用人单位与劳动者之间进行民事交易，适用合同法律制度的规定。

第三节　劳动者的主要权利

一、劳动者的基本权利和义务

(一) 劳动者的基本权利

1. 工作平等权

工作平等权是指所有劳动者在就业、劳动的过程中，都享有获得平等就业和平等待遇的权利，体现的是人与人之间的同等对待的社会关系。平等工作权是人格平等权的重要内容。任何一个人，无论民族、职业、政治地位等社会因素不同，还是性别、外貌、身高、属相、基因等自然因素的差别，都平等地享有工作平等权，即不会因主体自身的差异而不同，凡为法律视为相同的人，都应当以法律所确定的方式同样对待。

2. 劳动安全权

劳动安全权是保护劳动者生命安全和身体健康的重要权利，国家有义务确保劳动者这一权利的实现，用人单位有义务为劳动者提供一个安全与卫生的工作环境，建立、健全劳动安全卫生管理制度，严格执行国家劳动安全卫生规程和标准，防止各类职业危害的发生。

3. 劳动报酬权

劳动报酬权是劳动者在劳动关系中因付出劳动而向用人单位领取一定数量货币的权利。劳动报酬是劳动者用汗水换来的劳动果实，是其在社会中赖以生存和发展的经济基础，是劳动者生存权得以实现的物质保障，也是劳动者付出劳动的合理对价。

4. 休息权

劳动者的休息权是指劳动者所享有的休息和休养的权利。劳动者是休息权的权利主体，主要体现为劳动者可自由支配其劳动时间之外的其他时间，不受用人单位的限制与控制。用人单位不得非法占用劳动者的休息时间，如需依法占用，应当给予特别补偿。劳动者的休息权包括：①工作日内和工作日间的休息权；②公休假日权，一般安排在周六和周日；③法定节假日休息权。

5. 职业培训权

职业培训权是指劳动者可以根据自己的择业需要和工作需要，有接受职业培训以培养和提高职业能力的权利。其目的在于从法律上保证劳动者能够获得职业技能培训而得到业务技术的提高，从而获得可持续的就业能力。

6. 社会保险和福利权

社会保险权是指劳动者因年老、疾病、失业、伤残、生育等原因暂时或永久丧失劳动能力，依法享有的物质帮助的权利。社会福利权是指劳动者依据国家制定的社会福利制度所享有的权利。社会保险和福利权充分体现了法律从人文关怀的角度出发，用社会保障的强制手段保障弱势群体的生存权，对弱势群体实行帮扶，预防和控制社会风险，阻却用人单位将正常的商业风险转嫁为社会保险，以保证社会公平与正义的实现。

7. 提请劳动争议处理权

提请劳动争议处理权是指劳动者在与用人单位关于劳动的权利与义务引起争议时，有权提请有关部门对争议进行处理的权利。其具体内容可包括以下 3 个方面。①争议处理方式选择权。当发生劳动争议时，劳动者可以依法申请调解、仲裁、提起诉讼，也可以协商解决。②请求依法受理权。劳动争议处理机构应当自收到申诉书之日起，在法定时间内作出受理或者不予理睬的决定。决定不予受理的，应当说明理由。③控告权。当劳动者的合法权益遭受不法侵害，当相关侵权主体不停止侵害或相关责任主体尤其是相关行政责任主体不作为时，劳动者有权检举和控告。

8. 结社权

结社权是指劳动者参加和组织工会的权利。结社权是我国宪法规定的公民基本权利之一，任何组织和个人不得阻挠和限制。

9. 集体协商权

集体协商权是指工会代表职工与用人单位(或雇主)就有关劳动条件进行商谈，以签订对双方有约束力的集体合同的劳动关系与双方协调的权利。

10. 民主管理权

民主管理权是指劳动者通过职工大会或职工代表大会等法律形式，就用人单位生产经营和人事管理等重大事项的决策行使参与、管理和监督的权利。《劳动法》第八条规定，劳动者依照法律规定，通过职工大会、职工代表大会或者其他形式，参与民主管理或者就保护劳动者合法权益与用人单位进行平等协商。

(二) 劳动者的基本义务

任何权利的实现总是以义务的履行为条件的。没有权利就无所谓义务，没有义务就没有权利。劳动者在享有法律规定权利的同时，必须履行法律规定的义务。

劳动者的基本劳动义务，是指根据劳动法律规范的要求，劳动者在劳动和工作过程中应当履行的基本劳动义务。我国劳动者应该遵守以下基本劳动义务：①劳动者应当完成劳动任务；②劳动者必须提高职业技能；③劳动者必须执行劳动安全卫生规程；④劳动者必须遵守劳动纪律；⑤劳动者必须遵守职业道德。劳动者的这些义务是法律所规定的，是受法律制约的。当劳动者没有履行这些义务时，必须受到法律的制裁。

二、工资制度

(一) 工资的概念

广义的工资，是指劳动报酬，即劳动者通过履行劳动义务从其所在用人单位获得的以法定形式支付的各种形式的物质补偿。狭义的工资，是指仅限于劳动者劳动报酬中的基本工资部分。

(二) 工资的形式

我国《劳动法》第四十七条规定，用人单位根据本单位的生产经营特点和经济效益，依法自主确定本单位的工资分配方式和工资水平。工资的主要形式有计时工资、计件工资、定额工资、浮动工资、奖金、津贴和补贴、特色情况下的工资等。

1. 计时工资

计时工资是指根据劳动者的实际工作时间、工资等级、事先约定的工资标准检验和支付劳动报酬的工资形式。

2. 计件工资

计件工资是指根据劳动者实际生产出符合标准的合格产品的数量、事先约定的计件单价进行计量和支付劳动报酬的工资形式。

3. 定额工资

定额工资是指根据劳动者定额完成的实际情况支付劳动报酬的工资形式。

4. 浮动工资

浮动工资是指根据企业经营状况的好坏以及劳动者劳动贡献程度的大小而上下浮动支付劳动报酬的工资形式。

5. 奖金

奖金是指劳动者超额完成的工作部分的补贴，是以现金形式给予的物质奖励。

6. 津贴

津贴是指对劳动者在特殊情况下，超额完成的工作(如劳动消耗、额外费用支出)给予补偿的工资形式，主要包括井下作业津贴、夜班津贴、户外作业津贴、高温津贴等。

(三) 工资的支付

我国《劳动法》第五十条、第五十一条对工资支付明确规定，工资应当以货币形式按月支付给劳动者本人，不得克扣或者无故拖欠劳动者的工资。劳动者在法定休假日和婚丧假期间以及依法参加社会活动期间，用人单位应当依法支付工资。

工资必须在用人单位与劳动者约定的日期支付，如遇节假日或休息日，应提前在就近的工作日支付。

(四) 最低工资标准

最低工资标准是指劳动者在法定工作时间内提供了正常劳动的情况下，用人单位应支付的最低劳动报酬。最低工资不包括加班加点、中班、夜班、高温、低温、井下等特殊工作环境下的津贴、社会保险和福利待遇等。我国《劳动法》第四十八条对最低工资保障制度进行了规定。最低工资的具体标准由各省、自治区、直辖市人民政府规定，报国务院备案。用人单位支付劳动者的最低工资不得低于当地最低工资标准。

三、工作时间和休息休假制度

(一) 工作时间

工作时间又称劳动时间，是指法律规定的劳动者在一昼夜或一周内从事生产或工作活动的时间。工作时间包括每日工作的小时数、每周工作的天数和小时数。

工作时间的长短由法律直接规定，或由集体合同或劳动合同直接规定。我国《劳动法》第三十六条规定，国家实行劳动者每日工作时间不超过 8 小时、平均每周工作时间不超过 44 小时的工时制度；1995 年 5 月 1 日起，国务院规定实行职工每周工作 5 天、平均每周工作 40 小时的工时制度。

(二) 延长工作时间

延长工作时间是指超过标准工作日的工作时间，即日工作时间超过 8 小时，周工作时间超过 40 小时。我国《劳动法》第四十一条规定，用人单位由于生产经营需要，经与工会和劳动者协商后可以延长工作时间，一般每日不超过 1 小时；因特殊原因需要延长工作时间的，在保障劳动者身体健康的条件下延长工作时间每日不得超过 3 小时，但是每月不得超过 36 小时。

我国《劳动法》第四十二条规定，有以下情形之一时，延长工作时间不受《劳动法》第四十一条规定的限制。

情形一：发生自然灾害、事故或者因其他原因，威胁劳动者生命健康和财产安全，需要紧急处理的。

情形二：生产设备、交通运输线路、公共设施发生故障，影响生产和公众利益，必须及时抢修的。

情形三：国家法律、法规规定的其他情形。

(三) 休息休假

休息休假，又称休息时间，是指劳动者在国家规定的法定工作时间以外，依照法律规定不从事生产和工作而自行支配的时间。休息休假包括每天休息时数、每周休息天数、节日休息、工作间歇休息、探亲假休息和年休假等。

根据我国《劳动法》和相关行政法规规定：①公休假日，国家规定，一般每周工作 5 天即每周给予劳动者两天休息日；②法定节假日，我国劳动法规定的法定节假日有元旦、春节、国际劳动节、国庆节以及法律法规规定的其他休假节日；③年假，劳动者联系工作 1 年以上的，享受带薪的连续休息日；④探亲假，在一定条件下，劳动者享受保留工资、工作岗位，与分居两地的父母或配偶团聚的休假期。

我国实行带薪休假制度，《职工带薪休假条例》规定，机关、团体、企业、事业单位、民办非企业单位、有雇工的个体工商户等单位的职工连续工作 1 年以上的，享受带薪年假。职工累计工作已满 1 年不满 10 年的，年休假天数为 5 天；累计工作已满 10 年不满 20 年的，年休假天数为 10 天；累计工作满 20 年及以上的，年休假天数为 15 天。

四、劳动保护

(一) 女职工的特殊劳动保护

女职工特殊劳动保护，是根据女职工生理特点和抚育子女的需要，对其在劳动过程中的安全健康所采取的有别于男子的特殊保护。包括女职工就业方面的保护、禁止或限制女职工从事某些工作的规定。根据我国《劳动法》规定，女职工特殊劳动保护制度有以下内容。

(1) 工种保护。我国《劳动法》第五十九条规定，禁止安排女职工从事矿山井下、国家规定的第四级体力劳动强度的劳动和其他禁忌从事的劳动。

(2) 经期保护。我国《劳动法》第六十条规定，不得安排女职工在经期从事高处、低温、冷水作业和国家规定的第三级体力劳动强度的劳动和其他禁忌从事的劳动。

(3) 孕期保护。我国《劳动法》第六十一条规定，不得安排女职工在怀孕期间从事国家规定的第三级体力劳动强度的劳动和孕期禁忌从事的劳动。对怀孕 7 个月以上的女职工，不得安排其延长工作时间和夜班劳动。

(4) 产期保护。我国《劳动法》第六十二条规定，女职工生育享受不少于 90 天的产假。

(5) 哺乳期保护。我国《劳动法》第六十三条规定，不得安排女职工在哺乳未满 1 周岁的婴儿期间从事国家规定的第三级体力劳动强度的劳动和哺乳期禁忌从事的其他劳动，不得安排其延长工作时间和夜班劳动。

(二) 未成年人的特殊劳动保护

未成年人的特殊劳动保护，是指根据未成年人的生长发育特点及接受教育的需要，对其在劳动法律关系中所应当享有特殊保护。包括限制就业年龄、限制工作时间、禁止从事某些作业、定期进行健康检查等特殊保护。我国《劳动法》确立的未成年人特殊保护制度有以下内容。

(1) 工种保护。我国《劳动法》第六十四条规定，用人单位不得安排未成年人从事矿山井下、有毒有害、国家规定的第四级体力劳动强度的劳动和其他禁忌从事的劳动。

(2) 健康检查。我国《劳动法》第六十五条规定，用人单位应当对未成年人定期进行健康检查。若发现未成年人有疾病或身体发育异常，应当及时采取治疗措施。

第四节　社会保险法

一、社会保险法概述

(一) 社会保险法的概念和形式

1. 社会保险法的概念

社会保险法是调整社会保险关系的法律规范的总称。以养老、失业、医疗、工伤和生育保险为主要内容，它是社会保障法体系的重要组成部分。《中华人民共和国社会保险法》(以下简称《社会保险法》)是一部保障和改善民生的法律，是在中国特色社会主义法律体系中起支架作用的重要法律。《社会保险法》于2010年10月28日第十一届全国人民代表大会常务委员会第十七次会议通过，2010年10月28日中华人民共和国主席令第三十五号公布，自2011年7月1日起施行。根据2018年12月29日第十三届全国人民代表大会常务委员会第七次会议《全国人民代表大会常务委员会关于修改＜中华人民共和国社会保险法＞的决定》修正，自公布之日起施行。

2. 社会保险法的形式

社会保险法是以法律的形式，明确国家建立基本养老、基本医疗和工伤、失业、生育等社会保险制度，并对确立基本养老保险关系转移接续制度，提高基本养老保险基金统筹层次，建立新型农村社会养老保险制度、城镇居民养老保险制度和新型农村合作医疗制度等作出规定。

(二) 社会保险与商业保险的区别

1. 法律基础不同

社会保险属于劳动立法范畴，受《劳动法》及其相关法律的约束；商业保险属于经济立法范畴，受《中华人民共和国经济法》《中华人民共和国商业保险法》及其相关法律的约束。

2. 保险性质不同

社会保险以实施国家的社会政策或劳动政策为宗旨，是依法强制实施的政府行为，体现社会的互济性和补偿性，具有保障性，不以营利为目的；商业保险是个人自愿参加，是一种以保险合同实施的合同行为，具有经营效益，以追求经济效益为目的。

3. 建立基础不同

社会保险建立在劳动关系的基础上，只要形成了劳动关系，用人单位就必须为职工办理社会保险；商业保险采用自愿投保的形式，以合同契约形式确立双方权利义务关系。

4. 参保对象不同

社会保险的参保对象是全体公民或劳动者，其范围由法律规定，受资格条件的限制，但可以带病投保；商业保险的参保对象是自愿参加的自然人，投保人一般不受限制，只要自愿投保并愿意履行合同条款即可，但是不可以带病投保，只接受健康人群。

5. 资金交付来源不同

社会保险的资金是由国家、企业、个人三方面承担；商业保险的资金只有投保人保费的单一来源。

6. 保险金的给付原则和标准不同

社会保险强调“社会公平”原则，即权利义务不对等，不强调缴费相等，强调给付标准原则上是相同的；商业保险强调“个人公平”原则，即权利义务完全对等。给付标准由投保人支付的投保费用来确定，缴费与收益成正比，缴费越多，收益就越多。

【例 12-5】根据社会保险法律制度的规定，关于社会保险基金管理运营的下列表达中，正确的有(　　)。

A. 社会保险基金专款专用

B. 按照社会保险险种分别建账、分账核算

C. 社会保险基金存入财政专户，通过预算实现收支平衡

D. 基本养老保险基金逐步实行省级统筹，其他社会保险基金逐步实行市级统筹

【解析】答案为ABC。本题考核社会保险法律制度。选项D，基本养老保险基金逐步实行全国统筹，其他社会保险基金逐步实行省级统筹。

二、基本养老保险制度

(一) 养老保险概述

1. 养老保险的概念

养老保险，又称社会养老保险，是指在劳动者达到法定退休年龄并从事某种劳动达到法定年限后，由国家和社会依法给予其一定物质帮助，以维持其老年基本生活的一种社会保险法律制度。劳动者只要达到法定退休年龄，从事某种劳动达到法定年限，被依法解除法定劳动义务后，就可享受养老保险待遇。

2. 养老保险的覆盖范围

养老保险的覆盖范围是指养老保险的保障对象范围。根据我国《社会保险法》的有关规定，我国养老保险制度由职工基本养老保险、新型农村社会养老保险(又称新农保)和城镇居民社会养老保险3类组成，这3类保险的覆盖范围各不相同。

(二) 职工基本养老保险

1. 职工基本养老保险的覆盖范围

《社会保险法》第十条规定了职工基本养老保险的覆盖范围包括以下几类人员。①企业、企业化管理的事业单位和民办非企业单位(如民办高校)职工。②灵活就业人员，是指以非正规性就业、临时就业、自主就业等灵活形式实现就业的人员。包括无雇工的个体工商户、非全日制从业人员以及律师、会计师、自由撰稿人、演员等自由职业者等。③机关、事业单位职工。

2. 职工基本养老保险的筹资方式

我国基本养老保险基金主要由用人单位和个人缴费组成，在基本养老保险基金出现支付不足时，国家和统筹地区政府也给予一定的补贴。用人单位应当按照国家规定的本单位职工工资总额的比例缴纳基本养老保险费。缴纳比例一般不得超过企业工资总额的20%，具体比例由省、自治区、直辖市的人民政府确定。个人缴纳基本养老保险费的比例，最终要达到本人缴费工资的8%。目前各省市用人单位和个人缴纳基本养老保险费的比例不同，且在不断调整。

3. 职工基本养老保险的给付内容

(1) 基本养老金是一种最主要的养老保险待遇，由基础养老金和个人账户养老金组成，根据个人累计缴费年限、缴费工资、当地职工平均工资、个人账户金额、城镇人口平均预期寿命等因素确定。其中，基础养老金是从基本养老保险统筹基金中支付给退休人员的养老金。

(2) 死亡待遇。《社会保险法》第十七条规定，参加基本养老保险的个人，因病或者非因工

死亡的，其遗属可以领取丧葬补助金和抚恤金。

(3) 致残待遇。《社会保险法》第十七条规定，在未达到法定退休年龄时因病或者非因工致残完全丧失劳动能力的，可以领取病残津贴。所需资金从基本养老保险基金中支付。

(三) 新型农村社会养老保险

1. 新型农村社会养老保险的覆盖范围

2009 年 9 月，国务院出台了《关于开展新型农村社会养老保险试点的指导意见》，提出年满 16 周岁、未参加城镇职工基本养老保险的农村居民，可以在户籍地自愿参加新农保。

2. 新型农村社会养老保险的筹资方式

新型农村社会养老保险在筹资方式上实行个人缴费、集体补助、政府补贴相结合的方式。

(1) 个人缴费。参加新农保的农村居民应当按规定缴纳养老保险费。缴费标准目前为每年 100 元、200 元、300 元、400 元、500 元 5 个档次，地方政府可以根据实际情况增设缴费档次。参保人员自由选择档次缴费，多缴多得。

(2) 集体补助。有条件的村集体应当对参保人缴费给予补助，补助标准由村民委员会召开村民会议民主确定。

(3) 政府补贴。政府对符合领取条件的参保人全额支付新农保基础养老金，其中中央财政对中西部地区按中央确定的基础养老金标准给予全额补助。对农村重度残疾人等缴费困难群体，地方政府为其代缴部分或全部最低标准的养老保险费。

3. 新型农村社会养老保险的给付内容

(1) 中央确定的基础养老金标准为每人每月 55 元，地方政府可以根据实际情况提高基础养老金标准，对于长期缴费的农村居民，可适当加发基础养老金，提高和加发部分的资金由地方政府支出。

(2) 个人账户养老金由以下 3 个部分组成：①个人缴费；②集体补助及其他经济组织、社会公益组织、个人对参保人缴费的资助；③地方政府对参保人的缴费补贴。参保人死亡的，个人账户中的资金余额除政府补贴外，可以依法继承。

(四) 城镇居民社会养老保险

1. 城镇居民社会养老保险的覆盖范围

2009 年 9 月，国务院出台了《关于开展新型农村社会养老保险试点的指导意见》，提出年满 16 周岁、未参加城镇职工基本养老保险的农村居民，可以在户籍地自愿参加新农保。我国城镇居民养老保险制度起步较晚，到 2011 年，国务院出台了《关于开展城镇居民社会养老保险试点的指导意见》，我国才有了统一的指导性规范。该法规要求各省(区、市)人民政府根据本指导意见，结合本地区实际情况，制定试点具体实施办法，以解决城镇无业居民的养老保险问题，这标志着我国城镇居民养老保险制度的初步建立。年满 16 周岁(不含在校学生)，非国家机关和事业单位工作人员及不属于职工基本养老保险制度覆盖范围的城乡居民，可以在户籍地参加城乡居民养老保险。

2. 城镇居民社会养老保险的筹资方式

国务院于 2011 年 6 月 7 日颁布的《国务院关于开展城镇居民社会养老保险试点的指导意

见》中规定，城镇居民养老保险基金主要由个人缴费和政府补贴构成。

(1) 个人缴费。缴费标准目前设为每年 100 元、200 元、300 元、400 元、500 元、600 元、700 元、800 元、900 元、1000 元、1500 元、2000 元 12 个档次，省(区、市)人民政府可以根据实际情况增设缴费档次，最高缴费档次标准原则上不超过当地灵活就业人员参加职工基本养老保险的年缴费额。

(2) 政府补贴。中央财政对中西部地区按中央确定的基础养老金标准给予全额补助，对东部地区给予 50%的补助。地方人民政府应对参保人员缴费给予补贴，补贴标准不低于每人每年 30 元；对选择较高档次标准缴费的，可给予适当鼓励，具体标准和办法由省(区、市)人民政府确定。对城镇重度残疾人等缴费困难群体，地方人民政府为其代缴部分或全部最低标准的养老保险费。

3. 城镇居民社会养老保险的给付内容

《国务院关于开展城镇居民社会养老保险试点的指导意见》中规定的有关城镇居民养老基金待遇的给付内容与新农保基金的给付内容相似，也是由基础养老金与个人账户养老金组成，基础养老金标准由中央政府补贴，每人每月 55 元。

三、基本医疗保险制度

(一) 医疗保险概念

医疗保险是指根据法律规定，遵循强制性社会保险原则，由国家、单位和个人共同缴纳保险费，把具有不同医疗需求群体的资金集中起来进行再分配，即集资建立起来的医疗保险基金，当个人因疾病接受医疗服务时，由社会医疗保险机构提供医疗费用补偿的一种社会保险制度。基本医疗保险制度是满足公民基本医疗需求的一项社会医疗保险制度。2008 年公布的《社会保险法(草案)》(征求意见稿)第十九条曾明确规定，基本医疗保险包括职工基本医疗保险、城镇居民基本医疗保险和新型农村合作医疗。

(二) 城镇职工基本医疗保险制度

1. 城镇职工基本医疗保险的概念

城镇职工基本医疗保险制度是依法对职工的基本医疗权利给予保障的社会医疗保险制度。就是国家通过立法，强制性地由用人单位和个人缴纳医疗保险费，建立医疗保险基金，当职工因疾病需要获得必需的医疗服务时，由社会医疗保险机构按规定提供医疗费用补偿的一种社会保险制度。

2. 城镇职工基本医疗保险的覆盖范围

城镇职工基本医疗保险制度的覆盖范围包括：所有企业、机关、事业单位、社会团体、民办非企业单位及其职工。按照各类企业的划分，包括国有企业、股份合作企业、联营企业、有限责任公司、股份有限公司、私营企业和港、澳、台投资企业以及外商投资企业及其职工。为扩大覆盖面，城镇职工基本医疗保险制度改革也可将个体经济组织业主及其从业员纳入进来。同时规定了中央、省属机关、企业和事业单位及其职工都要参加所在地的基本医疗保险，执行当地统一政策和标准。

3. 城镇职工基本医疗保险的缴纳方式

基本医疗保险费由用人单位和职工共同缴纳。用人单位缴费率应控制在职工工资总额的6%左右，职工缴费率一般为本人工资收入的2%。随着经济发展，缴费率可作相应调整。

4. 城镇职工基本医疗保险的给付标准

城镇职工基本医疗费用由个人账户和统筹基金按照各自的支付范围分别核算，不得互相挤占：①个人账户用于支付门诊费用、住院费用中个人自付部分以及在定点药店购药的费用。②统筹基金用于支付住院医疗和部分门诊大病费用。统筹基金支付有起付标准和最高支付限额，起付标准原则上控制在当地职工年平均工资的10%左右，最高支付限额原则上控制在当地职工年平均工资的4倍左右。起付标准以上、最高支付限额以下的医疗费用主要从统筹基金中支付。起付标准以下的医疗费用从个人账户中支付或由个人自付。

(三) 城镇居民基本医疗保险制度

1. 城镇居民基本医疗保险的概念

城镇居民基本医疗保险制度(简称居民医保)是面向不属于城镇职工基本医疗保险制度覆盖范围的中小学阶段的学生(包括职业高中、中专、技校学生)、少年儿童和其他非从业城镇居民的一项保险制度。它保障城镇非从业居民的大病医疗需求，参保居民按规定缴纳基本医疗保险费，享受相应的医疗保险待遇。

2. 城镇居民基本医疗保险的参保范围

不属于城镇职工基本医疗保险制度覆盖范围的中小学阶段的学生(包括职业高中、中专、技校学生)、少年儿童和其他非从业城镇居民都可自愿参加城镇居民基本医疗保险。

3. 城镇居民基本医疗保险的筹集方式

城镇居民基本医疗保险实行个人缴费和政府补贴相结合的筹资方式，以个人缴费为主，政府给予适当补贴。对于享受最低生活保障或重度残疾的未成年人参保所需的个人缴费部分，由政府给予补贴。职工年平均工资的10%左右，最高支付限额原则上控制在当地职工年平均工资的4倍左右。起付标准以上、最高支付限额以下的医疗费用主要从统筹基金中支付。起付标准以下的医疗费用从个人账户中支付或由个人自付。

4. 城镇居民基本医疗保险的给付标准

城镇居民基本医疗保险只建立统筹基金，不建立个人账户，基金主要用于住院医疗和部分门诊大病费用。基金支付比例原则上低于职工基本医疗保险，但高于新型农村合作医疗保险，对于超过起付线的部分一般可以报销50%至60%左右，但不能超过最高支付限额。

【例 12-6】根据社会保险法律制度的规定，关于职工患病应享受医疗期及医疗期内待遇的下列表述中，正确的有(　　)。

A. 实际工作年限10年以下，在本单位工作年限5年以下的，医疗期期间为3个月

B. 实际工作年限10年以下，在本单位工作年限5年以上的，医疗期期间为6个月

C. 医疗期内遇到劳动合同期满，则劳动合同必须续延至医疗期满

D. 病假工资可以低于当地最低工资标准支付，但不得低于当地最低工资标准的80%

【解析】答案为ABCD。本题考核职工病患医疗期待遇问题。选项AB，实际工作年限10

年以下的，在本单位工作年限5年以下的为3个月，在5年以上的为6个月。选项C，医疗期内遇劳动合同期满，则劳动合同必须延续至医疗期满，职工在此期间享受医疗待遇。选项D，病假工资可以低于当地最低工资标准支付，不得低于最低工资标准的80%。

(四) 新型农村合作医疗制度

1. 新型农村合作医疗制度的概念

新型农村合作医疗制度简称“新农合”，是指由政府组织、引导、支持，农民自愿参加，个人、集体和政府多方筹资，以大病统筹为主的农民医疗互助共济制度，是我国基本医疗保障制度之一。

2. 城镇居民基本医疗保险的参保范围

凡户籍在县及以下，出生90天以后的农村居民及没有参加城镇职工基本医疗保险的城镇居民均可参加(没有年龄上限)。已参加城镇职工基本医疗保险和学生平安保险的人员不必再参加新型农村合作医疗。

3. 城镇居民基本医疗保险的筹集方式

筹集资金的方式是个人缴费、集体扶持和政府资助相结合的模式。根据《关于做好2016年新型农村合作医疗工作的通知》规定，农民个人缴费标准在2015年的基础上提高30元，全国平均个人缴费标准达到每人每年150元左右。

4. 城镇居民基本医疗保险的给付标准

根据《关于做好2016年新型农村合作医疗工作的通知》规定，2016年，各级财政对新农合的人均补助标准在2015年的基础上提高40元，达到420元。其中，中央财政对120元部分的补助标准不变，对300元部分按照西部地区80%、中部地区60%的比例进行补助，对东部地区各省份分别按一定比例补助。居民个人缴费在2015年人均不低于120元的基础上提高30元，达到人均不低于150元。

四、工伤保险制度

(一) 工伤保险的概念

工伤保险是指国家和社会对在生产、工作中遭受事故伤害和患职业性疾病的劳动者及亲属提供医疗救治、生活保障、经济补偿、医疗和职业康复等物质帮助的一种社会保障制度。

(二) 工伤保险的对象

我国境内所有企业、事业单位、民间非营利组织及有雇工的个体工商户(以下统称用人单位)的所有从业职工都是工伤保险的对象。

(三) 工伤保险的范围

我国境内所有企业(包括但不限于国有企业、集体企业、私营企业、外商投资企业、个人独资企业等各类单一或混合型经济所有制企业)、事业单位、民间非营利组织及有雇工的个体工商户(以下统称用人单位)是参加工伤保险的范围。

(四) 工伤的认定

根据《工伤保险条例》第十四条规定，职工有下列情形之一的，应当认定为工伤：①在工作时间和工作场所内，因工作原因受到事故伤害的；②工作时间前后在工作场所内，从事与工作有关的预备性或者收尾性工作受到事故伤害的；③在工作时间和工作场所内，因履行工作职责受到暴力等意外伤害的；④患职业病的；⑤因工作外出期间，由于工作原因受到伤害或者发生事故下落不明的；⑥在上下班途中，受到非本人主要责任的交通事故或者城市轨道交通、客运轮渡、火车事故伤害的；⑦法律、行政法规规定应当认定为工伤的其他情形。

另外，该条例第十五条还规定，职工有下列情形之一的，视同工伤：①在工作时间和工作岗位，突发疾病死亡或者在 48 小时之内经抢救无效死亡的；②在抢险救灾等维护国家利益、公共利益活动中受到伤害的；③职工原在军队服役，因战、因公负伤致残，已取得革命伤残军人证，到用人单位后旧伤复发的。

(五) 工伤保险的待遇

1. 因工负伤待遇

根据《工伤保险条例》的规定，职工因工作遭受事故伤害或者职业病进行治疗，享受工伤医疗待遇。工伤职工治疗工伤或职业病所需的挂号费、住院费、医疗费、药费、就医路费全额报销。职工住院治疗工伤的，由所在单位按照本单位因工出差伙食补助标准的 70%发给住院伙食补助费；经医疗机构出具证明，报经办机构同意，工伤职工到统筹地区以外就医的，所需交通、食宿费用由所在单位按照本单位职工因公出差标准报销。需要停止工作接受治疗的，在停工留薪期 12 个月内，原工资福利待遇不变，由所在单位按月支付。伤情严重或者情况特殊，经设区的市级劳动能力鉴定委员会确认，可以延长，但延长不得超过 12 个月。工伤职工在停工留薪期满后仍需治疗的，继续享受工伤医疗待遇。经评残并确认需要护理的，应当从工伤保险基金中按月发给护理费。生活护理费按照生活完全不能自理、生活大部分不能自理或者生活部分不能自理 3 个不同等级支付，其标准分别为统筹地区上年度职工月平均工资的 50%、40%或者 30%。因日常生活或者就业需要，经劳动能力鉴定委员会确认，可以安装假肢、矫形器、假眼、假牙和配置轮椅等辅助器具，所需费用按照国家规定的标准从工伤保险基金支付。

2. 因工致残待遇

1) 1 级至 4 级工伤伤残赔偿标准

职工 1 级至 4 级工伤伤残赔偿标准，在中国全国各地都是统一的赔偿标准，具体如下。

职工因工致残被鉴定为一级至四级伤残的，保留劳动关系，退出工作岗位，享受以下待遇。

(1) 从工伤保险基金按伤残等级支付一次性伤残补助金，标准为：一级伤残为 24 个月的本人工资，二级伤残为 22 个月的本人工资，三级伤残为 20 个月的本人工资，四级伤残为 18 个月的本人工资。

(2) 从工伤保险基金按月支付伤残津贴，标准为：一级伤残为本人工资的 90%，二级伤残为本人工资的 85%，三级伤残为本人工资的 80%，四级伤残为本人工资的 75%。伤残津贴实际金额低于当地最低工资标准的，由工伤保险基金补足差额。

(3) 工伤职工达到退休年龄并办理退休手续后，停发伤残津贴，享受基本养老保险待遇。基本养老保险待遇低于伤残津贴的，由工伤保险基金补足差额。

职工因工致残被鉴定为一级至四级伤残的，由用人单位和职工个人以伤残津贴为基数，缴纳基本医疗保险费。

2) 5级至10级工伤伤残赔偿标准

5级至10级工伤伤残赔偿标准，主要是一次性伤残补助金、一次性伤残就业补助金和一次性伤残医疗补助金三大项。

(1) 关于一次性伤残补助金，中国全国各地都是统一的赔偿标准，具体为：五级伤残为16个月的本人工资，六级伤残为14个月的本人工资，七级伤残为12个月的本人工资，八级伤残为10个月的本人工资，九级伤残为8个月的本人工资，十级伤残为6个月的本人工资。

(2) 关于一次性伤残就业补助金和一次性伤残医疗补助金赔偿标准，以及其他待遇规定，由于各省市规定不尽相同，北京市实施《工伤保险条例》办法一次性工伤医疗补助金和伤残就业补助金合并计算，标准为解除或者终止劳动关系时5至30个月的本市上一年度职工月平均工资。其中：五级30个月，六级25个月，七级20个月，八级15个月，九级10个月，十级5个月。工伤职工距法定退休年龄超过5年(含5年)的，应当支付全额的一次性工伤医疗补助金和伤残就业补助金；不足5年的，每减少一年扣除全额的20%，但最高扣除额不得超过全额的90%。工伤职工达到退休年龄或者办理退休手续的，不享受一次性工伤医疗补助金和伤残就业补助金。

3. 因工死亡待遇

职工因工死亡，其直系亲属可以从工伤保险基金中领取一定的丧葬补助金、供养亲属抚恤金和一次性工亡补助金。

(1) 丧葬补助金为6个月的统筹地区上年度职工月平均工资。

(2) 供养亲属抚恤金按照职工本人工资的一定比例发给由因工死亡职工生前提供主要生活来源、无劳动能力的亲属。标准为：配偶每月40%，其他亲属每人每月30%，孤寡老人或者孤儿每人每月在上述标准的基础上增加10%。核定的各供养亲属的抚恤金之和不应高于因工死亡职工生前的工资。供养亲属的具体范围由国务院劳动保障行政部门规定。

(3) 一次性工亡补助金标准为48个月至60个月的统筹地区上年度职工月平均工资。具体标准由统筹地区的人民政府根据当地经济、社会发展状况规定，报省、自治区、直辖市人民政府备案。

伤残职工在停工留薪期内因工伤导致死亡的，其直系亲属享受上述规定的待遇。一级至四级伤残职工在停工留薪期满后死亡的，其直系亲属可以享受上述第(1)项、第(2)项规定的待遇。

五、失业保险制度

(一) 失业保险的概念

失业保险是指国家以立法的形式集中保障资金，对收入中断的失业者在一定时期内提供基本生活保障和就业援助的一种社会保险制度。其核心内容是通过集中建立保险资金，分散失业风险，使暂时处于失业状态的劳动者得到最基本的生活保险，并通过就业援助使失业者尽快就业。

(二) 失业保险的支付范围

根据我国《失业保险条例》第十条的规定，失业保险基金用于下列支出：①失业保险金；②领取失业保险金期间的医疗补助金；③领取失业保险金期间死亡的失业人员的丧葬补助金和其供养的配偶、直系亲属的抚恤金；④领取失业保险金期间接受职业培训、职业介绍的补贴，补贴的办法和标准由省、自治区、直辖市人民政府规定；⑤国务院规定或者批准的与失业保险有关的其他费用。

(三) 失业保险的给付期限

失业人员失业前用人单位和本人累计缴费满一年不足五年的，领取失业保险金的期限最长为十二个月；累计缴费满五年不足十年的，领取失业保险金的期限最长为十八个月；累计缴费十年以上的，领取失业保险金的期限最长为二十四个月。重新就业后，再次失业的，缴费时间重新计算，领取失业保险金的期限与前次失业应当领取而尚未领取的失业保险金的期限合并计算，最长不超过二十四个月。

六、生育保险制度

(一) 生育保险的概念

生育保险是国家通过立法，在怀孕和分娩的女职工暂时中断劳动时，由国家和社会提供医疗服务、生育津贴和产假的一种社会保险政策，国家或社会对生育的职工给予必要的经济补偿和医疗保健的社会保险制度。其宗旨在于通过向职业妇女提供生育津贴、医疗服务和产假，帮助她们恢复劳动能力，重返工作岗位。

(二) 生育保险待遇的内容和标准

(1) 生育医疗保健费，是指由医疗机构向女职工所提供的妊娠、分娩及产后医疗护理费用，即通常所说的生育医疗服务费。支付项目分为检查费、接生费、手术费、住院费、药费 5 类，俗称五费。在已实行社会统筹的一些地区，还包括因生育引起的疾病的医疗费。生育医疗保健费的享有对象是符合计划生育规定的孕产女职工，并实行实报实销。生育医疗保健费、中药费的报销范围是指国家规定的治疗药品，营养品、滋补品不予报销。手术费一般是指分娩过程中所需的手术如助产、剖腹产等所产生的费用。生育医疗保健费用，在开展生育保险社会统筹的地区，由生育保险基金支付；在尚未开展生育保险社会统筹的地区，由女职工所在单位支付。

(2) 产假和生育津贴相辅相成地构成生育保险待遇的主干，是建立生育保险基金，实行生育保险社会统筹的出发点和归宿，也是生育保险制度改革的重点。

产假，是指女职工在分娩或流产期间，依据生育保险法律、法规享有的法定带薪假期。我国的产假包括正常产产假、难产产假、多胞胎生育产假。现法定正常产产假为 98 天，产前 15 天，产后 75 天。难产的增加 15 天。多胞胎生育，每多生育一个婴儿增加 15 天。女职工怀孕不满 4 个月流产时，根据医务部门的证明给予 15~30 天的产假；满 4 个月以上流产的，给予 42 天产假。

生育津贴，是指对女职工因生育或流产暂时离开工作岗位而中断工资收入时，按照生育保险的法律、法规给予定期支付现金的一项生育保险待遇。生育津贴标准按照女职工所在用人单位上年度职工月平均工资(有雇工的个体工商户按照所在统筹地区上年度职工月平均工资)计发，从生育保险基金中支付。生育津贴低于女职工本人工资标准的，差额部分由用人单位补足。

本 章 小 结

1. 劳动与社会保险法是我国法律的重要组成部分，是社会主义市场经济建立和完善的必要法律制度，也是保持社会公平的重要保障。

2. 劳动法一般是从广义上理解和使用的。它包括一个国家的劳动法典与劳动法典实施相配套的一系列劳动法规和规章。

3. 劳动合同是劳动者与用人单位确立劳动关系、明确双方权利和义务的协议。所谓确立劳动关系是指在劳动者为用人单位提供劳动、用人单位支付劳动者报酬的基础上形成的一种相对稳定的社会关系。

4. 劳动争议又称劳动纠纷，是指劳动者与用人单位因订立、履行、变更、解除或者终止劳动合同而发生的纠纷。

5. 女职工特殊劳动保护，是根据女职工生理特点和抚育子女的需要，对其在劳动过程中的安全健康所采取的有别于男子的特殊保护。

6. 社会保险法是调整社会保险关系的法律规范的总称。以养老、失业、医疗、工伤和生育保险为主要内容，它是社会保障法体系的重要组成部分。

习　　题

一、单项选择题

1. 休息日安排劳动者工作又不能安排补休的，支付不低于工资(　　)的工资报酬。

A. 150%　　　B. 200%

C. 250%　　　D. 300%

2. 劳动合同可以约定试用期，试用期最长不得超过(　　)个月。

A. 3　　　B. 6

C. 2　　　D. 1

3. 劳动争议当事人对仲裁裁决不服的，可以自收到仲裁裁决书之日起 (　　)内向人民法院提起诉讼。

A. 5日　　　B. 15日

C. 30日　　　D. 60日

4. 下列劳动争议处理方式中，(　　)是必经程序。

A. 协商　　　B. 调节

C. 仲裁　　　D. 诉讼

5. 女职工生育享受不少于(　　)天的产假。

A. 60　　B. 98

C. 120　　D. 150

二、名词解释

1. 劳动合同　2. 社会保险法　3. 劳动派遣　4. 劳动争议

三、简答题

1. 简述劳动合同的种类。
2. 简述社会保险与商业保险的区别。

案例分析

王某是某公司职员，2015 年 3 月与公司签订了为期 5 年的劳动合同，2018 年 3 月，公司更换了主要负责人，新负责人以王某不适合工作为由，要求与王某解除劳动合同，王某不同意。公司便采取了增加王某劳动强度、减少王某奖金收入等办法予以刁难。王某在不堪忍受的情况下表示，如果公司提出解除劳动合同，他本人可以签字同意，但公司坚持让王某自己先写辞职报告，然后公司批准。王某不同意这样做，公司许诺，如王某照办，公司可以给予王某解除劳动合同的经济补偿。在被逼无奈的情况下，王某于 2018 年 7 月向公司递交了辞职报告，公司立即批准，但却未给予经济补偿。王某找公司索要，公司拿出王某的辞职报告说，根据《劳动合同法》的规定，经济补偿在用人单位提出解除劳动合同时才支付，王某是主动辞职，不享受此待遇。

问题：

王某是否可以得到经济补偿？

第十三章

证　券　法

【导读】

证券市场的健康发展，离不开以《中华人民共和国证券法》(以下简称《证券法》)为核心的证券法律制度的规范和引领。同时，法律制度也需要根据市场的变化对新的问题、新的情况作出回应。《证券法》是1998年通过、1999年7月1日起实施的，这部法律是一部破冰的法律，是在我国证券市场刚刚兴起的时候制定的。它建立了一些基础的制度，一是明确了证券的范围，二是建立了证券的发行制度，三是规定了证券交易的一般规则，四是规定了上市公司的收购制度，五是规定了对证券公司的分类管理，六是规范了证券监督管理。实践证明，《证券法》的颁布实施，对规范证券市场活动，保护投资者权益，促进证券市场的规范健康发展起到了重要作用。

【学习重点】

掌握证券法的概念和调整范围，股票、公司债券、证券投资基金的发行，证券发行的程序，禁止的证券交易行为，熟知股票和公司债券上市的条件，上市公司收购中有关当事人的义务。

【学习难点】

股票、公司债券、证券投资基金的发行条件，首次公开发行股票、上市公司公开发行新股、上市公司非公开发行股票的条件及区别，上市公司不得非公开发行股票的情形。

【教学建议】

在教学中应当引导学生拓宽视野，从经济学相关学科中汲取有关证券市场的基本知识，并特别强调证券法理论、制度和实际案例相结合的方法，在课堂讲授满足理论知识学习的前提下，强化案例教学环节，同时适当安排讨论和学生演示的内容。

第一节　证券法律制度概述

一、证券的概念与分类

(一) 证券的概念

证券是以证明或设定权利为目的所做成的一种书面凭证。证券有广义和狭义之分。广义的证券是证明持券人享有一定的经济权益的书面凭证，包括资本证券(如股票、债券、证券衍生品种等)、货币证券(如汇票、本票、支票等)、商品证券(如提货单、运货单、仓库栈单等)。狭义的证券仅指资本证券，这也是证券法和本章所要介绍的证券。

(二) 证券的分类

按照不同的标准，证券可以分为不同的种类。目前我国证券市场上发行和流通的证券主要有以下 5 类。

1. 股票

股票是股份有限公司签发的，证明股东所持股份的凭证。我国证券市场上流通的股票有人民币普通股(A 股)和境内上市外资股(B 股)。另外，中国境内注册的公司还可以发行境外上市外资股，包括 H 股(中国香港上市)、N 股(纽约上市)、S 股(新加坡上市)等。

2. 债券

债券是政府、金融机构、公司企业等单位依照法定程序发行的、约定在一定期限还本付息的有价证券。债券是一种债权凭证，是一种到期还本付息的有价证券，它具有风险性小和流通性强的特点。债券按发行主体的不同可分为企业、公司债券(含可转换公司债券)、金融债券和政府债券。

3. 证券投资基金份额

证券投资基金份额是基金投资人持有基金单位的权利凭证。

4. 认股权证

认股权证是股份有限公司给予持证人的无限期或在一定期限内，以确定价格购买一定数量普通股份的权利凭证。认股权证是持证人认购公司股票的一种长期选择权，本身不是权利证明书，其持有人不具备股东资格，认股权证的收益主要来自其依法转让的收益。

5. 期货

期货是一种跨越时间的交易方式。买卖双方通过签订标准化合约，同意按指定的时间、价格与其他交易条件，交收指定数量的现货。按照现货标的物种类的不同，期货可以分为商品期货与金融期货。

二、证券市场

(一) 证券市场的概念和分类

证券市场是指证券发行与交易的场所。它由金融工具、交易场所以及市场参与主体等要素构成。证券市场依据不同的划分标准，可以有不同的分类。

1. 发行市场和流通市场

依据证券市场的功能可划分为发行市场和流通市场。发行市场又称一级市场或初级市场，是指发行新证券的市场，证券发行人通过证券发行市场将已获准公开发行的证券第一次销售给投资者，以获取资金；流通市场又称二级市场或次级市场，是指对已发行的证券进行买卖、转让交易的市场。投资者在一级市场取得的证券可以在二级市场进行交易。

2. 场内交易市场和场外交易市场

依据证券市场的组织形式可划分为场内交易市场和场外交易市场。场内交易市场又称集中交易市场，一般为证券交易所设立的交易场所，这是上市证券的主要交易场所；场外交易市场是指证券交易所以外的其他证券交易市场，如柜台交易市场等。

3. 股票市场、债券市场、基金市场和衍生证券市场

依据证券市场发行和交易的证券品种的不同可划分为股票市场、债券市场、基金市场和衍生证券市场。股票市场又称股市，是指发行和买卖股票的市场；债券市场又称债市，是指发行和买卖债券的市场；基金市场是指发行和买卖基金证券的市场；衍生证券市场是指发行和交易各种衍生证券的市场，包括股指期货市场、权证市场以及其他衍生证券市场等。

此外，还可以将证券市场分为主板市场、中小板市场、创业板市场、二板市场等，我国股票发行和交易的主板市场在上海证券交易所，中小板市场和创业板市场在深圳证券交易所；也可以将证券市场分为国内证券市场和国外证券市场。

(二) 证券市场的主体

证券市场的主体是指参与证券市场的各类法律主体，包括证券发行人、投资者、中介机构、交易场所以及自律性组织和监管机构等。

1. 证券发行人

证券发行人，是指证券市场上发行证券的单位，一般包括公司、企业、金融机构和政府部门等。

2. 投资者

投资者，是指证券的买卖者，也是证券融资方式的资金供给者。投资者分为机构投资者和个人投资者。机构投资者是指有资格进行证券投资的法人单位，一般包括公司、企业、金融机构、基金组织和政府机构等；个人投资者可以直接参与证券的买卖，也可以通过证券经纪人买卖证券。

3. 证券中介机构

证券中介机构，是指为证券的发行和交易提供服务的各种中介机构，一般包括证券登记结算机构、证券公司、财务顾问机构、资信评级机构、资产评估机构、会计师事务所、律师事务所等。

4. 证券交易场所

证券交易场所，是指为证券发行和交易提供场所和设施的服务机构，如上海证券交易所、深圳证券交易所等。

5. 证券自律性组织

证券自律性组织，通常是指证券业行业协会，如证券业协会、交易所协会等。

6. 证券自律性组织

证券监管机构，是指代表政府对证券市场进行监督管理的机构，在我国为中国证券监督管理委员会及其派出机构，需要说明的是，《证券法》中所指的“国务院证券监督管理机构” 即为中国证券监督管理委员会(以下简称“中国证监会”)。

(三) 证券活动和证券管理原则

根据《证券法》的规定，在证券发行、交易及监管中应当坚持以下原则。

1. 公开、公平、公正原则

公开、公平、公正原则是证券法的基本原则。公开原则是指市场信息要公开，在内容上，凡是影响投资者决策的信息都应当公开，如公司章程、招股说明书、有关财务会计资料等。公开的形式包括向社会公告，将有关信息刊登在报纸或刊物上，将有关资料置备于有关场所，供公众随时查阅等。公开的信息必须及时、准确、真实、完整。公平原则是指所有市场参与者都具有平等的地位，其合法权益都应受到公平的保护，在证券发行和交易中应当机会均等、待遇相同。公正原则是指在证券发行和交易的有关事务处理上，要在坚持客观事实的基础上，做到一视同仁，对所有证券市场参与者都要给予公正的待遇。

2. 自愿、有偿、诚实信用原则

自愿是指当事人有权按照自己的意愿参与证券发行与证券交易活动，其他人不得干涉，也不得采取欺骗、威吓或胁迫等手段影响当事人决策。在市场交易活动中，任何一方都不得把自己的意志强加给对方。有偿是指在证券发行和交易活动中，一方当事人不得无偿占有他方当事人的财产和劳动。诚实是指要客观真实，不欺人、不骗人；信用是指遵守承诺，并及时、全面地履行承诺。

3. 守法原则

《证券法》规定，证券的发行、交易活动，必须遵守法律、行政法规；禁止欺诈、内幕交易和操纵证券市场的行为。遵守法律、法规是我们在一切社会活动中都必须遵守的原则。

4. 分业经营、分业管理原则

《证券法》规定，证券业和银行业、信托业、保险业实行分业经营、分业管理，证券公司

与银行、信托、保险业务机构分别设立。国家另有规定的除外。

5. 保护投资者合法权益原则

“保护投资者的合法权益”是《证券法》的立法宗旨之一。证券市场的发展必须依靠社会公众的支持，投资者的热情和信心是证券市场稳健发展的重要保证。为了切实保护投资者的合法权益，《证券法》规定，国家设立证券投资者保护基金。证券投资者保护基金由证券公司缴纳的资金及其他依法筹集的资金组成，其筹集、管理和使用的具体办法由国务院规定。《证券法》中的具体规则，诸如发行上市保荐、控股股东、实际控制人、高管人员诚信义务与责任、关联融资、担保的限制、证券投资者保护基金、信息披露、禁止证券欺诈行为等，均贯彻了保护投资者合法权益的原则。

6. 监督管理与自律管理相结合原则

《证券法》规定，国务院证券监督管理机构依法对全国证券市场实行集中统一监督管理。国务院证券监督管理机构根据需要可以设立派出机构，按照授权履行监督管理职责。在国家对证券发行、交易活动实行集中统一监督管理的前提下，依法设立证券业协会，实行自律性管理。国家审计机关依法对证券交易所、证券公司、证券登记结算机构、证券监督管理机构进行审计监督。

三、证券法的概念与我国现状

(一) 证券法的概念

证券法有广义和狭义之分。广义的证券法是指一切与证券有关的法律规范的总称。狭义的证券法专指《中华人民共和国证券法》，它是规范证券发行、交易及监管过程中产生的各种法律关系的基本法，是证券市场各类行为主体必须遵守的行为规范。

(二) 我国证券立法及调整范围

《证券法》于 1998 年 12 月 29 日第九届全国人民代表大会常务委员会第六次会议通过，根据 2004 年 8 月 28 日第十届全国人民代表大会常务委员会第十一次会议《关于修改〈中华人民共和国证券法〉的决定》第一次修正，根据 2005 年 10 月 27 日第十届全国人民代表大会常务委员会第十八次会议第一次修订，根据 2013 年 6 月 29 日第十二届全国人民代表大会常务委员会第三次会议《关于修改〈中华人民共和国文物保护法〉等十二部法律的决定》第二次修正，根据 2014 年 8 月 31 日第十二届全国人民代表大会常务委员会第十次会议《关于修改〈中华人民共和国保险法〉等五部法律的决定》第三次修正，根据 2019 年 12 月 28 日第十三届全国人民代表大会常务委员会第十五次会议第二次修订。2018 年 6 月 6 日中国证券监督管理委员会公布关于修改《首次公开发行股票并在创业板上市管理办法》的决定。2018 年 7 月 27 日中国证券监督管理委员会公布关于修改《关于改革完善并严格实施上市公司退市制度的若干意见》的决定，该决定对退市制度进行了修订。2018 年 11 月 6 日中国证券监督管理委员会公布《关于完善上市公司股票停复牌制度的指导意见》。《证券法》以及其他法律中有关证券管理的规定、国务院和政府有关部门发布的有关证券方面的法规、规章以及规范性文件，构成了我国的证券法律体系。

我国《证券法》的调整范围是指在中华人民共和国境内股票、公司债券和国务院依法认定的其他证券的发行和交易的行为。《证券法》未规定的，适用《公司法》和其他法律、行政法规的规定。政府债券、证券投资基金份额的上市交易适用《证券法》，其他法律、行政法规有特别规定的，适用其规定。证券衍生品种发行、交易的管理办法，由国务院依照《证券法》的原则规定。我国《证券法》主要对股票、公司债券的发行与交易作出了规定。

第二节 证 券 发 行

一、证券发行的概念与条件

证券发行和证券交易是证券市场的主要构成部分，两者相辅相成。证券发行是发行人、上市公司筹集资金的基本途径。依据发行证券品种的不同，证券发行可以分为股票发行、公司债券发行与投资基金份额发售。本节介绍股票与公司债券发行和投资基金份额发售的条件和程序。

(一) 证券发行概述

1. 证券发行的概念

证券发行有广义和狭义之分。广义的证券发行，是指符合发行条件的商业组织或政府组织(发行人)，以筹集资金为目的，依照法律规定的程序向公众投资者出售代表一定权利的资本证券的行为。狭义的证券发行，是指发行人在所需资金募集后，做成证券并交付投资人受领的单方行为。通常所说的证券发行，是指广义的证券发行。证券发行本质上是一种直接融资方式，与通过银行等金融机构进行的间接融资方式相对应。

2. 证券发行的分类

根据不同的标准，证券发行可以分为不同的类型。

(1) 公开发行和非公开发行。根据证券发行对象的不同，证券发行可以分为公开发行和非公开发行。公开发行又称公募发行，是指发行人面向社会公众，即不特定的公众投资者进行的证券发行。公开发行必须严格遵循《证券法》有关信息披露的规定。非公开发行又称私募发行，是指向少数特定的投资者进行的证券发行。有下列情形之一的，为公开发行：①向不特定对象发行证券；②向累计超过 200 人的特定对象发行证券；③法律、行政法规规定的其他发行行为。非公开发行证券，不得采用广告、公开劝诱和变相公开方式。

(2) 设立发行和增资发行。根据证券发行目的的不同，证券发行可以分为设立发行和增资发行。设立发行是为成立新的股份有限公司而发行股票；增资发行是为增加已有公司的资本总额或改变其股本结构而发行新股。增发新股，既可以公开发行，也可以采取配股或赠股的形式。

(3) 直接发行和间接发行。根据证券发行方式的不同，证券发行可以分为直接发行和间接发行。直接发行是指证券发行人不通过证券承销机构，而自行承担证券发行风险，办理证券发行事宜的发行方式。间接发行是指证券发行人委托证券承销机构发行证券，并由证券承销机构办理证券发行事宜，承担证券发行风险的发行方式。

(4) 平价发行、溢价发行和折价发行。根据证券发行价格与证券票面金额之间的关系，证券发行可以分为平价发行、溢价发行和折价发行。平价发行，又称面值发行或等价发行，是指证券发行时的发行价格与票面金额相同的发行方式。溢价发行，是指证券发行时的发行价格超过票面金额的发行方式。折价发行，称贴现发行，是指证券发行时的发行价格低于票面金额的发行方式。我国《公司法》规定，股票发行价格可以按票面金额，也可以超过票面金额，但不得低于票面金额。可见，我国允许股票平价发行、溢价发行，但禁止折价发行，以保障公司资本的充足。《证券法》规定，股票发行采取溢价发行的，其发行价格由发行人与承销的证券公司协商确定。

(二) 股票的发行

1. 首次公开发行股票的条件

设立股份有限公司公开发行股票(以下简称“首次公开发行股票”)，应当符合《证券法》、《公司法》规定的发行条件和经国务院批准的国务院证券监督管理机构规定的其他发行条件，包括中国证监会《首次公开发行股票并上市管理办法》等规定的发行条件。这些条件包括如下内容。

(1) 发行人应当是依法设立且合法存续的股份有限公司。该股份有限公司应自成立后，持续经营时间在3年以上。经国务院批准，有限责任公司在依法变更为股份有限公司时，可以采取募集设立方式公开发行股票。

(2) 发行人应当具有完整的业务体系和直接面向市场独立经营的能力。发行人的资产完整、人员独立、财务独立、机构独立、业务独立，在独立性方面不得有其他严重缺陷。

(3) 发行人已经依法建立健全股东大会、董事会、监事会、独立董事、董事会秘书制度，相关机构和人员能够依法履行职责。

(4) 发行人资产质量良好，资产负债结构合理，盈利能力较强，现金流量正常。

(5) 募集资金应当有明确的使用方向，原则上应当用于主营业务。

【例 13-1】某股份有限公司拟公开发行股票并上市。根据证券法律制度的有关规定，下列各项中，符合公司首次公开发行股票并上市的条件的有(　　)。

A. 公司发行股票前股本总额为人民币6000万元

B. 公司上一年度严重违反环境保护管理法规受到罚款的行政处罚

C. 公司最近3个会计年度净利润均为正数且累计为人民币4000万元

D. 公司最近1个会计年度的净利润主要来自合并财务报表范围以外的投资收益

【解析】答案为AC。本题考核首发上市条件。根据规定，发行人首次公开发行股票并上市的，发行前股本总额不少于人民币3000万元，因此选项A是正确的；最近36个月内，发行人没有违反工商、税收、土地、环保、海关以及其他法律、行政法规受到行政处罚且情节严重的情况，因此选项B不选；最近3个会计年度净利润均为正数且累计超过人民币3000万元，因此选项C是正确的；发行人不存在最近1个会计年度的净利润主要来自合并财务报表以外的投资收益的情况，因此选项D不选。

2. 上市公司公开发行新股的条件

上市公司公开发行新股，应当符合《证券法》《公司法》规定的发行条件和经国务院批准的国务院证券监督管理机构规定的其他发行条件，包括中国证监会《上市公司证券发行管理办法》等规定的发行条件。

(1) 《证券法》规定的上市公司公开发行新股的条件，包括：①具备健全且运行良好的组织机构。②具有持续盈利能力，财务状况良好。③最近 3 年财务会计文件无虚假记载，无其他重大违法行为。④经国务院批准的国务院证券监督管理机构规定的其他条件。

上市公司非公开发行新股，应当符合经国务院批准的国务院证券监督管理机构规定的条件，并报国务院证券监督管理机构核准。

公司公开发行新股，应当向国务院证券监督管理机构报送募股申请和下列文件：公司营业执照；公司章程；股东大会决议；招股说明书；财务会计报告；代收股款银行的名称及地址；承销机构名称及有关的协议。依照证券法规定聘请保荐人的，还应当报送保荐人出具的发行保荐书。

此外，《上市公司证券发行管理办法》规定的公开发行证券的条件如下。①上市公司的组织机构健全、运行良好。②上市公司的盈利能力具有可持续性。③上市公司的财务状况良好。④上市公司最近 36 个月内财务会计文件无虚假记载，且不存在重大违法行为。⑤上市公司募集资金的数额和使用应当符合规定。⑥上市公司不存在不得公开发行证券的情形。

(2) 上市公司配股的条件。向原股东配售股份(简称“配股”)，除符合上述公开发行证券的条件外，还应当符合下列条件。①拟配售股份数量不超过本次配售股份前股本总额的 30%。②控股股东应当在股东大会召开前公开承诺认配股份的数量。③采用证券法规定的代销方式发行。控股股东不履行认配股份的承诺，或者代销期限届满，原股东认购股票的数量未达到拟配售数量 70%的，发行人应当按照发行价并加算银行同期存款利息，返还已经认购的股东。

(3) 上市公司增发的条件。向不特定对象公开募集股份(简称“增发”)，除符合上述公开发行证券的条件外，还应符合下列条件。①最近3个会计年度加权平均净资产收益率平均不低于6%。扣除非经常性损益后的净利润与扣除前的净利润相比，以低者作为加权平均净资产收益率的计算依据。②除金融类企业外，最近一期末不存在持有金额较大的交易性金融资产和可供出售的金融资产、借予他人款项、委托理财等财务性投资的情形。③发行价格应不低于公告招股意向书前20个交易日公司股票均价或前1个交易日的均价。

中国证监会根据《关于开展创新企业境内发行股票或存托凭证试点的若干意见》等规定认定的试点企业，可不适用“最近 3 个会计年度净利润均为正数且累计超过人民币 3000 万元”“最近一期末不存在未弥补亏损”这两项规定。

3. 上市公司非公开发行股票的条件

(1) 特定对象条件。《上市公司证券发行管理办法》规定，非公开发行股票的特定对象应当符合下列规定。①特定对象符合股东大会决议规定的条件。②发行对象不超过 10 名。发行对象为境外战略投资者的，应当经国务院相关部门事先批准。

(2) 上市公司条件。上市公司非公开发行股票，应当符合下列规定。①发行价格不低于定价基准日前 20 个交易日公司股票均价的 90%。②本次发行的股份自发行结束之日起，12 个月内不得转让；控股股东、实际控制人及其控制的企业认购的股份，36 个月内不得转让。③募集资金使用符合法律规定。④本次发行将导致上市公司控制权发生变化的，还应当符合中国证监会的其他规定。

【例 13-2】根据证券法律制度的规定，下列关于上市公司非公开发行股票的表述中，正确的有(　　)。

A. 现任董事最近 12 个月内受到过证券交易所公开谴责的，不得非公开发行股票

B. 发行对象不超过 10 名

C. 实际控制人认购的股份自发行结束之日起 36 个月内不得转让

D. 发行价格不得低于定价基准日前 20 个交易日公司股票均价的 90%

【解析】答案为 ABCD。本题考核上市公司非公开发行股票的条件。本题考核 4 个选项表述均正确。

4. 上市公司不得非公开发行股票的情形

上市公司存在下列情形之一的，不得非公开发行股票。①本次发行申请文件有虚假记载、误导性陈述或重大遗漏。②上市公司的权益被控股股东或实际控制人严重损害且尚未消除。③上市公司及其附属公司违规对外提供担保且尚未解除。④现任董事、高级管理人员最近 36 个月内受到过中国证监会的行政处罚，或者最近 12 个月内受到过证券交易所公开谴责。⑤上市公司或其现任董事、高级管理人员因涉嫌犯罪正被司法机关立案侦查或涉嫌违法违规正被中国证监会立案调查。⑥最近 1 年及 1 期财务报表被注册会计师出具保留意见、否定意见或无法表示意见的审计报告。保留意见、否定意见或无法表示意见所涉及事项的重大影响已经消除或者本次发行涉及重大重组的除外。⑦严重损害投资者合法权益和社会公共利益的其他情形。

【例 13-3】下列关于股份有限公司发行股票的说法中，正确的有(　　)。

A. 非公众公司申请股票以公开方式向社会公众转让的，需要报经中国证监会核准，核准后该公司被定性为上市公司

B. 非公众公司向特定对象发行股票，导致发行后股东超过200人的发行为公开发行

C. 上市公司非公开发行新股的不需要经过证监会核准，公开发行新股需要经过核准

D. 非公众公司非公开发行股票的，股东人数累计不超过200人，不需要经证监会核准

【解析】答案为BD。本题考核股票的发行。根据规定，非公众公司申请股票以公开方式向社会公众转让的，需要报经中国证监会核准，核准后该公司被定性为“非上市公众公司”，因此选项 A 的说法错误；上市公司非公开发行新股和公开发行新股均需要经过证监会核准，因此选项 C 的说法错误。

(三) 公司债券的发行

1. 一般规定

根据《公司债券发行与交易管理办法》的规定，发行公司债券，发行人应当依照《公司法》或者公司章程的相关规定对以下事项作出决议：

(1) 发行债券的数量；

(2) 发行方式；

(3) 债券期限；

(4) 募集资金的用途；

(5) 决议的有效期；

(6) 其他按照法律法规及公司章程规定需要明确的事项。

发行公司债券，如果对增信机制、偿债保障措施作出安排的，也应当在决议事项中载明。

公司债券可以公开发行，也可以非公开发行。公开发行包括面向公众投资者公开发行、面向合格投资者公开发行两种方式。所谓合格投资者，应当具备相应的风险识别和承担能力，知悉并自行承担公司债券的投资风险，并符合下列资质条件。

(1) 经有关金融监管部门批准设立的金融机构，包括证券公司、基金管理公司及其子公司、期货公司、商业银行、保险公司和信托公司等，以及经中国证券投资基金业协会登记的私募基金管理人。

(2) 上述金融机构面向投资者发行的理财产品，包括但不限于证券公司资产管理产品基金及基金子公司产品、期货公司资产管理产品、银行理财产品、保险产品、信托产以及经中国证券投资基金业协会备案的私募基金。

(3) 净资产不低于人民币1000万元的企事业单位法人、合伙企业。

(4) 合格境外机构投资者(QFII)、人民币合格境外机构投资者(RQFII)。

(5) 社会保障基金、企业年金等养老基金，慈善基金等社会公益基金。

(6) 名下金融资产不低于人民币300万元的个人投资者。

(7) 经中国证监会认可的其他合格投资者。

公开发行公司债券，募集资金应当用于核准的用途；非公开发行公司债券，募集资金应当用于约定的用途。除金融类企业外，募集资金不得转借他人。发行人应当指定专项账户，用于公司债券募集资金的接收、存储、划转与本息偿付。

【例 13-4】某上市公司2013年5月发行5年期公司债券1000万元、3年期公司债券1500万元。2017年1月，该公司鉴于到期债券已偿还且具备再次发行债券的其他条件，计划再次发行公司债券。经审计，确认该公司2016年12月末净资产额为9000万元。根据证券法律制度的规定，该公司此次发行公司债务的最高限额是(　　)。

A. 2700万元　　B. 3600万元　　C. 1700万元　　D. 2600万元

【解析】答案为D。本题考核公司债券的公开发行。公开发行公司债券应满足的条件之一是：本次发行后累计公司债券余额不超过最近一期期末净资产的40%。本题中，2013年5月发行5年期公司债券1000万元，截至2017年1月尚未到期，故该公司此次发行公司债券的最高限额为9000×40%－1000＝2600(万元)。

2. 公开发行

公开发行公司债券，应当符合《证券法》《公司法》的相关规定，并经中国证监会核准。发行公司债券，应当符合下列条件。①股份有限公司的净资产不低于人民币3000万元，有限责任公司的净资产不低于人民币6000万元；②累计债券余额不超过公司净资产的40%；③最近3年平均可分配利润足以支付公司债券1年的利息；④筹集的资金投向符合国家产业政策；⑤债券的利率不超过国务院限定的利率水平；⑥国务院规定的其他条件。

存在下列情形之一的，不得公开发行公司债券。①最近36个月内公司财务会计文件存在虚假记载，或公司存在其他重大违法行为；②本次发行申请文件存在虚假记载、误导性陈述或者重大遗漏；③对已发行的公司债券或者其他债务有违约或者迟延支付本息的事实，仍处于继续状态；④严重损害投资者合法权益和社会公共利益的其他情形。

资信状况符合以下标准的公司债券可以向公众投资者公开发行，也可以自主选择仅面向合格投资者公开发行：①发行人最近 3 年无债务违约或者迟延支付本息的事实；②发行人最近 3 个会计年度实现的年均可分配利润不少于债券一年利息的 1.5 倍；③债券信用评级达到 AAA 级；④中国证监会根据投资者保护的需要规定的其他条件。未达到前款规定标准的公司债券公开发行应当面向合格投资者；仅面向合格投资者公开发行的，中国证监会简化核准程序。

公开发行公司债券，应当委托具有从事证券服务业务资格的资信评级机构进行信用评级。发行人应当按照中国证监会信息披露内容与格式的有关规定编制和报送公开发行公司债券的申请文件。中国证监会受理申请文件后，依法审核公开发行公司债券的申请，自受理发行申请文件之日起 3 个月内，作出是否核准的决定，并出具相关文件。发行申请核准后，公司债券发行结束前，发行人发生重大事项，导致可能不再符合发行条件的，应当暂缓或者暂停发行，并及时报告中国证监会。影响发行条件的，应当重新履行核准程序。

公开发行公司债券，可以申请一次核准，分期发行。自中国证监会核准发行之日起，发行人应当在 12 个月内完成首期发行，剩余数量应当在 24 个月内发行完毕。公开发行公司债券的募集说明书自最后签署之日起 6 个月内有效。采用分期发行方式的，发行人应当在后续发行中及时披露更新后的债券募集说明书，并在每期发行完成后 5 个工作日内报中国证监会备案。

【例 13-5】某股份公司拟公开发行公司债券，下列表述中正确的有(　　)。

A. 公开发行公司债券应当经过中国证监会核准，但如果仅面向合格投资者公开发行债券，可以不经中国证监会核准

B. 公开发行公司债券，应当委托具有从事证券服务业务资格的资信评级机构进行信用评级

C. 前一次公开发行公司债券尚未募足的，不得再次公开发行公司债券

D. 自证监会核准公开发行之日起，公司应在12个月内首期发行，剩余数量应当在24个月内发行完毕

【解析】答案为 BCD。本题考核公司债券的公开发行。只要公开发行，就需要经过证监会的核准，A 错误。

3. 非公开发行

非公开发行的公司债券应当向合格投资者发行，不得采用广告、公开劝诱和变相公开方式，每次发行对象不得超过 200 人。

发行人、承销机构应当按照中国证监会、证券自律组织规定的投资者适当性制度，了解和评估投资者对非公开发行公司债券的风险识别和承担能力，确认参与非公开发行公司债券认购的投资者为合格投资者，并充分揭示风险。非公开发行公司债券是否进行信用评级由发行人确定，并在债券募集说明书中披露。

非公开发行的公司债券仅限于合格投资者范围内转让。转让后，持有同次发行债券的合格投资者合计不得超过200人。发行人的董事、监事、高级管理人员及持股比例超过5%的股东，可以参与本公司非公开发行公司债券的认购与转让，不受合格投资者资质条件的限制。

【例 13-6】甲股份有限公司非公开发行债券，乙证券公司担任承销商。下列关于此次非公开发行的表述中，符合证券法律制度规定的是(　　)。

A. 本次非公开发行的债券在发行后可申请在证券交易所转让

B. 债券发行后进行转让的，持有本次发行债券的合格投资者合计不得超过 300 人

C. 净资产不低于 500 万元的企业法人可以作为本次非公开发行债券的合格投资者

D. 乙证券公司应在本次发行完成后 5 个工作日内向中国证监会备案

【解析】答案为 A。本题考核公司债券非公开发行。债券发行后进行转让的，持有本次发行债券的合格投资者合计不得超过 200 人，选项 B 错误。净资产不低于 1000 万元的企事业单位法人、合伙企业可以作为本次非公开发行债券的合格投资者，选项 C 错误。非公开发行公司债券，承销机构或依法自行销售的发行人应当在每次完成后 5 个工作日内向“中国证券业协会”备案，选项 D 错误。

(四) 证券投资基金的发行

1. 证券投资基金的概念

证券投资基金是指通过公开或者非公开方式募集投资者资金，由基金管理人管理，基金托管人托管，从事股票、债券等金融工具组合方式进行的一种利益共享、风险共担的集合证券投资方式。证券投资基金，依照其运作方式的不同，可以分为封闭式基金和开放式基金。

(1) 封闭式基金，是指基金份额总额在基金合同期限内固定不变，基金份额持有人不得申请赎回的基金。

(2) 开放式基金，是指基金份额总额不固定，基金份额可以在基金合同约定的时间和场所申购或者赎回的基金。开放式基金包括股票型基金、债券型基金、货币型基金、混合型基金和合格境内机构投资者(QDII)基金、伞形基金、交易型开放式指数基金、上市开放式基金等。

2. 公开募集基金

公开募集基金，应当经国务院证券监督管理机构注册。未经注册，不得公开或者变相公开募集基金。注册公开募集基金，由拟任基金管理人向国务院证券监督管理机构提出申请，并提交规定文件。国务院证券监督管理机构应当自受理公开募集基金的募集注册申请之日起 6 个月内依照法律、行政法规及国务院证券监督管理机构的规定进行审查，作出注册或者不予注册的决定，并通知申请人；不予注册的，应当说明理由。

基金募集申请经注册后，方可发售基金份额。基金份额的发售，由基金管理人或者其委托的基金销售机构办理。基金管理人应当在基金份额发售的 3 日前公布招募说明书、基金合同及其他有关文件。基金管理人应当自收到准予注册文件之日起 6 个月内进行基金募集。超过 6 个月开始募集，原注册的事项未发生实质性变化的，应当报国务院证券监督管理机构备案；发生实质性变化的，应当向国务院证券监督管理机构重新提交注册申请。

基金募集不得超过国务院证券监督管理机构准予注册的基金募集期限。基金募集期限自基金份额发售之日起计算。基金募集期限届满，封闭式基金募集的基金份额总额达到准予注册规模的 80%以上，开放式基金募集的基金份额总额超过准予注册的最低募集份额总额，并且基金份额持有人人数符合国务院证券监督管理机构规定的，基金管理人应当自募集期限届满之日起 10 日内聘请法定验资机构验资，自收到验资报告之日起 10 日内，向国务院证券监督管理机构

提交验资报告，办理基金备案手续，并予以公告。

3. 非公开募集基金

非公开募集基金应当向合格投资者募集，合格投资者累计不得超过200人。所谓合格投资者，是指达到规定资产规模或者收入水平，并且具备相应的风险识别能力和风险承担能力、其基金份额认购金额不低于规定限额的单位和个人。合格投资者的具体标准由国务院证券监督管理机构规定。非公开募集基金，不得向合格投资者之外的单位和个人募集资金，不得通过报刊、电台、电视台、互联网等公众传播媒体或者讲座、报告会、分析会等方式向不特定对象宣传推介。

除基金合同另有约定外，非公开募集基金应当由基金托管人托管。担任非公开募集基金的基金管理人，应当按照规定向基金行业协会履行登记手续，报送基本情况。

按照基金合同约定，非公开募集基金可以由部分基金份额持有人作为基金管理人负责基金的投资管理活动，并在基金财产不足以清偿其债务时对基金财产的债务承担无限连带责任。

二、证券发行的程序

由于证券发行种类、发行方式的不同，各类证券的发行程序不尽一致。依据《证券法》《首次公开发行股票并上市管理办法》《上市公司证券发行管理办法》等规定，证券发行大体有以下步骤。

(一) 作出发行决议

发行人发行证券一般先由其董事会就有关发行事项作出决议，并提请股东大会批准。

(二) 提出发行申请

发行人应按照规定制作和报送证券发行申请文件。其发行证券属于保荐范围依法应予保荐的，应由保荐人保荐并向中国证监会申报；属于特定行业的，发行人还应提供管理部门的批准文件或相关意见。发行人向国务院证券监督管理机构或国务院授权的部门报送的证券发行申请文件，必须真实、准确、完整。为证券发行出具有关文件的证券服务机构和人员，必须严格履行法定职责，保证其所出具文件的真实性、准确性和完整性。

(三) 依法核准申请

《证券法》规定，公开发行证券，必须符合法律、行政法规规定的条件，并依法报经国务院证券监督管理机构或者国务院授权的部门核准；未经依法核准，任何单位和个人不得公开发行证券。为此，国务院证券监督管理机构设发行审核委员会，依法审核股票发行申请。发行审核委员会由国务院证券监督管理机构的专业人员和所聘请的该机构外的有关专家组成，以投票方式对股票发行申请进行表决，提出审核意见。发行审核委员会的具体组成办法、组成人员任期、工作程序，由国务院证券监督管理机构规定。

(四) 公开发行信息

证券发行申请经核准后，发行人股票发行前只需在一种中国证监会指定报刊刊登提示性公告，告知投资者网上刊登的地址。同时将招股说明书全文和摘要刊登于中国证监会指定的网站并将招股说明书全文置于发行人住所、拟上市证券交易所、保荐人、主承销商和其他承销机构的住所，以备公众查阅。发行证券的信息依法公开前，任何知情人不得公开或者泄露该信息。发行人不得在公告公开发行募集文件前发行证券。

(五) 撤销核准决定

国务院证券监督管理机构或国务院授权的部门对已作出的核准证券发行的决定，发现不符合法定条件或法定程序，尚未发行证券的，应当予以撤销，停止发行。已经发行尚未上市的，撤销发行核准决定，发行人应按发行价并加算银行同期存款利息返还证券持有人；保荐人应当与发行人承担连带责任，但是能够证明自己没有过错的除外；发行人的控股股东、实际控制人有过错的，应当与发行人承担连带责任。

(六) 签订承销协议，进行证券销售

发行人向不特定对象发行的证券，法律、行政法规规定应当由证券公司承销的，发行人应当同证券公司签订承销协议。证券承销业务采取代销或者包销方式。上市公司非公开发行股票未采用自行销售方式或者上市公司配股的，应当采用代销方式。证券代销是指证券公司代发行人发售证券，在承销期结束时，将未售出的证券全部退还给发行的承销方式。证券包销是指证券公司将发行人的证券按照协议全部购入或者在承销期结束时将售后剩余证券全部自行购入的承销方式。

承销协议应载明下列事项：①当事人的名称、住所及法定代表人姓名；②代销、包销证券的种类、数量、金额及发行价格；③代销、包销的期限及起止日期；④代销、包销的付款方式及日期；⑤代销、包销的费用和结算办法；⑥违约责任； 国务院证券监督管理机构规定的其他事项。公开发行证券的发行人有权依法自主选择承销的证券公司。证券公司不得以不正当竞争手段招揽证券承销业务。证券公司承销证券，应当对公开发行募集文件的真实性、准确性、完整性进行核查；发现有虚假记载、误导性陈述或者重大遗漏的，不得进行销售活动；已经销售的，必须立即停止销售活动，并采取纠正措施。

向不特定对象公开发行的证券票面总值超过人民币 5000 万元的，应当由承销团承销。承销团应当由主承销和参与承销的证券公司组成。证券的代销、包销期限最长不得超过 90 日。证券公司在代销、包销期内，对所代销、包销的证券应当保证先行出售给认购人，证券公司不得为本公司预留所代销的证券和预先购入并留存所包销的证券。

股票发行采用代销方式，代销期限届满，向投资者出售的股票数量未达到拟公开发行股票数量 70%的，为发行失败。股票发行失败后，主承销商应当协助发行人按照发行价并加算银行同期存款利息返还股票认购人。

(七) 备案

证券公司实施承销前，应当向中国证监会报送发行与承销方案。

公开发行股票，代销、包销期限届满，发行人应当在规定的期限内将股票发行情况报国务院证券监督管理机构备案。

【例 13-7】下列关于首次公开发行股票的程序，不符合证券法律制度规定的有(　　)。

A. 上市后6个月内如公司股票连续15个交易日的收盘价均低于发行价，持有公司股票的锁定期限自动延长至少6个月

B. 发行审核委员会审核发行人的盈利能力、投资价值以及信息披露内容的合法合规性

C. 股票发行申请经核准后，发行人应自证监会核准发行之日起6个月内发行股票

D. 股票发行申请未获核准的，自中国证监会作出不予核准决定之日起12个月后，发行人可再次提出股票发行申请

【解析】答案为 ABD。本题考核发行程序。公司上市后 6 个月内如公司股票连续 20 个交易日的收盘价均低于发行价，或者上市后 6 个月期末收盘价低于发行价，持有公司股票的锁定期限自动延长至少 6 个月，选项 A 错误。对发行申请文件和信息披露内容的合法合规性进行审核，不对发行人的盈利能力和投资价值作出判断，选项 B 错误。股票发行申请未获核准的，自中国证监会作出不予核准决定之日起 6 个月后，发行人可再次提出股票发行申请，选项 D 错误。

第三节　证券交易

一、证券交易的概念

证券交易，主要指证券买卖，即证券持有人依照证券交易规则，将已依法发行的证券转让给其他证券投资者的行为。证券交易当事人依法买卖的证券，必须是依法发行并交付的证券。非依法发行的证券，不得买卖。证券交易具有流动性、收益性和风险性等特征。证券交易当事人买卖的证券可以采用纸面形式或者国务院证券监督管理机构规定的其他形式。证券交易所、证券公司、证券登记结算机构必须依法为客户开立的账户保密。证券市场所交易的主要是现货，也可以进行期货交易。证券交易的方式可以分为集中交易和非集中交易两种，分别适用于证券交易所和场外交易市场。《证券法》规定，证券在证券交易所上市交易，应当采用公开的集中交易方式或者国务院证券监督管理机构批准的其他方式。

二、证券交易的一般规定

(一) 证券交易的标的与主体必须合法

首先，交易的证券，必须是依法发行的证券。根据《公司法》和《证券法》的有关规定，涉及该限制性规定的有如下内容。

(1) 发行人持有的本公司股份，自公司成立之日起 1 年内不得转让。公司公开发行股份前已发行的股份，自公司股票在证券交易所上市交易之日起 1 年内不得转让。

(2) 公司董事、监事、高级管理人员在任职期间每年转让的股份不得超过其所持有本公司股份的 25%；所持本公司股份自公司股票上市交易之日起 1 年内不得转让，上述人员离职后半年内，不得转让其所持有的本公司股份。

(3) 证券交易所、证券公司和证券登记结算机构的从业人员、证券监督管理机构的工作人

员以及法律、行政法规禁止参与股票交易的其他人员，在任期或者法定限期内，不得直接或者以化名、借他人名义持有、买卖股票，也不得收受他人赠送的股票。任何人在成为上述所列人员时，其原已持有的股票，必须依法转让。

(4) 为股票发行出具审计报告、资产评估报告或者法律意见书等文件的证券服务机构和人员，在该股票承销期内和期满后6个月内，不得买卖该种股票。为上市公司出具审计报告、资产评估报告或者法律意见书等文件的证券服务机构和人员，自接受上市公司委托之日起至上述文件公开后5日内，不得买卖该种股票。

(5) 上市公司董事、监事、高级管理人员、持有上市公司股份5%以上的股东，将其持有的该公司股票在买入后6个月内卖出，或者在卖出后6个月内又买入，由此所得收益归该公司所有，公司董事会应当收回其所得收益。但是，证券公司因包销购入售后剩余股票而持有5%以上股份的，卖出该股票不受6个月时间限制。公司董事会不按照上述规定执行的，股东有权要求董事会在30日内执行。公司董事会未在上述期限内执行的，股东有权为了公司的利益以自己的名义直接向人民法院提起诉讼。公司董事会不按照上述规定执行，致使公司遭受损害的，负有责任的董事依法承担连带责任。

(6) 通过证券交易所的证券交易，投资者持有或者通过协议、其他安排与他人共同持有一个上市公司已发行的股份达到5%时，应当在该事实发生之日起3日内，向国务院证券监督管理机构、证券交易所作出书面报告，通知该上市公司，并予以公告；在上述期间内，不得再行买卖该上市公司的股票。投资者持有或者通过协议、其他安排与他人共同持有一个上市公司已发行的股份达到5%后，其所持该上市公司已发行的股份比例每增加或者减少5%，应当依照前款规定进行报告和公告。在报告期内和作出报告、公告后2日内，不得再行买卖该上市公司的股票。

(二) 在合法的证券交易场所交易

依法公开发行的股票、公司债券及其他证券，应当在依法设立的证券交易所上市交易或者在国务院批准的其他证券交易场所转让。发行人发行证券可以上市交易，即在证券交易所交易，也可以不上市交易，即在国务院批准的其他证券交易场所转让。

(三) 以合法方式交易

证券交易以现货和国务院规定的其他方式进行交易。证券在证券交易所上市交易，应当采用公开的集中交易方式或者国务院证券监督管理机构批准的其他方式。

(四) 规范交易服务

首先，证券交易所、证券公司、证券登记结算等机构必须依法为客户开立的账户保密。除法律和行政法规另有规定外，证券交易所、证券公司、证券登记结算等机构不得向任何人提供客户开立账户的情况，否则将承担相应的法律责任。其次，证券交易的收费必须合理，并公开收费项目、收费标准和收费办法。证券交易的收费项目、收费标准和管理办法由国务院有关主管部门统一规定。

三、禁止的证券交易行为

根据《证券法》的规定，禁止的交易行为包括内幕交易行为、操纵证券市场行为、制造虚假信息行为和欺诈客户行为。

(一) 内幕交易行为

内幕交易行为是指证券交易内幕信息的知情人员利用内幕信息进行证券交易的行为。内幕交易的主体是内幕信息知情人员，行为特征是利用自己掌握的内幕信息买卖证券，或者建议他人买卖证券。内幕信息知情人员自己未买卖证券，也未建议他人买卖证券，但将内幕信息泄露给他人，接受内幕信息的人依此买卖证券的，也属内幕交易行为。内幕交易行为是一种违法行为，它不仅侵犯了广大投资者的利益，违反了证券发行与交易“公开、公平、公正”原则，而且还会扰乱证券市场。因此，《证券法》规定，禁止证券交易内幕信息的知情人和非法获取内幕信息的人利用内幕信息从事证券交易活动。

根据《证券法》的规定，证券交易内幕信息的知情人包括：①发行人及其董事、监事、高级管理人员；②持有公司百分之五以上股份的股东及其董事、监事、高级管理人员，公司的实际控制人及其董事、监事、高级管理人员；③发行人控股或者实际控制的公司及其董事、监事、高级管理人员；④由于所任公司职务或者因与公司业务往来可以获取公司有关内幕信息的人员；⑤上市公司收购人或者重大资产交易方及其控股股东、实际控制人、董事、监事和高级管理人员；⑥因职务、工作可以获取内幕信息的证券交易场所、证券公司、证券登记结算机构、证券服务机构的有关人员；⑦因职责、工作可以获取内幕信息的证券监督管理机构工作人员；⑧因法定职责对证券的发行、交易或者对上市公司及其收购、重大资产交易进行管理可以获取内幕信息的有关主管部门、监管机构的工作人员；⑨国务院证券监督管理机构规定的可以获取内幕信息的其他人员。

发生可能对上市公司、股票在国务院批准的其他全国性证券交易场所交易的公司的股票交易价格产生较大影响的重大事件，投资者尚未得知时，公司应当立即将有关该重大事件的情况向国务院证券监督管理机构和证券交易场所报送临时报告，并予公告，说明事件的起因、目前的状态和可能产生的法律后果。前述所称重大事件包括：①公司的经营方针和经营范围的重大变化；②公司的重大投资行为，公司在一年内购买、出售重大资产超过公司资产总额百分之三十，或者公司营业用主要资产的抵押、质押、出售或者报废一次超过该资产的百分之三十；③公司订立重要合同、提供重大担保或者从事关联交易，可能对公司的资产、负债、权益和经营成果产生重要影响；④公司发生重大债务和未能清偿到期重大债务的违约情况；⑤公司发生重大亏损或者重大损失；⑥公司生产经营的外部条件发生的重大变化；⑦公司的董事、三分之一以上监事或者经理发生变动，董事长或者经理无法履行职责；⑧持有公司百分之五以上股份的股东或者实际控制人持有股份或者控制公司的情况发生较大变化，公司的实际控制人及其控制的其他企业从事与公司相同或者相似业务的情况发生较大变化；⑨公司分配股利、增资的计划，公司股权结构的重要变化，公司减资、合并、分立、解散及申请破产的决定，或者依法进入破产程序、被责令关闭；⑩涉及公司的重大诉讼、仲裁，股东大会、董事会决议被依法撤销或者宣告无效；⑪公司涉嫌犯罪被依法立案调查，公司的控股股东、实际控制人、董事、监事、高级管理人员涉嫌犯罪被依法采取强制措施；⑫国务院证券监督管理机构规定的其他事项。公司的控股股东或者实际控制人对重大事件的发生、进展产生较大影响的，应当及时将其知悉的有关情况书面告知公司，并配合公司履行信息披露义务。

证券交易内幕信息的知情人和非法获取内幕信息的人，在内幕信息公开前，不得买卖该公司的证券，或者泄露该信息，或者建议他人买卖该证券。内幕交易行为给投资者造成损失的，行为人应当依法承担赔偿责任。

(二) 操纵市场行为

操纵市场行为是指单位或个人以获取利益或减少损失为目的，利用其资金、信息等优势或者滥用职权影响证券市场价格，制造证券市场假象，诱导或者致使投资者在不了解事实真相的情况下作出买卖证券的决定，扰乱证券市场秩序的行为。我国《证券法》禁止任何操纵证券市场的行为。

根据《证券法》的规定，操纵证券市场的行为主要有以下情形：①单独或者通过合谋，集中资金优势、持股优势或者利用信息优势联合或者连续买卖，操纵证券交易价格或者证券交易量；②与他人串通，以事先约定的时间、价格和方式相互进行证券交易，影响证券交易价格或者证券交易量；③在自己实际控制的账户之间进行证券交易，影响证券交易价格或者证券交易量；④以其他手段操纵证券市场。操纵证券市场行为给投资者造成损失的，行为人应当依法承担赔偿责任。

(三) 虚假陈述行为

虚假陈述行为是指行为人在提交和公布的信息披露文件中作出的虚假记载、误导性陈述和重大遗漏的行为。这是一种违反信息披露义务的行为。虚假陈述行为的主体是指依法承担信息披露义务的人；虚假陈述包括虚假记载、误导性陈述和重大遗漏以及不正当披露。

根据《证券法》以及有关规定，虚假陈述行为包括以下情形：①发行人、上市公司和证券经营机构在招股说明书、债券募集说明书、上市公告书、公司报告及其他文件中作出的虚假陈述；②专业证券服务机构出具的法律意见书、审计报告、资产评估报告及参与制作的其他文件中作出的虚假陈述；③证券交易所、证券业协会或其他证券自律性组织作出的对证券市场产生影响的虚假陈述；④前述机构向证券监督管理机构提交的各种文件、报告和说明中作出的虚假陈述；⑤其他证券发行、交易及相关活动中的其他虚假陈述。

(四) 欺诈客户行为

欺诈客户行为是指证券公司及其从业人员在证券交易及相关活动中，违背客户真实意愿、侵害客户利益的行为。欺诈客户行为的主体是证券公司及其从业人员，行为人在主观上具有故意特征，即故意隐瞒或者故意作出与事实不符的虚假陈述，使客户陷入不明真相的境地而作出错误的意思表示。

根据《证券法》的规定，证券公司及其从业人员损害客户利益的欺诈行为有以下情形：①违背客户的委托为其买卖证券；②不在规定时间内向客户提供交易的书面确认文件；③挪用客户所委托买卖的证券或者客户账户上的资金；④未经客户的委托，擅自为客户买卖证券，或者假借客户的名义买卖证券；⑤为牟取佣金收入，诱使客户进行不必要的证券买卖；⑥利用传播媒介或者通过其他方式提供、传播虚假或者误导投资者的信息；⑦其他违背客户真实意思表示，损害客户利益的行为。欺诈客户行为给客户造成损失的，行为人应当依法承担赔偿责任。

(五) 其他禁止的交易行为

我国《证券法》还规定了下列禁止的交易行为：①禁止法人非法利用他人账户从事证券交易；②禁止法人出借自己或者他人的证券账户，禁止任何人挪用公款买卖证券；③禁止国家工作人员、传播媒介从业人员和有关人员编造、传播虚假信息，扰乱证券市场；④禁止证券交易所、证券公司、证券登记结算机构、证券服务机构及其从业人员，证券业协会、证券监督管理机构及其工作人员，在证券交易活动中作出虚假陈述或者信息误导。

《证券法》还规定，国有企业和国有资产控股的企业买卖上市交易的股票，必须遵守国家有关规定。证券交易所、证券公司、证券登记结算机构、证券服务机构及其从业人员对证券交易中发现的禁止交易行为，应当及时向证券监督管理机构报告。

第四节 证 券 上 市

一、股票上市

申请股票上市交易，应当向证券交易所提出申请，由证券交易所依法审核同意，并由双方签订上市协议。同时应聘请有保荐资格的机构担任保荐人，依法进行保荐。

证券交易所可以依法作出对股票不予上市、暂停上市、终止上市的决定，对证券交易所的上述决定不服的，可以向证券交易所设立的复核机构申请复核。

(一) 股票上市的条件

《证券法》规定，股份有限公司申请股票上市，应当符合下列条件：①股票经国务院证券监督管理机构核准已公开发行；②公司股本总额不少于人民币 3000 万元；③公开发行的股份达到公司股份总数的25%以上，公司股本总额超过人民币 4 亿元的，公开发行股份的比例为10%以上；④公司最近 3 年无重大违法行为，财务会计报告无虚假记载。证券交易所可以规定高于上述规定的上市条件，并报国务院证券监督管理机构批准。国家鼓励符合产业政策并符合上市条件的公司股票上市交易。

(二) 申请股票上市交易

《证券法》规定，申请股票上市交易，应当向证券交易所报送下列文件：①上市报告书；②申请股票上市的股东大会决议；③公司章程；④公司营业执照；⑤依法经会计师事务所审计的公司最近 3 年的财务会计报告；⑥法律意见书和上市保荐书；⑦最近一次的招股说明书；⑧证券交易所上市规则规定的其他文件。

股票上市交易申请经证券交易所审核同意后，签订上市协议的公司应当在规定期限内公告股票上市的有关文件，并将该文件置备于指定场所供公众查阅，同时还应当公告下列事项：①股票获准在证券交易所交易的日期；②持有公司股份最多的前 10 名股东的名单和持股数额；

③公司的实际控制人；④董事、监事、高级管理人员的姓名及其持有本公司股票和债券的情况。

(三) 股票的暂停上市和终止上市

上市公司丧失法律规定的上市条件的，其股票应当依法暂停上市或者终止上市。《证券法》规定，上市公司有下列情形之一的，由证券交易所决定暂停其股票上市交易：①公司股本总额、股权分布等发生变化不再具备上市条件；②公司不按照规定公开其财务状况，或者对财务会计报告作虚假记载，可能误导投资者；③公司有重大违法行为；④公司最近 3 年连续亏损；⑤证券交易所上市规则规定的其他情形。

上市公司有下列情形之一的，由证券交易所决定终止其股票上市交易：①公司股本总额、股权分布等发生变化不再具备上市条件，在证券交易所规定的期限内仍不能达到上市条件；②公司不按照规定公开其财务状况，或者对财务会计报告作虚假记载，且拒绝纠正；②公司最近 3 年连续亏损，在其后 1 个年度内未能恢复盈利；④公司解散或者被宣告破产；⑤证券交易所上市规则规定的其他情形。

【例 13-8】下列情形中，属于上市公司股份终止上市情形的有(　　)。

A. 中小企业板上市公司最近36个月内累计受到证交所三次公开谴责

B. 中小板上市公司连续20个交易日股东人数低于2000人

C. 公司因欺诈发行、重大信息披露违法其股票被暂停上市后，符合规定的恢复上市申请条件但未在规定期限内向证交所提出恢复上市申请

D. 受理重整

【解析】答案为 AC。本题考核终止上市情形。终止上市条件包括：主板上市公司连续 20 个交易日股东人数低于 2000 人；中小板上市公司连续 20 个交易日股东人数低于 1000 人。受理重整、和解、清算属于退市风险警示的情形。

二、公司债券上市

(一) 公司债券上市交易的条件

《证券法》规定，公司申请公司债券上市交易，应当符合下列条件：①公司债券的期限为 1 年以上；②公司债券实际发行额不少于人民币 5000 万元；③公司申请债券上市时应符合法定的公司债券发行条件。上述条件既适用于普通公司债券，也适用于上市公司可转换公司债券。

(二) 公司债券上市程序

一是申请核准。二是安排上市。三是上市公告。

(三) 公司债券的暂停上市与终止上市

公司债券上市交易后，公司有下列情形之一的，由证券交易所决定暂停其公司债券上市交易：①公司有重大违法行为；②公司情况发生重大变化不符合公司债券上市条件；③公司债券所募集资金不按照核准的用途使用；④未按照公司债券募集办法履行义务；⑤公司最近两年连续亏损。

公司有上述第①项、第④项所列情形之一经查实后果严重的，或者有上述第②项、第③项、

第⑤项所列情形之一，在限期内未能消除的，由证券交易所决定终止其公司债券上市交易。公司解散或者被宣告破产的，由证券交易所终止其公司债券上市交易。

三、证券投资基金上市

(一) 公开募集基金的基金份额的交易、申购与赎回

《中华人民共和国证券投资基金法》规定，申请公开募集基金的基金份额上市交易，基金管理人应当向证券交易所提出申请，证券交易所依法审核同意的，双方应当签订上市协议。

基金份额上市交易，应当符合下列条件：①基金的募集符合《中华人民共和国证券投资基金法》的规定；②基金合同期限为 5 年以上；③基金募集金额不低于 2 亿元人民币；④基金份额持有人不少于 1000 人；⑤基金份额上市交易规则规定的其他条件。基金份额上市交易规则由证券交易所制定，报国务院证券监督管理机构批准。

基金份额上市交易后，有下列情形之一的，由证券交易所终止其上市交易，并报国务院证券监督管理机构备案：①不再具备《中华人民共和国证券投资基金法》规定的上市交易条件；②基金合同期限届满；③基金份额持有人大会决定提前终止上市交易；④基金合同约定的或者基金份额上市交易规则规定的终止上市交易的其他情形。

开放式基金的基金份额的申购、赎回和登记，由基金管理人或者其委托的基金服务机构办理。基金管理人应当在每个工作日办理基金份额的申购、赎回业务；基金合同另有约定的，按照其约定办理。投资人交付申购款项，申购成立；基金份额登记机构确认基金份额时，申购生效。基金份额持有人递交赎回申请，赎回成立；基金份额登记机构确认赎回时，赎回生效。

(二) 非公开募集基金的基金份额的转让

非公开募集基金的基金份额持有人转让基金份额的，应当符合《中华人民共和国证券投资基金法》的规定，即非公开募集基金应当向合格投资者募集，合格投资者累计不得超过 200 人；非公开募集基金，不得向合格投资者之外的单位和个人募集资金，不得通过报刊、电台、电视台、互联网等公众传播媒体或者讲座、报告会、分析会等方式向不特定对象宣传推介。

第五节 上市公司收购

一、上市公司收购概述

(一) 上市公司收购的概念

上市公司收购，是指收购人通过在证券交易所的股份转让活动，持有一个上市公司的股份达到一定比例或通过证券交易所股份转让活动以外的其他合法方式控制一个上市公司的股份达到一定程度，导致其获得或者可能获得对该公司的实际控制权的行为。

(二) 上市公司收购人

收购人包括投资者及与其一致行动的他人。一致行动，是指投资者通过协议、其他安排，与其他投资者共同扩大其所能够支配的一个上市公司股份表决权数量的行为或者事实。在上市公司的收购及相关股份权益变动活动中有一致行动情形的投资者，互为一致行动人。

上市公司收购人应当具备一定实力，具有良好的信誉。为了防止收购人虚假收购或者恶意收购，利用上市公司的收购损害被收购公司及其股东的合法权益，《上市公司收购管理办法》规定，有下列情形之一的，不得收购上市公司：①收购人负有数额较大债务，到期未清偿，且处于持续状态；②收购人最近 3 年有重大违法行为，或者涉嫌有重大违法行为；③收购人最近 3 年有严重的证券市场失信行为；④收购人为自然人的，存在《公司法》规定的依法不得担任公司董事、监事、高级管理人员的情形；⑤法律、行政法规规定以及中国证监会认定的不得收购上市公司的其他情形。

(三) 上市公司收购中有关当事人的义务

收购人的义务。一是公告义务。实施要约收购的收购人应当编制要约收购报告书，聘请财务顾问，通知被收购公司，同时对要约收购报告书摘要作出提示性公告。要约收购完成后，收购人应当在 15 日内向证券交易所提交关于收购情况的书面报告，并予以公告。二是禁售义务。收购人在要约收购期内，不得卖出被收购公司的股票，也不得采取要约规定以外的形式和超出要约的条件买入被收购公司的股票。三是锁定义务。收购人持有的被收购的上市公司的股票，在收购行为完成后的 12 个月内不得转让。但是，收购人在被收购公司中拥有权益的股份在同一实际控制人控制的不同主体之间进行转让不受前述 12 个月的限制，但应当遵守《上市公司收购管理办法》有关豁免申请的有关规定。此外，在一个上市公司中拥有权益的股份达到或者超过该公司已发行股份的 30%的，自上述事实发生之日超 1 年后，每 12 个月内增持不超过该公司已发行的 2%的股份，该增持不超过 2%的股份锁定期为增持行为完成之日起 6 个月。同时，收购人还应当履行守约义务，平等对待被收购公司所有股东的义务等。

被收购公司的控股股东或者实际控制人不得滥用股东权利，损害被收购公司或者其他股东的合法权益。

被收购公司的董事、监事和高级管理人员对公司负有忠实义务和勤勉义务，应当公平对待收购本公司的所有收购人。

(四) 上市公司收购的支付方式

上市公司收购可以采用现金，依法可以转让的证券以及法律、行政法规规定的其他支付方式进行。

二、上市公司收购的权益披露

投资者收购上市公司，要依法披露其在上市公司中拥有的权益，包括登记在其名下的股份和虽未登记在其名下但该投资者可以实际支配表决权的股份。投资者及其一致行动人在一个上市公司中拥有的权益应当合并计算。

(一) 进行权益披露的情形

1. 通过证券所的证券交易

投资者及其一致行动人拥有权益的股份达到一个上市公司已发行股份的5%时，应当在该事实发生之日起 3 日内编制权益变动报告书，向中国证监会、证券交易所提交书面报告，通知该上市公司，并予公告；在上述期限内，不得再行买卖该上市公司的股票。

投资者及其一致行动人拥有权益的股份达到一个上市公司已发行股份的5%后，通过证券交易所的证券交易，其拥有权益的股份占该上市公司已发行股份的比例每增加或者减少5%，应当依照上述规定进行报告和公告。在报告期限内和作出报告、公告后两日内，不得再行买卖该上市公司的股票。

2. 通过协议转让方式

投资者及其一致行动人在一个上市公司中拥有权益的股份拟达到或者超过一个上市公司已发行股份的5%时，应当在该事实发生之日起 3 日内编制权益变动报告书，向中国证监会、证券交易所提交书面报告，通知该上市公司，并予公告。

投资者及其一致行动人拥有权益的股份达到一个上市公司已发行股份的5%后，其拥有权益的股份占该上市公司已发行股份的比例每增加或者减少达到或者超过5%的，应当依照前述规定履行报告、公告义务。投资者及其一致行动人在作出报告、公告前，不得再行买卖该上市公司的股票。

3. 投资者及其一致行动人通过行政划转或者变更、执行法院裁定、继承、赠与等方式

拥有权益的股份变动达到一个上市公司已发行股份的5%时，同样应当按照上述规定履行报告、公告义务，并参照上述规定办理股份过户登记手续。

(二) 权益变动的披露方式

1. 简式权益变动报告书

投资者及其一致行动人不是上市公司的第一大股东或者实际控制人，其拥有权益的股份达到或者超过该公司已发行股份的5%但未达到20%的，应当编制简式权益变动报告书。

2. 详式权益变动报告书

投资者及其一致行动人拥有权益的股份达到或者超过一个上市公司已发行股份的20%但未超过30%的，应当编制详式权益变动报告书。详式权益变动报告书除须披露简式权益变动报告书规定的信息外，还增加了部分披露内容。

三、要约收购

(一) 要约收购的概念

要约收购是指收购人通过证券交易所的证券交易，投资者持有或通过协议、其他安排与他人共同持有一个上市公司的股份达到该公司已发行股份的30%时，继续增持股份的，应当采取向被收购公司的股东发出收购要约的方式进行的收购。

投资者选择向被收购公司的所有股东发出收购其所持有的全部股份要约的，称之为全面要约；投资者选择向被收购公司所有股东发出收购其所持有的部分股份要约的，称之为部分要约。

(二) 要约收购的适用条件

1. 持股比例达到30%

投资者通过证券交易所的证券交易，或者协议、其他安排持有或与他人共同持有一个上市公司的股份达到 30%(含直接持有和间接持有)。

2. 继续增持股份

在前一个条件下，投资者继续增持股份时，即触发依法向上市公司所有股东发出收购上市公司全部或者部分股份的要约的义务。

只有在上述两个条件同时具备时，才适用要约收购。收购人应当公平对待被收购公司的所有股东。持有同一种类股份的股东应当得到同等对待。

(三) 收购要约的期限

收购要约约定的收购期限不得少于 30 日，并不得超过 60 日；但是出现竞争要约的除外。

(四) 收购要约的撤销

在收购要约确定的承诺期限内，收购人不得撤销其收购要约。投资者持有或者通过协议、其他安排与他人共同持有该上市公司 30%以上的股份，其发出收购要约已经将收购的有关信息作了披露，这些经披露的信息对该上市公司的股票交易将发生重要影响。如果收购人撤销收购要约，会对该上市公司的股票交易产生新的影响，有可能损害中小股东的利益。因此，《证券法》规定在收购要约确定的承诺期限内，收购人不得撤销其收购要约。

(五) 收购要约的变更

收购人需要变更收购要约的，必须及时公告，载明具体变更事项，并通知被收购公司。收购要约期限届满前 15 日内，收购人不得变更收购要约，但是出现竞争要约的除外。在要约收购期间，被收购公司董事不得辞职。

四、协议收购

协议收购是指收购人在证券交易所之外，通过与被收购公司的股东协商一致达成协议，受让其持有的上市公司的股份而进行的收购。以协议方式收购上市公司时，收购协议的各方应当获得相应的内部批准(如股东大会、董事会等)。收购协议达成后，收购人必须在 3 日内将该收购协议向国务院证券监督管理机构及证券交易所作出书面报告，并予公告。

采取协议收购方式的，协议双方可以临时委托证券登记结算机构保管协议转让的股票，并将资金存放于指定的银行。

采取协议收购方式的，收购人拥有权益的股份达到该公司已发行股份的 30%时，继续进行收购的，应当依法向该上市公司的股东发出全面要约或者部分要约，转化为要约收购。收购人拟通过协议方式收购一个上市公司的股份超过 30%的，超过 30%的部分，也应当改以要约方式进行。但是，经国务院证券监督管理机构免除发出要约的除外。如果收购人依照上述规定触发以要约方式收购上市公司股份，应当能够遵守前述有关要约收购的规定。

五、上市公司收购的法律后果

收购期限届满，被收购公司股权分布不符合上市条件的，该上市公司的股票应当由证券交易所依法终止上市交易；其余仍持有被收购公司股票的股东，有权向收购人以收购要约的同等条件出售其股票，收购人应当收购。收购行为完成后，被收购公司不再具备股份有限公司条件的，应当依法变更企业形式。

在上市公司收购中，收购人持有的被收购的上市公司的股票，在收购行为完成后的 12 个月内不得转让。

收购行为完成后，收购人与被收购公司合并，并将该公司解散的，被解散公司的原有股票由收购人依法更换。

收购行为完成后，收购人应当在 15 日内向证券交易所提交关于收购情况的书面报告，并予以公告。

本 章 小 结

1. 证券法有广义和狭义之分。广义的证券法是指一切与证券有关的法律规范的总称。狭义的证券法专指《中华人民共和国证券法》，它是规范证券发行、交易及监管过程中产生的各种法律关系的基本法，是证券市场各类行为主体必须遵守的行为规范。

2. 证券市场的主体是指参与证券市场的各类法律主体，包括证券发行人、投资者、中介机构、交易场所以及自律性组织和监管机构等。

3. 上市公司不得非公开发行股票的情形：①本次发行申请文件有虚假记载、误导性陈述或重大遗漏；②上市公司的权益被控股股东或实际控制人严重损害且尚未消除；③上市公司及其附属公司违规对外提供担保且尚未解除；④现任董事、高级管理人员最近 36 个月内受到过中国证监会的行政处罚，或者最近 12 个月内受到过证券交易所公开谴责；⑤上市公司或其现任董事、高级管理人员因涉嫌犯罪正被司法机关立案侦查或涉嫌违法违规正被中国证监会立案调查；⑥最近 1 年及 1 期财务报表被注册会计师出具保留意见、否定意见或无法表示意见的审计报告；⑦严重损害投资者合法权益和社会公共利益的其他情形。

4. 证券发行的程序：①作出发行决议；②提出发行申请；③依法核准申请；④公开发行信息；⑤撤销核准决定；⑥签订承销协议，进行证券销售。

5. 根据《证券法》的规定，禁止的交易行为包括内幕交易行为、操纵证券市场行为、制造虚假信息行为和欺诈客户行为。

6. 股份有限公司申请股票上市，应当符合下列条件：①股票经国务院证券监督管理机构核准已公开发行；②公司股本总额不少于人民币 3000 万元；③公开发行的股份达到公司股份总数的 25%以上，公司股本总额超过人民币 4 亿元的，公开发行股份的比例为 10%以上；④公司最近 3 年无重大违法行为，财务会计报告无虚假记载。证券交易所可以规定高于上述规定的上市条件，并报国务院证券监督管理机构批准。国家鼓励符合产业政策并符合上市条件的公司股票上市交易。

习　　题

一、单项选择题

1. 从广义上讲，证券包括资本证券、货币证券和商品证券。证券法所规范的证券为(　　)。
A. 资本证券　　B. 货币证券
C. 商品证券　　D. 资本证券和货币证券

2. 证券一级市场是指(　　)。
A. 证券交易市场　　B. 证券发行市场
C. 证券流通市场　　D. 证券买卖市场

3. 证券公司经营证券承销与保荐及证券资产管理业务的，注册资本最低为人民币(　　)元。
A. 1亿　　B. 5亿
C. 5000万　　D. 2亿

4. 甲证券公司为乙公司承销股票，期限届满后，尚有部分股票未售完，甲证券公司决定自行购入未销完的股票，此种承销方式为(　　)。
A. 代销　　B. 包销
C. 部分代销　　D. 违反证券法关于承销的规定

5. 下列属于上市公司内幕信息的有(　　)。
A. 法律规定上市公司必须公开的、可能对股票价格产生较大影响、有部分投资者已经得知的重大事件
B. 公司营业用主要资产报废一次超过该资产的20%
C. 公司分配股利或者增资的计划
D. 上市公司董事、监事和高级管理人员违反公司章程的规定决定对外投资的行为

6. 证券上市交易，应当向(　　)提出申请，由其依法审核同意，并由双方签订上市协议。
A. 证监会　　B. 证券业协会
C. 证交所和证监会　　D. 证交所

7. 上市公司需要临时报告的重大事件不包括(　　)。
A. 公司的重大投资行为和重大的购置财产的决定
B. 公司1/3以上的董事、监事或者经理发生变动
C. 持有公司5%以上股份的股东或者实际控制人，其持有股份或者控制公司的情况发生较大变化
D. 涉及公司的重大诉讼，股东大会、董事会决议被依法撤销或者宣告无效

8. 根据规定，下列不符合上市公司非公开发行股票条件或规定的是(　　)。
A. 发行对象不超过10名
B. 募集资金使用符合法律规定

C. 发行价格不低于定价基准日前20个交易日公司股票均价的80%
D. 控股股东、实际控制人及其控制的企业认购的股份，自本次发行结束之日起，36个月内不得转让

9. 根据证券法律制度的规定，下列可以再次公开发行公司债券的是(　　)。
A. 前一次公开发行的公司债券尚未募足
B. 对已公开发行的公司债券有迟延支付本息的事实，仍处于继续状态
C. 对已公开发行的公司债券有违约的事实，但已经停止
D. 违反证券法的规定，改变公开发行公司债券所募资金的用途

二、多项选择题

1. 根据规定，下列各项中，需要获得中国证监会核准的有(　　)。
A. 首次公开发行股票　　B. 公开发行公司债券
C. 发行国债　　D. 上市公司发行新股

2. 下列属于《证券法》规定的，并且在我国证券市场上发行和流通的证券的有(　　)。
A. 股票　　B. 公司债券　　C. 认股权证　　D. 本票

3. 根据证券法律制度的规定，上市公司配股的条件包括(　　)。
A. 拟配售股份数量不得超过本次配售股份前股本总额的40%
B. 控股股东在股东大会召开前公开承诺认配股份的数量
C. 控股股东不履行认配股份的承诺，或者原股东认购股票的数量未达到拟配售数量70%的，发行人应当按照发行价并加算银行同期存款利息返还已经认购的股东
D. 采用证券法规定的代销方式发行

4. 根据我国证券法律制度的规定，下列各项中，不属于欺诈客户行为的有(　　)。
A. 证券公司从业人员督促客户进行必要的证券买卖而收取佣金
B. 证券公司从业人员在规定时间内向客户提供交易的书面确认文件
C. 证券公司从业人员挪用客户所委托买卖的证券或者客户账户上的资金
D. 证券公司从业人员未经客户的委托，擅自为客户买卖证券

三、名词解释

1. 认股权证　2. 证券市场　3. 证券发行　4. 证券交易　5. 内幕交易

四、简答题

1. 证券市场的主体包括哪些?
2. 简述禁止的证券交易行为。
3. 简述上市公司不得非公开发行股票的情形。

案 例 分 析

2018年8月8日，王某接受甲上市公司(以下称甲公司)委托，为甲公司出具审计报告(非股

票发行)；2018 年 9 月 8 日，该审计报告公开；2018 年 9 月 10 日，王某将持有的甲公司股票卖出。

甲公司的监事李某，持有甲公司股份 10000 股；2018 年 9 月 10 日，一次性卖出 3000 股。

甲公司的财务负责人刘某，2018 年 2 月 1 日离职；2018 年 9 月 10 日，将其持有的甲公司股份 10000 股一次性卖出。

2018 年 3 月 1 日，乙证券公司因包销购入售后剩余股票而持有甲公司 10%的股份，2018 年 5 月 10 日，乙证券公司将其持有的甲公司股份全部卖出。

问题：

1. 王某卖出股票的行为是否符合规定？说明理由。
2. 李某卖出股票的行为是否符合规定？说明理由。
3. 刘某卖出股票的行为是否符合规定？说明理由。
4. 乙证券公司卖出股票的行为是否符合规定？说明理由。

参考文献

[1] 张守文. 经济法学[M]. 2 版. 北京：高等教育出版社，2018.
[2] 马兆瑞. 经济法[M]. 3 版. 北京：中国人民大学出版社，2020.
[3] 刘大洪. 经济法[M]. 2 版. 北京：中国人民大学出版社，2018.
[4] 刘泽海. 新编经济法教程[M]. 4 版. 北京：清华大学出版社，2018.
[5] 赵威. 经济法[M]. 6 版. 北京：中国人民大学出版社，2017.
[6] 赵威. 经济法学习指导书[M]. 6 版. 北京：中国人民大学出版社，2017.
[7] 陈雪娇，王继远. 经济法案例选编[M]. 广州：华南理工大学出版社，2016.
[8] 葛恒云，赵伯祥. 经济法[M]. 2 版. 北京：机械工业出版社，2014.
[9] 郭若愚. 经济法[M]. 北京：清华大学出版社，2014.
[10] 财政部会计资格评价中心. 经济法基础[M]. 北京：经济科学出版社，2016.
[11] 财政部会计资格评价中心. 经济法[M]. 北京：中国财政经济出版社，2016.
[12] 李昌麒. 经济法[M]. 北京：中国人民大学出版社，2011.
[13] 宋秉斌，聂志. 经济法学[M]. 北京：人民邮电出版社，2012.
[14] 曲振涛. 经济法教程[M]. 3 版. 北京：高等教育出版社，2015.
[15] 王胜伟. 经济法概论[M]. 北京：人民邮电出版社，2014.
[16] 郑云新，贾石红. 经济法[M]. 北京：人民邮电出版社，2013.
[17] 张学森. 经济法[M]. 北京：高等教育出版社，2012.
[18] 沈义祥，刘文敏. 劳动法与社会保障法[M]. 北京：冶金工业出版社，2011.
[19] 李瑞，唐元平. 劳动法和社会保障法[M]. 2 版. 北京：北京大学出版社，2012.
[20] 中国注册会计师协会. 经济法[M]. 北京：中国财政经济出版社，2018.
[21] 杨紫烜. 经济法[M]. 5 版. 北京：北京大学出版社，2014.
[22] 陈迅，刘维全，肖云. 实用经济法概论[M]. 重庆：重庆大学出版社，2006.
[23] 中国资产评估协会. 经济法[M]. 北京：经济科学出版社，2016.
[24] 郑成思. 知识产权论[M]. 3 版. 北京：法律出版社，2003.
[25] 麻昌华. 消费者保护法[M]. 北京：中国政法大学出版社，2006.
[26] 曹明德. 环境与资源保护法[M]. 3 版. 北京：中国人民大学出版社，2016.